中公新書 2011

小田部雄次著

皇　族

天皇家の近現代史

中央公論新社刊

はじめに

『源氏物語』主人公の光源氏は親王、すなわち皇族であった。父は桐壺帝《きりつぼ》である。光源氏は美貌と才能に恵まれ、幼い頃から「光る君」と称された。しかし、桐壺帝は「光る君」を臣籍に降下させ、源氏の姓を与える。「光る君」が天皇となれば国が乱れると予言されたからである。『源氏物語』には、光源氏の賜姓《しせい》皇族（姓を賜って皇族から臣籍に下った者）としての宮廷における立場や生き方も随所に描かれている。

私たちは、『源氏物語』などから読みとった一〇〇〇年も前の宮廷での風習や禁忌などで、現在の皇室や皇族をイメージすることがある。そして、このイメージが現在の皇室への世論や法整備などに影響することもある。

宮中に入る女性の実家に慎みを求めたりするのは、その一例である。皇室を管轄する宮内庁のみならず、内閣、国民世論などは、その皇族妃の実家が皇室の種々の問題に介入することに好意的ではない。姻族となっても、皇室に入るのは妃とその子女のみであって、妃の実父母、実兄弟姉妹らは、遠慮するのが常識とされている。美智子《みちこ》皇后の実家の正田《しょうだ》家は、そのことを十分知り尽くしており、禁欲的なまでに、宮中の諸事から身を退《ひ》いていた。かつて、藤原摂関政治全盛時代において、妃の実家が権勢を恣《ほしいまま》にした歴史の記憶が、現在も残っているのである。

とはいえ、私たちは、皇室や皇族について知っているようで何も知らない。それは皇室や皇族の内部の情報が漏れ伝わらないだけではなく、私たち自身が本気では知ろうとしないこともある。

戦前の大日本帝国憲法の時代、天皇が神であり、皇族はその血族であったことから、「畏《おそ》れ多い」存在であった。日本国憲法の時代になって、象徴である天皇の血族として「国民とともに歩む皇室」の一員となったが、やはり「畏れ多い」存在であることに変わりはない。心情的にも、法律的にも、軽々しくは扱えない方々なのである。そうした特別な存在に対する接し方に、私たちは慣れていないため、非礼をなさないためにも、自然と遠ざけるようになった。その情報を主体的に得ようとしなくなった。一部の情報通の部分的情報を得て、漠然と皇室や皇族への印象を形づくっているのが、現状ではなかろうか。当然、そこには誇張されたり、誤認された情報も含まれる。

他方、現在の日本は、社会の根幹に関わるさまざまな変革を迫られている。その変革がどのような方向に進むかによって、私たちの未来がどのように開かれるか、あるいは閉じられるかが決まっていく。そうした変革の時代のなかで、皇室がどのような位置を占め、役割を果たすのかを考えることは、重要である。

にもかかわらず、皇室、なかでも皇室を構成する皇族について、誇張や誤認の情報で形成された印象しか持ち合わせていない。史実に基づいたその歴史的歩みや、現実の社会的機能について周知しているとは言いがたい。

本書では、そうした曖昧な情報しかなかった皇族の実像を少しでも知るために、明治維新前後の近代皇族の成立から現代までの歴史を概観し、皇族たちがどのような法的規制を受け、どのような社会的政治的言動を重ね、敗戦後、どのように変わってきたのかについて述べる。

とりわけ、近代皇族が幕末から明治維新期にかけてどのように形成されたのか。大日本帝国の発展にどのように関わったのか。一九三〇年代（昭和初期）から敗戦にいたる過程で、いかに主体的に関わったのか。そして、戦後、近代以降の日本が歩んだ戦争の時代に対し、戦後和解の観点からどのような役割を担ったのかなどを、明らかにしてみる。

目次

凡例

◇一八七二（明治五）年の太陽暦採用以前の月日は、原則として旧暦とした。

◇年齢は数え年を基本とする。

◇引用文中の漢字は原則として現行のものに、歴史的仮名遣いは現代仮名遣いに、カタカナはひらがなに改めた。

◇引用文中の［　］は引用者による補足である。

◇引用にあたっては、現行においては不適切な表現もそのままに記している。あくまで資料としての正確性を期するためである。他意のないことをご了承いただきたい。

◇ルビは引用を含め適宜ふった。

◇敬称は略した。

皇族

序章　十一宮家の皇籍離脱――伏見宮系皇族の解体

「いよいよ小さく、くらさねばならぬ」

一九四七（昭和二二）年一〇月一四日、十一宮家五一名が皇族としての地位や身分を失った。いわゆる皇籍離脱である。

このときに皇籍を離脱した一人である梨本宮《なしもとのみや》家の伊都子《いつこ》妃は、その日の日記にこう記した。

昨十三日午後、皇室会議開かれ、いよいよ本日より十一宮家は一平民となる事になったに付、区役所へ戸籍を届出、其他、手続きをする。むろん、配給、其他も一般市民と同じになった。

前には一時賜金《しきん》も、それぞれ出る事になり、国会にて通過したけれども、司令部の方から、元軍人であった御方には与えてはいかぬという事になったので、御子様、女等だけの分がわたされる事になって、あとは何とかして、極々秘密にしてわたされるとかいう事になった。

いよいよ小さく、くらさねばならぬ。

（『梨本宮伊都子妃の日記』）

「配給」とあるのは、一般市民と同じ限られた品目と乏しい分量を割り当てられるようになったということである。長年、宮内省から特別に支給されていた食糧などの潤沢な生活物資は届けられなくなったのである。「一時賜金」とは、皇籍を離れるときに支給される一時金のことである。伊都子によれば、これがさらに婦女子だけの分になったという。

連合国軍最高司令官総司令部（ＧＨＱ）では元軍人に与えることを禁止し、国会も了承したので、一部の成人男子を除き陸海軍軍人となっていた皇族もまたその影響を受けることになった。梨本宮家も当主守正《もりまさ》王は陸軍軍人であり、伊都子の分だけとなったのである。

当時の新聞によれば、当主の王は二一〇万円、そのほかの王が一四四万九〇〇〇円、親王妃一五〇万円、内親王一五〇万円、王妃一〇五万円、女王七四万九〇〇〇円という配分で、総額四七四七万五〇〇〇円であり、最高額が久邇宮《くにのみや》家（久邇宮多嘉《たか》王の家系である京都分家を含む）の九四四万三〇〇〇円であった。

三殿参拝

さて、皇籍離脱した十一宮家の人びとは、同月一八日、賢所《かしこどころ》、皇霊殿《こうれいでん》、神殿の宮中三殿を参拝し、宮内省（当時は宮内府）の皇族控室で刺身、天麩羅などの昼食をとり、天皇と盃《さかずき》を

皇籍離脱直後，集まった元皇族たち（1947年10月18日）

交わした。午後は、赤坂離宮で皇太后《こうたいごう》（貞明《ていめい》皇后）と会い、帰宅後、着替えて再び赤坂離宮で天皇、皇后、皇太后と晩餐をともにした。

翌一九日にも天皇、皇后、皇太后に挨拶し、蒔絵《まきえ》、御文台、硯箱《すずりばこ》、料紙箱などを下賜された。食事のとき、天皇はわざわざ「此度《このたび》、臣籍に降下になるとも、皇室との交際は、ちっともかわらぬ。どうか今後も、時々、御したしく参られて、御歓談のほど、又、御家御発展の事をいのる」（『梨本宮伊都子妃の日記』）と述べ、シャンパンの盃を上げた。

梨本守正は数え七四歳の最年長でもあり、立ち上がり、「僭越《せんえつ》ではございますが、一同にかわり、御礼を言上いたします。この度、皇族の身を離れますに付、御儀式も相すみ」と、天皇、皇后、皇太后へ感謝の意を示し、「今後も自重しておるつもりでございます」（同前）と盃を上げた。

十一宮家が皇族であったときには、皇族としての格式を維持するための皇族費などが支給され、また一万坪以上の敷地の大邸宅、避寒・避暑用の別邸をいくつか有していた。しかし、すでに皇族費は停止、預金は封鎖され、邸宅や別邸は、皇族の特権廃止による財産税適用などで代々の家具などとともに売却されはじめていた。本邸を空襲で焼失してしまった宮家もあった。

梨本宮家の場合は、空襲で渋谷の本邸を焼失し、焼け残った土蔵の衣類や美術品は盗難に遭い、戦後の資産調査の結果、財産は三六八万六〇〇〇円と算出されていた。そこから財産税として二五六万三〇〇〇円を支払うこととなり、家具・衣類・美術品のみならず、河口湖と伊豆山にあった別荘も売り払い、どうにか税を納めていた。この間、値切られ、着服され、慣れない売買を重ね、伊都子妃も憤懣《ふんまん》と寂しさのなかにあった。当時の日記には、「癪《しゃく》にさわる」「あんまりだ」「なごりおしく」「淋しいこころもちがした」などの言葉が連なる。

こうした経済上の苦難を負いながら、ついには皇族としての身分までも失った。天皇、皇后、皇太后の前で盃を上げてはいても、その胸中は穏やかならざるものがあったろう。もっとも梨本宮家の場合、離脱するのは当主守正王と伊都子妃の二名のみであり、嗣子《しし》はなく、いずれは宮家は廃止される運命にあった。また、当時、守正も伊都子も七〇歳前後の高齢であり、かなり諦観《ていかん》していたところがあった。

皇籍離脱した十一宮家、すなわち伏見宮《ふしみのみや》、閑院宮《かんいんのみや》、山階宮《やましなのみや》、北白川宮《きたしらかわのみや》、梨本宮、久邇宮、賀陽宮《かやのみや》、東伏見宮《ひがしふしみのみや》、竹田宮《たけだのみや》、朝香宮《あさかのみや》、東久邇宮《ひがしくにのみや》の五一名は、宮家と総称はしても、家族構成や資産状況などが異なり、離脱した人員数や離脱後の生活の困難度は、それぞれであった。複数の未成年者を抱えた家もあり、将来の生活への不安は隠せなかった。

三殿参拝の皇族たちは、それぞれの不満や不安を隠しながら、天皇の前に立っていたのである。

南北朝期に分かれた伏見宮家

ところで、これら皇籍離脱した十一宮家のすべて、実系ではみな伏見宮邦家《くにいえ》親王の子孫であった。明治維新後の近代宮家と呼ばれる家は、実は十五宮家あった。離脱した十一宮家のほかに、桂《かつら》、有栖川《ありすがわ》、華頂《かちょう》、小松《こまつ》の四宮家があり、桂、有栖川の二宮家だけは、伏見宮邦家親王の実系ではなかったが、嗣子がなく断絶していた。華頂、小松の二宮家は邦家親王の実系が嗣《つ》ぎ、華頂は伏見を、小松は東伏見を継承して、宮家そのものは廃止されたのであった。

つまり、皇室は昭和天皇の皇后と皇太后およびその実子たち（明仁《あきひと》、正仁《まさひと》の二親王と未婚の和子《かずこ》、厚子《あつこ》、貴子《たかこ》の三内親王）と、実弟である秩父《ちちぶ》、高松《たかまつ》、三笠《みかさ》の三宮家を残し、南北朝当時に分かれた伏見宮家の子孫が当主となっていた十一宮家の皇籍を離脱させたのである。

この伏見宮系皇族の近代の歩み、すなわち邦家親王の実系が十一宮家をも担ったことや、これら数多い十一宮家の皇籍がどう扱われたのかということは、戦前の皇室を大きく特徴づけるものであった。そして、近年では、離脱した十一宮家の男系男子の復帰を唱える論者が現れるなど、伏見宮系皇族の存在が大きくクローズアップされてもいる。

実際、この伏見宮系皇族は、近代皇室のみならず古来の皇室制度を考える上でも、重要な存在であり、その実像を描くことは、皇族や皇室の歴史を解明する上での基本的作業ともいえる。

本書では、こうした視点に立ち、皇族の一人ひとりの動向を具体的に踏まえながら、近代の皇族が近代史のなかでどのような役割を果たし、天皇が「神」であった大日本帝国憲法から「象徴」となる日本国憲法の時代へどのように変化し、戦後社会のなかでどのような位置を占めていったのかを、明らかにしたい。そして、そのことが、ひいては現在の皇室・皇族の抱える諸問題の意味を知ることにもつながると考える。

第一章　近代皇族の誕生

1　皇族とは何か

時期により異なる定義

現行皇室典範では、皇族とは、皇后、太皇太后《たいこうたいごう》、皇太后、親王、親王妃、内親王、王、王妃および女王のこととある。このうち親王とは、現行皇室典範では嫡出の皇子および嫡男系嫡出の皇孫である男子で、女子は内親王である。また王とは、三世以下の嫡男系嫡出の男子で、女子は女王である。二〇〇九年五月現在、太皇太后、皇太后、王、王妃はいない。なお、天皇は皇族とはしない。

これら現皇室を構成する人びとは、かつて皇籍離脱をした十一宮家の人びと、すなわち伏見宮系皇族とは、その出自もいわゆる公務も異なっており、同じ皇族という称号を得た者同士ながら、必ずしも同質とはいえないものを含んでいる。

そもそも皇族とは、時期により、法令によりその定義や員数が違う。現在、皇族とは「天皇の家族」二二名を意味するが、歴史上はさまざまな姿を見せてきた。

たとえば、近代以前、皇族とは皇胤《こういん》（天皇の末裔《まつえい》）のことであり、現在のように皇后や皇胤男子の配偶者を皇族とみなしてはいなかった。すなわち、皇后美智子はじめ各親王妃は、近代以前であれば皇族とみなされることはなかったのである。近代以前の皇族とは、「天皇の末裔の一部」の称であり、近代以降のように女子配偶者を含めた「天皇の家族」を意味することはなかった。女子配偶者を皇族とするか否かは、近代と近代以前の皇族を大きく区別しているといえる。付け加えるならば、男子配偶者は現在でも皇族とみなされない。

ところで、古代からの皇族の定義や範囲の変遷を大きく区切れば、表1－1のように四時期になるだろう。

第一期は七〇一（大宝元）年以前であり、大宝令の継嗣令《けいしりょう》が制定される前の時代である。

第二期は継嗣令制定から一八八九（明治二二）年の皇室典範（戦後の皇室典範と区別するために以後は「旧皇室典範」とし、適宜、「旧典範」と略す）制定までで、継嗣令の例外事項は蓄積されていくが、原則としての継嗣令がまだ有効であった時代である。

第三期は一八八九年の旧典範制定以後、一九四七（昭和二二）年の現行皇室典範（旧典範と区別するために以後は「新皇室典範」とし、適宜、「新典範」と略す）制定までの時代である。

表1-1　**皇族の範囲と定義の時期区分**

区分	期間	時期	皇族の範囲
第1期	〜701	大宝令の継嗣令制定まで	天皇の後胤
第2期	701〜1889	継嗣令から旧典範制定まで	5世未満が原則，世襲親王家の誕生
第3期	1889〜1947	旧典範から新典範制定まで	女子配偶者も皇族，新宮家の増設と廃止
第4期	1947〜	新典範・皇籍離脱以後	明治天皇の男系とその配偶者たち

そして第四期は新典範が機能している現在までの時期である。

これら四時期の皇族は、それぞれに共通概念を持ちながらも、その定義や範囲を異にする。その違いの意味を明らかにすることは、皇室の将来を考える一つの手がかりともなろう。

古代の皇族

さて、第一期の継嗣令制定以前の時代は、皇族の呼称やこれを明確に定義する法令はなく、現在のところ「天皇の後胤《こういん》」という漠然とした範囲で把握されていたと考えるしかない。つまり、継嗣令制定以前には皇族の呼び名も何世までを皇族とするかの明確な規定もなく、『日本書紀』『古事記』『上宮聖徳法王帝説《じょうぐうしょうとくほうおうていせつ》』などに皇子、皇女、王、女王などの呼称例がみられることで、その存在が知られるわけである。

皇族をはじめて法的に規定した七〇一年制定の大宝令にある継嗣令以後によって第二期がはじまる。継嗣令は、「凡皇兄弟・皇子、皆為親王、（女帝子亦同。）以外並為諸王、自親王五世、雖得王名、不在皇親之限」（およそ天皇の兄弟、皇子は、みな親王となす。女帝の子もまた同じ。それ以外は、いずれも諸王となす。親王より五世は、王の名を得ても皇親《こうしん》ではない）と定めたのである。

なお、この時期に皇族は主に「皇親」と称され、「皇親」の呼称は江戸時代頃まで皇族という名称よりも一般的に用いられていた。すなわち、皇胤である親王や王たちは、近代以前は主に「皇親」と称され、皇族の呼び名が定着するのは近代以降だったといってもいい。「皇親」の呼称や概念は中国の影響を受けたことはいうまでもない。唐代の官職などを分類編集した『大唐六典《だいとうりくてん》』には「皇親」の語がある。

「五世未満」と世襲親王家の創設

継嗣令では、はじめは皇親の範囲を「五世未満」と明確に規定した。一世の皇兄弟・皇子を親王とし、皇孫・皇曾孫《そうそん》・皇玄孫《げんそん》を王とした。つまり、皇玄孫の子たる五世王は、王名を称することはできるが、皇親の範囲に入らないと定められたのである。

その後、七〇六（慶雲三）年二月の格《きゃく》（令の部分修正。慶雲の格）では五世王を皇親としてその承嫡者を王としたり、七二九（天平元）年八月に五世王の嫡子以上が孫王を娶《めと》って生んだ男女は皇親とするなど、皇親の拡大が図られてもいる。だが、弊害も生まれたようで、七九八（延暦一七）年に慶雲の格を廃したりした。また、九六七（康保四）年施行の延喜式式部省条に賜姓《しせい》降下《こうか》（姓を与えて臣籍に降下させる）の規定があり、六世以下の皇胤も賜姓降下などがない限り王名を称することができたと解釈されている。

そのほか、平安初期から親王宣下《せんげ》（二世以下の皇族が王から親王になる）も行われるようになり、継嗣令の規定が崩れ、皇親の呼称も減少した。また、五二代嵯峨天皇の代以後には親王、内親王でも源氏の姓を与えて臣籍降下させるようになった。

鎌倉時代に入ると、宮号を賜って代々世襲する「世襲親王家」が誕生する。

これについては第2節で詳述するが、天皇家とは別の世襲親王家が最初に体裁を備えたのは九〇代亀山天皇の皇子である恒明《つねあきら》親王にはじまる常磐井宮《ときわいのみや》といわれる。以後、木寺宮《きでらのみや》、伏見宮なども生まれた。常磐井宮と木寺宮は室町時代に消滅するが伏見宮は存続し、安土桃山時代に桂宮、江戸初期に有栖川宮、江戸中期に閑院宮がそれぞれ創設されて四親王家となった。

明治維新期を迎えると、一八六八（慶応四）年閏四月に継嗣令に基づき、あらためて皇兄弟と皇子を親王、それ以外を諸王とし、五世王は王名を称するが皇族の範囲に入らないと定められた。そして、四親王家や還俗《げんぞく》した皇族などに制限や特例を設け、そのまま八九年二月一一日の旧典範の制定となった。

旧皇室典範下の皇室規定

一八八九（明治二二）年、大日本帝国憲法とともに制定された旧典範によってようやく近代皇室の定義がなされた。第三期である。皇族の呼称が定着して皇族とは何かが近代法のなかに規定された時期である。

旧典範には第七章「皇族」として、第三〇条から第四四条まで一五条ある。その第三〇条には次のように規定されている。

皇族と称《とな》うるは太皇太后、皇太后、皇后、皇太子、皇太子妃、皇太孫、皇太孫妃、親王、親王妃、内親王、王、王妃、女王を謂《い》う。

さらに第三一条には次のように記されている。

皇子より皇玄孫に至るまでは男を親王、女を内親王とし、五世以下は男を王、女を女王とす。

つまり、継嗣令で「皇親」とされた「五世未満」の範囲が、旧典範では「親王」の範囲となり、かつて「皇親」の範囲外であった五世以下も王、女王として「皇族」とされたのである。その意味で、近代では「皇親」＝「皇族」ではなく「皇親」＝「親王」であり、近代の皇族とはかつての「皇親」を含む、より広範囲な天皇の後胤といえよう。

女子配偶者の扱い

かつて継嗣令では、皇親男子の皇胤（末裔）ではない配偶者を皇親とした形跡はない。宮内庁『皇室制度史料　皇族一』にも「親王・王の配偶者は、内親王・女王でない限り皇親とは認められなかったと推測される」とある。皇女が配偶者になるのが原則であり、藤原安宿《あすかべ》媛《ひめ》（聖武天皇の皇后である光明《こうみょう》皇后）のような臣籍の立后《りっこう》以後、皇女以外の立后がみられるようになる。

これに対して、旧典範制定以後は、「皇胤男子の配偶者」も、内親王・女王の称号こそないが、皇后・皇族妃となることで皇胤でなくとも皇族と称されるようになる。つまり、近代の皇族とは、「天皇の血統である皇胤と皇胤男子の配偶者」の総称であり、「天皇になりうる、あるいはなりうる存在を生む集団の一員」と定義されよう。

なお、旧典範では、「皇族男子の配偶者」たる女子の出自身分に一定の制限があり、皇后となりうる皇太子妃の場合は、第三九条で「同族又は勅旨に由《よ》り特に認許せられたる華族に限る」と明記されていた。

また、皇族妃の出自身分を制限する明確な条文はないが、現実には内親王か特定の華族に限定されており、華族では徳川、島津、前田、鍋島など一〇万石以上の旧大大名家のなかでも、さらに上流の家の子女がその大半を占めていた。

旧典範下、一八九名の皇族総数

一方で、増えすぎる皇族を規制するために臣籍降下の道を開く法令も制定された。一九〇七（明治四〇）年二月には、王が勅旨や情願により皇籍を離脱することができるようにした旧典範増補が公布された。

一九二〇（大正九）年五月一九日には、内規として「皇族の降下に関する施行準則」が裁定され、王が情願をなさないときは、皇玄孫の子孫である王で、長子孫の系統で四親等以内を除き、勅旨により臣籍に降下することとなった。

当時は親王宣下による宮家もあったので、それらは伏見宮邦家親王の子を一世として実系で計算することとした。この結果、成人に達したのちに華族に降下する皇族が一九二〇年代（大正期）以降、増えていく。

参考までに、旧典範下の皇族家十五宮家の歴史をその成立と存続についてまとめると表1-2のようになる。成立起源や当主の代数は諸説あるが、一般に伝えられるものを基準とした。

また、明治維新から旧典範が廃止されるまでの時期に皇族家の一員として生きた男女、および皇族家に嫁いだ女

夭逝	
男	女
1	1
	1
1	
1	1
2	1
5	4

表1-2　**十五宮家のあらまし**

宮号	成立年	成立の起源	廃止年	存続年
伏見宮	1409(応永16)	伏見御領に戻り伏見殿と称される	1947	538
桂宮	1591(天正19)	八条宮智仁の親王宣下	1881	290
有栖川宮	1625(寛永2)	高松宮の称号を賜って一家を創立	1913	288
閑院宮	1718(享保3)	秀宮の親王宣下で閑院宮直仁と命名	1947	229
山階宮	1864(元治1)	山階宮と称し，晃と命名	1947	83
華頂宮	1868(慶応4)	博経と復名し華頂宮の宮号を賜る	1924	56
北白川宮	1870(明治3)	照高院宮を北白川宮と改称	1947	77
梨本宮	1870(明治3)	梶井宮を梨本宮と改称	1947	77
久邇宮	1875(明治8)	久邇宮の宮号を賜る	1947	72
小松宮	1882(明治15)	東伏見宮（仁和寺宮）を小松宮と改称	1903	21
賀陽宮	1900(明治33)	久邇宮より分かれ一家を新立	1947	47
東伏見宮	1903(明治36)	小松宮継嗣をやめ，東伏見宮創立	1947	44
竹田宮	1906(明治39)	竹田宮の宮号を賜る	1947	41
朝香宮	1906(明治39)	朝香宮の宮号を賜る	1947	41
東久邇宮	1906(明治39)	東久邇宮の宮号を賜る	1947	41

表1-3　**十五宮家構成員総数**

宮家名	男								女								総数	
	当主		親王		王		計		当主		妃		女王		計			
伏見	5	②	10	⑨	5	①	20	⑫			5	①	19	①	24	②	44	⑭
桂									1						1		1	
有栖川	3				1		4				4		5		9		13	
閑院	2				1		3				2		6		8		11	
山階	3	①			5	①	8	②			3	①	1		4	①	12	③
華頂	4				1		5				2		1		3		8	
北白川	5				5	①	10	①			4		9		13		23	①
梨本	3	①					3	①			1		2		3		6	①
久邇	3				15	③	18	③			3		19		22		40	③
小松	2	①					2	①			3	①			3	①	5	②
賀陽	2				6		8				2		3		5		13	
東伏見	1						1				1				1		2	
竹田	2				2		4				2		3		5		9	
朝香	1				3		4				2		4		6		10	
東久邇	1				5		6				2		1		3		9	
総数	37	⑤	10	⑨	49	⑥	96	⑳	1		36	③	73	①	110	④	206	㉔

註：丸数字は重複分である．１人で３宮家の皇族を兼ねることもあったので表の初出に重複分を記した．この結果，総数は206から24を減じた182名となる

子たちの総数は、表1‐3のようになる（詳細は巻末付録「近代皇族一覧」に譲る）。皇族のなかには、別の宮家当主となった者、皇族家から皇族家に嫁いだ女子などもおり、重複が幾人かある。これを減ずれば、男子七六名、女子一〇六名、総数一八二名の皇族がいたことになる。

なお、これら十五宮家以外にも天皇の子や兄弟姉妹である親王・内親王、婚姻により皇后（皇太后）・親王妃となった女子がおり、その総数は数え四歳以下で夭逝した者も含めると、男子（明治天皇は除く）が一一名、女子が二二名である（詳細は巻末付録「近代皇族一覧」に譲る）。このうち皇族家に嫁した女子五名と、皇后となった女子一名は近代皇族数に入るので減ずれば、重複分を除いた直宮《じきみや》女子総数は一六名となる。

表1‐4　**旧典範下の皇族総数**

	直宮	十五宮家	婚姻重複	夭逝	総数
男	11	76		9	78
女	22	106	6	11	111
計	33	182	6	20	189

すなわち、直宮を含めた戦前の皇族総数は男子八七名、女子一二二名、総数二〇九名となる。また近代皇族の夭逝者は男子五名、女子四名、直宮では男子四名、女子七名おり、それぞれ夭逝者を除けば男子七八名、女子一一一名、総数一八九名となり、この数が旧典範下の皇族総数とみなせる。これらをまとめると表1‐4のようになる。

なお、天皇は直宮ではないが、皇太子時代は直宮とみなされる。

新典範下の皇室

第四期は、第二次世界大戦後の日本国憲法の成立に基づき一九四七（昭和二二）年五月三日に一般の法律として施行された新典範制定後の時期であり、現在まで続いている。この新典範は、一八八九（明治二二）年制定の旧典範を原型としながらも、戦後の象徴天皇制に適合すべくかなり簡素化かつ民主化されたものであった。

ところで、新典範の第五条には「皇后、太皇太后、皇太后、親王、親王妃、内親王、王、王妃及び女王を皇族とする」とあり、直宮のみならず、従来の親王や王とその配偶者も皇族に含んでいた。しかし、新典範制定五ヵ月後の一〇月一四日、明治天皇直系の直宮とその配偶者を除く十一宮家五一名の皇族たちが、皇室会議の議を経て皇籍を離脱する。これによって新典範における皇族は、明治天皇の男系とその配偶者らに限定されたのであった（明治天皇の男系は大正天皇一人であった）。

また、新典範第六条は、「嫡出の皇子及び嫡男系嫡出の皇孫は、男を親王、女を内親王とし、三世以下の嫡男系嫡出の子孫は男を王、女を女王とする」と規定している。つまり、皇族たるには天皇の「嫡出（正妻からの出生）」および「嫡男系嫡出」の男女という厳密な条件が付された。かつては「嫡出」ではない「庶出」（正妻でない女性からの出生）の子が皇胤として認められており、そのことが皇位継承者の保持に一定の役割を果たしていたのである。これは長い皇室の歴史のなかでもはじめての条件であった。

さらに、母系についても一定の地位身分の子女であることを求めていた旧典範第三九条の条文が削除され、戦後は旧皇族や華族出身ではない后妃が増えることになる。

混乱する定義と範囲

このように、皇族といっても、時代によってその定義と範囲が異なる。それだけに「皇族とは何か」という問いへの普遍的な答えは難しい。とりわけ第三期の旧典範下の皇族は、法的定義が明確であるにもかかわらず、曖昧で不明確な部分が多い。

たとえば、維新期に天皇の五世孫よりも遠い血縁の皇族が数多く存在し、かつまたその配偶者をも皇族としたからである。さらに、第四期の新典範下には、皇族とは血縁的にも遠い民間出身の子女までもが后妃となって皇族と称され崇敬されるようになった。

元来、皇族は万世一系の天皇の継承者集団としての存在であった。だが、万世一系の原則を堅持するため、時代の変遷に対応しつつ、その定義や範囲を大きく変えてきた。そして、そのことが、徐々に客観的な定義や範囲の混乱を招く要因になっていった。とりわけ近代以後、市民階級の成熟と相まって皇族社会の矛盾も深まり、皇位継承者の定義が多面的に議論され、皇族とは何かという問題を皇族自身が自問自答するようにもなったのである。

こうした現代における皇室概念の混乱を整理するために、まずは幕末維新という激動の時代に置かれた皇族たちの政治的環境と、そこでの個々の言動を追ってみよう。

2　明治維新と親王諸王

還俗する宮門跡たち

増えすぎる皇胤を減らすため、古来、賜姓降下などがなされてきたが、室町時代以後には宮門跡《みやもんぜき》となって入寺得度《とくど》（出家）する親王が増える。宮門跡とは親王が門主となる寺院、あるいは門主自身のことであるが、寺院としては天台宗の輪王寺《りんのうじ》、青蓮院《しょうれんいん》、梶井《かじい》門跡（三千《さんぜん》院《いん》）、照高院《しょうこういん》、天台宗寺門派の円満院《えんまんいん》、聖護院《しょうごいん》、真言宗の仁和寺《にんなじ》、勧修寺《かんじゅじ》、浄土宗の知恩院《ちおんいん》などが知られる。

近世には、皇嗣にならず、宮家も嗣《つ》がず、臣籍降下して貴族の養嗣子にもならない皇親（皇族）は親王宣下を受けて、入寺得度するのが原則となっていた。皇室は皇親を入寺得度させて、皇胤の数を調節し、かつ仏教界からの経済的恩恵に与《あずか》っていたのであった。

こうした宮門跡が再び皇親に戻ることもあった。還俗である。古くにもその例はあり、南北朝時代には九六代後醍醐天皇の皇子たちが還俗した。江戸時代にも伏見宮邦頼《くにより》親王や邦家親王が入寺得度後に還俗して宮家を継承した。そして幕末維新期には、朝廷の政権参与にともなって、入寺得度していた親王たちの還俗も異常に増えていく。表1－5で示したように、

表1－5　**還俗親王一覧**（維新前後に還俗した親王たち）

親王名	主な経歴
久邇宮朝彦	青蓮院尊融が還俗し，中川宮，賀陽宮となり久邇宮初代に
山階宮晃	勧修寺宮済範が還俗し伏見宮に復帰，山階宮初代に
小松宮彰仁	純仁入道親王が還俗し仁和寺宮嘉彰となり東伏見宮に改称，小松宮初代に
聖護院宮嘉言	聖護院宮雄仁が聖護院宮嘉言となり北白川宮の祖に
北白川宮智成	聖護院宮信仁が照高院宮智成と改称し北白川宮初代に
北白川宮能久	青蓮院，梶井を経て輪王寺公現親王となり，伏見宮に復帰，北白川宮２代目に
華頂宮博経	知恩院尊秀入道親王が還俗して華頂宮初代に
梨本宮守脩	円満院覚諄入道親王が梶井宮となり，還俗し梨本宮初代に

註：父宮は，梨本宮守脩が伏見宮貞敬である以外は伏見宮邦家

一人を除き伏見宮邦家親王の王子たちであり、梶井宮守脩《もりおさ》親王のみ邦家親王の先代である伏見宮貞敬《さだよし》親王の王子であった。

幕末維新期の還俗のはじめは、青蓮院門跡となっていた尊融《そんゆう》親王である。

尊融は、粟田宮《あわたのみや》と称され、天台座主《ざす》の地位にあって朝議に関わり、尊皇攘夷の立場から幕政を批判していた。そのため隠居永蟄居《えいちっきょ》を命ぜられ、座主を辞し、青蓮院を退いた。その後、許されて青蓮院に戻り、国事御用掛を命ぜられ、徳川慶喜の奏請で一八六三（文久三）年二月に還俗し、中《なか》川宮《がわのみや》となる。その後、朝彦《あさひこ》を名乗り、賀陽宮と改称。親王号剥奪などの政治的曲折を経ながら伏見宮に復帰し、再び親王宣下を受け、七五（明治八）年五月二〇日、久邇宮の宮号を賜った。この久邇宮朝彦の王子たちが、維新後に新設された四宮家の当主となる。すなわち久邇宮邦彦《くによし》、梨本宮守正、朝香宮鳩彦《やすひこ》、東久邇宮稔彦《なるひこ》である。

次いで、還俗したのは勧修寺門跡であった済範《さいはん》親王であ

る。一時、一二〇代仁孝天皇の咎《とが》めを受けて親王の号を剝奪され伏見宮の家系から除かれたが、一八六四（元治元）年正月九日、徳川慶喜らの奏請で還俗して伏見宮に復帰し、同月一七日に山階宮と称し、あらためて親王宣下を受けた。山階宮初代の晃《あきら》親王である。山階宮晃親王は、国事御用掛となり、六七（慶応三）年一二月九日の王政復古後には議定《ぎじょう》や外国事務局督《かみ》などの要職に就いた。

さらに王政復古に際して、仁和寺に入寺得度していた嘉彰《よしあきら》親王（純仁《じゅんにん》）が還俗して、仁和寺宮と称して議定となった。その後、軍事総裁となり、戊辰戦争では会津征討越後口総督となって、一八七〇（明治三）年正月二九日に東伏見宮と改め、イギリスに留学した。八一年に維新以来の功績により世襲親王家となる。

仁和寺宮以後も王政復古からその翌年にかけて、宮門跡の還俗が続いた。

聖護院宮雄仁《ゆうにん》親王は聖護院宮嘉言《よしこと》親王となり、一八六八年八月に亡くなるが、北白川宮家の祖となっている。同じく聖護院に入寺得度していた信仁《しんにん》親王は維新後に還俗して照高院宮智成《さとなり》親王となり、北白川宮の初代となる。北白川宮の二代目は、青蓮院や梶井（三千院）を経て、輪王寺門跡となった公現《こうげん》親王（能久《よしひさ》親王）であり、第3節で詳述するが戊辰戦争時には幕府方に擁立され、一時は伏見宮御預《おあずけ》となっていた。

知恩院に入寺得度していた尊秀《そんしゅう》親王も維新後に還俗して華頂宮博経《ひろつね》親王に。円満院に入寺得度した覚諄《かくじゅん》親王は梶井門跡を相続し、梶井宮昌仁《しょうにん》親王と改名、維新後に還俗して守脩親王となり、一八七〇年一一月に初代の梨本宮となっている。

「宮」の称号

ところで、皇族は一般に「宮様」と称されることがあるが、この「宮」の称号は大きく家名の場合と個人の称号の場合とに分けられる。

たとえば、久邇宮朝彦親王は久邇宮という家名の宮号と、個人の幼名としての富宮《とみのみや》がある。しかし、久邇宮にはほかにも、青蓮院宮、粟田宮、中川宮、賀陽宮などの宮号があり、これらを家名とするか、個人名とするかの分類は難しい。少なくとも幼名とはいえず、かといって世襲されなかったので家名とするには不十分ともいえる。ただ、青蓮院宮と粟田宮の場合は出家した宮門跡の宮号として扱うことができる。問題は、中川宮、賀陽宮であり、これらの宮号は世襲されなかったが（久邇宮朝彦親王の第二王子邦憲《くにのり》王が賀陽宮を称するが、世襲したわけではない）、家名とするしかないだろう。

宮号分類にはこうした難しさがあり、その歴史は以下のようになろう。

まず古来、特定の皇族（皇親）の名字や官名、品位《ほんい》、地名、居所名などに「宮」を付す呼称はあった。たとえば、七四六（天平一八）年正月二〇日「装潢造紙受納帳《そうこうぞうしじゆのうちよう》」「経疏奉請帳《きようしよほうせいちよう》」「本経疏奉請帳《ほんけいそほうせいちよう》」（正倉院文書）などは、市原王《いちはらおう》（三八代天智天皇の子である施基《しき》親王の曾孫。四世王）を「市原宮」「長官宮」「玄蕃《げんば》宮」と記している。また、安宿王《あすかべおう》（四〇代天武天皇の孫

表1-6　**近代以前の宮家一覧**

宮号	続柄など
大炊御門	80代高倉天皇皇子の惟明親王
六条	82代後鳥羽天皇皇子の雅成親王
岩倉	84代順徳天皇皇子の忠成王及びその子尊忠，広御所宮とも
四辻	84代順徳天皇皇子の善統親王及びその子孫の尊雅王，善成王
五辻	90代亀山天皇皇子の守良親王に始まり，89代後深草天皇皇子の久明親王の子孫に継承
常磐井	90代亀山天皇皇子の恒明親王に始まり，5世後まで親王宣下を受けた
木寺	94代後二条天皇皇子の邦良親王に始まり，邦康親王の4世後まで継承
玉川	98代長慶天皇皇子で名前は不詳
小倉	99代後亀山天皇皇子である恒敦王で，親王宣下の有無は不明
伏見	北朝3代崇光天皇皇子の栄仁親王に始まる系譜，近代まで継承
桂	106代正親町天皇皇孫の智仁親王に始まり，明治維新後に継嗣なく廃絶
有栖川	107代後陽成天皇皇子の好仁親王の高松宮創立に始まり，のち有栖川宮と改称
閑院	113代東山天皇皇子の直仁親王に始まり，戦後に皇籍離脱

である長屋王の子。三世王）を「安宿宮」とする「安宿宮請経文」（正倉院文書）などもある。

平安時代以降になると、皇子や皇女を一宮、二宮、今宮、若宮、女一宮、女二宮と呼ぶようになり、官名、品位、地名、居所名などを付して、帥宮《そちのみや》（大宰帥《だざいのそち》である親王）、女三品宮《さんぼんのみや》、仁和寺宮、青蓮院宮、高倉《たかくら》宮、大塔《だいとう》宮と称するようになった。

次いで、個人称号ではなく家号としての宮号は、鎌倉時代以後に殿邸や所領の伝領とともに生まれた。

その家が代々親王宣下を受けて宮号のある家（宮家）を世襲するようになり（世襲親王家）、宮号は一家を立てた親王の号として機能する。この家号としての宮号は、表1-6で示したが、古くは大炊御門《おおいのみかど》宮

（八〇代高倉天皇皇子の惟明《これあきら》親王）、六条《ろくじょう》宮（八二代後鳥羽天皇皇子の雅成《まさなり》親王）、岩倉《いわくら》宮・広御《ひろご》所《しょ》宮（八四代順徳天皇皇子の忠成《ただなり》王および忠成王の子尊忠）、四辻《よつつじ》宮（八四代順徳天皇皇子の善統《よしむね》親王およびその子孫の尊雅《たかまさ》王、善成《よしなり》王）などがあった。そして岩倉宮の場合、世襲継承されていても家名としての宮号なのかどうか不明といわれ、宮内庁『皇室制度史料　皇族四』は、所領の伝領もあった四辻宮を世襲親王家である宮家の端緒としている。

鎌倉後期になると五辻《いつつじ》宮（九〇代亀山天皇皇子の守良《もりよし》親王にはじまり、八九代後深草天皇皇子の久明《ひさあきら》親王の子孫に継承された）、常磐井宮（九〇代亀山天皇皇子の恒明《つねあきら》親王にはじまり、全仁《またひと》親王、満仁《みつひと》親王、直明《なおあきら》親王、全明《またあきら》親王、恒直《つねなお》親王の五世後まで親王宣下を受けた）、木寺宮（九四代後二条天皇皇子の邦良《くによし》親王にはじまり、康仁《やすひと》親王、邦恒《くにつね》王、世平《ときひら》王、邦康《くにやす》親王の四世後まで継承され、途中の邦恒王と世平王は夭逝のため親王宣下はなかった）などが生まれた。

このうち五辻宮は実態が不明な点が多いが、常磐井宮と木寺宮は世襲親王家として一般に確定されており、室町中期から後期にかけて消滅した。

宮家はそのほかにも、玉川《たまがわ》宮（九八代長慶天皇皇子で名前は不詳）、小倉《おぐら》宮（九九代後亀山天皇皇子である恒敦《つねあつ》王で、親王宣下の有無は不明）などの存在が伝えられるが、世襲の事実はない。

世襲親王家

先に少し触れたが、近代の旧宮家皇族につながる世襲親王家は、室町時代の伏見宮（一四〇九年、北朝三代崇光天皇皇子の栄仁《よしひと》親王にはじまる系譜で、代々天皇または上皇の猶子《ゆうし》〈養子〉となって親王宣下を受けて近代まで継承され、二四代博明《ひろあき》王が皇籍離脱）の創設によって成立する。

その後、安土桃山時代に桂宮（一五九一年、一〇六代正親町天皇皇孫の智仁親王にはじまり、六代とされる作宮《さくのみや》は夭逝、幕末に一二代淑子《すみこ》内親王が嗣ぎ、明治維新後に継嗣なく廃絶）、江戸時代初期に有栖川宮（一六二五年、一〇七代後陽成天皇皇子の好仁《よしひと》親王の高松宮創立にはじまり、三代幸仁《ゆきひと》親王の代に有栖川宮三代と改称、以後、維新後の一〇代威仁《たけひと》親王まで続くが、継嗣なく旧典範の規定により廃絶）が生まれ、江戸時代中期に新井白石の建言で、閑院宮（一七一八年、一一三代東山天皇皇子の直仁《なおひと》親王にはじまり、七代春仁《はるひと》王が皇籍離脱）が新設された。

これらは四親王家と呼ばれた。そして、幕末から維新にかけて還俗門跡による新しい親王家が続出し、当初は一代皇族とされたが（つまり宮号の世襲がない）、特例により継承が許され、旧典範制定によって永代皇族となる。

なお、宮門跡と親王家の宮号も混同しやすいものがあったようで、宮門跡が還俗した後の一八七〇（明治三）年に、華頂宮、梶井宮、照高院宮は門跡名と区別がつけがたいので「更に改号」を仰せつけられ、華頂宮はそのままとなったが、梶井宮は梨本宮、照高院宮は北白川宮となった（国立公文書館「宮華族以下御改正諸記」）。

表1－7　「ご称号」としての宮号（近現代）

父宮	宮号	名・続柄など	備考
孝明天皇	祐宮	睦仁親王・孝明天皇2男	明治天皇
明治天皇	梅宮	薫子内親王・明治天皇2女	夭逝
	建宮	敬仁親王・明治天皇2男	夭逝
	明宮	嘉仁親王・明治天皇3男	大正天皇
	滋宮	韶子内親王・明治天皇3女	夭逝
	増宮	章子内親王・明治天皇4女	夭逝
	久宮	静子内親王・明治天皇5女	夭逝
	昭宮	猷仁親王・明治天皇4男	夭逝
	常宮	昌子内親王・明治天皇6女	竹田宮恒久王妃
	周宮	房子内親王・明治天皇7女	北白川宮成久王妃
	富美宮	允子内親王・明治天皇8女	朝香宮鳩彦王妃
	満宮	輝仁親王・明治天皇5男	夭逝
	泰宮	聡子内親王・明治天皇9女	東久邇宮稔彦王妃
	貞宮	多喜子内親王・明治天皇10女	夭逝
大正天皇	迪宮	裕仁親王・大正天皇1男	昭和天皇
	淳宮	雍仁親王・大正天皇2男	秩父宮
	光宮	宣仁親王・大正天皇3男	高松宮
	澄宮	崇仁親王・大正天皇4男	三笠宮
昭和天皇	照宮	成子内親王・昭和天皇1女	東久邇宮盛厚王妃
	久宮	祐子内親王・昭和天皇2女	夭逝
	孝宮	和子内親王・昭和天皇3女	鷹司平通夫人
	順宮	厚子内親王・昭和天皇4女	池田隆政夫人
	継宮	明仁親王・昭和天皇1男	今上天皇
	義宮	正仁親王・昭和天皇2男	常陸宮
	清宮	貴子内親王・昭和天皇5女	島津久永夫人
天皇明仁	浩宮	徳仁親王・今上天皇1男	皇太子
	礼宮	文仁親王・今上天皇2男	秋篠宮
	紀宮	清子内親王・今上天皇1女	黒田慶樹夫人
皇太子徳仁	敬宮	愛子内親王・皇太子徳仁1女	

さて、幼少時の宮号である「ご称号」は、江戸時代になってからで、たとえば一一一代後西天皇は秀宮《ひでのみや》と称され、以後、親王や王、内親王や女王の幼名に宮を付すようになった。近代になってからは親王、内親王に宮が付されるが、王、王女の幼名には付さなかった。たとえば、明治天皇は祐宮《さちのみや》、その親王には明宮《はるのみや》（嘉仁《よしひと》、大正天皇）、内親王には常宮《つねのみや》（昌子《まさこ》、竹田宮恒久《つねひさ》王妃）、周宮《かねのみや》（房子《ふさこ》、北白川宮成久《なるひさ》王妃）、富美宮《ふみのみや》（允子《のぶこ》、朝香宮鳩彦王妃）、泰宮《やすのみや》（聡子《としこ》、東久邇宮稔彦王妃）などの「ご称号」を付したのである。

戦後は、内廷皇族に限られ、愛子《あいこ》内親王には敬宮《としのみや》の「ご称号」があるが、秋篠宮《あきしののみや》家の悠仁《ひさひと》親王には「ご称号」としての宮号はない。これらについては、表1-7でまとめてみた。

一代皇族と永世皇族――養子の容認

さて、幕末維新期に青蓮院宮、勧修寺宮、仁和寺宮などの宮門跡が次々と還俗し、皇族の数が増えたが、この間、皇族の出家は禁じられ、一八六四（元治元）年には皇子や皇女の出家剃髪《ていはつ》が禁じられた。

さらに一八六八（慶応四）年四月一七日、「宮・堂上《とうしょう》の子弟は、世嗣の外多くは仏門に入るを例とせしが、是《こ》の日、其《そ》の器に応じて登用すべきを以《もっ》て、僧徒と為すを禁ず」（『明治天皇紀』）と、皇族や公家の子弟は僧侶とせず、力量次第で政治に参与させる方針が定まった。

こうした結果、四親王家以外の新たな還俗親王家が増大するが、これを抑えるため、新宮家の嫡子以下は臣籍降下させることとし、一八六八年閏四月一五日に「親王・諸王の別、皇族の世数及び賜姓の制」を定め、「皇兄弟・皇子を以て親王と為し、皇兄弟・皇子以外を諸王と為す、親王より五世王名を得と雖《いえど》も、皇親の限に在らず」と、律令継嗣令の規定を前提とした処置をとった。

すなわち、伏見宮と有栖川宮の嫡子は従来の通り天皇の養子として親王宣下し、閑院宮は嫡子相続の際に天皇の養子として親王宣下するが、賀陽宮・山階宮・聖護院宮・仁和寺宮・華頂宮・梶井宮の子孫は嫡子も含めて賜姓華族にするのである。また、照高院宮は聖護院宮を相続し、その子孫が賜姓華族となるとした。『明治天皇紀』は「是れ維新後皇族制度制定の始なり」としている。

一八七〇年九月一〇日には家職の制が定められ、皇族・華族の家人職員を家令《かれい》・家扶《かふ》・家従《じゅう》・家丁《かてい》とし、家令は一名、ほかは適宜数とした。同年一二月には永世禄も定まり、現米で、桂宮淑子内親王が一〇一五石、有栖川宮熾仁《たかひと》親王が五二〇石五斗、伏見宮邦家親王が五五九石二斗、山階宮晃親王、東伏見宮嘉彰親王、梨本宮守脩親王、華頂宮博経親王がそれぞれ四三一石三斗、閑院宮に五三〇石、北白川宮智成親王に四三一石三斗となった。そして「新規御取立之宮方二代目より華族に付、仰付家禄は其儘《そのまま》世襲之事」と、華族となっても家禄は世襲されることが明記された（国立公文書館「宮華族以下御改正諸記」）。

さらに、一二月一〇日に「桂・有栖川・伏見・閑院の四親王家の外、新に建てし親王家は凡《すべ》て一代に限り、二代よりは姓を賜いて華族に列せしむ」（『明治天皇紀』）と布告され、還俗親王家は一代皇族となり、東伏見宮嘉彰親王、山階宮晃親王、梨本宮守脩親王らに、その子孫はすべて華族に列する旨が伝えられた。

一代皇族の華族降下は、一八六九年の華族設置の動きとも連動しており、八四年の華族令制定で定まる公侯伯子男《こうこうはくしだん》の五爵制案では、「親王諸王より臣位に列せらるる者」は旧摂家や徳川宗家、国家に偉勲ある者らとともに公爵となる叙爵内規があった。ところが、一代皇族たちは漸次、勅旨により特例として宮家の継承が許され、いわゆる旧宮家皇族（直宮ではない宣下親王家による宮家）を構成していったのである。

一代皇族の華頂宮博経親王の場合は病気となったため、一八七六年四月、親王の第一王子博厚《ひろあつ》王が特旨により皇族となった。しかし博厚王も幼くして病気となり、伏見宮貞愛《さだなる》親王の第一王子愛賢《なるかた》王が特旨により華頂宮を継ぎ、博恭《ひろやす》王と改名した。

梨本宮守脩親王の場合は、一八八一年九月に亡くなり、養子となっていた菊麿《きくまろ》王（山階宮晃親王第一王子）は華族に列するところであったが、久邇宮朝彦親王の請願で梨本宮の二代目を継承した。菊麿王はその後、山階宮に復籍したため、三代目の梨本宮を朝彦親王第四王子である多田《ただ》王が守正王と改名して継いだ。

宮家継承の勅旨もさることながら、一八八九年の旧典範制定までは養子相続も容認されており、宮家の継承と存続の原則は流動的であった。このため、新たな宮家の当主の多くが、伏見宮邦家親王の実系の子孫たちで占められる結果となったのである。

皇族邸地

維新以後、皇族たちも京都から東京へ邸地を構えるようになるが、当初は過渡的状態であった。つまり、一八七〇（明治三）年一二月二二日、皇族家の家禄や進退が宮内省管轄となり、桂宮（一二〇代仁孝天皇内親王敏宮《ときのみや》淑子。桂宮を継ぐ）と静寛院宮《せいかんいんのみや》（仁孝天皇内親王皇女和宮《かずのみや》。徳川家茂と死別して落飾）は宮内省、有栖川、伏見、閑院、山階、梨本の五宮家は京都の留守官、東伏見、華頂、北白川の三宮家は太政官の弁官が監督することになるなど、それぞれの邸宅がある地域の違いで管轄部署を分けていたからである。

一八七三年五月二八日、「皇族邸地の儀自今《じこん》一邸三千坪以下に被定候事《さだめられそうろうこと》」との布告が発せられ、皇居内の旧江戸城内といわれた区域に置かれた皇族邸地の移設が求められた。この布告により東京市内に三〇〇〇坪以下を標準とした皇族邸地が指定されていくが、皇族邸地は地券の発行はなく課税されず、一般の土地とは別扱いとなった。ただし、別邸などは一般同様に地租や区費を設定した。

表1－8で示したように、新たな皇族邸地として、一八七四年、東伏見宮邸が、次いで伏見宮邸、華頂宮邸が決まった。翌七五年には、有栖川宮邸が皇太后宮非常御立退御用邸として買い上げられ、その翌年に芝離宮となった。有栖川宮邸については、同年に代替地として

表1-8　**明治初期の皇族邸地**

宮号	設置年	所在地	坪数
東伏見宮	1874	駿河台袋町6番地，7番地	2,270
伏見宮	1874	府下第3大区4小区富士見町5－1	2,452
華頂宮	1874	三田台町元英国公使館	300
有栖川宮	1876	府下第2大区1小区裏霞ヶ関1－2	3,000
閑院宮	1877	第3大区3小区一番町1	－
東伏見宮	1877	麻布市兵衛町1－11	－

註：有栖川宮邸は副島種臣，閑院宮邸は木戸正二郎，東伏見宮邸は故静寛院宮のそれぞれ旧宅
出典：宮内庁『明治天皇紀』吉川弘文館，1968～75年

表1-9　**大正期の皇族邸地**

宮号	設置年	所在地	坪数
山階宮	1879	麴町区富士見町	5,021
伏見宮	1884	麴町区紀尾井町	18,102
閑院宮	1892	麴町区永田町	10,906
梨本宮	1899	渋谷区美竹町	15,528
北白川宮	1910	芝区高輪南町	16,133
竹田宮	1910	芝区高輪南町	11,096
朝香宮	1921	芝区白金台町	9,776
総計			86,563

註：伏見宮邸地設置は1878年にも行われ，2度にわたる．坪数総計は出典のまま
出典：黒田久太『天皇家の財産』三一書房，1966年

副島種臣邸一万一〇九三坪のうち三〇〇〇坪を買い上げている。一八七七年には閑院宮が木戸正二郎邸を買い上げている。なお、東伏見宮邸は、第四大区一小区駿河台南甲賀町一九番地の建物が大破したので、故静寛院宮邸を拝借し、移転した。

ちなみに、一八七七年一一月、赤坂福吉町の徳川家達邸を買い上げて東宮御所とした。将軍継嗣の邸地が皇太子御所となったことで、旧武家地の処理問題が一段落したとみることができる。

その後も皇族邸地の動きはあり、たとえば、有栖川宮家は、一八八二年八月二四日に麴町区

霞ヶ関一丁目一番地の皇宮付属地一三三三坪を、八四年一〇月三一日には麻布区麻布三河台町二四番地の皇宮付属地四五三〇余坪を、そのほか利根川筋の皇宮付属地三二町余も下賜された。ただし、利根川筋の地は八九年一二月二六日に四万円で、霞ヶ関一丁目の邸地一万三五一三坪余は熾仁《たるひと》親王薨去《こうきょ》後の九六年一一月一九日に二〇万円で、それぞれ皇宮付属地に再編入された（『明治天皇紀』）。

梨本宮家などは三代目の守正王が嗣いだ頃は麴町三番町にあり、守正王の本家にあたる久邇宮家に近接していた。その後一九一〇年に青山（現渋谷区宮益）に二万坪余の邸地を下賜され、七〇〇坪の御殿を建てた。

参考までに近代皇族家が整った大正期（一九二一年）当時の東京の皇族邸地を示すと、前ページの表1-9の通りである。この頃、有栖川、桂、小松の三宮家はすでに廃絶し（華頂宮も一九二四年に断絶）、新たに朝香、竹田、東久邇の三宮家や朝鮮王族家が生まれていた。当時、東久邇宮は邸地を下賜されず、不満を漏らしていたといわれるが、東久邇宮が先に賜った五〇万円の建築資金を流用してしまい御殿建設ができなくなったためと伝えられる。

3　皇族軍人の設置

有栖川宮大総督

近代皇族と軍事との関わりは、一八六八（慶応四）年一月三日の鳥羽伏見での開戦から彰義隊との上野戦争、長岡藩・会津藩など奥羽越列藩同盟との戦いを経て、翌六九（明治二）年五月一八日の五稜郭開城で終息する戊辰戦争からはじまる。

戊辰戦争は、朝廷を中心とした新政府軍と徳川勢力を中心とした旧幕府軍との主導権争いであったが、皇族では有栖川宮熾仁親王が新政府軍の大総督に就任し、仁和寺宮嘉彰（のちの小松宮彰仁《あきひと》）親王が会津征討総督となったほか、輪王寺宮公現《こうげん》（のちの北白川宮能久）親王が旧幕府側の奥羽越列藩同盟の盟主に担がれた。

有栖川宮熾仁親王は一八三五（天保六）年二月一九日、有栖川宮幟仁《たかひと》親王の第一王子として生まれ、幼名を歓宮《よしのみや》と称した。生母は家女房の佐伯祐子であった。熾仁親王は一八五一（嘉永四）年、数え一七歳で一二一代孝明天皇の実妹である和宮親子《かずのみやちかこ》内親王と婚約したが、よく知られているように和宮が公武合体のために将軍徳川家茂と結婚することとなり婚約は破棄された。その後、一八六四（元治元）年の禁門の変以後の長州藩劣勢の政治状況のなかで、孝明天皇の不興を買って父の幟仁親王とともに国事御用掛の任を解かれ、謹慎蟄居となっていた。しかし、明治天皇践祚《せんそ》により謹慎を解かれ、王政復古後の新政府で最高職の総裁となる。

戊辰戦争に際しては一八六八年二月九日に総裁のまま東征大総督となり、明治天皇から錦《きん》

熾仁親王（1835～95）
維新後も明治天皇からの信任厚く，西南戦争では征討総督．平定後は西郷に次ぐ２人目の陸軍大将，初代参謀総長に．日清戦争でも軍のトップに

旗《き》と節刀《せっとう》を授与された。錦旗は官軍の印で、節刀は征討将軍の印であった。

官軍の軍歌「トコトンヤレ節」で「宮さん宮さん」と歌われた熾仁親王は、軍を率いて東海道を江戸に向かった。進軍中は常に輿《こし》に乗り、半ば物見遊山の旅で、のんびりした行軍であったといわれる。とはいえ、江戸入城三日前の四月一八日の『熾仁親王日記』には「輪王寺を賊徒押立《おしたて》、日光山へ移し、錦旗等を拵《こしらえ》、不容易《よういならざる》企《くわだて》有之《これある》趣《おもむき》」と旧幕府軍が担ぐ輪王寺宮公現親王の動きを警戒する記述もあり、緊張感はあった。結局、一度の戦闘もなく同月二一日に江戸城に入った（新政府軍の江戸無血入城は同月一一日）。

敵味方にはなったが、熾仁親王の最初の妃貞子《さだこ》は徳川慶喜の妹であるなど、有栖川宮家と水戸徳川家との間は深い姻戚関係があった。熾仁は恭順を条件に慶喜を助命しようと思い、自ら東征大総督を志願したともいわれる。実際、熾仁は駿府（静岡）で幕府側の輪王寺宮公現親王と会い、公現親王に慶喜の恭順の意思を聞き、東征中止と慶喜の助命嘆願を話し合ったのである。

他方、熾仁親王のかつての婚約者である和宮（静寛院宮）は、公武合体により一四代将軍の家茂に嫁いでいた。この和宮をはじめとする大奥の女性たちも、徳川宗家を守るために、江戸城の無血開城と慶喜の助命嘆願に奮闘したのであった。

会津のミカド

東征大総督の有栖川宮熾仁親王が駿府で会見した輪王寺宮公現親王も戊辰戦争で活躍した皇族であった。だが、先にも触れたように旧幕府側に担がれて敗北したため、屈折した生涯を送ることとなる。

親王は伏見宮邦家親王の第九男子として生まれ、巻末の系図のように、実兄には山階宮晃親王、久邇宮朝彦親王、小松宮彰仁（会津征討越後口総督だった仁和寺宮嘉彰）親王、実弟に華頂宮博経《ひろつね》親王、初代北白川宮智成《さとなり》親王（照高院宮）、伏見宮貞愛《さだなる》親王、閑院宮載仁《ことひと》親王、東伏見宮依仁《よりひと》親王がいた。こうした近代皇族の中心にいたが、旧幕府軍に担がれた過去は容易には消えなかった。

輪王寺宮は、三代将軍家光の時代に創建された寛永寺に皇族を迎えて輪王寺門主としたことに由来し、初代は一〇八代後水尾天皇皇子の守澄《しゅちょう》親王であり、幕末維新期の門主が公現親王であった。公現親王は一八四七（弘化四）年二月一六日生まれで、幼名満宮《みつのみや》。二歳のときに青蓮院門室を相続し、さらに梶井門室に入り、五八（安政五）年に親王宣下を受けて能久と命名され、同年、輪王寺に入室して公現の諱《いみな》を得た。そして、六七（慶応三）年に輪王寺

公現親王（1847～95）
のちの能久親王．幕軍に利用され，奥羽越列藩同盟の盟主に．敗北後，蟄居．独留学中の1872年北白川宮を継ぐ．日清戦争後，台湾遠征で病没

門主となり、輪王寺宮公現と呼ばれていた。

新政府軍が東征をはじめると、幕臣たちのなかには公現親王を立てて官軍と戦おうとする者もあり、徳川慶喜は公現親王に江戸城への避難を勧めたが、公現親王は寛永寺にとどまった。その後、慶喜自身が寛永寺大慈院に謹慎となり、公現親王は慶喜の謝罪と徳川家存続のため幕府方の代理として自ら京都に向けて出発した。公現親王は駿府で大総督の有栖川宮熾仁親王に会見し、慶喜自筆の願状を渡したが、有栖川宮に「慶喜の書には虚飾が多く」と突き返され、降伏して江戸城と武器・軍艦を献上するように命ぜられる。

公現親王は駿府から江戸に戻り、一八六八年四月一一日、江戸は無血開城となった。慶喜は寛永寺大慈院を出て水戸に謹慎となり、二一日に有栖川宮熾仁親王が江戸城に入ったわけである。この頃、公現親王の実父である伏見宮邦家親王は公現親王に京都に戻るように勧めている。しかし、公現親王を担ぐ江戸の人びとは上洛中止の嘆願書でこれを阻止しようとした。

同年閏四月には、旧幕臣の一部で結成された彰義隊に、薩長土肥からなる官軍を「四藩兇賊《きょうぞく》」とする公現親王の令旨《りょうじ》が発せられるが、五月一五日には官軍の上野総攻撃により、公現親王は根岸、三河島方面に逃れた。官軍は公現親王に懸賞金をかけて江戸中を捜索し、公現親王は羽田沖の軍艦長鯨丸で、旧幕府海軍副総裁榎本武揚の護衛のもと奥羽に脱出した。公現親王は帰順しても身の安全を確保できないと判断し、奥羽で時機を待とうとしたのであった。

「東武皇帝」案と降伏

こうして一八六八（慶応四）年六月六日、公現親王は会津若松に逃れる。会津藩主松平容《かた》保《もり》は公現親王を奥羽越列藩同盟の盟主に担ぎ、出家の身であるので軍事命令は行わせないが、大義の旗を掲げ、君側《くんそく》の奸《かん》を除き、慶喜の冤罪を覆すといった方針を立てさせる。

奥羽越列藩同盟は、公現親王の仮居を列藩同盟府のある白石城に構えるとし、奥羽の旧幕領を賄いにあて、彰義隊の警護を受けるなど、新政府に対抗する政権として整えられていった。さらには、公現親王の盟主就任の六月一六日に大政元年と改元し、公現親王を即位させて「東武《とうぶ》皇帝」とする案もあったという。

七月一〇日、公現親王は仙台城で「日光宮令旨」を発し、官軍を称する賊軍薩摩の打倒を訴える。日光宮とは当時の公現親王の宮号である。奥羽越公議府はこれに呼応する「日光宮御動座布告文」を出す。

さらに、公現親王の印が捺された第二の令旨が発せられ、欧文に翻訳して各国公使に伝達されるなど、公現親王の正統性の国際的承認を得る意図もあった。公現親王自身、自分を「今上《きんじょう》の叔父」(公現親王は一二〇代仁孝天皇の猶子で明治天皇の叔父にあたる)と称し、皇位の正統性も主張していたのである。

しかし、軍事的劣勢は覆いようがなく、一八六八(明治元)年九月一八日に仙台藩は謝罪降伏し、同日に公現親王も官軍に謝罪降伏文を送った。旧幕臣のなかには公現親王を擁立して外国逃亡を計画する者もあったが、榎本武揚の進言もあり、公現親王は江戸から京都に護送された。京都に着いた公現親王は、仁孝天皇猶子としての皇族の身分や、輪王寺宮・日光宮などの宮号を剝奪され、本家である伏見宮家御預《おあずけ》となった。

「自今海陸軍に」

さて、戊辰戦争における有栖川宮熾仁親王や輪王寺宮公現親王は、もちろん近代的な軍制に基づいた軍人ではない。天皇との血統的権威により軍事上の権限を有していたというべきであり、当時のすべての皇族が軍職に就いたわけではなかった。

戊辰戦争前の軍の編制は、召命あるいは随意の兵が諸藩から上京してなされ、朝廷守護などの任にあたった。戊辰戦争さなかの一八六八(慶応四)年閏四月一九日の陸軍編制法で、一万石あたり一〇名の兵と三〇〇両の軍資金を諸藩に命じ、これを朝廷や畿内の守護などにあてた。任期は三年。旧京都守護職の邸内に軍務官陸軍局を配置し、軍隊進退、軍紀、軍資金などを管轄させたのである。

一八七二（明治五）年一一月二八日に徴兵の詔書が発せられ、天皇は、古来の日本では兵農の分離はなく、中世になって兵権が武家にわたり兵農が分離していたが、戊辰戦争では兵農が一体化し一〇〇〇有余年来の一大変革であったと述べ、古来の制度に基づき、海外各国の例を取り入れ、「全国募兵の法を設け国家保護の基《もとい》」とすると命じた。この詔書をうけて、太政官は、「士は従前の士にあらず、民は従前の民にあらず、等しく是れ皇国の民なり」「国家に災害あらんか、之れを防ぐは則ち自己の災害を防ぐの基たり」と、近代国家における兵役の必要性を訴え、翌七三年一月一〇日、国民皆兵の徴兵令が発布された。

同年一二月九日、宮内省宛に「皇族自今海陸軍に従事すべく」の太政官達《たつし》が発せられた。これにより皇族男子は一部の例外を除き、すべて陸軍か海軍のいずれかの軍人となることが義務づけられる。ただし年長の皇族は除かれている。当時数え二八歳だった東伏見宮（のち小松宮）嘉彰親王と一六歳の伏見宮貞愛親王が身を軍籍に置くことを上申、天皇の命によって、嘉彰親王は陸軍（少尉）に、貞愛親王は海軍に従事させた。しかし、貞愛親王は体質が海軍に適さないとの理由で、陸軍練習となり幼年学校に通うことと

嘉彰親王（1846〜1903）
1870〜72年まで英国留学し，その影響から皇族軍人化に道を開く．佐賀の乱で征討総督．日清戦争では旅順に出征，熾仁親王薨去後は参謀総長に

なった。欧州諸国の皇族が幼少時から陸海軍に服したことが意識されていたのであった（『明治天皇紀』）。

皇族の軍人化といっても、有栖川宮熾仁親王のような近代軍制成立過程における軍人皇族と、伏見宮貞愛親王のような大日本帝国憲法や旧典範の制定で近代法治国家に組み込まれた皇族軍人とでは、当然その政治的機能や性格は異なっていた。

軍事留学

東伏見宮嘉彰親王は一八七〇（明治三）年から七二年までイギリスに留学する。戊辰戦争以後、嘉彰親王は国内で一軍人の重責を負うよりも海外に学ぶことを願い続け、この希望を果たしたのである。

ロンドンに着いた親王は、欧州文明を学び、英国の儀式に参加し王室との交流を結ぶ。日本の皇族としてははじめて海外の君主であるヴィクトリア女王に対顔、握手をしたりする。また、エドワード七世の平癒感謝会などに参列もした。こうした経験から嘉彰親王は、欧州の王族が年少時より「海陸軍に服事し勉強せざるはなし」との見解を持ち、帰国後、自ら望んで陸軍少尉となり、皇族軍人の道を開いたのである。当時、華頂宮博経親王はアメリカ海兵学校、北白川宮能久親王はプロシア（ドイツ）の陸軍大学校で、それぞれ学んでおり、皇族の軍人化への環境は整えられていった。

以後、四四～四五ページ見開きの表1－10「近代男子皇族一覧と軍人化」にまとめたように、一九四五年の帝国軍隊崩壊までの七二年間に、陸軍には生年順で、有栖川宮熾仁親王ら一八名、海軍には華頂宮博経親王ら一〇名、計二八名が配属され、大元帥である天皇のもと、軍事的な役務を担う。また、一九一〇年の韓国併合後には朝鮮王族である李堈《イカン》、李鍝《イウ》らが陸軍に所属した。李垠の長男である李玖《イク》は海軍を志望していたといわれる。昭和天皇の弟である直宮たちも、陸軍に秩父宮、三笠宮、海軍に高松宮が配属されている。そのほか、賀陽宮治憲《はるのり》王と久邇宮邦昭《くにあき》王は海軍兵学校生徒、東久邇宮俊彦《としひこ》王は陸軍士官学校生徒となっている。

軍人とならなかった皇族男子は、神宮祭主となった賀陽宮邦憲王と久邇宮多嘉王、健康上の理由があった伏見宮邦芳《くにか》王である。

華族もまた、一八八一年四月七日、宮内卿徳大寺実則から華族会館長兼督部長岩倉具視宛の諭達で、「成るべく陸海軍に従事」すべきことが指示されるが、皇族軍人ほどの強制力はなく、あまり成功しなかった。むしろ、日清・日露戦争後に、多くの軍人が華族となることで、その目的を果たすことになる。

ただ、皇族から賜姓華族となった人びとで陸海軍軍人となった者は多く、陸軍に山階芳麿《やましなよしまろ》ら四名、海軍に小松輝久、伏見博英（戦死）、音羽正彦《おとわただひこ》（戦死）、宇治家彦（海軍技術大尉）ら八名、計一二名を数える。非軍人であったのが、清棲家教《きよすいえのり》、二荒《ふたら》芳之、筑波《つくば》藤麿（靖国神社

名	陸軍	海軍	階級・軍歴など	軍歴外の主な経歴
伏見宮博義王		7	大佐	
山階宮武彦王		8	少佐（予備役）	
賀陽宮恒憲王	12		中将	
山階芳麿侯爵	○		中尉（予備役）	
久邇宮朝融王		9	少将	
華頂宮博忠王		10	中尉	
久邇邦久侯爵	○		大尉	
秩父宮雍仁親王	◎		少将	
閑院宮春仁王	13		少将	
高松宮宣仁親王		◎	大佐	
筑波藤麿侯爵				靖国神社宮司
華頂博信侯爵		○	大佐	
鹿島萩麿伯爵		○	大尉	
葛城茂麿伯爵	○		中佐	
竹田宮恒徳王	14		中佐	
李鍵公	□		中佐	
北白川宮永久王	15		少佐（事故死）	
東伏見邦英伯爵				京都帝国大学講師
伏見博英伯爵		○	少佐（戦死）	
朝香宮孚彦王	16		中佐	
李鍝公	□		大佐（被爆死）	
音羽正彦侯爵		○	少将（戦死）	
三笠宮崇仁親王	◎		少佐	
東久邇宮盛厚王	17		少佐	
宇治家彦伯爵		○	技術大尉	
粟田彰常侯爵	○		大尉	
賀陽宮邦寿王	18		大尉	
龍田徳彦伯爵		○	大尉	
賀陽宮治憲王			兵学校生徒	
東久邇宮俊彦王			士官学校生徒	
久邇宮邦昭王			兵学校生徒	

註：◎は直宮，○は賜姓華族，□は朝鮮王公族

表1-10　**近代男子皇族一覧と軍人化**（賜姓華族・王公族を含む）生年順

名	陸軍	海軍	階級・軍歴など	軍歴外の主な経歴
伏見宮邦家親王				
有栖川宮幟仁親王				神祇事務総督
山階宮晃親王				外国事務総督
梨本宮守脩親王				
聖護院宮嘉言親王			（海軍総裁）	
久邇宮朝彦親王				神宮祭主
有栖川宮熾仁親王	1		参謀総長	
小松宮彰仁親王	2		参謀総長	
北白川宮能久親王	3		大将（戦病死）	
華頂宮博経親王		1	少将	
伏見宮貞愛親王	4		元帥	
清棲家教伯爵				宮中顧問官
有栖川宮威仁親王		2	元帥	
閑院宮載仁親王	5		元帥	
賀陽宮邦憲王				神宮祭主
東伏見宮依仁親王		3	元帥	
山階宮菊麿王		4	大佐	
久邇宮邦彦王	6		元帥	
梨本宮守正王	7		元帥	
久邇宮多嘉王				神宮祭主
伏見宮博恭王		5	軍令部長・総長	
伏見宮邦芳王				
竹田宮恒久王	8		少将	
北白川宮成久王	9		大佐	
有栖川宮栽仁王		6	少尉	
朝香宮鳩彦王	10		大将	
東久邇宮稔彦王	11		大将	
小松輝久侯爵		○	中将	
二荒芳之伯爵				
上野正雄伯爵		○	少将	
李王垠	□		中将	

宮司）、東伏見邦英（京都帝国大学講師）ら四名であり、賜姓華族の軍人化率はかなり高かったといえる。

士族の反乱と西南戦争

では、西南戦争の前史にあたる一連の士族反乱に対して、皇族軍人たちはどのような役割を担ったのだろうか。

まず一八七四（明治七）年の佐賀の乱では、東伏見宮嘉彰親王が征討総督となる。すなわち同年二月一九日、明治天皇は「佐賀県暴徒征討令」を布告し、嘉彰親王に関西鎮圧の命を与え、山県有朋陸軍中将と伊東祐麿海軍少将が征討参軍（参謀）となった。三月一日、嘉彰親王は明治天皇から「陸海軍務一切並に将官以下撰任黜陟《せんにんちゅっちょく》「功績による進退」」の勅書を授かり、「名古屋以西四鎮之兵馬現役後備」を動員する権限を得た。結局、嘉彰親王を征討総督とした官軍の前に、江藤新平ら反乱軍は敗れた。四月二五日、征討総督の任を解かれた嘉彰親王と参議兼内務卿の大久保利通が帰京し、明治天皇に反乱鎮圧を復命した。

一八七七年の西南戦争では、有栖川宮熾仁親王が征討総督に、嘉彰親王が新撰旅団司令長官に任命された。同年二月一九日、「鹿児島県暴徒征討令」が発せられ、明治天皇は熾仁親王に、「陸海軍一切の軍事並将官以下黜陟賞罰」の権限を与え、速やかなる平定を求めた。征討参軍には山県有朋陸軍中将兼陸軍卿、川村純義海軍中将兼海軍大輔《たいふ》が任命された。

二月二三日、山県は征討総督に先立ち神戸港から博多に赴き、翌二四日、熾仁親王は川村純義と神戸港から福岡に向かった。三月八日、明治天皇は戦地における熾仁親王ら将卒の労苦を察して、侍従番長の高崎正風を慰問に、侍医の猿渡盛雅を治療に派遣した。また、四月二日、天皇は熾仁親王に九州地方国事犯の処断を委任し、判事らを九州に差遣した。

博愛社創立を認可する熾仁親王（正面中央）　西南戦争さなかの熊本で（1877年5月）．お辞儀をするのは佐野常民

この後、田原坂の戦い、鹿児島城山総攻撃などを経て、熾仁親王は一〇月一〇日に横浜港に凱旋した。明治天皇は坊城《ぼうじょう》俊政式部頭《しきぶのかみ》を埠頭に迎えさせた。熾仁親王は赤坂仮皇居で天皇に拝謁し、「鹿児島県逆徒征討に方《あたり》て朕卿に委するに総督の任を以てす、卿能《よ》く朕が旨を体し」（『明治天皇紀』）との勅語を賜った。熾仁親王は天皇の名代として現地に派遣されていたのであり、軍事的な処置は山県、川村らが担っていた。一一月二日、熾仁親王は西南戦争平定の功で、大勲位に叙され、菊花大綬章を授かっている。

なお、陸軍戸山学校長で陸軍少将であった嘉彰親王は、一八七七年三月一六日に東京鎮台司令長官を兼任する。五月末になると、鹿児島での根強い反乱に手を焼いた右大臣岩倉具視は、各県の士族を巡査として募集して一大兵力とし、陸軍省に新撰旅団を編成させた。そして嘉彰親王を新撰旅団司令長官に任命したのであった。七月二六日、嘉彰親王は京都を発して、神戸から鹿児島に出征し、二八日、征討総督本営に合流した。

一方で、西南戦争の激戦のなか、日本赤十字社の起源となる博愛社が生まれている。元老院議官の佐野常民と大給恒《おぎゅうゆずる》は、「官賊の別なく傷病者を救護」する博愛社の結成を出願し、一八七七年五月三日、有栖川宮熾仁征討総督の許可を得た。そして八月六日、天皇から博愛社に金一〇〇〇円が下賜され、九月に嘉彰親王が博愛社社長に推戴されたのであった。西南戦争中、博愛社が派遣した救護員は一二六名、治療した患者数は数千名を超えたとされる。

西南戦争終結後、博愛社は日本赤十字社となり、有栖川宮熾仁親王が初代総裁となった。日本赤十字社は皇室と密接な関係を持ち、皇后は毎年行われる本社での総会にかならず出席し、皇族妃は戦時の繃帯《ほうたい》巻や傷病兵慰問を担った。昭憲《しょうけん》皇太后（明治天皇の皇后美子《はるこ》）基金など、皇室からの財政援助もなされた。

皇室と靖国神社

さて、戊辰戦争以降の殉難者、戦死者を祀る靖国神社は当初、皇族とも深い関係を持っていた。戦前の靖国神社は人事を内務省、祭事を陸海軍が統括していたが、例大祭などの行事は皇室と密接につながっていた。また、靖国神社への合祀は陸海軍の審査で内定するが、天皇の勅許を経て決定され、合祀祭には天皇あるいは使者の弔祭を受けていた。天皇や皇室が関与することで、合祀は戦死者や遺族の名誉となっていたのである。このため、皇族たちも靖国神社を行啓参拝したりした。

一八六八（慶応四）年から第一〇〇回合祀の行われた一九七二（昭和四七）年までの一〇四年間における靖国神社と皇室との関わりの一端について巻末付録「天皇・皇族の靖国神社関連主要年表」にまとめている。これを見れば皇室と靖国との一〇〇年におよぶ関係の変遷を知ることができるだろう。

靖国神社は創設時に皇族が軍の指導層となっていたこともあり、皇族が祭主を務めたりした。一八六八年四月二八日に靖国神社の前身である招魂社設立の令旨を発したのは皇族の有栖川宮熾仁親王であり、有栖川は東征大総督でもあった。また招魂社設立には有栖川宮のほかにも軍務官知事の仁和寺宮嘉彰（小松宮彰仁）親王が関わっており、有栖川も仁和寺宮も、皇族であるがゆえに、幕末維新期の軍事指導者であり、招魂社設立にも中心的役割を果たしたといえる。

その後、有栖川宮は兵部卿として例大祭の祭主を務めるが、一八七一（明治四）年に山県有朋兵部大輔が祭主となると、以後は皇族ではない陸海軍軍人の祭主が続く。軍組織が整備された一つの結果でもある。

他方、一八七四年一月二七日の例大祭に明治天皇がはじめて行幸して以来、天皇や皇族の行幸啓、参拝、観覧などが毎年行われた。

一八八七年には、明宮嘉仁親王（大正天皇）が春秋の二度の例大祭に行啓して競馬を台覧し、その間の六月にも参拝している。九四年九月には遊就館（戦没者の遺品や兵器などを展示）に行啓して日清戦争の戦利品を台覧している。嘉仁親王の妹にあたる常宮《つねのみや》昌子・周宮《かねのみや》房子両内親王も同年一〇月に遊就館を行啓している。

その後も嘉仁親王や内親王たちは例大祭や臨時大祭に行啓し、一九〇六年五月一六日には、まだ幼い迪宮裕仁《みちのみやひろひと》親王（昭和天皇）や淳宮雍仁《あつのみややすひと》親王（秩父宮）も靖国を参拝した。この間、天皇皇后の名代として伏見宮貞愛親王や閑院宮妃智恵子が代拝することもあった。つまり、天皇や皇族の定期的な靖国行幸啓や参拝がなされており、また宮中喪などの特別な事由がない限り例大祭（春秋二度の定期的祭礼）や臨時大祭には天皇の勅使が常に派遣されていたのであった。

祀られた皇族

ところで、軍人となった皇族の戦死者は、輪王寺宮公現親王として幕府軍に担がれ、のちに許された北白川宮能久親王（日清戦争後の台湾接収で一八九五年戦病死）とその孫にあたる北白川宮永久《ながひさ》王（日中戦争中の中国で一九四〇年飛行機事故）の二名であった。賜姓華族となった元皇族では伏見博英伯爵（伏見宮博英王）、音羽正彦侯爵（朝香宮正彦王）がともに太平洋戦争末期に戦死している。また、朝鮮公族で陸軍軍人でもあった李鍝は広島で被爆死した。

このうち、北白川宮能久親王と永久王は戦死者ではあるが皇族の墓所である豊島ヶ岡《としまがおか》御陵（現文京区大塚）に葬られた。豊島ヶ岡御陵は、かつて京都にあった皇族墓所を東京に移したものである。豊島ヶ岡御陵には明治天皇や昭和天皇の夭逝した皇子皇女はじめ、秩父宮、高松宮、伏見宮、有栖川宮、閑院宮、山階宮、華頂宮、小松宮、竹田宮、久邇宮などの墓所があり、北白川宮も能久親王、能久親王妃富子《とみこ》、成久《なるひさ》王、永久王らが眠っている。能久親王と永久王は、陸軍軍人としてではなく、皇族としてその専用墓地に葬られたのであった。

ところが、能久親王は、豊島ヶ岡御陵に葬られただけではなく、終焉の地の台湾に台湾神社（のち台湾神宮）と台南神社が創建され、台湾の各社に「御魂《みたま》」が祀られた。一九四五（昭和二〇）年の敗戦後、台湾神宮と台南神社は廃社となったため、戦後の一九五九年一〇月四日、孫の永久王とともに靖国神社に合祀された。

靖国神社の社報では「靖国神社にはじめての皇族合祀」の見出しで、「国難にあたって戦死せられた英霊は残らず靖国神社に合祀せられることは国民の常識であった。同じく戦死せられながら皇族なるが故に靖国神社にまつられない制度が嘗《かつ》てあった事は案外に知られていない。しかし、いまやその制度も廃止され」（『靖国』一九五九年一〇月一五日号）と報じた。

能久親王と永久王の合祀は、いわば戦後になって皇族軍人制度が崩壊した結果の産物であったともいえる。戦前は、一八七一（明治四）年の「皇族華族取扱規則」で、皇族はその官職にかかわらず皇族待遇を受けるという規定があったからである。

能久親王と永久王が合祀された年は、東京招魂社創建九〇周年にあたり、BC級戦犯刑死者八二五柱が合祀された年でもあった。しかも一九六五年に鎮霊社が建立され、靖国神社本殿に祀った「英霊たち」とは別に能久親王と永久王の二柱だけの「座」を設定したのであった。この鎮霊社設置を推進したのは山階宮菊麿王の男子で侯爵に臣籍降下した筑波藤麿宮司であった。二〇〇六年に公表された元宮内庁長官富田朝彦のいわゆる「富田メモ」で昭和天皇に「A級が合祀されその上　松岡［洋右］、白取［元駐イタリア大使白鳥《しらとり》敏夫《としお》］までもが、筑波は慎重に対処してくれたと聞いたが」と言われた筑波というのが彼である。

一方、元皇族であった伏見博英伯爵と音羽正彦侯爵は、華族の戦死者として靖国に祀られるが、それぞれ墓所は青山霊園と多磨霊園にある。

また、朝鮮公族の李鍝は、準皇族待遇であったが、靖国に祀られた。李鍝は一九四五年八月一五日の「玉音放送」の直後、ソウル東大門で阿部信行朝鮮総督らにより陸軍葬が行われたと伝えられる。ちなみに、一九七〇年四月、李鍝ら韓国人原爆犠牲者の慰霊碑が広島平和記念公園に建立されたが、園外であったために「差別」と騒がれ（当時園内の新施設設置は許可されない方針だったという）、のち九九年七月二一日になって公園内に移設されて完工式が行われた。

第二章　法制化される皇族——男系・傍系・配偶者

1　帝国憲法と皇室典範

宮内省の設置

皇族の管轄庁は、近代以前、つまり律令の皇親の時代は宮内省の正親司《おおきみのつかさ》であり、皇籍を管理して皇族へ季禄や時服などの給与に関する事務を取り扱った。唐の九寺《きゅうじ》の宗正寺《そうせいじ》を模倣して成立したと考えられており、日本では律令以前にはこのような機関はなかった。

九寺とは中国の中央政府の事務執行機関である九つの部局のことで、秦・漢から宋・元の時代まで存在した。漢滅亡後は尚書省《しょうしょしょう》に実権が移り、唐の頃には有名無実化していたが、宋・元の時代まで名称は継がれ、明の時代に五寺に削減された。宗正寺はこの九寺の一つであり、皇帝の親族に関わる事務を統括する官庁であり、皇族の簿籍や陵墓や廟《びょう》を管理した。

律令時代の正親司は、皇族の名簿を管理することから、長官である正親正《おおきみのかみ》には諸王が任命されることが多く、平安時代以後は代々、六五代花山天皇の皇子清仁《きよひと》親王の末裔である白川家から任じられた。白川家は神祇《じんぎ》伯王《はくおう》とも称され、神祇伯（神祇官の長官）は正親正とともに諸王や賜姓皇族の就任した二大官職の一つであった。

また皇親所属の職員として、親王には文学、家令、扶《ふ》・従《じゅう》などがあり、文学は経書を教授する教育掛であって、内親王には置かれなかった。さらに親王に近侍して雑用にあたった帳《ちょう》内《ない》がおり、品位によりその数が異なり、一品《いっぽん》親王には一六〇名が配置された。平安時代中期頃になると家令や扶・従などの呼名が廃れて、摂関家と同じ別当《べっとう》、家司《けいし》などと称するようになり、政所《まんどころ》で事務を処理した。親王に比べて諸王の待遇は劣り、礼遇も薄く、所属の職員もなかった。

律令官制八省の一つであり、天皇家の家政や内裏内の諸事を司った機関である宮内省は、維新後には太政官の一省として設置された。つまり、一八六八（慶応四）年閏四月二一日に政体書が公布され、宮中の庶務は行政官が管轄することとなった。翌六九（明治二）年四月一四日には、内廷知《ないていち》事《じ》が遷都後の皇居に置かれた。同年七月八日には、神祇・太政二官が置かれ、

1921年当時
部局
宮内大臣
大臣官房
侍従職
式部職
大膳寮
内蔵寮
図書寮
内匠寮
主馬寮
諸陵寮
帝室林野管理局
帝室会計審査局
侍医寮
宗秩寮（1910～）

表2-1　**宮内省の主要組織の変遷**

1886年当時		1907年当時	
部局	主な職務	部局	主な職務
宮内大臣	事務総監	宮内大臣	皇室事務輔弼
内事課	省内庶務	大臣官房	省内事務
外事課	外交		
侍従職	常侍奉仕	侍従職	側近奉仕
式部職	祭典・儀式・雅楽	式部職	式・交際
大膳職	御膳・饗宴・賜餐	大膳寮	供御・饗宴
内蔵寮	財政	内蔵寮	資産運用・予算決算
主殿寮	洒掃・鋪設・防火	主殿寮	宮殿庁舎警備
図書寮	記録・図書・美術	図書寮	皇統譜正本尚蔵
内匠寮	土木・工匠・庭園	内匠寮	建築・土木
		内苑寮	庭苑・園芸
主馬寮	馬匹・車駕	主馬寮	馬匹・車輛・牧場
諸陵寮	諸陵	諸陵寮	陵墓
御料局	財産	帝室林野管理局	土地林野管理
帝室会計審査局	会計監査	帝室会計審査局	会計監査
主猟局	猟場・御苑	主猟寮	狩猟・猟場
侍医局	診候・衛生	侍医寮	診候・調薬・衛生
調度局	御服・調度	調度寮	物品購入・雑役
華族局	華族管理	爵位寮	華族・有位者管理

皇室の事務を司る宮内省は太政官の一省となる。一八八四年に侍従職、内蔵《くら》寮《りょう》、図書《ずしょ》寮、式部職などが設置された。

　そして、一八八六年二月五日に宮内省官制が定められ、宮内大臣は帝室の事務を総監し、宮中や皇族家の職員を統率し、華族を管理することとなった。次官は大臣を助け、省務を整理するなど、戦前の宮内省の原型が整った。表2-1のように一九〇七年と二一年に大きな改正があり、華族局も爵位寮、宗秩《そうちつ》寮と改組された。また、皇太后、皇后、東宮《とうぐう》などの事務を執るため、皇太后宮職《ぐうしき》、皇后宮職、東宮職が必要に応じて設置された。

　この皇室事務一切を掌握する宮内省が、維新以後の皇族の管轄庁であり、このうち皇族会議に関する事務は宮内大臣官房、皇統譜に関する事項は図書寮、その他は宗秩寮（華族局・爵位寮）が扱った。

また、皇族に関する重要事項を諮詢《しじゅん》に応じて意見上奏するための審議会が宗秩寮に置かれた。皇太后宮職、皇后宮職、東宮職などは宮内大臣の管理下に置かれ、皇太后宮職や皇后宮職には大夫《だいぶ》・主事・属・女官が、東宮職には大夫・侍従長・侍従・主事・属・内舎人《うどねり》のほか東宮武官長・東宮武官などが置かれた。宮家皇族には家令・家扶・家従が配され、時に別当が置かれたり、親王ではない皇族には家務監督が置かれたりした。また皇族で陸海軍軍人となった者には佐・尉官級の皇族付武官が配された。

こうした宮内省官制が整備される一方で、一八八九年には大日本帝国憲法と旧皇室典範（旧典範）が制定され、その後には旧典範の増補や皇室法の制定なども重ねられ、近代皇族の法的な概念が定められていく。

帝国憲法下の地位と権限

一八八九（明治二二）年二月一一日の大日本帝国憲法（以下、帝国憲法）発布と旧典範の制定で、近代皇族の法的な位置が設定されたといえる。

帝国憲法は、その第一条で「大日本帝国は万世一系の天皇之《これ》を統治す」、第二条で「皇位は皇室典範の定むる所に依り皇男子孫之を継承す」とし、天皇を継承する男子皇族の存在の

表2-2　**大日本帝国憲法の天皇の権限**

第3条	天皇は神聖にして侵すべからず
第4条	天皇は国の元首にして統治権を総攬し此の憲法の条規に依り之を行ふ
第5条	天皇は帝国議会の協賛を以て立法権を行ふ
第6条	天皇は法律を裁可し其の公布及執行を命ず
第7条	天皇は帝国議会を召集し其の開会閉会停会及衆議院の解散を命ず
第8条	天皇は公共の安全を保持し又は其の災厄を避くる為緊急の必要に由り帝国議会閉会の場合に於て法律に代るべき勅令を発す 2　此の勅令は次の会期に於て帝国議会に提出すべし．若議会に於て承諾せざるときは政府は将来に向て其の効力を失ふことを公布すべし
第9条	天皇は法律を執行する為に又は公共の安寧秩序を保持し及臣民の幸福を増進する為に必要なる命令を発し又は発せしむ．但し命令を以て法律を変更することを得ず
第10条	天皇は行政各部の官制及文武官の俸給を定め及文武官を任免す．但し此の憲法又は他の法律に特例を掲げたるものは各々其の条項に依る
第11条	天皇は陸海軍を統帥す
第12条	天皇は陸海軍の編制及常備兵額を定む
第13条	天皇は戦を宣し和を講じ及諸般の条約を締結す
第14条	天皇は戒厳を宣告す 2　戒厳の要件及効力は法律を以て之を定む
第15条	天皇は爵位勲章及其の他の栄典を授与す
第16条	天皇は大赦特赦減刑及復権を命ず

必要性を示している。

帝国憲法における天皇は、行政、立法、司法、軍事編制、宣戦講和、戒厳、憲法改正など内政外交上のあらゆる権限に関わり、その最終決断者として位置づけられている。皇族はそうした天皇を継承する、あるいは生み育てる存在として期待されていた。

ちなみに、第三条以下第一六条までに記された天皇の権限は、表2-2の通りである。なお、帝国憲法における内政外交上の最終決定権は天皇に集中し、これは重要なことだが、皇族がその一部を分担するということはなく、天皇と皇族との憲法上の地位と権限には大きな差があった。

帝国憲法で皇族の地位と権限を示す条文は、第三四条の「貴族院は貴族院令の定むる所に依り皇族華族及勅任せられたる議員を以て組織す」のみであり、皇族は貴族院議員たりうるとあるだけである。これすら、皇族が、とりわけ陸海軍軍人の職にあった者が政治に関わることを避けるため、実質的には議会に出席したり審議に参加したりすることはなかった。

皇族間の「差別」

もっとも、帝国憲法第七四条の規定する旧典範改正については、旧典範の第六二条に「将来此の典範の条項を改正し又は増補すべきの必要あるに当《あたり》ては皇族会議及枢密顧問に諮詢して之を勅定すべし」とあり、皇族会議構成員あるいは枢密顧問として皇族が旧典範の改正に関わることができた。

皇族会議は皇室内の事項について成年皇族男子が論議して天皇の諮詢を受ける場であり、旧典範の第五五条に「皇族会議は成年以上の皇族男子を以て組織し内大臣、枢密院議長、宮内大臣、司法大臣、大審院長を以て参列せしむ」、第五六条に「天皇は皇族会議に親臨し又は皇族中の一員に命じて議長たらしむ」とある。のち一九〇七（明治四〇）年に皇族会議令が制定され法的に整備される。

枢密顧問については、旧典範制定前年の一八八八年五月一八日の勅命で、成年に達した親王は、枢密院の会議に列して議事に参加する権利を有していた。とはいえ、天皇と比べ、天皇予備軍ともいえる皇族たちの法的な地位と権限はかなり限定されたものであった。

ちなみに皇族の成年とは、旧典範の第一三条と第一四条により、天皇・皇太子・皇太孫は満一八歳、その他の皇族は満二〇歳であった。同じ皇族でも次の天皇たりうることがもっとも期待される皇太子・皇太孫と、その他の皇族とでは、成年の概念が異なり、皇太子・皇太孫は二年早く成年男子として扱われて皇室内の事項に関わった。

こうした制度的な格差が、個々の皇族の国家への責任感や帰属意識に微妙な齟齬を生んでいた面もなかったとはいえない。のちに東久邇宮稔彦王が自らを直宮に対する「平皇族」（天皇実系の直宮ではない宮家皇族）と自嘲するが、それはこうした事態の反映とみなせる。

皇室典範

皇族についての具体的な法的規定は、帝国憲法ではなく旧典範に委ねられた。旧典範は次ページの表2－3に示したように、一二章（六二条）からなる。

第一章は「皇位継承」についてである。その第一条では「大日本国皇位は祖宗の皇統にして男系の男子之を継承す」、第二条では「皇位は皇長子に伝う」などの条項により皇統にある男系男子の継承が明示された。そして、「皇長子」が存在しない場合、①皇長孫、②皇長子の子孫、③皇次子およびその子孫、④皇兄弟およびその子孫、⑤皇伯叔父《はくしゅくふ》およびその子孫、

表2-3　**旧典範の主要条項**

第1章	皇位継承（第1条～第9条）
第1条	大日本国皇位は祖宗の皇統にして男系の男子之を継承す
第2条	皇位は皇長子に伝う
第2章	践祚即位（第10条～第12条）
第3章	成年立后立太子（第13条～第16条）
第4章	敬称（第17条～第18条）
第5章	摂政（第19条～第25条）
第6章	太傅（第26条～第29条）
第7章	皇族（第30条～第44条）
第35条	皇族は天皇之を監督す
第39条	皇族の婚嫁は同族又は勅旨に由り特に認許せられたる華族に限る
第42条	皇族は養子を為すことを得ず
第44条	皇族女子の臣籍に嫁したる者は皇族の列に在らず．但し特旨に依り仍（なお）内親王女王の称を有せしむることあるべし
第8章	世伝御料（第45条～第46条）
第9章	皇室経費（第47条～第48条）
第10章	皇族訴訟及懲戒（第49条～第54条）
第11章	皇族会議（第55条～第56条）
第12章	補則（第57条～第62条）
第57条	現在の皇族五世以下親王の号を宣賜したる者は旧に依る

⑥最近親の皇族、と皇位継承の順位を定めた。

さらに、皇兄弟以上はそれぞれの順位で嫡出を庶出に、年長を年少に優先させた。もし皇嗣に「精神若《もしく》は身体の不治の重患あり又は重大の事故ある」場合は、皇族会議および枢密顧問に諮詢して、条文に則して継承の順位を換えることができた。つまりは、心身が健全な皇長子の子孫が複数存在すれば、よほどの非常事態がなければ、皇兄弟、皇伯叔父、最近親の皇族から皇位継承者が生まれることはなかったといえる。

第二章は「践祚《せんそ》即位」についてである。天皇が崩御した際に皇嗣は践祚して「祖宗の神器」（いわゆる三種神器）を継承し、即位の礼と大嘗祭《だいじょうさい》を京都で行い、一世一元の元号を建てることなどを規定した。

皇位継承第一位である皇族は、常に天皇崩御の事態を意識して、次代の準備をしておく緊張のなかにいるわけである。万が一に、天皇と皇位継承順位第一位の皇族が同時に不慮の事態に陥ることがないとも限らず、皇位継承順位の上位の皇族ほど、継承という緊張に縛られる。ただ、よほどでなければ不慮の事態は発生せず、継承順位第二位以下の皇族の内面は複雑なものにならざるをえないといえる。また、皇位継承順位の下位の皇族は、そうした緊張感も責任感も弱まり、天皇や皇位継承第一位の皇族と、皇位継承に遠い皇族とでは、国家や皇室に対する意識も均一ではなかったといえよう。

第三章「成年立后《りっこう》立太子」は、成年年齢などを規定し、先述したように天皇・皇太子・皇太孫はその他の皇族と比べて皇室内の事項への関与が二歳早くなっている。

第四章「敬称」は、天皇・太皇太后・皇太后・皇后の敬称を「陛下」、皇太子・皇太子妃以下王・女王までの敬称を「殿下」と定めた。敬称は皇太子もその他の皇族も同じであった。

第五章「摂政」では、天皇が未成年のときや「久きに亘《わた》るの故障」の場合、摂政を置くとし、摂政には「成年に達したる皇太子又は皇太孫」が任じられるとされた。もし皇太子や皇太孫がいないか、未成年のときは、親王および王、皇后、皇太后、太皇太后、内親王および女王の順で、皇位継承順位に準じて任命された。なお、皇族女子が摂政に任じられるときは配偶者がいないことが条件であった。

第六章の「太傅《たいふ》」とは、天皇が未成年のときに置かれて保育を掌《つかさど》る官職である。天皇の遺言がなければ、摂政が皇族会議や枢密顧問に諮詢して選任した。つまり、太傅は皇族でも、皇族以外でもなりえたのである。ただし、太傅に、摂政およびその子孫が任ぜられることはなかった。

皇族の範囲——養子の否定

第七章「皇族」では、皇族の範囲、親王・内親王と王・女王の区分、誕生、婚嫁、薨去など、近代皇族の法的な概念が明文化されている。

とりわけ第三五条「皇族は天皇之を監督す」、第三九条「皇族の婚嫁は同族又は勅旨に由り特に認許せられたる華族に限る」、第四二条「皇族は養子を為すことを得ず」などの条文は、近代皇族を大きく特徴づけた。

つまり、近代皇族は天皇の監督下にあり、配偶者は皇族か特別な華族に限定され、養子を設けられないので男子なき場合は廃絶となったのである。

維新直後の時期には、養子も認められており、旧典範の制定が皇族家に大きな制約となった面は否めない。ほかにも、第四三条では国外旅行は勅許を必要とすることが明記されたし、第四四条では皇族女子で「臣籍に嫁したる者は皇族の列に在らず」とし、皇族女子の婚姻による臣籍降下を規定しており、皇族の概念拡散に一定の歯止めがかけられたともいえる。

第八章「世伝御料《せでんごりょう》」は、土地物件で世伝御料と定めたものは分割譲与できず、また世伝御料に編入する土地物件は枢密顧問に諮詢し、勅書をもって定め、宮内大臣が公告することとある。

第九章「皇室経費」では、皇室経費が国庫より支出され、予算、決算、検査がなされることとあり、宮家の家政は国家に保証され、かつ管理された。

第一〇章「皇族訴訟及懲戒」では、皇族の訴訟に関係する事項が取り決められ、第四九条に、皇族相互の民事訴訟は勅旨により宮内省において裁判員を命じて裁判し、勅裁を経て執行するとある。また第五〇条には、「人民」による皇族に対する民事訴訟は東京控訴院でなされ、皇族は代表を立て自ら出廷しなくてもよいとある。

そのほか、皇族の勾引《こういん》や裁判所への召喚には勅許が必要なこと（第五一条）、皇族で品位や皇室に対する忠順を欠く者は勅旨により懲戒できるし特権の一部あるいは全部の停止や剥奪がなされること（第五二条）、皇族が蕩産《とうさん》した場合は勅許により治産の禁を宣告すること（第五三条）などが定められた。

天皇が裁判にかかることはないが皇族はありえたし、また品行次第では天皇の判断で特権剥奪もなされる可能性があった。

第一一章「皇族会議」は、前にも触れたが、「皇族会議は成年以上の皇族男子」で組織するとある。

第一二章「補則」では、第五七条に「現在の皇族五世以下親王の号を宣賜《せんし》したる者は旧に依る」とある。すなわち、旧典範第三一条は「五世以下の王は親王と称うることを得ず」と解釈できるが、五世以下の王でありながらも親王宣下を受けた皇族は、旧典範の規定にかかわらず、王に復することはせず、そのまま親王として扱うという意味であった。

他方、第五八条では「皇位の継承の順序は総て実系に依る、現在皇養子皇猶子又は他の継嗣たるの故を以て之を混ずることなし」ともあり、親王宣下により親王となった皇族たちの実系を再確認し、皇位継承順位を整理している。

このことは、たとえば、北白川宮能久親王が仁孝天皇の猶子として明治天皇の叔父にあたるとしても、実系では伏見宮邦家親王の王子となり明治天皇との血縁は北朝三代の崇光天皇まで遡《さかのぼ》ることとなるのである。宣下された親王の称号は容認しながらも、皇位継承における明治天皇の実系重視の姿勢が旧典範にはあった。

皇室令——婚姻、財産、儀礼の規定

戦前日本の皇族を規制していた法令には、一八八九（明治二二）年制定の旧典範だけでなく、その後に逐次発せられた皇室令がある。

皇室令は、宮内官制や皇室事務に関する法体系で、皇室の婚姻、財産、儀礼などの規則を法文化し、華族、朝鮮王公族、朝鮮貴族の権利や義務も定めていた。

一九〇七年の旧典範増補第七条と第八条には、皇族の身分や地位そのほかの権利と義務に関しては、典範とこれに基づき発する規則を適用するとあり、同条文により逐次発令された。一般の法体系である国務法と異なる宮務法であり、旧典範同様に制定や改正に帝国議会は関与できなかった。一九四七（昭和二二）年、日本国憲法施行にともない廃止されたが、皇統譜令など政令として継承されたものもある。

旧典範から皇室令整備にいたる戦前日本における皇族の法的規制は、その法令の内容的特徴から、六六〜六七ページの表2-4のように大きく四つの時期に区分できる。

第一期は、公文式《こうぶんしき》の時代であり、公文式とは御璽《ぎょじ》（天皇の印）・国璽（国家の表象として捺す官印）の取り扱い、法律の公布、閣令・省令の形式などを定めた勅令である。この時期の皇室関係法は国法上の関係が不明確で、旧典範は、副署も公布も官報への掲載もなく、憲法や法律や勅令などとは別種のものとして存在していたのである。

「皇室婚嫁令」や「皇室誕生令」などは、一九〇〇年五月一〇日の皇太子嘉仁の婚姻に合わせて制定されたもので、皇室の「家法」としての枠を出なかった。

第二期は、「公式令《こうしきれい》」の時代であり、旧典範の「家法」としての性格を解消すべく、旧典範と皇室法令さらには皇族そのものの国法上の位置の明確化を進めようとした。天皇により作成された文書の様式や基準を定めた勅令である公式令を定め、一般法とは別に皇室に適用させるための皇室令が次々と発されるようになった。

区分	公布年月日	法令	概要
第3期	1916. 11. 4	**帝室制度審議会**	帝室制度調査局起草でまだ未施行の皇室令法案の制定促進など
	1918. 11. 28	**旧皇室典範増補**	王公族の結婚
	1924. 3. 8	臨時御歴代史実考査委員会官制	皇統譜編纂の前提となる歴代の史実調査
	1926. 10. 21	皇統譜令	皇室の戸籍
	1926. 10. 21	皇室儀制令	朝儀，紋章・旗章，鹵簿（ろぼ），宮中席次など
	1926. 10. 21	皇族就学令	皇族男女の普通教育学齢など
	1926. 10. 21	皇族後見令	未成年皇族に対する親権
	1926. 10. 21	皇族遺言令	皇族の遺言
	1926. 10. 21	皇室喪儀令	天皇崩御の大喪と皇族喪儀の手続き
	1926. 10. 21	皇室陵墓令	天皇・皇后の陵や皇太子・親王などの墓
	1926. 12. 1	皇室裁判令	皇族が関わる民事・刑事訴訟など
	1926. 12. 1	王公家軌範	王公家の継承や身位，叙勲任官，身位喪失，懲戒，失踪，財産，親族など
第4期	1926. 12. 25	皇太后宮職官制	皇太后に関する事項など
	1933. 12. 23	東宮に関する事務主管の件	東宮誕生にともなう事務など
	1946. 9. 10	禁衛府官制	皇族の警護と皇室御用地を範囲とした警察，消防など
	1947. 5. 2	皇室令及付属法令廃止の件	旧典範，皇室令，朝鮮王公族制度の廃止

出典：中野文庫法令目次　http://www.geocities.jp/nakanolib/hourei.htm
　『宮内省省報』大正編・昭和編，ゆまに書房，1998・99年

表2-4　**主な皇室令および関連法規などの時期区分と概要**

区分	公布年月日	法令	概要
第1期	1886. 2.26	**公文式**	御璽・国璽の取り扱い，法律の公布，閣令・省令の形式など
	1889. 2.11	**旧皇室典範**	皇位継承など皇室に関する事項
	1899. 8.24	**帝室制度調査局**	旧典範で制定が約束されていながら法令化されていない諸事項の調査制定
	1900. 4.25	皇室婚嫁令	皇族の結婚
	1902. 5.29	皇室誕生令	皇族の出産
第2期	1907. 2. 1	**公式令**	詔書，勅令，皇室令の公布，爵記，位記，勲記の形式など
	1907. 2.11	**旧皇室典範増補**	皇族の臣籍降下
	1907. 2.28	皇族会議令	皇族会議の組織や構成
	1908. 9.19	皇室祭祀令	元始祭，紀元節祭，神嘗祭，新嘗祭，天長節祭などの期日
	1909. 2.11	登極令	天皇の即位
	1909. 2.11	摂政令	摂政の設置
	1909. 2.11	立儲令	立太子
	1909. 2.11	皇室成年式令	天皇および皇族の成年式
	1909. 6.11	皇室服喪令	皇室の服喪
	1910. 3. 3	皇族身位令	皇族の班位（階級），叙勲任官，失踪，臣籍降下，懲戒など
	1910. 3. 3	皇室親族令	皇族の親族の範囲，婚姻，親子関係など
第3期	1910. 8.29	朝鮮貴族令	華族制度に準じた朝鮮における授爵制度
	1910.12.24	皇室財産令	皇室の財産と管理

たとえば、王の臣籍降下を規定した旧典範増補を制定し、さらに「皇族会議令」「華族令」「宮内省官制」「皇室祭祀令」「登極令《とうきょくれい》」「摂政令」「立儲令《りっちょれい》」「皇室服喪令」「皇族身位令《しんいれい》」「皇室親族令」など帝国憲法下における皇室制度の基本に関わる重要な皇室令がわずか三年ほどの間に次々と制定された。

第三期は、帝室制度審議会の時代である。一九一六年一一月四日に未完成な状態にある皇室制度の整備をめざした帝室制度審議会が設置され、重要な役割を果たした。帝室制度審議会では、朝鮮王族であった李王家関係、皇統譜関係、皇室裁判令、請願令、遺言令、後見令などの法案を分担して作成した。「皇統譜令」「皇室儀制令」などは、現在の皇室にも引き継がれている皇室の基本制度であり、この第三期は戦前皇室制度の完成期ともいえる。

第四期は、戦前における皇室令の整備が一段落した後、運用上の諸規定が適宜発せられた時代といえる。そして、一九四七年五月二日の「皇室令及付属法令廃止の件」により、旧典範制定以来五八年におよんだ皇族への法的規制は新皇室典範へと替わり、朝鮮王公族の制度は消滅する。

2 婚姻と身分

貴族の寡婦との国際結婚

維新期に「会津のミカド」になりそこねた輪王寺宮公現親王は、一八六九（明治二）年一〇月に許されて伏見宮に復して能久王（親王ではない）となり、七〇年一二月三日、あたかも維新の傷心を癒すかのようにプロシアの首都ベルリンへ留学した。そして、留学中の一八七二年に北白川宮家を継ぎ、また翌年「皇族自今海陸軍に従事すべく」とする太政官達により歩兵少佐となってプロシアの陸軍大学校で学んだ。

一八七五年頃にはドイツの皇族・貴族や各国王家との交際が頻繁になり、明治政府に学費の増額を求めるようになった。しかし、一八七六年四月、明治政府に年内に帰国するよう命ぜられる。能久王は自費による留学延長を請願するが拒否され、翌七七年にいったん帰国するように促された。

この間、一八七六年のクリスマス、能久王はドイツ貴族であるブレドウ・ヴァーゲニッツ男爵の娘でテッタウ男爵の寡婦であったベルタ・フォン・テッタウと婚約したという。『明治天皇紀』は以下のように経緯を伝えている。能久王はベルタと婚約したので、その勅許を求める手紙を徳大寺実則宮内卿に送り、さらに岩倉具視右大臣に宛て、学業中途で帰国すると数年間の勉学が水泡に帰す、あと二、三年留学したい、欧州では「文明の源流は婦人に発す」というので、ドイツ貴族の娘と結婚して「皇家を助け国家に尽さん」と記し、岩倉に勅許の斡旋を依頼した。

能久王は、プロシアに留学し外交官となった青木周蔵駐在公使が、ドイツ貴族フォン・ラーデ長女のエリザベートと一八七七年一月二五日に国際結婚が許可され、三月二七日に式を挙げたことなどにも触れ、懇願した。

能久王の手紙を読んだ徳大寺や岩倉や三条実美太政大臣は驚き、徳大寺は宮内省出仕の木戸孝允に相談する。木戸は「事《こと》皇室の尊厳に関し、其の影響の人民に及ぼす所大なり」とし、猛反対した。三条実美も木戸に同意し、天皇の裁断を仰いで、「皇族の外国人と婚嫁するを得るの規定なし、且事重大に属す、突然申請せらるるは軽卒の至なり、決して聴許あらせられず、且既に帰朝の勅命あり、直に発程せらるべし」と打電した。皇族の国際結婚は認められない、帰朝命令に従いすぐに戻れというのである。

結局、能久王は一八七七年四月(五月説あり)にベルリンを出発し七月に横浜に着するが、ベルリンを発つ前に、ベルタとの婚約をドイツの新聞などに発表。報道はイギリスの『タイムズ』紙(五月一二日付)にも掲載された。能久王の帰国後、この婚約発表の記事が問題となり、岩倉具視は王に婚約破棄と謹慎を求める。この後の事情は定かではないが、能久王はこれに従うことになる。

ハワイ国王からの求婚

皇族の結婚は、律令に親王以下四世王までの皇親男子は臣下の子女を娶《めと》れるが、皇親女子は臣下に降嫁できなかったなどの婚姻相手の身分地位に関する厳密な規定があった。その後、身分地位の範囲が緩くなり、内親王は藤原家や徳川家に降嫁する例も生まれる。

維新後の一八六九（明治二）年一〇月二九日に、皇族の婚姻は勅許後の婚儀と定まるが、このことは当時の皇族の婚姻が事後申告制であったこと、かつ国際結婚についての規定はとくになかったことを示している。能久王のドイツ貴族との婚約問題はこうした法的に混乱した時代の一産物であった。

一九〇八年に能久王（親王）の伝記『能久親王事蹟』を執筆した森鷗外は、偶然にも同じく留学中にドイツ女性との恋に落ち、かつ挫折していた。国際恋愛は維新後に国際化した日本の上流階級にとって大きな魅惑と「壁」であったようだ。

ちなみに、『タイムズ』は婚約記事掲載の一ヵ月前にあたる四月一六日にも「日本の皇室」なる記事を載せており、そこには能久王とテッタウ夫人が前年のクリスマスに婚約し、本年中に結婚すること、南ドイツに居住し、能久王は日本には帰国しないことなどが記されていた。そこでは能久王が日本に帰らない理由は、彼の判断ではなく、能久王の甥である明治天皇（維新当時、能久王は明治天皇の祖父にあたる仁孝天皇の養子になっていた）が天皇になったからと伝えられていた。能久王は帰国した翌年から陸軍将校として陸軍戸山学校に通うが、同年八月二六日、再び仁孝天皇猶子に復帰して、能久親王となった。

一八八一（明治一四）年三月にも皇族の国際結婚問題が起きた。ただし、それは当時独立

山階宮定麿王（1867～1922）
のちの東伏見宮依仁親王．英留学後，兄小松宮彰仁親王の養子に．87年に仏留学後海軍軍人に．兄薨去後，1903年東伏見宮創設．妻は岩倉公爵家

国だったハワイ国皇帝からの依頼によるもので、欧州留学中の恋愛の結果ではない。

当時、ハワイ国王のカラカウア王は、移民問題と外交改善のために海外を歴訪していた。サンフランシスコを経て、日本、中国、シャム（タイ）、ビルマ（ミャンマー）、インド、エジプトを訪れ、さらにイタリアはじめ欧州各国を訪問、アメリカ経由でハワイに帰国した。

日本では、三月一一日に明治天皇と会見し、移民の件のほか、カイウラニ王女と山階宮定《さだ》麿《まろ》王（のちの東伏見宮依仁親王）との結婚を要請したのである。

『明治天皇紀』によれば、アメリカの政治介入に危機感を持っていたカラカウア王は、東洋諸国が大連盟をして欧米諸国の世界占有に抵抗すべきであると考えていた。二年後の一八八三年に開催予定（開催されず）のニューヨーク万博のため明治天皇が渡米し、親王を密使として欧米諸国に派遣して各国君主とニューヨークで会合できるようにしてはどうかと切望したのであった。しかし、明治天皇はカラカウア構想に同意できず、「清国の如きは大国にして且傲慢《ごうまん》不《ふ》遜《そん》の風あり、招聘すとも必ず来会せざるべし」などと述べ、提案を辞退した。

この会談後、カラカウア王は皇姪カイウラニ王女と定麿王との結婚を求めたが、「外国皇室と婚嫁を通ずる事も、累を将来に及ぼす」との理由で断った。定磨王に白羽の矢があてられたのは、カラカウア王が延遼館《えんりょうかん》（浜離宮の迎賓館）で海軍兵学校在学中の定磨王をみて鍾愛《しょうあい》したからだったという。

皇后の身分をめぐる迷走

実は、維新直後には国際結婚を含め皇族の婚姻について明文化された制約がなく、いささかの混乱があった。だが、帝国憲法や旧典範の制定により、婚姻の規定も法文化されるようになる。

維新後の法制化のなかでの最大の特徴は、婚姻前に皇族の身分を有していなかった皇后や皇族男子の配偶者が皇族と称されるようになったことであろう。旧典範の制定により、皇族でない女子が婚姻により皇族となることが許されたのである。もっとも、皇族との婚姻について、女子の階層身分には一定の制限があり、皇后か皇族妃かでも異なっていた。

皇后の場合は、旧典範成立の一三年前の一八七六（明治九）年に、当時二等法制官であった井上毅《こわし》の自筆とされる『皇親』に、「皇后は皆皇親の遠からざるこそ多けれ、臣列の家より《によう》めされたるは初は夫人にて、後に皇后に進み（贈号も亦然り《またしかり》）夫人の称止みてより後は女御《ご》より進ませらるるは今に至るまでの例なり、只《ただ》内親王のみ直ちに皇后に立玉えり《たてたま》」とある。

皇后は皇親からなる例が多いが、皇親以外からの立后もあったことを確認している。そして、「令にのせたる妃は内親王に限れども今是を改め」「従三位《じゅさんみ》以上とし、皇后に立せられるべきを先ず妃となして入宮せしめられ、女徳《じょとく》弥《いよいよ》備り玉うを見て後皇后に立せらるべし」と、内親王および「従三位以上」で「女徳」のある者とした。

ちなみにこの井上毅の『皇親』は、宮内卿徳大寺実則らと親王宣下廃止のため皇親について多方面から論じ合ったまとめである。

一八八四年三月一七日に設置された制度取調局でも、いくつかの皇室法草案が立案され、そのなかに「后宮は皇族及び公爵の中より迎うるものとす」との条文が作成されていた。さらに、二年後の八六年五月三〇日に司法大臣だった山田顕義が三条実美に宛てた書翰に「皇后に可成《なるべき》家柄今少し広く御定《おさだめ》相成《あいなる》方《かた》可然《しかるべく》様《よう》存《ぞんじ》候《そうろう》」とあり、皇后となるべき家柄の「今少し」の拡大が記されている。

その後、一八八七年三月一四日柳原前光《やなぎわらさきみつ》が作成した「皇室典範再稿」第三五条に、「皇后及皇太子妃、皇太孫妃は皇族又は公侯の家より冊立《さくりつ》す」の文面があり、以後も同趣旨の条文が残されていった。

翌年五月に井上毅が作成した「皇室典範草案」のなかには「親王、内親王、王、女王は皇族又は華族に就て嫁娶《かしゅ》す」とあり、とくに皇后に限定されず、皇族の婚姻一般の条項としてまとめられていた。また同年同月の「枢密院御諮詢案皇室典範」のなかには「皇族の婚家は同族または勅旨により特に認許されたる公侯の家に限る」とある。

この条文については、「此条、実に筆者の不注意と考う」として「皇后及皇太子皇太孫の妃は、皇族又は公侯の家より撰立す。其他の皇族は同族又は華族に就て婚嫁す」との修正案が出されている（三条実美文書「皇室典範修正案及意見」）。

こうしたプロセスを経て、一八八九年の旧典範で成文化される。つまり、その第三九条で「皇族の婚嫁は同族又は勅旨に由り特に認許せられたる華族に限る」とされたのである。ただし、皇后と皇族妃との区分はとくに明記されなかった。しかし、のち一九一〇年三月三日の「皇室親族令」第七条で「天皇、皇后を立つるは皇族又は特に定むる華族の女子」と、あらためて皇后たるべき女子の家柄が明記される。

ちなみに、年は不明であるが、旧典範制定過程のある時期の三月一五日付の元田《もとだ》永孚《ながざね》文書（国立国会図書館憲政資料室蔵）の「御内諭」に「皇后入内《じゅだい》の家、故岩倉［具視］公建白の通、一条、近衛、鷹司、二条、九条の五家に定められ、年々恩給其家を保護致し置き候よう宮内卿香川《かがわ》［敬三《けいぞう》］少輔《しょうゆう》へ内話致す可く」とあり、明治天皇が皇后たるべき者の家柄は五摂家としていたことがわかる。

皇太子妃候補と皇族妃

さて、一九〇〇（明治三三）年に皇太子嘉仁（のちの大正天皇）の妃候補が決定される。当初、皇族の伏見宮貞愛親王の長女禎子《さちこ》女王に内定したが、のちに健康上の問題が生じ、妃候補は五摂家の九条道孝公爵の四女節子《さだこ》になっていた。

この間の選考は、明治天皇の皇女である常宮昌子、周宮房子両内親王の養育係であった佐佐木高行や下田歌子が、両内親王の遊び相手として候補者を集めて観察することで行われた。結果的には明治天皇の意向である五摂家に落ち着いたが、当初は四親王家であった伏見宮家から候補が挙げられていたのである。

大正天皇の皇太子となった裕仁親王の場合は、「皇室親族令」第七条の規定通り、「皇族又は特に定むる華族の女子」の範囲から選ばれている。つまり、同規定に沿って、はじめは明治天皇の皇后である美子《はるこ》（のち昭憲皇太后）が久邇宮良子《ながこ》女王をお妃候補として見初め、一九一四年に皇太后美子が崩御後は、大正天皇の皇后である節子（のち貞明皇后）が中心となってお妃選びが進められた。

皇后節子は頻繁に学習院女学部へ行啓し、お妃候補者の容貌や立居振舞などを観察したといわれる。彼女は必ずしも良子女王だけを候補としたのではなく、一条実輝《さねてる》公爵三女の朝子《ときこ》（のち伏見宮博義《ひろよし》王妃）、梨本宮守正王の長女方子《まさこ》女王（のち朝鮮王族李垠妃）なども考えていたとされる。これらの候補者のなかから皇后節子が決断し、元老たちの同意を得て、結局、良子女王に内定する。

その後、色覚異常を問題にした宮中某重大事件が起こり、内定取消騒ぎとなるが、久邇宮家や久邇宮家の教育掛であった杉浦重剛《じゅうごう》らの尽力などで、内定通りとなった。

皇族妃も、先に挙げた旧典範第三九条の規定により、主に内親王や公侯爵家の子女からなった。

七八～七九ページの表２－５に示したように、近代の皇族妃の総数は三七名（皇族に準じた李王公妃を含めると四〇名）となる。このうち内親王が五名、女王が三名、公家が一二名、将軍家や諸侯出身者が一七名となる（李王公家は女王と公家、および朝鮮貴族が各一名）。

近世以前であれば、内親王と女王出身以外の二九名の皇族妃は、単に皇族の配偶者の一人という扱いであったが、旧典範制定により、近代皇族の妃としての地位と栄誉を得ることになる。

旧佐賀藩主の子女であった鍋島伊都子は、皇族の梨本宮守正王と結婚するにあたり、自ら

昭和天皇のお后候補だった２人
上／一条朝子（1902～71）．のち伏見宮博義王妃．戦後，常磐会会長に　下／梨本宮方子（1901～89）．のち朝鮮王族李垠妃．戦後，韓国に帰化

身分	名	続柄	位	出身
久邇宮朝融王妃	知子	伏見宮博恭王3女	女王	
小松宮彰仁親王妃	頼子	有馬頼咸1女	伯爵	諸侯・筑後久留米
小松宮依仁親王妃	八重子	山内豊信3女	侯爵	諸侯・土佐高知
同(のち東伏見宮)	周子	岩倉具定1女	公爵	公家・羽林家
竹田宮恒久王妃	昌子	明治天皇6女	内親王	
竹田宮恒徳王妃	光子	三条公輝2女	公爵	公家・清華家
梨本宮守正王妃	伊都子	鍋島直大2女	侯爵	諸侯・佐賀
東久邇宮稔彦王妃	聡子	明治天皇9女	内親王	
東久邇宮盛厚王妃	成子	昭和天皇1女	内親王	
伏見宮邦家親王妃	景子	鷹司政熙19女	公爵	公家・摂家
伏見宮貞教親王妃	明子	鷹司輔熙7女	公爵	公家・摂家
伏見宮貞愛親王妃	利子	有栖川宮幟仁親王4女	女王	
伏見宮博義王妃	朝子	一条実輝3女	公爵	公家・摂家
山階宮菊麿王妃	範子	九条道孝2女	公爵	公家・摂家
同	常子	島津忠義3女	公爵	諸侯・薩摩鹿児島
山階宮武彦王妃	佐紀子	賀陽宮邦憲王2女	女王	
李垠王妃	方子	梨本宮守正王1女	女王	
李鍵公妃	誠子	広橋真光養女	伯爵	公家・名家(松平胖1女)
李鍝公妃	朴賛珠	朴泳孝孫	侯爵	朝鮮貴族

註：爵位は時期によって異なる場合があるので，便宜上その家の最終爵位を記した.
最後列の3人は朝鮮王公族妃

表2-5　**皇族妃出自一覧**（戦前）

身分	名	続柄	位	出身
秩父宮雍仁親王妃	勢津子	松平保男養女	子爵	諸侯・会津若松（松平恒雄1女）
高松宮宣仁親王妃	喜久子	徳川慶久2女	公爵	徳川宗家別家
三笠宮崇仁親王妃	百合子	高木正得2女	子爵	諸侯・河内丹南
朝香宮鳩彦王妃	允子	明治天皇8女	内親王	
朝香宮孚彦王妃	千賀子	藤堂高紹5女	伯爵	諸侯・伊勢津
有栖川宮幟仁親王妃	広子	二条斉信5女	公爵	公家・摂家
有栖川宮熾仁親王妃	貞子	徳川斉昭11女	公爵	水戸徳川
同	董子	溝口直溥7女	伯爵	諸侯・越後新発田
有栖川宮威仁親王妃	慰子	前田慶寧4女	侯爵	諸侯・加賀金沢
華頂宮博経親王妃	郁子	南部利剛1女	伯爵	諸侯・陸奥盛岡
華頂宮（のち伏見宮）博恭王妃	経子	徳川慶喜9女	公爵	徳川宗家別家
賀陽宮邦憲王妃	好子	醍醐忠順1女	侯爵	公家・清華家
賀陽宮恒憲王妃	敏子	九条道実5女	公爵	公家・摂家
閑院宮載仁親王妃	智恵子	三条実美2女	公爵	公家・清華家
閑院宮春仁王妃	直子	一条実輝4女	公爵	公家・摂家
北白川宮能久親王妃	光子	山内豊信1女	侯爵	諸侯・土佐高知
同	富子	島津久光養女	公爵	諸侯・薩摩島津分家（伊達宗徳2女）
北白川宮成久王妃	房子	明治天皇7女	内親王	
北白川宮永久王妃	祥子	徳川義恕2女	男爵	尾張徳川分家
久邇宮邦彦王妃	俔子	島津忠義7女	公爵	諸侯・薩摩鹿児島
久邇宮多嘉王妃	静子	水無瀬忠輔1女	子爵	公家・羽林家

の日記に「実に名誉此上《このうえ》なし」と記したが、諸侯出身の女子が皇族と称されることへの感動が、その背景にはあった。

将軍家を含む諸侯から皇族妃になった一七名のうち、有栖川宮熾仁親王妃貞子、有栖川宮威仁《たけひと》親王妃慰子《やすこ》、華頂宮博経親王妃郁子、伏見宮邦家親王妃景子《ひろこ》、伏見宮貞愛親王妃利子《としこ》の五名は、旧典範制定前に結婚しており、婚姻当時は皇族とは称されず、旧典範制定によって皇族の身分を得る。この五名の出自は有栖川宮家出身の利子を除けば、みな皇族ではなく、貞子は水戸徳川、慰子は加賀前田、景子は摂家の鷹司と、二名が大大名家、一名が公家であった。つまり、みな維新期に政治的に活躍した有力家の子女であった。なお、伏見宮貞教《さだのり》親王妃明子《あけこ》は旧典範制定前に亡くなっている。

また、皇族妃となった一一名の公家のうち、摂家は七名を占める。公家の最高位の摂家は皇后ともなりうる家柄であり、皇族妃でも不自然ではない。しかし、摂家に次ぐ清華《せいが》家やさらに下位の羽林《うりん》家からの妃は、明治維新ならではといえる。これも、維新期に活躍した家柄が関係しており、清華家は三条家と醍醐家、羽林家は岩倉家であった。

他方、もともと皇族である内親王から皇族妃となった者は、先に挙げた表2-5のように五名である。東久邇宮盛厚《もりひろ》王妃成子《しげこ》以外の朝香宮鳩彦王妃允子《のぶこ》、北白川宮成久王妃房子、竹田宮恒久《つねひさ》王妃昌子、東久邇宮稔彦王妃聡子《としこ》は、明治天皇の内親王で姉妹である。先述したように、北白川宮能久親王も久邇宮朝彦親王も、維新期に天皇家と微妙な距離を置いた皇族家であり、婚姻による相互の円滑な交流が図られたかのようである。

成子の場合は、実父昭和天皇の従兄弟で、実母皇后良子の従兄弟でもある東久邇宮盛厚王との結婚であり、かなり近しい親類との婚姻であった。

養子の「排除」と廃絶

旧典範第三九条の規定は、皇族となる者の身分を定めたのみならず、皇族女子の嫁ぎ先をも定めていた。すなわち、旧典範のもとでは、内親王や女王たちが皇族か「特に認許せられたる華族」以外の家に嫁ぐことはなかったのである。

戦前の内親王と女王の嫁ぎ先は、八二〜八三ページの表2－6の通りであり、総数三六名中、内親王五名すべてが皇族（王）に嫁ぎ、女王三一名の婚家は、皇太子妃一名（久邇宮良子）、皇族二名（賀陽宮佐紀子《さきこ》・伏見宮知子《ともこ》）、王族一名（梨本宮方子）、華族二七名であった。

華族家に嫁いだ女王二七名の内訳は、公爵三名、侯爵六名、伯爵九名、子爵九名、男爵はいない。おおむね、有栖川、閑院、伏見など四親王家が上位の華族家に嫁いだ傾向があり、また、明治期から大正期へと時代が下がるにつれて下位の華族家にも嫁ぐようになった。

こうした婚姻関係は、戦前日本の天皇を頂点とした身分関係を人的に広げて固める効果をもたらし、皇室制度の安定と繁栄に寄与したといえよう。

一方で、旧典範によって、皇位継承における実系の重視、婚姻家柄の拡大と制限などがな

続柄	名	婚姻相手の身分など		
久邇宮朝彦親王 3 女	安喜子	池田詮政	侯爵	諸侯・備前岡山
久邇宮朝彦親王 5 女	絢子	竹内惟忠	子爵	公家・半家
久邇宮朝彦親王 6 女	素子	仙石政敬	子爵	諸侯・但馬出石
久邇宮朝彦親王 8 女	篶子	壬生基義	伯爵	公家・羽林家
久邇宮朝彦親王 9 女	純子	織田秀実	子爵	諸侯・大和柳本
久邇宮邦彦王 1 女	良子	裕仁（迪宮）	親王	皇太子
久邇宮邦彦王 2 女	信子	三条西公正	伯爵	公家・大臣家
久邇宮邦彦王 3 女	智子	大谷光暢	伯爵	真宗本願寺門跡
久邇宮多嘉王 3 女	恭仁子	二条弼基	公爵	公家・摂家
竹田宮恒久王 1 女	礼子	佐野常光	伯爵	勲功
梨本宮守正王 1 女	方子	李垠	王	王族
梨本宮守正王 2 女	規子	広橋真光	伯爵	公家・名家
伏見宮貞愛親王 1 女	禎子	山内豊景	侯爵	諸侯・土佐高知
伏見宮博恭王 1 女	恭子（寧子）	浅野長武	侯爵	諸侯・安芸広島
伏見宮博恭王 2 女	敦子	清棲幸保	伯爵	伏見宮降下
伏見宮博恭王 3 女	知子	久邇宮朝融	王	皇族
山階宮菊麿王 1 女	安子	浅野長武	侯爵	諸侯・安芸広島

註：上列 5 人が内親王，それ以降は女王．＊1 華子は戦後離婚し，戸田豊太郎夫人に

表2-6　**内親王・女王の婚家一覧**（戦前）

続柄	名	婚姻相手の身分など		
明治天皇6女	昌子（常宮）	竹田宮恒久	王	
明治天皇7女	房子（周宮）	北白川宮成久	王	
明治天皇8女	允子(富美宮)	朝香宮鳩彦	王	
明治天皇9女	聡子（泰宮）	東久邇宮稔彦	王	
昭和天皇1女	成子（照宮）	東久邇宮盛厚	王	
有栖川宮威仁親王2女	実枝子	徳川慶久	公爵	徳川宗家別家
賀陽宮邦憲王1女	由紀子	町尻量基	子爵	公家・羽林家
賀陽宮邦憲王2女	佐紀子	山階宮武彦	王	皇族
閑院宮載仁親王1女	恭子	安藤信昭	子爵	諸侯・陸奥磐城平
閑院宮載仁親王2女	茂子	黒田長礼	侯爵	諸侯・筑前福岡
閑院宮載仁親王5女	華子*1	華頂博信	侯爵	伏見宮降下
北白川宮能久親王1女	満子	甘露寺受長	伯爵	公家・名家
北白川宮能久親王2女	貞子	有馬頼寧	伯爵	諸侯・筑後久留米
北白川宮能久親王3女	武子	保科正昭	子爵	諸侯・上総飯野
北白川宮能久親王5女	拡子	二荒芳徳	伯爵	北白川宮降下
北白川宮成久王1女	美年子	立花種勝	子爵	諸侯・筑後三池
北白川宮成久王2女	佐和子	東園基文	子爵	公家・羽林家
北白川宮成久王3女	多恵子	徳川圀禎	公爵2男	水戸徳川家
久邇宮朝彦親王2女	栄子	東園基愛	子爵	公家・羽林家

表2-7　**旧典範制定後に男子継承者の絶えた皇族家**

宮名	最後の皇族男子	薨去年月日	皇籍離脱前廃絶	離脱後	廃絶理由・現況など
有栖川宮	威仁親王	1913. 7. 10	○1923. 6. 30 慰子妃薨去		1908. 4. 7後継者栽仁王が早世
華頂宮	博忠王	1924. 3. 24	○1924. 3. 24		継承者なく廃絶
桂宮	節仁親王	1836. 3. 5	○1881. 10. 3 淑子内親王薨去		旧典範制定以前の廃絶
賀陽宮	邦寿王	1986. 4. 16		○	邦寿死後，後継男子なし
閑院宮	春仁王	1988. 6. 18		○	春仁（純仁）死後，後継男子なし
北白川宮	道久王	—		○	存命なるも後継男子なし
小松宮	彰仁親王	1903. 2. 18	○1903. 2. 18		継承者なく廃絶
梨本宮	守正王	1951. 1. 1		○	守正死後の男子は養子
東伏見宮	依仁親王	1922. 6. 27	△1922. 6. 27	○*1	1955. 3. 4周子死後，後継男子なし
伏見宮	博明王	—		○	存命なるも後継男子なし
山階宮	武彦王	1987. 8. 10		○	武彦死後，後継男子なし

○は廃絶．△は嗣子なく妃のみ残る．朝鮮王公族は除く
註：戦後の「皇籍離脱」は1947年10月14日．＊1周子妃が離脱

されたが、皇族の養子排除も大きな変革であった。

旧典範第一条には「大日本国皇位は祖宗の皇統にして男系の男子之を継承す」とあり、さらに第四二条に「皇族は養子を為すことを得ず」とある。この結果、維新前には容認されていた養子相続は排除され、嫡庶はともかくも、男子が生まれない宮家は表2-7のように廃絶となった。

桂宮家の場合は、節仁《みさひと》親王が一八三六（天保七）年三月五日に亡くなっており、仁孝天皇の三女であった淑子内親王が宮家を継承して維新を迎えた。だが、

淑子内親王も旧典範制定の八年前の一八八一年一〇月三日に亡くなっていた。つまり、十五宮家あったとされる戦前の皇族家のうち、一家は旧典範制定以前に消えていた。

いずれにせよ、旧典範の養子排除の規定は、戦前の皇族家にとっては家の存廃に関わる重要問題であった。ちなみに、一九四七年の皇籍離脱当時に後継男子のいなかった宮家には、閑院宮、梨本宮、山階宮などがあり、これらの三宮家は皇籍離脱前から家の廃絶を覚悟していたわけである（賀陽宮・伏見宮は独身男子）。

なお、先述した元田永孚文書の「御内論」によれば、明治天皇は、功労によって親王となった者は四親王に加入させないなどの意向も述べている。また、旧典範審議過程では実系ではない親王に対する規制は厳しかった。こうした実系重視の方針が、養子排除規定の背景にあったのである。

3　「臣籍降下」の構想

五世以下は「公爵」に

ところで、明治天皇の実系から遠い皇族の拡大を抑止しようという動きは、すでに旧典範の制定過程中に顕著にみられた。

まず、一八八二（明治一五）年一二月一八日、宮内省に岩倉具視を総裁として内規取調局が設置され、「皇族内規」が立案される。その初案には、「皇兄弟皇子を親王」、「親王より四世までを皇親」、「七世までは仍《な》お王名を得るも皇親の限にあらず」、「八世に至り公爵に列す」などとあり、皇族の範囲と華族への降下が規定されていた。同案は、継嗣令と同様に一世を親王、四世までを皇親としたが、八世以後を公爵とする点に新しさがあった。

もっとも、たとえば明治天皇から愛子内親王・悠仁親王までが五世であることを考えれば、八世とはかなり末代まで意識したものではあった。ただし、実系八世となると、当時の伏見宮系皇族の多くがその身分を失う可能性は高かった。

「皇族内規」では次案でも五世以下を公爵とする構想がみられた。具体的には「親王より五世に至り姓を賜い公爵に列し家産として金十万円を賜い（内七万円を非売財産とす）別に宮殿を営せしめ帝室の支給を止む」などとある。宮内省は、皇族の範囲が広がると品性を保てない皇族も現れ、ひいては皇室の威信も落としかねないと懸念したのである。

さらに「付言」として「四親王家の称を止む」、「養子猶子を止む」、「現今の親王諸王家は此際特典を以て親王家は四世、諸王家は三世に至り」処分し、「諸王家は家産金七万円（内五万円は非売財産とす）」などの方針が提示された。

また、この頃のものとされる「皇族令」草案（三条家文書）でも、皇族数拡大の防止が強く意識されており、親王宣下廃止、親王より五世にいたれば華族とする、四親王家廃止、天皇養子制廃止などの七ヵ条がある。

伊藤博文の女系容認

初代枢密院議長として帝国憲法をはじめとする法整備に傾注していた伊藤博文（当時は伯爵）も、一八八六（明治一九）年頃に制定したと推定される宮内省立案第一稿「皇室制規」で次の三つを規定している。

①有栖川宮、小松宮、伏見宮、閑院宮の親王宣下を現今限りとし、継嗣より王として世襲させる。
②山階宮、久邇宮、北白川宮も親王宣下を現今限りとし、継嗣を王とし、さらにその王の継嗣より華族として侯爵を授ける。
③梨本宮、華頂宮は現今限りの王とし、継嗣より華族にして侯爵を授ける。

伊藤もまた明治天皇直系外の皇族数を減らそうとしたのである。

ちなみに、伊藤の「皇室制規」は女系を容認しており、皇位継承の第一には「皇族中男系絶ゆるときは皇族中女系を以て継承す」とある。そして第一三条に「女帝の夫は皇胤にして臣籍に入りたる者の内皇統に近き者を迎うべし」ともある。女帝を認めることで、皇族数増大を抑えようとしたともいえる。

傍系の華族化案

一方、宮内省図書頭だった井上毅（のち子爵）は、「皇室の繁栄のためにも皇族は永遠に皇族の身分にとどまるべき」と、皇族数制限の動きに反対していた。

井上は、伊藤の「皇室制規」に対して「謹具意見」を記し、女系継承に反対し、天皇の政務不能のとき摂政は置かず譲位を認めたほうがいいと提言した。

一八八六年に、井上の意見を取り入れた宮内省案第二稿「帝室典則」が作成され、庶子が認められたものの、女系は否認される。そして、その第一八条で「親王諸王の二男以下丁年［満二〇歳］以上に至れば特旨を以て華族に列することあるべし」と降下の方針は残された。

具体的には以下の通りである。

①山階宮、久邇宮、北白川宮および閑院宮載仁親王は、継嗣より諸王とし其諸王の継嗣より華族に列し侯爵にする。
②梨本宮、華頂宮は、現今諸王の継嗣より華族に列し侯爵にする。

さらに、「付録」では、嫡子以外について、以下のように規定がみられた。

①有栖川宮、小松宮、伏見宮の二男以下は、諸王とし帝室より賄料を与え、その子はすべて華族として子爵にする。

②山階宮、久邇宮、北白川宮、閑院宮載仁親王の継嗣は諸王、三代目よりは華族とし侯爵を授け、当主（親王）の二男以下は、諸王とし帝室より賄料を与え、その子はすべて華族とし男爵を与える。

皇族の親疎は実系

以後、一八八六年七月の「宮中顧問の議を経たる修正案帝室典則」（宮中顧問官）で、「華族に列し爵を授く」と爵位の明記は消えたが、降下を規定した「付録」は残された。

さらに同年の「帝室法則綱要」（柳原前光）でも第二八条に「近属の皇胤男子〔明治天皇に実系が近い皇胤〕繁昌するときは遠属中より庶少を先にし嫡長を後にし漸次氏を賜い華族に列すべし」と降下案がある。

その「付則」では、次のように五つの項目が記されている。

①皇族の親疎は実系とする。

②親王宣下された親王はそのままとしてその子孫を王とする。

③近属の皇胤繁昌にいたるまでの間は、現在の親王諸王およびその子孫の少なくとも一〇名を王とする。
④皇族より華族に列するときは嫡出一名は公爵、その他は侯爵にする。
⑤(久邇宮)朝彦親王の末男多嘉王は氏を賜い侯爵とする。

また、同案に付された「崇光帝以降皇胤直系世表略」には、北朝三代の崇光天皇(一三三四〜九八)より分かれた伏見宮家や、一一二代霊元天皇(一六五四〜一七三二)より分かれた有栖川宮家の系図が記され、維新後の明治天皇家と新たに設置された宮家の実系が明確に区分されていた。

柳原前光と井上毅の確執

旧典範制定に関わった柳原前光は、明治天皇の庶子である嘉仁親王(のちの大正天皇)の生母柳原愛子《なるこ》の実兄である。実の甥の将来を思ったからであろう、庶子や実系を重視する立場をとった。

これに対して、井上毅は末永き男系の継承を重んじ、皇族男子の払底を防ぐ立場に徹した。井上はドイツ法学者ヘルマン・ロエスレルの意見などを取り入れ、男系継承の強いドイツ王家の皇族制度をその模範としたのである。そうした柳原と井上との確執が、旧典範制定過程に大きな影響を与え続けた。以下、具体的にその展開を見ていこう。

つまり、当初は庶子・実系の柳原案が優勢であり、一八八七（明治二〇）年一月一二日の「皇室法典初稿」（柳原前光）では、第一九章として「皇族列臣籍」が設けられ、臣籍降下の具体的な基準と待遇が示された。

たとえば、皇玄孫以上は「容易に臣籍に列すべからず」としつつも列するときは公爵、一〇世以内は侯爵、一〇世以外近系は伯爵、一〇世以外遠系は子爵とあり、公爵は四五〇〇〇円、侯爵は四〇〇〇〇円、伯爵は三五〇〇〇円、子爵は三〇〇〇〇円の収入歳額となる公債か株券を資産として授けることとした。同案にも崇光天皇以来の「崇光帝以来皇胤実系略表」が付された。

この柳原案にある臣籍降下規定は同年二月の「皇族令案」（井上毅）にも継がれるが、他方、同時期に井上毅は「皇室典憲に付疑題乞裁定《ぎだいのさいていをこう》件々」を作成した。そのなかで、「四親王処分の事」として、日本の「中古の制」では五世以下を降下させたが、欧州では「皇族の子孫はいつまでも皇族」であると主張した。

すなわち、プロイセン（ドイツ）には「ホーヘンツヲーレルン、ヘシンゲン〔ホーエンツォレルン・ヘッヒンゲン〕」と「ホーヘンツヲレルン、シマリンゲン〔ホーエンツォレルン・ジクマリンゲン〕」の二家があり、前者のヘッヒンゲン家は絶えてしまったが、「二家は諸般の家格総て王室に同じく我国の四親王家と粗似《ほぼ》たり」と指摘し、「現在の親王家を廃するは如何《いかが》あらん」と疑問を呈したのである。ヘッヒンゲン家もジクマリンゲン家も、ドイツ帝国皇帝となったホーエンツォレルン家の分家であった。井上はこのことを前提に「支系の皇族を存立するは独《ひとり》皇嗣の儲備《ちょび》となすのみならず皇家の婚姻上に於て其道を広がらしむる便宜ある」と、親王家存続の必要性を訴えた。皇位継承の予備のみならず、内親王の嫁ぎ先にもなるというのである。

最終的に、井上は「中古の制」も意識し、「五世親絶の主義と宗室世襲の原則とを両存して天皇の特旨処分に任せては如何」と折衷案を示したのである。

男系堅持

この井上の「皇室典憲に付疑題乞裁定件々」に対して、一八八七(明治二〇)年、柳原は「疑題件々に付柳原伯意見」で「親王の家格を存する時は大に継承法に抵触し到底両立すること難し、断然廃する外道なし」と、四親王家存続方針に反論した。

それに対して井上は、同年二月の「皇室典範・同説明案」で、臣籍降下規定はすべて抹消し、皇位継承順位について「皇伯叔父及其子孫倶《とも》に在らざる時は其以上に於て最近の皇族に伝う」として四親王家とその子孫の存在を肯定した。この井上の案は、三月一四日の柳原案である「皇室典範再稿」にも継承され、旧典範の原型となったとみなせる。ただし、柳原案には「皇位継承権ある者十員以上に充《み》つる時は皇玄孫以下疎遠の皇族より逓次臣籍に列することあるべし」と、降下規定は残されていた。

四月の「皇室典範草案」（柳原前光）の段階でも「皇族列臣籍」の規定があり、「五世以下疎属の皇族より逓次臣籍に列すべし」、「皇族臣籍に列する時は姓を賜い爵を授く」との文言《もんごん》があった。とはいえ、柳原は井上にかなり譲歩したのである。

翌一八八八年になると、井上毅は、先のロエスレルに「皇室家憲」に関する参考意見を求め、旧皇室典範草案をまとめていく。

ロエスレルは男系重視などドイツにおける「王室家憲」を強く意識した規定を提示し、「日本帝国の皇室に於ては先ず現に登臨する君主の男統帝位を継承す、此の男統竭滅《けつめつ》すれば帝位は有栖川家の男統に、有栖川家の男統尽《ことごと》く死すれば伏見家の男統に、次は閑院家の男統に、最後に桂家の男統に襲《つ》がしむ、女統は総て之を継承することを得ず」（「日本帝国皇室典範」〈ロエスレル〉）とした。つまりは、男系を堅持することと、四親王家の家系を存続させることが暗に意図され、その順位も有栖川、伏見、閑院、桂とされていた。

さらに万が一、男統が途切れた場合は、「先帝の女子」が継承するが、「女子は親《みず》から政治に任ずることを得ず、唯《ただ》其男子に帝位を継がしむるのみ」とあり、女子は男子出生までの繫《つな》ぎとされた。

ロエスレル提議の後の五月、井上は「皇族列臣籍」の条項を残した「皇室典範草案」と、皇族男子の臣籍降下を示す条文のない「枢密院御諮詢案皇室典範」の両案を作成した。井上の従来の方針からすれば、後者のほうが本意に近い。井上は、柳原らへの妥協案を練り、皇位継承順の条文などに疑義をさしはさむうちに、将来の皇族数増大の問題は後回しにさせ、柳原の臣籍降下方針を巧みに排除する案を作成したともとれる。

ともかく、こうした経緯の後、一八八九年二月一一日に旧典範が制定された。天皇および皇族から出生した者は世数によらず皇族とするとの永世皇族制が採用され、臣籍降下は内親王・女王の婚姻の場合に限定された。しかし、その後、皇室財政の負担増などの事情により、再び皇族男子の臣籍降下法定化の動きが強まっていく。

臣籍降下の模索

旧典範では皇族男子の臣籍降下についての明確な条文はなかった。だが、表2-8で示すように、臣籍降下は一八八八(明治二一)年からはじまっていた。その最初は伏見宮邦家親王一五男の清棲《きよす》家教《いえのり》であるが、一代皇族の例外的な事例であり、仏光寺《ぶっこうじ》を相続していた家教は維新後に華族に列し、その後、伏見宮に復籍して降下した。二荒と上野はともに側室の子であり、父の能久親王が亡くなった後に認知されて華族となる。そして、一九〇七年二月に制定された旧典範増補第一条で明記され、小松が典範増補による最初の降下となった。

この第一条では、「王は勅旨又は情願に依り家名を賜い華族に列せしむることあるべし」とし、王たる皇族の臣籍降下の道が記された。また、第六条で「皇族の臣籍に入りたる者は皇族に復することを得ず」と、降下した皇族の復帰を禁じた。しかし、同増補では、王にその意思がない場合は降下を免れていた。

その三年後、一九一〇年三月三日公布の皇族身位令により、満一五歳以上にならなければ華族への降下を情願することができず、降下の際には世襲財産を賜るなど、具体的な基準が設定された。しかし、この当時も王自身の情願がなければ降下はなかった。

表2-8　**臣籍降下一覧**

降下年月	氏名	爵位	出自
1888. 6. 28	清棲家教	伯	伏見宮邦家親王15男
1897. 7. 1	二荒芳之	伯	北白川宮能久親王5男
1897. 7. 1	上野正雄	伯	北白川宮能久親王6男
1910. 7. 20	小松輝久	侯	北白川宮能久親王4男
1920. 7. 24	山階芳麿	侯	山階宮菊麿王2男
1923. 10. 25	久邇邦久	侯	久邇宮邦彦王2男
1926. 12. 7	華頂博信	侯	伏見宮博恭王3男
1928. 7. 20	筑波藤麿	侯	山階宮菊麿王3男
1928. 7. 20	鹿島萩麿	伯	山階宮菊麿王4男
1929. 12. 24	葛城茂麿	伯	山階宮菊麿王5男
1931. 4. 4	東伏見邦英	伯	久邇宮邦彦王3男
1936. 4. 1	音羽正彦	侯	朝香宮鳩彦王2男
1936. 4. 1	伏見博英	伯	伏見宮博恭王4男
1940. 10. 25	粟田彰常	侯	東久邇宮稔彦王3男
1942. 10. 5	宇治家彦	伯	久邇宮多嘉王2男
1943. 6. 7	龍田徳彦	伯	久邇宮多嘉王3男

註：清棲家教から小松輝久までは五世以上による降下ではない．二荒芳之と上野正雄は庶子で皇籍になく，厳密には降下ではない

一九一八（大正七）年、波多野《はたの》敬直《よしなお》宮内大臣は、皇族が多すぎることは皇室の尊厳や皇室財政上「喜ぶべきに非ず」との考えから、帝室制度審議会（帝室制度再査議のために一九一六年一一月四日設置、総裁伊東巳代治《みよじ》）に臣籍降下の準則の立案を求め、「皇族の降下に関する施行準則」を案出し、同案は枢密院にて修正可決された。

しかし、皇族のなかには自分たちの子孫を降下させる同案に好意的ではない者もおり、皇族会議での採決はなされなかった。やむをえず、波多野は、同案について枢密顧問官が可決し、皇族会議でも質問はあったが異見はなかったとして、大正天皇に施行を奏請した。こうして一九二〇年五月一九日、「皇族の降下に関する施行準則」が内規として裁定される。首相兼司法相であった原敬はその「日記」に、内規裁定四日前の五月一五日に開かれた皇族会議の様子について次のように記している。

皇族方質問等頻《しきり》に出、形勢穏和ならざりしが、閑院宮［載仁親王］は皇族の身上に関する問題故可否の決議をなさずして其旨奏上ありたしと発議せられ、一人の賛成ありたるのみにて議長は採決せずして其事に取計うべき旨宣告せられ其れにて終決したり。皇太子殿下［裕仁親王］も御出席あり、伏見宮［貞愛親王］議長の職を執らる、是れにて甚だ面倒なりし皇族降下令準則決定せられたり。

この「皇族の降下に関する施行準則」により、王の情願がない場合でも勅旨により、長子孫の系統四世以内を除くすべての王は、華族に降下することとなった。すなわち、皇玄孫の子孫である王で旧典範増補による降下の情願をしない場合は、「長子孫の系統四世以内」を除いて、勅旨により家名を賜い華族となるのである。

直宮ではないいわゆる旧宮家皇族家（明治天皇直系ではない傍系の皇族）の場合、伏見宮邦家親王の子を一世として、実系でこれを準用することとなった。そして、伏見宮博恭王は長子孫の系統とみなし、伏見宮邦芳《くにか》王と久邇宮多嘉王は同準則を適用しないとした。

伏見宮博恭王と邦芳王の事情は、長男であった博恭王が庶子であり、次男の邦芳王が嫡子であったことによる。はじめ、博恭王を華頂宮当主としていたが、邦芳王が不治の病にあったため、博恭王を伏見宮家の継嗣としたという経緯があったのである。久邇宮多嘉王の場合は、久邇宮朝彦親王の子であるほかの王たちがみな宮家の当主であったことから、長子孫の系統ではないが多嘉王だけは終身皇族とされたのである。

逆らえぬ運命

巻末に「明治天皇と十五宮家の系譜」を掲げたが、明治以後の十五宮家は、崇光天皇より分かれた伏見宮系統か、霊元天皇より分かれた有栖川宮系統の子孫により構成されていた。だが、有栖川宮系統も威仁親王以後絶えてしまう。また、一一九代光格天皇以降は東山天皇から分かれた閑院宮家の末裔であるが、閑院宮家自体は明治以後は伏見宮家の傍系が継いでおり、実系上は断絶がある。桂宮淑子内親王は仁孝天皇皇女で実系上は明治天皇に近いが、女子であり、以後、桂宮家は断絶している。

すなわち、当時、四親王家である有栖川宮と桂宮は継承者なく断絶し、閑院宮家は邦家親

表2-9　**長子孫四世までの王一覧**

伏見宮邦家親王				
1世	2世	3世	4世	5世
山階宮晃親王	山階宮菊麿王	山階宮武彦王	×	
久邇宮朝彦親王	久邇宮邦彦王	久邇宮朝融王	久邇宮邦昭王	久邇朝尊
	賀陽宮邦憲王	賀陽宮恒憲王	賀陽宮邦寿王	×
	梨本宮守正王	×		
	久邇宮多嘉王	（臣籍降下）		
	朝香宮鳩彦王	朝香宮孚彦王	朝香宮誠彦王	朝香明彦
	東久邇宮稔彦王	東久邇宮盛厚王	東久邇宮信彦王	東久邇征彦
小松宮彰仁親王	（東伏見宮依仁親王）	×		
北白川宮能久親王	北白川宮成久王	北白川宮永久王	北白川宮道久王	×
	竹田宮恒久王	竹田宮恒徳王	竹田宮恒正王	竹田恒貴
伏見宮貞愛親王	伏見宮博恭王	伏見宮博義王	伏見宮博明王	×
閑院宮載仁親王	閑院宮春仁王	×		
東伏見宮依仁親王	×			

註　×は嗣子なく廃絶

王の一六男子である載仁親王が嗣ぎ、他の新宮家はみな邦家親王の末裔が当主となっていた。

これら旧宮家皇族家を嗣いでいた伏見宮系皇族は、皇位を継承しない限り、長子孫の系統で邦家親王の子を一世とした四世以内の子孫を除き、臣籍に降下することとなったのである。

しかも、当時の旧宮家皇族家のうち久邇宮、賀陽宮、梨本宮、朝香宮、東久邇宮などの当主は伏見宮邦家親王から二世にあたり、その曾孫の世代以後は長子孫の系統であっても四世以内ではないので、皇位を継承しない限り消滅することが必定となった。

表2-9で示したように、偶然とはいえ、戦後の皇籍離脱で王の身分を失った者は、みな四世以内である。皇籍離脱をした十一宮家を含む伏見宮系十三宮家は、皇籍離脱がなかったとしても嗣子なく断絶するか、降下するかの運命にあったのである。しかも、旧典範増補第六条で、降下した皇族は再び皇族に復することはできなくなっていた。

いずれにせよ、「皇族の降下に関する施行準則」制定の背景には、皇族数増加からくる弊害への懸念もさることながら、明治維新期の動乱のなか新たに宮家を創設した血縁の遠い宣下親王の系統を排除し、明治天皇直系による万世一系の男系相続の原則の純化を図る狙いもあった。

すでに大正天皇には迪宮裕仁、淳宮雍仁、光宮宣仁《てるのみやのぶひと》、澄宮崇仁《すみのみやたかひと》の四親王が誕生して、男系の皇位継承が万全の状態になっていたことが、こうした方針を決断させたといえる。また、明治天皇実系を重視する理念は、旧典範制定過程における柳原案の延長線上にあり、政府内部で一定の支持を受けていた一つの流れであった。

そうした内容を決定する皇族会議に実系の皇太子である裕仁親王が出席し、平皇族ながら年長の伏見宮貞愛親王が議長となり、閑院宮載仁親王が可否決議の否定をしたのである。この準則制定あたりから直宮と平皇族との間の不協和音が高まっていったといえなくもない。

第三章　謳歌と翳り――近代国家の成立期

1　日清・日露戦争

皇族たちの出征

近代日本が経験した最初の対外戦争である日清戦争（一八九四～九五年）は、多くの兵士を動員し、軍人として出征した皇族たちも少なくなかった。日清戦争当時、軍職に就いていた皇族は、次ページ表3－1に示したが陸軍に有栖川宮熾仁親王ら五名、海軍に有栖川宮威仁親王ら四名、計九名であった。

明治天皇は、宮中に置いた大本営を、より迅速な戦争指導を行うため、広島に移した。当時、数え一六歳の皇太子嘉仁親王も広島に行啓し、天守閣から広島全景を眺め、明治天皇と昼食をともにし、広島陸軍予備病院に傷病者を慰問した。一方、皇后美子は、開戦の翌年三

表3-1　**日清戦争時の皇族軍人**

	名	戦時中の階級と主な軍歴		戦後	継嗣
陸軍	有栖川宮熾仁親王	大将	参謀総長，大本営幕僚長，広島にて風邪で倒れ薨去		威仁親王，出征
陸軍	小松宮彰仁親王	大将	近衛師団長，征清大総督，宇品から旅順へ出征		依仁親王，出征
陸軍	北白川宮能久親王	中将	歩兵第4師団長，近衛師団長，旅順へ出征	台湾接収中に倒れ，台南で薨去	成久王，未成年
陸軍	伏見宮貞愛親王	少将	歩兵第4旅団長，威海衛作戦に従軍	混成第4旅団長，台湾接収に出征	邦芳王，未成年
陸軍	閑院宮載仁親王	大尉	第1軍司令部付，鴨緑江渡河作戦に従軍	少佐に昇進	篤仁王，夭逝
海軍	有栖川宮威仁親王	大佐	巡洋艦松島艦長・巡洋艦橋立艦長，澎湖島作戦に参加		栽仁親王，未成年
海軍	小松宮依仁親王	少尉	巡洋艦浪速分隊長，威海衛海戦・澎湖島作戦参加	台湾上陸作戦	継嗣なし
海軍	山階宮菊麿王	少尉	巡洋艦吉野分隊士・巡洋艦高千穂分隊士，小松宮と同作戦	台湾上陸作戦	戦後，武彦王出生
海軍	華頂宮博恭王	少尉	ドイツ留学中	帰国	戦後，博義王出生

月一九日、傷病兵慰問の名目で広島に着し、各病院を巡回した。

日清戦争では有栖川宮熾仁親王、その後の台湾遠征では北白川宮能久親王と亡くなっているが、病死である。

有栖川宮熾仁親王は参戦当時、陸軍大将で参謀総長を務めていた。開戦により、天皇から「陸海軍を総裁せしむる」の御沙汰を賜い、大本営幕僚長としての重職に就いた。熾仁親王は天皇に大本営の広島移転を奏請。「形勢の変遷、局面の推移に伴い、大本営を本州西部に移すの必要あり、而《しか》して広島は本州縦貫鉄道の西の終点にして、外港宇品《うじな》は開戦当初より我が軍主力部隊の出発点なるを以て、最も適当なる所」(『明治天皇紀』)を理由とした。とところが、広島に移った熾仁親王は戦時中の一八九四年一一月に風邪で倒れ、翌年一月、兵庫県の舞子《まいこ》別邸で療養、同月一五日亡くなった。

台湾遠征による戦病死

幕末維新期に「会津のミカド」と担がれ、国際結婚の話題を提供した北白川宮能久親王は、日清戦争の講和後、台湾接収のため出征、台湾基隆《キールン》を攻略して台南《たいなん》占領をめざした。

能久親王の台湾における進軍経路は、次ページ表3－2の通りだが、夏場の山岳地帯などの難所を数ヵ月にわたり転戦。台北を発した後、軽い下痢となり、その後も露営などを続けて夜に発熱、悪寒、腰痛などに襲われる。キニーネなどの投薬を受けながら台南に到着したが、看護の甲斐なく一八九五（明治二八）年一〇月二八日に亡くなった。数え四九歳であった。

名挽回の気持ちが、能久親王を「蕃地《ばんち》」に赴かせたともいわれる。戊辰戦争の際の汚名挽回の気持ちが、能久親王を「蕃地」に赴かせたともいわれる。

そのほかの皇族軍人たちも生還こそしたが、それぞれに軍の重責を担った。有栖川宮家や小松宮家などは父子（養子）で出征しており、閑院宮などは後継男子の篤仁《あつひと》王が夭逝したばかりであるし、山階宮はまだ後継男子がいなかった。どの宮家も戦死による家の廃絶がありえたのである。ただ、まだ数え九歳の未成年ではあるが、有栖川宮には栽仁《たねひと》王（海軍に進む）が数え二二歳で病死）、北白川宮には成久王がおり、伏見宮も一六歳になる継嗣の邦芳王がいた（邦芳王はのちに病気となり華頂宮博恭王が伏見宮を継ぐ）。もっとも、後継者が残されても、

表3-2　**北白川宮能久親王の台湾における進軍経路**（1895年）

月日	移動地名	病状・戦況など
5.31	澳底上陸→頂双谿着	
6.1～	頂双谿→三貂大嶺→瑞芳→基隆	草鞋，脚絆，双眼鏡，弁当
6.10	基隆→水返脚	
6.11	水返脚→台北	
7.29	台北→桃仔園→中櫪	夜，軽き下痢症
7.31	中櫪→大湖口→新竹	汽車にて移動
8.8～	新竹→中港	汚れた稲田の水で糯を蒸したるを食す
8.13	中港→後壠→苗栗→後壠	
8.22	後壠→通霄	某蕃社の酋長の父子，軍に従う
8.23	通霄→大甲	糧なくば藷を食いて進まんのみ
8.25	大甲→牛馬頭→大肚街	
8.27	大肚街→彰化	彰化城内にて埋めし屍382，彰化に滞在
9.3	彰化→鹿港→彰化	
9.4～	彰化→北斗	
10.7	北斗→刺桐港	
10.8	刺桐港→大甫林（露営地）	
10.9	大甫林→嘉義	死者400，生け捕り500余
10.17		夜，発熱
10.18～	嘉義→大茄苳 →安渓寮 →古旗口	悪寒，腰痛，後頭重，口渇，全身倦怠 体温38度4分，脈81，塩酸キニーネ 脾の肥大
10.20	古旗口→湾裡	体温39度8分，脈92
10.21	湾裡→大目降	轎（こし）で，キニーネ，赤ワイン，リモナードなど
10.22	大目降→台南	体温39度6分，脈80，口渇，倦怠，食思減退，脾の肥大，下痢，赤ワイン，リモナード
10.23	台南	軟便3度，夜譫言
10.24		舌に褐色の苔，肺炎の兆し
10.25		便秘
10.26		四肢振顫
10.27		精神朦朧
10.28		脈不整，午前7時50分薨去

出典：東京偕行社内・棠陰会編『能久親王事蹟』（春陽堂，1908年）より筆者作成

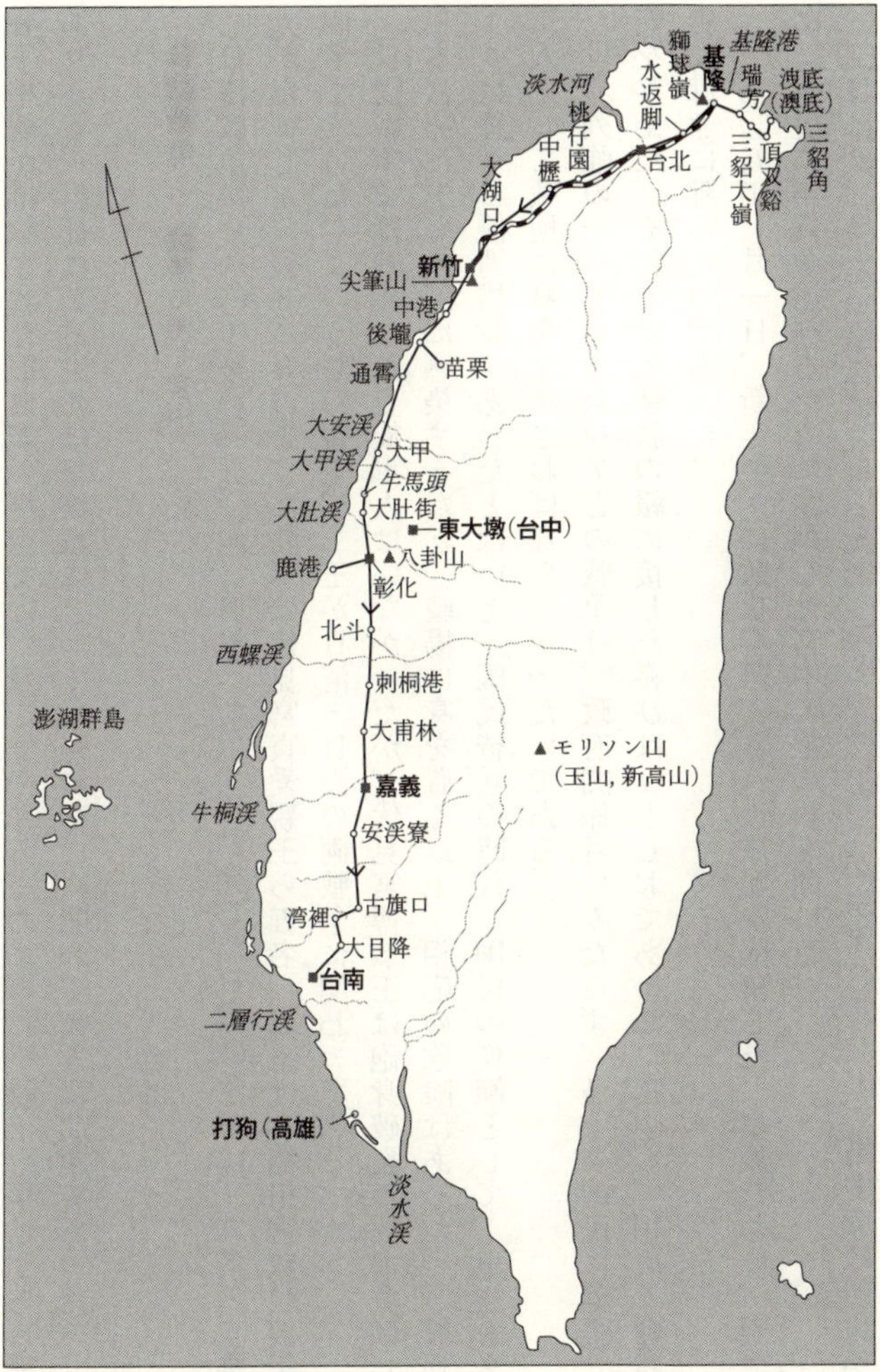
基隆港
獅球嶺
基隆
瑞芳
洩底(澳底)
淡水河
水返脚
桃仔園
三貂角
中櫪
台北
頂双谿
三貂大嶺
大湖口
新竹
尖筆山
中港
後壠
苗栗
通霄
大安渓
大甲渓
大甲
牛馬頭
大肚渓
大肚街
東大墩(台中)
鹿港
八卦山
彰化
北斗
西螺渓
刺桐港
澎湖群島
大莆林
モリソン山
(玉山, 新高山)
嘉義
牛稠渓
安渓寮
古旗口
湾裡
大目降
台南
二層行渓
打狗(高雄)
淡水渓

養子相続が排除された旧典範の規定では、栽仁王や邦芳王のように平時でも早世する事態がありえる。出征による生死は皇族家にとっても家の存亡に関わる大きな問題であった。

日露戦争――戦勝に沸く宮中

日清戦争から一〇年後の一九〇四（明治三七）年に勃発した日露戦争では、九名の皇族軍人が出征した。表3－3のように陸軍は伏見宮貞愛親王ら五名、海軍は有栖川宮威仁親王ら四名であった。このうち四親王、二王が日清・日露の両戦争に関わっている。

日露戦争では戦死した皇族軍人はいなかったが、伏見宮博恭王は砲身破裂事故で負傷し、梨本宮守正王も赤痢に感染するなど、戦場に身を置く以上、相応の危険はあった。一般兵士よりは種々の優遇措置があったとはいえ、国民皆兵の時代、国民の模範として、皇族もまた軍人として戦地に身命を賭《と》さねばならなかったのである。

世界列強の一つであるロシアとの戦争は、政府関係者のみならず、多くの国民に緊張と不安を与えた。それだけに戦勝の報に接した喜びはひとしおであった。宮中も、相次ぐ戦勝報告に沸きに沸いたのであった。

一九〇五年一月一日、新年早々に難攻不落とされた旅順が陥落した。皇族たちは、翌二日に、天皇に年賀を述べるために参列した宮中でその報を聞いた。

三日には、皇太子嘉仁に三男（光宮、のちの高松宮）が生まれるなど、宮中では朗報が続

艦艇内での会議　前列中央に東伏見宮依仁親王．その左に東郷平八郎元帥

表3-3　**日露戦争時の皇族軍人**

	名	戦時中の主な階級と軍職		継嗣
陸軍	伏見宮貞愛親王	大将	第1師団長，大本営付，遼東作戦従軍	邦芳王，病気
	閑院宮載仁親王	中将	満州軍司令部付，大本営付，沙河作戦従軍	篤仁王，夭逝
	久邇宮邦彦王	少佐	第1軍司令部付	朝融王，未成年
	梨本宮守正王	大尉	第2軍司令部付，十里河で赤痢感染	継嗣なし
	北白川宮（竹田）恒久王	少尉	近衛師団司令部付，遼陽会戦で武官が戦死	継嗣なし
海軍	有栖川宮威仁親王	大将	東宮輔導から大本営付へ	栽仁親王，未成年
	東伏見宮依仁親王	大佐	巡洋艦千代田副長のち艦長，旅順港閉塞作戦・黄海海戦，日本海海戦，樺太上陸作戦	継嗣なし
	山階宮菊麿王	少佐	巡洋艦八雲分隊長，旅順港閉塞作戦	武彦王，未成年
	伏見宮（華頂）博恭王	少佐	戦艦三笠分隊長，旅順港閉塞作戦，黄海海戦で砲身破裂事故で戦傷	博義王，未成年

いた。梨本宮妃伊都子の日記には二日に「実に夢の様。サア正月ではあるし、国民のよろこび万歳万歳で大さわぎ」、三日に「日本のさい先もよいと大よろこび」とあり、歓喜に沸く宮中の様子が書き残されている。

日露戦争は、講和に際して国民の間には不満が募り、日比谷焼打事件などを誘発したことが知られるが、旅順陥落後の宮中は大はしゃぎであったのだ。伊都子妃は各方面に「大勝利帯留《おびどめ》」「大勝利紙入《かみいれ》」「大勝利ふくさ」「大勝利記念ボタン（カフス）」などを配っており、こうした「勝利もの」の贈答が一時にせよ流行したのであった。

その後も三月一〇日に奉天会戦、五月二八日（旧暦四月一七日）の地久節《ちきゅうせつ》（皇后誕生日）に日本海海戦と、続々勝報が入った。伊都子妃は、あまりの感激からか、日本海海戦勝利について「虚構」さえも書いている。つまり、伊都子妃が自らの覚書としてまとめていた直筆の回想録によれば、皇族たちが宮中にて祝詞を述べるさなか、海軍省より日本海海戦の勝利が伝えられたとあり、その様子を「一同よろこびに涙こみ上げ、このよい日に御目出度いとシャンペンを上げて万歳をとなえる」とある。しかし、この記述の原本となる伊都子妃の日々の日記帳には、二八日の地久節の宮中では「海戦だんだん御都合よろしきよし」とあり、二九日に号外で日本海海戦勝利を知ったと書かれている。虚構にしてしまいたいほど、伊都子妃にはロシアに勝ったことが感動的であったともいえる。

実は、誕生日ながら皇后美子は体調が悪く、宮中豊明殿《ほうめいでん》で立食の餐を開いたが、「皇后、御病尚癒《なおい》えざるを以て、拝賀を受けたまわず」（『明治天皇紀』）という状態であった。しかし、天皇のみならず皇后や皇太子嘉仁も大勝利に満足し、天皇は日本海海戦の偉功を賞して連合艦隊と海軍に勅語を、皇后と皇太子は連合艦隊に令旨を下賜したのであった。

海戦の勝敗を憂慮していたセオドア・ルーズベルト米大統領も自国の勝利のように大喜びし、「トラファルガーの戦勝若《も》しくは西班牙《スペイン》無敵艦隊の撃破も遠く之れに及ばず」（同前）と讃えた親書を米友協会会長の金子堅太郎男爵に送ってきた。

日露戦争の戦果は皇室の前途を輝かすものとなったが、多くの国民は講和内容に不満であった。一九〇五年の日比谷焼打事件では、多くの犠牲を出しながら期待はずれの賠償額に憤った群衆が暴動を起こし、戒厳令が布《し》かれて軍隊が出動する事態となった。日清戦争で莫大な利権や賠償金を得た経験から、日露戦争でも世論は二〇億円の賠償金、沿海州の割譲など期待は過剰に膨らんだが、実際には、賠償金取得はなく、朝鮮における優越権、南樺太の領有、遼東半島南端部（関東州）の租借権などにとどまったからである。宮中周辺と国民との間に、戦争結果の認識に溝があったのである。このため、日露戦争での論功行賞による授爵や陞爵《しょうしゃく》は一九〇七年九月まで延期となった。

なお、一九〇四年五月八日、日露戦争凱旋に際しての祝賀行列が宮城の馬場先門に入ろうとしたときに、雑踏で死傷者が出た。これを教訓に宮城前広場が公園式に改良される。事業費は約一八万円で、七万円が下賜された。その後、関東大震災復興や紀元二六〇〇年祭などの改造を経て、現在の皇居前広場となった。また、日清戦争では振天府《しんてんふ》、一九〇〇年の北清事変（義和団《ぎわだん》事件）では懐遠府《かいえんふ》と呼ばれる「御府《ぎょふ》」（戦争記念館）が、戦死者の霊を慰めるために宮城吹上御苑《ふきあげぎょえん》の南隅に建てられていた。日露戦争でも建安府《けんあんふ》が設置され、その後も、第一次世界大戦では惇明府《じゅんめいふ》、満州事変前後では顕忠府《けんちゅうふ》が設けられた。これらは第二次世界大戦中まで拝観が許された。

朝鮮王公族

日露戦争を契機として、日本は大韓帝国を保護国としていった。一九一〇（明治四三）年八月二二日には韓国を併合し、韓国皇帝の一族は日本の王公族となった。

高宗《こうそう》前皇帝（徳寿宮李《とくじゅきゅうり》太王《たいおう》）、純宗《じゅんそう》皇帝（昌徳宮《しょうとくきゅうり》 李王《おう》・李坧《イソク》）、高宗の七男で純宗を嗣いだ李垠《イウン》（王世子《おうせいし》）らとその家族は「王族」と称され、高宗前皇帝ないしそれ以前よりの大韓帝国皇族の傍系、すなわち、高宗の五男の李堈《イカン》や、李堈を嗣いだ李鍵《イコン》、高宗の甥である李埈《イチュン》の養子となった李鍵の弟の李鍝《イウ》とその家族たちが「公族」と称された（表3－4）。彼ら王公族は、日本の皇族に準ずる班位（地位と待遇）を享《う》け、華族の上位に位置した。

これら王公族のなかでも王世子（皇太子）と称されていた李垠は、一一歳で伊藤博文によって日本に留学させられ、純日本式の生活をして育ち、皇族同様に陸軍軍人となった。そして、一九一六（大正五）年八月三日、日本の皇族である梨本宮方子女王との婚約が発表される。李垠と方子の婚約は日韓融和のための国際結婚としての意味を持ったが、このとき、旧典範や皇室令（「皇室親族令」）には王公族と女王との婚儀の規定がなく、急遽、法整備を進めることになった。

李王家（1915年頃）　左から皇太子英親王（李垠），純宗，高宗，純宗妃，徳恵

表3-4　**朝鮮王公族略系図**

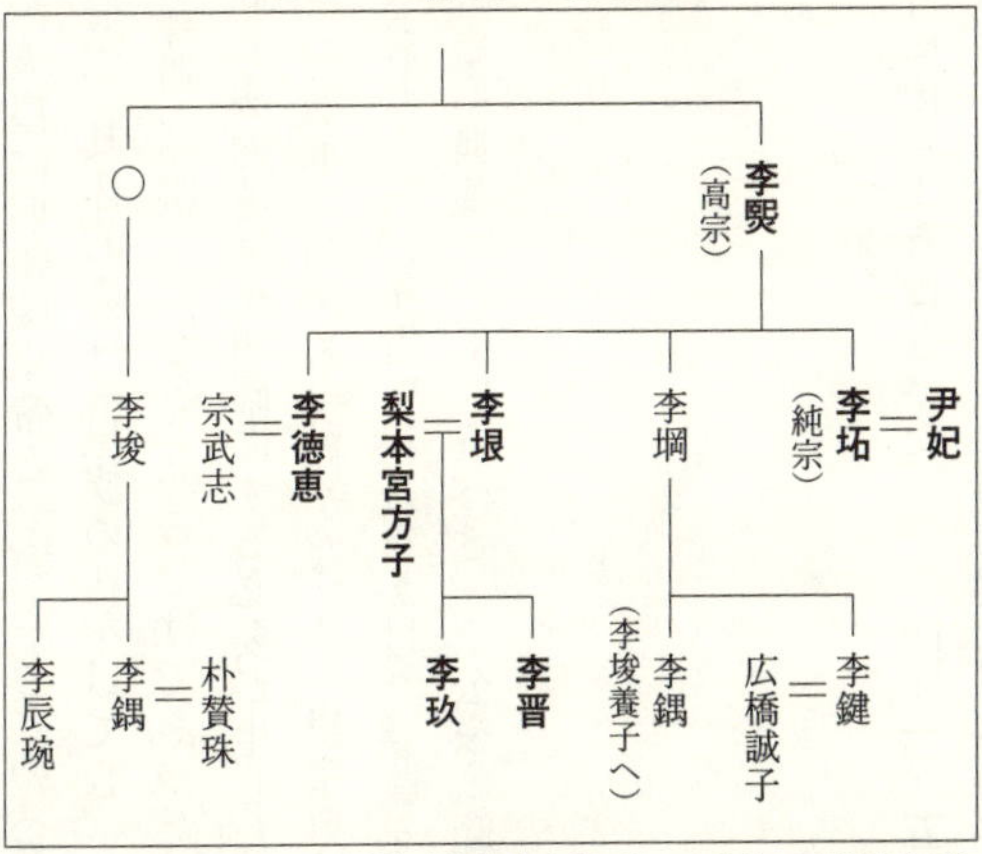

註：太字は王族，それ以外（宗武志を除く）は公族．李徳恵と李辰琬は婚姻とともに王公族から離れる

すなわち、韓国併合直後に、明治天皇は前韓国皇帝と李家とを殊遇（格別に手厚くもてなす）することを保証したのであったが、具体的には「皇族の礼を以てし、特に殿下の敬称を用」（「前韓国皇帝殊遇の詔書」「李家殊遇の詔書」）いるとあるだけであった。このため、李垠と方子の婚約にあたり、朝鮮王公族の法的地位を明確にする必要が生じた。

また、皇族と王公族との婚嫁やその継承に関する規程がなく、「皇室典範を改正又は増補すべきや」という原則論から検討された。一〇年近い年月をかけた議論を経て、ようやく一九二六年一二月一日に、王公族の「皇室典範」ともいうべき「王公家軌範」が成立した。

2 外遊

軍事留学と妃の散財

明治維新以降、多くの皇族が海外に出るようになった。一一四～一一五ページの表3-5にまとめてみたが、その多くが軍事留学である。とくに明治期は軍事留学を目的とし、第二章の国際結婚（六九ページ参照）で触れたように伏見宮（留学中に北白川宮を継ぐ）能久王（帰国後に親王）はじめ多くの皇族が、欧米の陸軍士官学校や海軍兵学校などで学んだ。

一八八〇年代になると、制度文物視察や天皇名代の式典参列など、軍事留学とは異なる外遊も増えてくる。まず、一八八二（明治一五）年、有栖川宮熾仁親王が天皇の名代としてロシア皇帝即位戴冠式に参列するため渡航し、その足で欧米を歴訪した。

明治天皇は、彼に諸国における皇帝の陸海軍統帥、帝室典範などを詳細に見聞するように命じていた。熾仁親王は、半年ほどの間に欧米諸国の元首、すなわちイタリア、ロシア、オーストリア、ドイツ、ベルギー、スペイン、ポルトガル、イギリス各国の皇帝や、フランスとアメリカの大統領らと会見し、八ヵ月ぶりに帰国した。

オーストリア訪問中の伏見宮博恭王と経子妃（1909年頃）

熾仁親王が帰国して三年後の一八八六年には、小松宮彰仁親王が、一年の予定で軍事視察のため頼子《よりこ》妃とともに欧州に派遣される。アメリカを経て、イギリス、フランス、ドイツ、ロシア、オーストリア、イタリア諸国を陸軍中将の肩書きで歴訪し、各国皇帝らと交歓の際には皇族の資格で対応した。はじめての皇族妃洋行でもあり、出発に際して、明治天皇は彰仁親王に巻煙草、緋《ひ》鹿子《がのこ》紋、葡萄酒を、頼子妃に赤地錦などを賜った。

帝国憲法発布直後の一八八九年二月一六日には、有栖川宮熾仁親王の実弟で継嗣の威仁親王が、慰子《やすこ》妃を同伴して、訪

留学先など	目的
アメリカ留学	軍事留学
イギリス留学	軍事留学
プロシア留学	軍事留学
イギリスのグリニッジ海軍大学校	軍事留学
ロシア皇帝アレクサンドル3世即位戴冠式，欧米歴訪	天皇名代
フランス留学，サンシール陸軍士官学校，ソーミュール騎兵学校	軍事留学
イギリス留学，フランスのブレスト海軍兵学校に転学	軍事留学
欧米軍事視察，頼子妃同伴	視察など
欧州視察，慰子妃同伴	視察など
ドイツ留学，キール海軍兵学校	軍事留学
ドイツ留学，海軍兵学校，海軍大学校	軍事留学
欧米派遣，軍事研究および制度文物視察	視察など
イギリス皇帝ヴィクトリア即位60年式典参列	天皇名代
欧州差遣，パリ万国博覧会視察	視察など
イギリス皇帝エドワード7世戴冠式およびスペイン差遣	天皇名代
フランス留学，日露戦争で一時帰朝	軍事留学
ドイツ皇太子結婚式参列，慰子妃同伴	天皇名代
フランス再留学，伊都子妃と合流し欧州を歴訪して帰国	軍事留学
欧州差遣，俔子妃同伴	視察など
イギリス留学，イギリス駐在，経子妃同伴欧米巡遊	軍事留学
フランス留学，フランス陸軍大学校（1920. 10～1922. 7）	軍事留学
欧州視察	視察など
視察のため渡欧，パリ郊外で自動車事故死，同伴の房子妃重傷	視察など
フランス留学，パリで自動車事故，允子妃同伴欧米視察	軍事留学
渡欧	視察など
欧州出張，方子妃同伴	視察など
欧米訪問，喜久子妃同伴	天皇名代
欧米漫遊，敏子妃同伴　予定されたブラジル移民訪問は中止	視察など
イギリス皇帝戴冠式参列，勢津子妃同伴	天皇名代

列することを主目的とする．嘉仁親王の朝鮮行啓，裕仁親王の台湾・樺太行啓などは欧米留学外遊ではないので省く

表3-5　**皇族の欧米留学外遊一覧**

出国	帰国	名
1870. 7. 22	1873. 8. 9	華頂宮博経親王
1870閏10. 12	1872. 10. 26	東伏見宮嘉彰（のち小松宮彰仁）親王
1870. 12. 3	1877. 7. 2	伏見宮（留学中に北白川宮を継ぐ）能久王（帰国後に親王）
1881. 1. 8	1883. 6. 6	有栖川宮威仁親王
1882. 6. 16	1883. 2. 2	有栖川宮熾仁親王
1882. 9. 27	1891. 7. 14	閑院宮載仁親王
1884. 4. 27	1892. 2. 19	山階宮定麿王（のち小松宮依仁親王）
1886. 10. 2	1887. 12. 5	小松宮彰仁親王
1889. 2. 16	1890. 4. 7	有栖川宮威仁親王
1889. 9. 28	1894. 11. 16	山階宮菊麿王
1890. 9. 14	1895. 10. 28	華頂宮（のち伏見宮）博恭王
1893. 8. 4	1894. 9. 26	小松宮（のち東伏見宮）依仁親王
1897. 4. 22	1897. 8. 15	有栖川宮威仁親王
1900. 2. 16	1900. 9. 7	閑院宮載仁親王
1902. 4. 19	1902. 8. 26	小松宮彰仁親王
1903. 3. 28	1904. 4. 4	梨本宮守正王
1905. 4. 1	1905. 8. 27	有栖川宮威仁親王
1906. 8. 11	1909. 7. 29	梨本宮守正王
1907. 4. 3	1909. 10. 31	久邇宮邦彦王
1908. 1. 9	1910. 7. 4	伏見宮博恭王
1920. 4. 18	1927. 1. 29	東久邇宮稔彦王
1921. 3. 3	1921. 9. 3	裕仁親王（皇太子）
1921. 11. 28	（1923. 4. 1）	北白川宮成久王
1922. 10. 30	1925. 12. 11	朝香宮鳩彦王
1925. 5. 24	1927. 1. 17	秩父宮雍仁親王
1927. 5. 23	1928. 4. 9	李王垠
1930. 4. 21	1931. 6. 11	高松宮宣仁親王
1934. 3. 9	1934. 9. 18	賀陽宮恒憲王
1937. 3. 18	1937. 10. 15	秩父宮雍仁親王

註：「軍事留学」は留学先の軍学校などで学ぶことが目的に含まれる．「視察など」は必ずしも学校などに入学せず，見聞中心．「天皇名代」は，天皇の代わりに儀式に参

欧の旅に出た。
先に威仁親王は五年予定で留学しながら、健康への配慮から志半ばで帰国したことへの遺憾の念から依頼したものであり、イギリス、フランス、イタリア、ドイツ、ロシアの各国帝室や軍部の組織・慣例を研究するための軍事視察であった。慰子妃は、かねてより各国の内廷や皇子女の教育、社会事業や外国交際に関する帝室の態度などに関心があり、その実地視察を希望したのであった。
ところが、妃同伴を枢密院議長の伊藤博文は賛同するが、明治天皇の許可を得られなかった。『明治天皇紀』には次のように記されている。

婦女の洋行は徒《いたず》らに西欧の物質文化に眩惑《げんわく》せられ、娯楽又は奢侈《しゃし》の悪風を助長するに過ぎずと為して、敢えて聴したまうの意なし、蓋《けだ》し先年彰仁親王、妃を伴いて欧州に抵《いた》りしが、徒らに宝石・衣類等を購《あがな》いしが如き結果に鑑みたまうなり。

三年前に渡航した小松宮妃頼子の散財が、明治天皇の不興を買っていたのだ。実力者でもあった威仁親王の実兄である熾仁親王も依願したが、天皇は首肯しなかった。結局、自費ならば「勝手たるべし」(『明治天皇紀』)との許可が下り、慰子妃の実兄夫妻である前田利嗣《としつぐ》侯爵と朗子《さえこ》夫人も同行することとなった。資産家の武家華族である前田家が慰子妃の旅費を出したのである。

皇族妃の渡欧のなかでも、梨本宮妃伊都子の場合には特別な意味が込められていたようだ。日露戦争後、二度目の軍事留学をしていた梨本宮守正王は帰国する際の一九〇九（明治四二）年、妃の伊都子をフランスに呼び寄せた。伊都子渡欧許可には、守正の叔父にあたる伏見宮貞愛親王が尽力した。伊都子は自分の生まれ故郷がイタリアのローマ（外交官であった父鍋島直大《なおひろ》の駐在中に生まれる。そのため「伊都子」と命名された）であったこともあり、喜んで渡欧の準備を進める。

この伊都子の洋行に込められた特別の意味とは、男子出産の期待である。守正王が二度目のフランス留学に発った後、伊都子の懐妊がわかり、男子出産の期待がふくらんだのであるが、生まれたのは女子であった。「鍋島家をはじめ関係者から男の子が生まれるようにとおまじないやら信心と馬鹿馬鹿しいことまで勧められるのでした。誰もが男の子であって欲しいという切なる願いだったのです」（『三代の天皇と私』）。伊都子は自伝でこう触れているが、実系男子がなければ、旧典範の規定で梨本宮家は絶えてしまう。周囲の過度の心配にも理由があった。

梨本宮守正王と伊都子妃（1909年）

伊都子は一九〇九年一月一三日、船でフランスに向かった。スエズ運河を通り三月四日にはパリに入り、四ヵ月間欧州王室を歴訪した。そして、シベリア鉄道を経由して満州、韓国を経て、七月二九日に新橋駅に着いた。半年ほどの大旅行であったが、懐妊はしなかった。

パリの成久王の自動車事故死

一九一〇年代、大正期になると留学当事者の緊迫感がやや低下したようで、物見遊山的な時間も増え、政府が予期せぬ事態が生ずるようになる。

たとえば、北白川宮成久王である。彼は国際結婚を試み、日清戦争の台湾接収で戦病死した北白川宮能久親王を嗣いでいた。第一次世界大戦後の一九二一（大正一〇）年一一月、成久王は三五歳で渡欧する。公式の留学ではなく、軍事研究を目的とはしたが、長期の「微行」のようなものであった。名前も「北伯爵」と仮名を使い、皇族ではあるが外交儀礼上の対応などが簡素化されていた。

成久王はパリの名所見物をしてベニスも旅行し、週末は泊まりがけのドライブを楽しむようになり、自分でも免許を取得した。本格的な軍事研究などは当初から予定されておらず、妃の房子内親王も「お出迎え」の名目で一九二二年一〇月神戸を発って、パリに向かった。

パリに着いた房子妃は、成久王とともにフランス貴族に招かれ、狩猟やパーティを楽しんだ。さらに房子妃の到着の三週間後には、朝香宮鳩彦王がパリに着いた。東久邇宮稔彦王も当時パリ留学中であり、同じ一八八七（明治二〇）年生まれの義兄弟（三王の妃はみな明治天皇の内親王。鳩彦王と稔彦王は兄弟）が、同時に渡欧していたのである。当時のパリは、内親王と結婚した平皇族たちの親密な交流の場ともなっていた。

鳩彦王は、成久王や房子妃の行状を、「北伯夫人〔房子妃〕は語学の先生と一緒になって踊の稽古をして居られます。北伯は上手に西洋婦人と踊られます。北伯はよく遊ばれ有名です」（広岡裕児『皇族』）と書いている。実際、房子妃は劇場、デパート通い、成久王はもっぱら狩猟で過ごしていたという。鳩彦王も稔彦王も同様の生活で、行動をともにすることが多かった。

北白川宮成久王（1887～1923）と家族

成久王がパリに滞在して半年ほどの一九二三（大正一二）年四月一日、復活祭の日曜日、自動車好きになっていた成久王は、自らの運転で、国道一三号線をパリからノルマンディ半島先端をめざして飛ばした。助手席にはフランス人の御付運転手、後部座席には房子妃と鳩彦王、若い二〇代のフランス人女性御用掛が同席していた。

成久王の車は、パリから一四〇キロ、あと一〇〇キロほどでノルマンディ海岸に達するあたりを走っていた。平坦な見通しのよい地点で、先行車を追い越しにかかった。砂利道で両脇は麦畑であった。右側通行なので、左にハンドルを切った。アクセルをふかしたが、時速は一〇〇キロを超していた。走行車線に戻ろうとした瞬間、ハンドルを右に切りすぎて路肩の盛土を越え、アカシアの大樹に激突した。

助手席の御付運転手は大樹にまともにぶつかり即死。成久王は座席とハンドルの間にはさまれて、フロントガラスに顔を突っ込んだが、まだ息はあった。房子妃は車の下敷きになり額から血を流していた。鳩彦王は顎を砕いた。若い女性は麦畑に飛ばされた。

日曜と祭日が重なったために、病院担当医との連絡がとりにくく、医師が四五分後に現場に着いたときには、成久王は息絶えていた。房子妃は右膝骨《ひざぼね》、大腿骨などの複雑骨折、鳩彦王は右大腿中央部骨折などの重傷であった。

宮内大臣の牧野伸顕のもとに事故の情報が入ったのは、翌四月二日であった。「巴里《パリ》より国際通信の電報に三殿下の兇報を齎《もたら》し来る。公報未だ入らずと雖《いえ》ども具体の状報其根拠あるを思わしめ、実に愕然《がくぜん》、限りなく痛心の至り也」(『牧野伸顕日記』)。

公報が入ったのは三日午前八時、「大体前報の誤りなきを知る。最早《もはや》疑いの余地なく、直《すぐ》に諸般の手筈《てはず》に着手」と牧野は日記に記した。大正天皇の容体も悪しく、まだ若い二三歳の裕仁親王を頼りとする皇室にあって、三皇族が異国での遊興で死亡し重傷を負ったのであった。成久王は三七歳であった。この事故で、五日に予定されていた裕仁親王の台湾行啓は一二日に延期となった。「台湾人の失望甚敷《はなはだしき》」と牧野は日記に書いている。維新の元勲大久保利通の次男であり、宮内省の総元締でもあった牧野の胸中はいかばかりであったろうか。

「東伯」の帰国拒否

実は、皇族の軍事留学は第一次世界大戦をはさみ一時休止の状態であった。だが、東久邇宮稔彦王の派遣で一二年ぶりに再開された。稔彦王は、成久王や鳩彦王よりも数年早く、一九二〇（大正九）年四月一八日に東京を出て神戸港から渡仏していた。皇族待遇で生活すると不便が生ずるので、フランスでは「東伯」の仮名を用いた。

留学の目的は、第一次世界大戦の生々しい状況が消えないうちに現地を視察することであった。当時の参謀総長上原勇作元帥が宮内省と外務省に直接交渉して、「大戦直後だから早く行け」と段取りを進めたからという。

若き日の東久邇宮稔彦王

留学した稔彦王は語学研修後、満二年のフランス陸軍大学校の課程を修了し、さらに滞在を延期して二年の政治科学大学で教育を受けた。ところが、その後もさらなる滞仏延期を求め、通常二年の留学予定期間を大幅に超えて、七年もの間フランスに滞在する。日本では、渡仏して稔彦王と会った人びとからはよからぬ情報が流され、女性問題も噂されるようになる。

このため、さらなる留学延長を望む稔彦王と、経済事情などから帰国を迫る宮内省との間はこじれ、一九二六年一二月、大正天皇の容体が悪化したときも、東久邇宮は帰国を拒み続けた。宮内省は、皇族が大葬でも外遊先から帰国しないことは、皇室の内外での評判に差し障りが生まれると判断、各皇族や外交官、東久邇宮と懇意の者たちを総動員して、懸命に帰国の説得に努めた。

稔彦王の帰国実現にとくに奔走したのは、稔彦王の御付武官である安田銕之助《てつのすけ》陸軍少佐である。安田は稔彦王と宮内省など帰国を勧誘する人びととの間に立ち、稔彦王の意志を尊重しながら帰国を説得した。

この間、稔彦王のもとには、学習院同期の陸軍軍人である大山柏《かしわ》公爵や町尻量基《まちじりかずもと》子爵などが派遣され、さらには実兄久邇宮邦彦王、梨本宮守正王、朝香宮鳩彦王ら各皇族をはじめとする親族などからも、帰朝を促す電報が次々と送られた。本家にあたる久邇宮邦彦王は「独り貴宮の不徳たるのみにあらず、累を皇室に及ぼす」(国立国会図書館憲政資料室「東久邇宮帰朝問題関係文書」)とまで記していた。

しかし、真意を理解されていないと判断する稔彦王は、天皇の不例を理由に身内の皇族まで動かし、建前で説得する宮内省や陸軍省の態度に反発するばかりであった。畑英太郎陸軍次官は、「余りに堅き御決心を固執しあるときは一般国民が如何なる感じを抱くかを思うて痛心に堪えず」（同前）と安田に電報を発したが、こうした論旨が稔彦王にはかえって不快だったのである。

最後には滞英中の秩父宮雍仁親王までもが説得に乗り出す事態となった。だが、それでも稔彦王は体調不良を訴えて容易には応じなかった。結局、稔彦王が帰国を決心したのは、一九二六年一二月二六日、大正天皇が崩御した翌日であった。翌二七日、稔彦王妃聡子内親王は「誠に夢の様です」と稔彦王宛に打電している。こうして稔彦王は翌年一月にアメリカ経由で帰国し、大葬参列には間にあったのである。

この間、稔彦王は、自らを「平皇族」と自嘲し、帰国を拒み続けた理由の一つに大正天皇との不和をあげていた。「皇族の降下に関する施行準則」などにより、将来は廃止となる東久邇宮家の行く末への不安や不満があったのである。

3　皇后と生母

近代最初の皇太后

江戸時代以前は、天皇の后妃を皇后あるいは妃・夫人・嬪《ひん》などと称し、とくに嫡妻を皇后、母后を皇太后と呼んでいた。平安時代初期頃に妃・夫人・嬪に代わり女御《にょうご》の地位が向上し、立后は女御宣下後に行われるようになった。その後、女御宣下は南北朝から戦国時代にかけて中断するが、江戸時代に復活する。

女御宣下は、一八六八(明治元)年一二月二八日の一条美子《はるこ》(明治天皇の皇后・昭憲皇太后)を最後に以後は廃止され、八九年の旧典範制定と一九一〇年の皇族身位令により、皇后、皇太后などを皇族とした位置づけが整った。

明治以後の近代国家における最初の皇太后は英照《えいしょう》皇太后である。

英照皇太后は、一八三四(天保五)年一二月一三日生まれ、五摂家の九条尚忠《ひさただ》の三女で、基君《のりきみ》、夙子《あさこ》と称した。夙子は、一二歳でのちの孝明天皇、皇太子統仁《おさひと》親王の御息所《みやすどころ》となるが、このとき、天皇との年齢差が「中四つ」であり、不縁として忌むというので、これを避けて生年を一八三三年と一年早めている。

一八四六(弘化三)年、孝明天皇即位にともなって女御となり、入内《じゅだい》し女御宣下があった。数えで、天皇一六歳、夙子一四歳(正しくは一三歳)であった。一八五二(嘉永五)年八月、祐宮《さちのみや》(のちの明治天皇。生母は中山慶子《よしこ》)誕生の一ヵ月前、関白の鷹司政通《まさみち》は夙子の立后を幕府に諮る。しかし容れられず、夙子は、翌年五月七日、正三位に叙せられ、准后《じゅごう》となった。

准后は皇后に准ずる待遇であり、その栄誉も経済的援助も一段下がる。とはいえ、江戸時代に皇后となったのは二代将軍徳川秀忠の娘である和子《まさこ》(一〇八代後水尾天皇皇后。東福門院《とうふくもんいん》)、将軍家や幕府とつながりの深い鷹司房子《ふさこ》(一一二代霊元天皇皇后)、有栖川宮幸子《ゆきこ》女王(一一三代東山天皇皇后）、内親王の欣子《よしこ》（一一九代光格天皇皇后）の四人だけであった。一一一代後西天皇に嫁した有栖川宮好仁《よしひと》親王の娘である明子《あきこ》女王でさえ女御であった。ほかは、みな女御あるいは典侍《てんじ》であり、五摂家の娘の准后待遇はある意味で幕府側の譲歩があったとみることもできる。

近世公家社会では、天皇や公家たちは禁中並公家諸法度の規則のもとにおかれ、宮中の儀礼や慣行までもが、幕府に監視されていた。夙子も、維新前までは、公家の娘の一人として幕府の制約を受けた。皇后ではなく准后という地位も、幕府が干渉した結果ではあったが、反面、一八五三年のペリー来航後の政局に示されたように、幕府の権威も揺らぎはじめていた証《あかし》ともとれる。孝明天皇が崩御し、一八六七（慶応三）年一月九日に明治天皇の践祚により、近世最後の女御である夙子は、近代最初の皇太后となる。夙子は皇后とならずに皇太后となったわけである。

英照皇太后（1834〜97）
九条尚忠の3女，夙子．12歳で皇太子だった孝明天皇御息所に．実子2人が夭逝し，権典侍・中山慶子との間にできたのちの明治天皇を実子とした

夙子は孝明天皇との間に二人の女子をもうけたが、ともに二、三歳で夭逝。このため、孝明天皇と権典侍《ごんのないしのすけ》の中山慶子との間にできた九歳の祐宮（のちの明治天皇）を儲君《ちょくん》（皇太子）とし、同時に夙子准后の実子とした。

皇太后夙子は、養蚕に励んだことで知られ、

生母	身分
葉室光子＊1	権典侍
橋本夏子＊2	権典侍
柳原愛子＊3	権典侍
千種任子＊4	権典侍
園祥子＊5	権掌侍
	権典侍

昭憲皇太后（1849～1914）
一条忠香３女，美子．1868年に入内し皇后に．近代化への意識が高く，華族女学校や日本赤十字社設立に尽力，率先して洋服を着用．87年より明治天皇と権典侍柳原愛子との間にできた，のちの大正天皇を実子とした

皇后美子《はるこ》（のちの昭憲皇太后）とともに群馬県富岡製糸場に行啓したりした。居所である青山御所に養蚕所を建設し、繭を採収させ、工女に絹を織らせたりもしている。一八九七年一月一一日に数え六五歳（正しくは六四歳）で亡くなり、英照皇太后と諡号《しごう》された。

明治女性のシンボル「天狗さん」

明治になって最初の皇后は美子である。五摂家の一条忠香《ただか》の三女で、実母は一条家の典医であった新畑種成《にいはたたねなり》の長女民子《たみこ》である。民子は一条家に若年寄として仕え、上臈《じょうろう》花浦《はなうら》と称し、忠香との間に三姉妹をもうけたが、この三女が美子である。幼名は勝子《かつこ》、通称は富貴姫《ふきひめ》。のち皇女富貴宮が誕生したので寿栄姫《すえひめ》と称し、入内

表3-6　**明治天皇の皇子女と生母**

皇子女		続柄	生年月日	齢
稚瑞照彦尊		1男	1873. 9.18	0ヵ月
稚高依姫尊		1女	1873. 11. 13	0ヵ月
梅宮薫子		2女	1875. 1.21	1歳4ヵ月
建宮敬仁		2男	1877. 9.23	10ヵ月
明宮嘉仁	大正天皇	3男	1879. 8.31	47歳4ヵ月
滋宮韶子		3女	1881. 8. 3	2歳1ヵ月
増宮章子		4女	1883. 1.26	7ヵ月
久宮静子		5女	1886. 2.10	1歳1ヵ月
昭宮猷仁		4男	1887. 8.22	1歳2ヵ月
常宮昌子	竹田宮恒久王妃	6女	1888. 9.30	51歳5ヵ月
周宮房子	北白川宮成久王妃	7女	1890. 1.28	84歳6ヵ月
富美宮允子	朝香宮鳩彦王妃	8女	1891. 8. 7	42歳3ヵ月
満宮輝仁		5男	1893. 11. 30	8ヵ月
泰宮聡子	東久邇宮稔彦王妃	9女	1896. 5.11	81歳9ヵ月
貞宮多喜子		10女	1897. 9.24	1歳3ヵ月

註：＊1）皇子を生んで4日後に20歳で逝去．＊2）皇女を生んで翌日に17歳で逝去．＊3）大正天皇の生母．＊4）2人の皇女はほぼ同日に薨去．＊5）4人の皇女が成人して皇族妃となる

して後、美子と改名した。

皇后美子は良妻賢母の模範として描き伝えられ、明治天皇の正妻として家庭を守るのみならず、自ら軍事救護活動を行い、工場を視察するなど、近代化を進める明治の女性のシンボルでもあった。

美子は明治天皇より、実際は三歳上の一八四九（嘉永二）年四月一七日生まれであった。そのため婚姻に反対するものもあったが、年長の例はあり、むしろ三歳違いを「四つ目」と嫌い、一八五〇年生まれとした。

皇后美子と明治天皇との間には子どもができなかったが、美子は明治天皇の夜伽の相手を一条家から付き添わせた高倉寿子《かずこ》典侍に任せるなど、後宮での実権を握っていた。明治天皇の夜伽相手は、葉《は》

室《むろ》光子、橋本夏子など表3－6で記した「生母」以外にも、小倉文子《おぐらふみこ》、姉小路良子《あねがこうじりようこ》、西洞院《にしのとういん》成子《しげこ》、植松務子《としこ》らがいた（角田文衛『日本の後宮』）。彼女たちは旧公家の羽林家、維新後は伯爵クラスとなった家柄の子女で、天皇が身分格式の合わぬ女官などとの間に子をなさぬように、周到な配慮をしていたのである。明治天皇は、こうした皇后美子をその風貌と合わせて「天狗さん」と呼んだ。

旧典範の男系男子の規定を遵守すれば、明治天皇の実子による皇位継承は危うい状態にあった。大正天皇以後は側室はおらず、皇后や皇太子妃がすべての皇子女の生母となったのであるが、このことは男系を重視する皇室では危険な「賭け」でもあった。皇后や皇太子妃に男子が生まれなければ、皇位は直宮や平皇族の男子が継ぐことで継承されるが、その際に起こる無用な摩擦も考慮せざるをえない。にもかかわらず、皇室が側室廃止に傾いたのは、複数の女子を所有することの「野蛮性」を克服することが欧米など先進的な国家との外交上のより重要な課題となっていたからである。

美子は、一九一四（大正三）年四月一一日、数え六五（実際は六六）歳で崩御。このため予定されていた大正天皇の即位式は一年延期となった。

盤石の男系

大正天皇の皇后には五摂家の九条節子がなった。先述したように、当初、皇太子嘉仁の妃候補は伏見宮禎子《さちこ》女王に内定していたが、健康上の理由で取り消された。華族女学校教授であった下田歌子が、「九条家は皇太后［英照皇太后］の御実家にもあり、其姫君即ち今の陛下［節子］は御幼少より御教育致せしに別段優れたる御長所なきも、又何等の御欠点も之なきに付然るべきか」（『原敬日記』）と伊藤博文に進言した結果であった。

優れた長所、欠点がないところが評価された九条節子、のちの貞明《ていめい》皇后は、嘉仁親王と一九〇〇（明治三三）年二月一一日の紀元節に婚約を発表し、制定されたばかりの皇室婚嫁令に基づき同年五月一〇日に神前結婚式を挙げた。当時、中国では列強の帝国主義支配に抗議する義和団が北京や天津を襲い、清朝政府は義和団を支持して対外宣戦を布告、日本を含む列強八ヵ国は出兵するなど、騒然としていた。

結婚翌年、皇太子妃節子は、第一皇子の迪宮裕仁親王（のちの昭和天皇）を出産。さらに、その翌年、第二男子の淳宮雍仁親王（のちの秩父宮）を生んだ。第二男子誕生の日は節子の数え一九歳の誕生日でもあった。その三年後には日露戦争の旅順陥落に沸くなか、光宮宣仁親王（のちの高松宮）が生まれた。節子は二二歳にして、皇位継承順位の高い男子を三人ももうけたのである。

貞明皇后（1884～1951）
九条道孝4女，節子．15歳で皇太子嘉仁（大正天皇）の妃に．昭和天皇，3親王をもうける．ハンセン病救済，養蚕，灯台員援護などの事業に力を注いだ

さらに、元号を大正とし、皇后となった後の一九一五（大正四）年には第四男子である澄宮崇仁親王（のちの三笠宮）を三二歳で生んでいる。このことは、男系の皇位継承を盤石にしたのみならず、皇室内部や次期の天皇たるべき皇太子への発言力を強めてもいた。

4 デモクラシーの時代

陸海軍特別大演習

皇族たちは、大元帥である天皇が統監する陸海軍特別大演習を陪覧し、軍人としての資質向上に努めた。

陸軍特別大演習の第一回目は、一八九二（明治二五）年一〇月に宇都宮で行われ、以後、原則として毎年一一月頃に、二軍に分かれて全国各地で模擬作戦が実施された。たとえば、一九二六（大正一五）年の陸軍特別大演習は、佐賀県下を中心に一一月一六～一八日までの三日間におよんで展開され、一九日には観兵式が催された。その準備は同年一月二一日の阿部信行参謀本部総務部長の内定通牒にはじまり、軍隊宿営力調査、大演習前例調査、衛生事務前例調査、大演習予算編成、大演習事務前例調査などがなされ、その実現に向けての宮内省、内務省、陸軍省などの間の事務調整が進められた。

陸軍特別大演習を陪覧する皇族たち　右より閑院宮載仁親王, 春仁王, 梨本宮守正王. 1926年佐賀で

一一月一一日に摂政宮裕仁親王が特別大演習統監のために佐賀県に行啓する予定であったが、大正天皇容態悪化のため取りやめとなり、閑院宮載仁親王が統監代行として佐賀県に到着した。さらに久邇宮邦彦王、梨本宮守正王、朝香宮鳩彦王、賀陽宮恒憲《つねのり》王、李垠、李堈らも演習陪覧のため佐賀に行啓した。

　陸軍特別大演習は、軍事演習のみならず、天皇や皇族たちの大規模な地方行幸啓でもあり、現地の名所史蹟訪問や高齢者・篤志者への下賜などもなされ、天皇・皇族と地方民とが交流する一大行事でもあった。このため、計画や準備は入念になされ、治安や調理衛生への配慮も徹底していた。

　たとえば、衛生では大演習の半年前の六月から腸チフス予防注射、道筋の保菌者検索、蠅駆除奨励、野犬掃蕩《そうとう》、畜犬の整理・予防注射、水道水・井戸水検査が毎月のようになされ、さらに馬匹《ばひつ》健康診断、御料牛乳検査、畜犬の繋留《けいりゅう》なども加えられていった。また、営業風俗取締規則も徹底され、宿屋や料理屋の不当代金請求を禁じたり、湯屋での一二歳以上の男女の混浴を禁じたりなど、細かな注意がなされた。

なお、軍上層部や関係官吏たちは旅館などに分宿したが、皇族は地方の有力者たちの屋敷を借りた。地方有力者たちにとっては後世に語り継げる栄誉でもあり、自らの地域での地位身分を誇示する好機でもあった。これらの有力者たちは大演習終了後も、このときの縁を続け、皇族家にご機嫌伺いをしたり、名産品を献上したりしたのである。

海軍特別大演習には海軍軍人たる皇族が参加した。たとえば一九二七(昭和二)年一〇月一日からの大演習には、高松宮宣仁親王(戦艦比叡)、山階宮武彦王(軍令部参謀)、山階宮萩麿《はぎまろ》王(戦艦伊勢)、伏見宮博恭王(統監部)、伏見宮博義王(戦艦長門)、久邇宮朝融《あさあきら》王(戦艦山城)らが参加した。

また、皇族夫人や子弟らが海軍大演習観艦式を陪覧することもあり、一九三〇年一〇月二六日に神戸沖で展開された大演習観艦式では、伏見宮博恭王、同妃経子《つねこ》、伏見宮博義王、同妃朝子《ときこ》、久邇宮朝融王、同妃知子《ともこ》女王、久邇宮多嘉王、同妃静子《しずこ》、同恭仁子《くにこ》女王、同家彦《いえひこ》王、同徳彦《のりひこ》王、賀陽宮恒憲王、朝香宮鳩彦王らが宝塚ホテルや甲子園ホテルなどに滞在して、式を陪覧した。

これら皇族を警護するために警部または警部補をその専属警衛にあてた。ペスト、コレラなどの伝染病の検査はもとより、精神病者の視察取締もなされ、二四一名が新規発見され、六九名が検束され、一〇名が尾行された。なお、この観艦式は艦船一六四隻、総トン数六九万八一二五トン、飛行機七二機で行われた。

行啓と地域社会

陸海軍特別演習をはじめとする皇族の地方行啓は、皇族を接待する名望家たちの地域における支配力を強化した。このため地域の有力者や有力産業が、皇族を積極的に招致する事例も多かった。

たとえば、明治天皇の行幸のなかった島根県や鳥取県では、積極的に山陰行幸の請願を行ったが叶わず、一九〇七（明治四〇）年五月、皇太子嘉仁による行啓によって長年の悲願を達成する。このとき、皇太子受け入れのためにさまざまな整備や検査が行われ、地域は活性化した。

皇太子一行五〇数名は出雲屈指の豪農である島根県宍道《しんじ》村の木幡久右衛門家で昼餐をとるが、行啓に合わせて「飛雲閣」と称する行在所《あんざいしょ》を、多くの大工、畳屋、金具屋、庭師などに発注して新設した。道路も整えられ、沿道の家々の修築も進められた。これらの費用は、皇太子行啓の栄誉の代償としてみれば「安価」なものであったろうし、相応の経済効果もあった。

また、岩手県の花巻温泉では、交通の便、警備警衛、衛生の徹底などの面から皇族の招致に適していたらしく、一九三〇（昭和五）年以降、秩父宮、高松宮、澄宮（三笠宮）、照宮成

行啓先の香川県での秩父宮夫妻

子内親王、北白川宮、閑院宮、東伏見宮、東久邇宮、朝香宮、竹田宮、李垠、李鍵らが頻繁に来泉する。花巻温泉側では、こうした皇族の到着を『花巻温泉ニュース』などで積極的に報じ、地域の繁栄と発展につなげようとした。

地域名望家たちの行啓に対する関心は高く、香川県では皇族の来臨のたびに写真を撮っていた神官某の個人写真帳が残されている。写真の一枚一枚に、来臨に際しての準備に励む地域の名望家や接待する人びとの熱心な姿が焼き付けられている。秩父宮夫妻や高松宮、伏見宮博恭王夫妻などを案内する地域名望家たちの顔は、どれも矜持《きょうじ》と興奮に満ちている。

他方では、皇族の別邸を誘致して地域の発展に役立てようとした動きもあった。

一九二九年一二月、福島市の一有志は、磐梯山および猪苗代湖付近一帯の地を国立公園にするための方策として、秩父宮別邸建設の地を提供しようと建白している。すでに高松宮別邸（天鏡閣《てんきょうかく》）があり皇室との縁も深く、かつ会津松平家から秩父宮妃が出た関係から、別邸用の土地を献上しようというものであった。

県民が一致して、会津出身の松平恒雄《つねお》（英国駐在大使・秩父宮妃勢津子実父）、山川健次郎（元東京帝国大学総長）、林権助《はやしごんすけ》（宮内省式部長官）、山辺知春《やまべともはる》（秩父宮家別当）らと協力、宮家に奏請し、東北地方の振興をも狙ったが、結局、実現しなかった。

皇族軍人の地方勤務

一般に、皇族軍人は、生存していれば大将まで昇進し、元帥に就くなど進級に特権があり、また自身の階級と関係なく陸軍・海軍大尉が随従するなど、多くの礼遇処置がとられた。だが、昇進のたびに転地する必要もあり、皇族軍人だからといって、東京の邸内に常住できたわけではない。

梨本宮守正王の場合、伊都子妃も地方勤務に同行した。守正王が歩兵第六連隊長、第一師団歩兵第二八旅団長、第一六師団長と、名古屋、宇都宮、京都の任地に赴いたとき、伊都子妃も同行したり、東京の本邸との間を往復したりする二重生活を経験する。

なお、守正王は軍人として月給をもらっていたが、宮家の費用は宮内省から出ていたので、宮家の御用取扱が銀行に預金していた。一八九七（明治三〇）年に守正王が少尉に任官した当時で月給三〇円あり、それを貯めて、守正王は大磯に別荘を買っている。

他方、伊都子妃は実家の鍋島家から化粧料として月五〇円、守正王から月一〇〇円もらっており、合計一五〇円が自由に使えた。当時の大卒銀行員の初任給が三五円である。一五〇円は現在では一〇〇万円相当だろう。伊都子はそのほとんどすべてを貯金に回していた。一九二八（昭和三）年の彼女の日記には手許金「七万九千五百二十九円八拾九銭」と記されているが、宮家の台所の下女が三円五〇銭の月給、三越呉服店の食堂の洋菓子が一〇銭、紅茶や珈琲が五銭という時代であり、かなりの額を蓄えていたといえる。

皇族講話会と外国貴賓の接待

さて、第一次世界大戦中、軍人たる皇族男子は陸海軍のそれぞれの部署で有事に備え、皇

題目
世界に於ける婦人の位置
世界戦乱と婦人
女四書
欧州視察談
支那政府の話
幕府時代と宮中
欧州戦争近況
欧州戦争と婦人
米国の話
シベリアの近況
独乙、其他、戦後視察談
海軍と航空
太平洋の現況
南アフリカ及び南米パラグアイ
農村問題
高野長英
わが国男女教育上の重要問題
日米について，排日問題
講談
歴史
講談
国際連盟の話
欧訪飛行経過の話
明治節競技
支那の話，最近の内乱
南洋みやげ話
メキシコの話
満蒙・李王殿下国葬
シャムの話
赤穂義士の源

表3-7　**主な皇族講話会一覧**

年月日	場所	講師	肩書
1915. 6.12	伏見宮邸		
1915.10. 9	霞ヶ関離宮	加藤照麿	医学博士・侍医
1916. 5.27	霞ヶ関離宮	細川潤次郎	男爵・元華族女学校長
		大竹沢治	陸軍大佐・参謀本部付
1917. 1.20	霞ヶ関離宮	細川潤次郎	
		阪谷芳郎	男爵・貴族院議員・パリ国際会議派遣委員長
1917. 3.17	芝離宮	細川潤次郎	
		稲葉四郎	陸軍大尉・第15師団参謀・中国通
1917. 4.14	霞ヶ関離宮	細川潤次郎	
		新渡戸稲造	
1917.12.22	霞ヶ関離宮	細川潤次郎	
		三上参次	東大教授・歴史学者
1918. 4.20	芝離宮	服部宇之吉	東大教授・東洋哲学者
		林弥三吉	陸軍大佐・参謀本部課長
1918. 9.28		高柳保太郎	陸軍少将・参謀本部第2部長
1918.10.12	霞ヶ関離宮	服部宇之吉	
		野村吉三郎	海軍大佐・前米国大使館付武官
1920. 5.29	芝離宮	市村瓚次郎	東京帝大教授・東洋史学者
		田中耕太郎	海軍少将・軍令部第3班長・ロシア通
1920. 6.26	芝離宮	市村瓚次郎	
		某	海軍少将
1920. 9.25	芝離宮	市村瓚次郎	
		山内四郎	海軍少将・横須賀空司令
1921.12.10		服部宇之吉	
		山崎直方	東京帝大教授・地理地質学者
1923. 5. 5	梨本宮邸	志賀重昂	地理学者・国粋主義者
1924. 2.23	秩父宮邸	末広厳太郎	東大教授・法学者
		白鶴	
1924. 4.19		麻生正蔵	日本女子大学校長
1924. 5.24	閑院宮邸	山田三良	東京帝大教授・国際私法学者
		一竜斎貞山	六代目・講談師
1924.12.20	東久邇宮邸	徳富猪一郎	蘇峰・国家主義思想家
		桃川若燕	講談師
1925. 1.17	秩父宮邸	新渡戸稲造	国際連盟事務次長
1926. 1.16	久邇宮邸	安達二十三（活動写真）	陸軍大尉・参謀本部員
1926. 3. 6	霞ヶ関離宮	松下	陸軍少将
1926. 4.24		藤山雷太	実業家・前東京商業会議所会頭・貴族院議員
1926. 5.22		古谷重綱	メキシコ特命全権公使
1926. 7. 4	霞ヶ関離宮	（活動写真）	
1926. 9.25		林久治郎	シャム特命全権公使
1926.10.16	霞ヶ関離宮	徳富猪一郎	

註：空所は具体的言及なし　出典：『梨本宮伊都子妃の日記』より筆者作成

族妃たちは慰問活動などを行ったが、欧州に出征した皇族軍人がいるわけではなく、日清・日露戦争時とは異なり、緊張感は少なかった。

とはいえ、第一次世界大戦中の欧州情勢への皇族の意識は高かった。開始以来、皇族たちは積極的に時事問題や内政外交に関する知識を得ていたからである。たとえば、月に一度の割合で主に土曜日午後に霞ヶ関離宮や芝離宮、のちには各宮邸などで各宮家が主催する皇族講話会が開かれ、はじめての世界大戦の影響についてなど、東京帝国大学教授や現役軍人らを講師として招き、学んでいる。

こうした勉強会は、第一次世界大戦後の台頭するデモクラシーや世界各地の独立運動などに対する宮内省や皇族側の危機意識の現れと見ることもできよう。講話会が宮内省主導であったかどうかはともかく、皇族たちの多くが明治期に欧州の王室を訪問しており、欧州の王室が戦争によってどのような運命を辿るのか、強い関心があったことは想像できる。

『梨本宮妃伊都子妃の日記』には、第一次世界大戦中の一九一五(大正四)年から大正時代の終わる一九二六(大正一五)年一〇月一六日まで、二七回の講話会の内容が記録されている。これについては前ページの表3-7にまとめたが、記載されない分も含めると会の実数は、もっと多かったろう。ただし第一次世界大戦後は、時に講談や活動写真などの娯楽も交えるようになり、戦時中から戦争直後にかけての緊張感はかなり弱まっていく。

他方、外国貴賓の接待も皇族の重要な役割の一つであった。著名なものとしては、一九二二（大正一一）年四月一二日、皇太子裕仁親王の訪欧の返礼として来日した英国皇太子エドワード王子（プリンス・オブ・ウェールズ）の歓迎接待がある。

皇室が英国王室を模範とし、かつ日英同盟を結んでいた当時（翌一九二三年四ヵ国条約発効により廃棄）としては、英国皇太子の来日は国家的な一大行事であった。

新宿御苑を散策する日英皇太子　右よりエドワード王子，皇后節子，裕仁親王

一二日に横浜港から東京に着いたエドワード王子は宮城で皇后節子と対面し、赤坂離宮に入り摂政宮裕仁親王の訪問を受けた。

その後、皇族や有力華族たちの接待を受け、小田原の閑院宮邸や岩崎男爵邸、高松の松平伯邸、鹿児島の島津公爵邸などで晩餐会が行われ宿泊した。地方では皇族や上層華族の邸宅が、外国貴顕の宿泊施設となり、滞日期間は約一ヵ月ほどであった。

余談ながら、来日から一四年後の一九三六年一月、エドワード王子はエドワード八世となる。しかし、同年一二月、アメリカ人のシンプソン夫人との恋愛問題などで王位を捨ててウィンザー公となった。

5　皇族と華族

二つの「血族」

皇族も華族も「皇室の藩屏《はんぺい》」と称され天皇を支える特権集団とみなされたが、その構成や機能は違っていた。たしかに、上流華族家の子女が皇族妃になるなどの近しい姻族関係があったが、縁戚の共有という問題以外では、表3-8のようにむしろ相違点が多かった。

皇族と華族でもっとも大きな違いは、あらためて指摘するまでもなく出自である。皇族は天皇の血族で構成されている。近代においては天皇家直系の直宮と十五の宮家皇族があったが、天皇家の男系の血筋である。それに対して華族は、旧公家、旧武家、維新に功があった者、勲功によって授爵した官僚、政治家、実業家、学者、軍人など多種多様であった。

また、身分についてはは明確な差があった。

皇族は、身分上、天皇と上流華族家との接点にあり、皇族相互の差別は、天皇との親等による皇位継承順や年齢などによるものがある程度である。

他方、華族は皇族と平民との間に存在したが、その内部の身分差は大きかった。たとえば公侯伯子男の五爵があり、公侯爵はとくに上流華族として伯子男爵と区別され、貴族院議員

表3-8　**宮家皇族と華族，比較一覧**

	宮家皇族	華族
構成員		
のべ家数	15家	1011家
家数の変遷	4家から漸次増加し11家	427家から955家となり889家に
新設	旧皇室典範増補制定まで	随時
剝奪・返上＊1	剝奪の例なし	返上の事例多し
降下	旧皇室典範増補の規定	分家は平民
出自	天皇の血族	旧公家・大名家・その他勲功者
順位	等親による皇位継承順	公侯伯子男
家政		
資産	維新後の地所	先祖伝来の資産
収入	皇族歳費	金禄公債などの資産運用
職業	陸海軍人・神宮祭祀	官公吏・実業家など多種多様
（軍事義務）	あり	求められたが具体化せず
（政治義務）	貴族院議員だが出席せず	貴族院議員として活躍する者多し
（女子）	篤志看護婦人会活動など	女官などに任用される
使用人	30数名	1名から100名以上まで多種多様
継嗣		
男系	桂宮のみ女子相続	はじめ女戸主も容認
養子	旧皇室典範制定後は不可	男系6親等以内は可
婚姻		
相手の身分	皇族か上流華族に限定	同族内が原則だが例外もあり
（天皇家）	可	特に定められた上流華族
（平民）	不可	嫁ぎ先とする例は少ない
（国際結婚）	朝鮮王公族との政略結婚	禁止法文はないが事例は少ない
側室	大正天皇以後なし	禁止制度なし

註：＊1は当主について

たる年齢や選出方法など権利や義務にも違いがあった。その区分は、天皇家（天皇、直宮、宮家皇族たちからなる血族集団）と平民とが婚姻などで直接に「融合」することを避けるための段階的な「防波堤」ともなっていたのである。

「血」との関連でいえば、婚姻についても微妙な違いがあった。皇族が、皇族あるいは上流華族に限られたのに対して、華族は内親王、女王といった皇族、華族子女、そして平民まで多彩であったからだ。

さらには、男系や養子など継嗣についても、皇族と華族では違いがあった。旧皇室典範制定前は女子相続や養子相続の例も多くあったが、第二章で述べたように典範制定後の皇族は男子継承で養子相続を不可とされた。華族のほうは当初「女戸主」を認めていたが、一九〇七(明治四〇)年の華族令改正で禁じられる。だが、養子相続は男系六親等以内であれば許されていた。

国際結婚についていえば、皇族の場合、先述の北白川宮能久親王が許されなかったように厳しく、梨本宮方子女王の李王家との政略結婚を一例とするのみである。

華族の場合は嵯峨実勝《さねとう》侯爵の長女浩《ひろ》と愛新覚羅《アイシンギョロ》溥儀《ふぎ》の実弟溥傑《ふけつ》との政略結婚はじめ、陸奥宗光伯爵の長男で父と同じ外交官となる広吉は、イギリス留学中にトレメンヒア・バッシングハムの長女エセルと結婚するなど、明治初期の留学中の恋愛結婚のいくつかの例がある。青木周蔵、尾崎三良《さぶろう》、三宮義胤《さんのみやよしたね》など国際結婚してのちに授爵した華族もいた。しかし、華族の婚姻には宮内大臣などの事前認許が必要であり、華族の国際結婚もあまり好意的に迎えられてはいなかった。

側室については、一九一〇年の皇室親族令第四一条に「皇子にして嫡出に非ざる者は之を皇庶子とす」とあるように、否定されてはいなかった。久邇宮朝彦親王は正妃がなく、一〇数名を超える王や女王はすべて庶子であった。北白川宮能久親王も死後に庶子が判明し、それぞれ臣籍降下（授爵）して二荒伯爵、上野伯爵となっている。しかし、天皇家のように後宮があるわけではなく、少なくとも旧皇室典範制定後は一夫一婦に近い形態をとったとみなせる。

他方、華族の妾《めかけ》所持は広範囲になされており、複数の妾を持つ華族も少なくなかった。妾は使用人であったり、芸妓であったり、華族女子ではない平民の家の者が囲われていた。

資産と職業

社会的な面での違いについて、まず資産について比較してみよう。

皇族は原則として個人資産はない。維新後に得た地所と皇族歳費などを運用した非公式の有価証券などはあるが、その配当で巨額の不労所得を得るほどの資産とはいえなかった。

たとえば、宮家別の皇族歳費（一九二七年一一月二六日現在、次ページ表3-9）を見てみよう。一宮家平均一〇万円程度である。当時、親王の歳費は一世を一〇万円とし、二世は二万円を減じ、三世以下は一世を降るごとに一万円を減じ、宮号のある王の歳費は五万円とされていた。これに特別賜金や歳費割増金、歳費補足金、贈賜金（交際費・地方勤務費など）が加算された（「牧野伸顕文書」）。つまりは、皇族は主に皇族歳費という国家からの支給費で生計をなしていたのである。

これに対して華族は、原則として個人資産であり、多様であった。内部の所得格差は大き

表3-9　**宮家別歳費一覧**（1927年11月16日現在）

宮名	皇族歳費	贈賜金	合計（円）
閑院宮	105,050	15,000	120,050
東伏見宮	56,940	0	56,940
伏見宮	96,900	25,000	121,900
山階宮	82,875	5,000	87,875
賀陽宮	60,690	15,000	75,690
久邇宮	99,540	40,600	140,140
梨本宮	53,520	10,000	63,520
朝香宮	64,020	33,000	97,020
東久邇宮	57,120	33,000	90,120
北白川宮	61,470	32,000	93,470
竹田宮	45,930	32,000	77,930
総額	784,055	240,600	1,024,655

出典：「牧野伸顕文書」国立国会図書館所蔵より作成

く、平民以下の家も数多くあったが、旧大名家の資産を継いだり、実業家として資産を有する者は、皇族家を凌《しの》いだ。旧大名の武家華族出身の皇族妃が実家の経済力を恃《たの》んで宮家の歳費を補っていた面もあった。

資産や所得でいえば、旧大名や実業家の華族のほうが、皇族よりもはるかに貴族的であったといえる。しかも、華族は資産運用を自らできたが、皇族は皇族歳費の基準や金額の決定までも宮内省をはじめとする官僚勢力に委ねており、歳費決定や資産運用の自立性を持っていなかった。このため、経済変動によってその生活を大きく脅かされる危険性はなかったが、常に国家管理下にあり、大地主や大株主のような自由で奔放な生活を享受できるわけでもなかった。

一方で皇族には専門としての職業はなかった。陸海軍軍人になるほか神宮祭主などに従事し、その俸給を得る者もあったが、厳密には職業軍人でも官吏でもなく、俸給生活者として生計を営んでいたわけではない。しかも軍人の歳費は、皇族の格式を維持するには十分な額ではなかった。また、貴族院議員でもあったが、実際には議会に出席することはなかった。

対照的に華族のなかには、こうした歳費をあてにせざるをえない家もあった。多くの軍人華族はその俸給がすべての収入であったし、伯子男爵のなかには互選によって得られる貴族院議員の職を頼みにしていた家も少なくなかった。ちなみに、貴族院・衆議院ともに議員の歳費は一九二〇（大正九）年以降、議長七五〇〇円、副議長四五〇〇円、議員三〇〇〇円である。

女子の職務も皇族は主に篤志看護婦人会などの名誉職的な活動に従事し、戦時には病院慰問や繃帯《ほうたい》巻に専念するなど、高額な収入をともなうものではなかった。

華族女子のほうも、公侯爵のような上流華族家では皇族と同じような名誉職に就いたが、旧公家や旧武家出身の伯爵家の子女のなかには、高等女官として天皇・皇后の側に侍る典侍、掌侍《しょうじ》、命婦《みょうぶ》などの職に就き、一生奉公に努め、時には天皇の子をなす者もあった。側室制度が廃止された後も、高等女官は主に華族家の子女から選ばれ、華族子女は宮中女官の最大の供給源となっていた。

なお、皇族家の使用人数はおおよそ三〇数名とみなせるが、華族家の使用人数は、家によって、一名から一〇〇名以上まで大きく異なり、一九一五（大正四）年当時の資産家の侯爵家では一〇〇名以上の使用人がいる家が四家あった。

学習院への入学

一八七七（明治一〇）年にイギリスの貴族学校を模範として創立された学習院は、華族の学校として知られる。

学習院は、開学当初から男女別学であり、男子は小学科八年、中学科八年の計一六年までであり、数え七歳で入学し二三歳で卒業、女子は小学科八年だけで一五歳で卒業した。しかし、一八八五年、男女共学禁止や華族女子のための学校設立の気運が高まるなか、学習院にあった女子部が廃止され、四谷仲町に新たに華族女学校が設置された。

学習院で学ぶことは皇族や華族の義務でもあったが、例外もあり、宮内大臣の許可でほかの学校に入学することもできた。また学内活性化のため皇族や華族以外の子弟が入学することもできた。

開校時の学生構成は総数二五五人中、華族男子一六一人（六三％）、華族女子四四人（一七％）、士族男子三五人（一四％）、士族女子一五人（六％）という割合であり、二〇％が華族以外の学生であった（『開校五十年記念　学習院史』）。皇族も一定期間就学したが、その絶対数は少なく、男女とも数年に数名入学する程度であった。しかも、軍人たるべきことを義務づけられた皇族の多くは、中途から陸軍幼年学校や海軍兵学校に転学するのを常とした。これらも皇族と華族の大きな違いである。

皇族男子の学習院在籍者は、一四八～一四九ページの表3－10にまとめた。一八八一（明治一四）年九月から一九二七（昭和二）年四月までの四六年間を見た場合、三八名の男子（朝鮮王公族を含む）が在籍した。

皇族の入学は、当初は宮内省から学習院に通牒されていたが、一八九一年七月以後は各宮家が直接に学習院と交渉して入学後に宮内大臣に届け出ることとなった。ただし、一九一一年一月九日に入学した朝鮮王族の李垠だけは、明治天皇の意向であったので、渡辺千秋《ちあき》宮内大臣から学習院に知らせがあった。

また、初期は満六歳から入学したわけではなく、博恭王や守正王などは普通学前期六級、明宮嘉仁親王は予備科五級、久邇宮邦彦王は尋常中等科三級から入学したのであった。その後は多くは初等学科一年からの入学となった。

なお、同じ表3-10の「失籍後の進路」に示したように、中途退学後は陸軍幼年学校や海軍兵学校に転学した。陸軍志望者は中等学科（中等科）一年在学中か修了後に、海軍志望者は中等学科（中等科）三年修了か四、五年在学中に転学した。山階宮藤麿王（のちの筑波侯爵）は学習院高等科を卒業し東京帝国大学文学部に入ったが、例外的であった。

これら皇族は一般学生と同じ教室で同じ授業を受け、時に補習の意味で特殊学科の課外がなされることもあった。教官たちは、「国民の亀鑑《きかん》」たるべき人格陶冶《とうや》と体格鍛錬、国家思想の涵養などに力を入れた。一九〇七〜一二年の乃木希典が院長だった時代には、皇太孫である迪宮裕仁はじめ、淳宮雍仁、光宮宣仁など皇孫、山階宮、久邇宮、華頂宮、伏見宮の各

名	入学	失籍	失籍理由	失籍後の進路
(秩父宮)			修了・退学	校
閑院宮春仁王	1909. 4. 8	1913. 7. 1	初等学科5年退学	小田原中学校・陸軍士官学校
李垠（李王）	1911. 1. 9	1911. 9. 1	退学	陸軍中央幼年学校予科
光宮宣仁親王（高松宮）	1911. 1. 30	1920. 5. 4	退学	海軍兵学校
山階宮藤麿王（筑波侯爵）	1911. 3. 21	1924. 3. 31	高等科卒業	東京帝国大学文学部
伏見宮博信王（華頂侯爵）	1912. 3. 11	1921. 4. 2	中等科3年修了・退学	海軍兵学校
賀陽宮恒憲王	1912. 4. 5	1915. 9. 1	退学	陸軍中央幼年学校予科
山階宮萩麿王（鹿島伯爵）	1913. 4. 8	1922. 4. 7	中等科3年修了・退学	海軍兵学校
山階宮茂麿王（葛城伯爵）	1915. 4. 8	1922. 4. 7	中等科1年修了・退学	陸軍幼年学校
竹田宮恒徳王	1915. 4. 8	1923. 3. 27	中等科1年修了・退学	東京陸軍幼年学校
久邇宮邦英王	1917. 4. 9	在学中		
北白川宮永久王	1917. 4. 9	1924. 4. 10	中等科1年修了・退学	東京陸軍幼年学校
伏見宮博英王	1919. 4. 8	在学中		
朝香宮孚彦王	1919. 4. 8	1926. 4. 8	中等科1年修了・退学	東京陸軍幼年学校
朝香宮正彦王	1920. 4. 8	在学中		
澄宮崇仁親王（三笠宮）	1922. 4. 8	在学中		
李鍝公	1922. 4. 12	1926. 4. 8	中等科1年修了・退学	東京陸軍幼年学校
東久邇宮盛厚王	1923. 4. 9	在学中		
東久邇宮彰常王	1927. 4. 8	在学中		

註：初等学科・中等学科・高等学科は1919年9月より初等科・中等科・高等科に
出典：『開校五十年記念　学習院史』（学習院，1928年）より筆者作成

表3-10　**皇族男子の学習院歴**（1881～1927年）

名	入学	失籍	失籍理由	失籍後の進路
愛宮博恭王（華頂宮，伏見宮）	1881. 9. 12	1885. 5. 4	退学	海軍予科撰科・海軍兵学校
多田宮守正王（梨本宮）	1881. 9. 21	1891. 8. 31	退学	陸軍予科・陸軍幼年学校
梨本宮菊麿王（山階宮）	1882. 9. 12	1885. 5. 4	退学	海軍予科撰科・海軍兵学校
伏見宮邦芳王	1886. 3. 22	1895. 9. 14	退学	陸軍幼年学校
明宮嘉仁親王（大正天皇）	1887. 9. 19	1894. 8. 2	退学	
北白川宮恒久王（竹田宮）	1889. 6. 11	1899. 8. 31	中等学科4年修了・退学	東京陸軍地方幼年学校
久邇宮邦彦王	1889. 6. 11	1890. 5. 10	退学	
北白川宮成久王	1893. 9. 8	1901. 9. 2	中等学科1年修了・退学	陸軍地方幼年学校
有栖川宮栽仁王	1893. 11. 8	1906. 9. 26	退学	海軍兵学校
久邇宮鳩彦王（朝香宮）	1894. 2. 1	1901. 9. 1	中等学科1年修了・退学	陸軍地方幼年学校
久邇宮稔彦王（東久邇宮）	1894. 2. 1	1904. 9. 1	中等学科1年修了・退学	陸軍地方幼年学校
北白川宮輝久王（小松侯爵）	1894. 10. 1	1906. 8. 28	中等学科卒業・退学	海軍兵学校
伏見宮博義王	1904. 12. 1	1910. 5. 20	退学	海軍兵学校
山階宮武彦王	1905. 9. 11	1915. 9. 4	退学	海軍兵学校
山階宮芳麿王（山階侯爵）	1907. 3. 19	1914. 8. 30	退学	陸軍中央幼年学校
久邇宮朝融王	1907. 6. 7	1918. 5. 29	退学	海軍兵学校
迪宮裕仁親王（昭和天皇）	1908. 2. 27	1914. 3. 30	初等学科卒業・退学	
華頂宮博忠王	1908. 3. 14	1917. 4. 4	中等学科3年修了・退学	海軍兵学校
久邇宮邦久王（久邇侯爵）	1908. 3. 16	1918. 5. 29	退学	府立第一中学校
淳宮雍仁親王	1909. 4. 5	1917. 4. 9	中等学科2年	陸軍中央幼年学

皇族家の子弟が在学しており、「将来陸海の軍務につかせらるべきにつき、其の御指導に注意すること」（『乃木院長記念録』）などの注意がなされていた。

のち一九二三（大正一二）年、皇族と一般学生との取扱いに差別があることは皇族のために望ましくないとの考えで、宮内当局、学習院、女子学習院当局者との間で協議がもたれ、平等化に努めることになる。この結果、皇族と一般学生との取扱いの差別は縮小される。ただし、皇族は級長や組長に選出せず、成績は発表せず、成績により席順を付せず、成績品は返却するという違いは残された。また卒業証書や修了証書は一般学生とは別に奉呈し、行軍や修学旅行の際には、一般学生と同じ宿舎ではあるが居室は別に設けられた。

この後、一九二六年一〇月二一日に皇族就学令が制定され、皇族の就学規定が整えられた。同令によれば、皇族男女は満六歳に達したときから満二〇歳になるまでの一四年間に普通教育を行い（第一条）、原則として皇族男女は学習院または女子学習院に就学し（第二条）、やむをえない理由がある場合は中途退学を認め（第六条）、また特別の理由がある場合は学習院または女子学習院以外の学校に就学できる（第七条）とあった。

皇族女子と学習院

学習院は、皇族女子にとっても重要な教育機関であった。皇太子妃や皇族妃の候補者として選抜される場でもあったからである。

皇后美子（昭憲皇太后）や皇后節子（貞明皇后）は、女子教育に熱心で、それぞれに学習院（一八八五年創立の華族女学校、のち一九〇六年に学習院女学部、一八年に女子学習院）に行啓し、女子生徒らの能力や容姿、素行などを具《つぶさ》に視察した。

皇族女子も数年に数名入学する程度で、婚期が来れば中途退学する者が多かった。一八八五（明治一八）年に入学した久邇宮篶子《すずこ》が初の学習院入学者であり、以後、一九四四（昭和一九）年の清宮貴子《すがのみやたかこ》まで四二名ほどである（朝鮮王族の李徳恵を含む）。他方、学習院に在学していた華族女子で皇室に嫁いだ者もおり、次ページ表3－11のようにその数は一八八二年の東伏見宮依仁親王妃となった岩倉周子《かねこ》以後、一九三二年の李鍝《イウ》公妃となった朴賛珠《パクチャンス》まで一四名（朴賛珠は朝鮮貴族）であった。

皇太子裕仁親王の妃となる久邇宮良子女王も、学習院女学部幼稚園から小学科、中学科に進級し、梨本宮方子女王、伏見宮恭子《やすこ》女王、北白川宮拡子《ひろこ》女王、山階宮安子《やすこ》女王らの妃候補のなかから選ばれ、皇太子妃に内定した。その後は中等科三年で退学、御花御殿（久邇宮家御学問所）で妃教育に専心する。

また、女子学習院では、皇女や女王を特待するための処置がとられた。つまり、女子学習院での教育方針として「完全なる御人としての御教育をもってその根本とすること」「申し分なき日本の御婦人としての御教養を積ませらるること」「然《しか》る上に皇族として高貴の御修養を重ねさせらるること」（『女子学習院五十年史』）などが掲げられた。とくに皇族女子に対

表3-11　**学習院で学び皇族・王族となった主な女子**

宮名	身分	婚後	入園・入学		退学・修了（在学）		在年
			年		年		
岩倉周子	公	東伏見宮依仁親王妃	1882	学習院女子部普通科	1887	華族女学校上等小学科退学	5
九条範子	公	山階宮菊麿王妃	1885	学習院女子部	1895	華族女学校高等中学科1級	10
鍋島伊都子	侯	梨本宮守正王妃	1888	華族女学校下等小学科3級	1896	華族女学校初等中学科2級修了，退学	8
徳川経子	公	伏見宮博恭王妃	1889	華族女学校下等小学科2級	1896	華族女学校初等中学科2級修了，退学	7
九条節子	公	大正天皇皇后	1890	華族女学校初等小学科	1899	初等中学科修了，退学	9
島津俔子	公	久邇宮邦彦王妃	1894	華族女学校初等中学科2級	1895	華族女学校初等中学科退学	1
九条敏子	公	賀陽宮恒憲王妃	1906	学習院女学部幼稚園	1921	女子学習院中学科卒業	15
一条朝子	公	伏見宮博義王妃	1909	学習院女学部小学科1級	1919	女子学習院中学科5級退学	10
一条直子	公	閑院宮春仁王妃	1915	学習院女学部小学科1年	1926	女子学習院本科卒業	11
徳川喜久子	公	高松宮宣仁親王妃	1917	学習院女学部幼稚園	1929	女子学習院本科卒業	12
松平節子（勢津子）	子	秩父宮雍仁親王妃	1918	学習院女学部小学科3級	1925	女子学習院本科後期1級退学	7
三条光子	公	竹田宮恒徳王妃	1919	女子学習院幼稚園	1933	女子学習院本科卒業	14
高木百合子	子	三笠宮崇仁親王妃	1929	女子学習院幼稚園	1941	女子学習院本科後期春組卒業	12
朴賛珠	侯	李鍝公妃	1932	女子学習院本科後期2級	1934	女子学習院本科卒業	2

註：松平節子は子爵姪，朴賛珠は朝鮮貴族

しては、「日本上流婦人としての教育の完成」の上に、「皇族としての御品格を御添え申す」ことを本旨とした。そして皇族女子が「金枝玉葉の御身柄としての天職の重き」を自覚し、「万代の軌範、衆庶の景仰すべき忠誠・孝悌・敬愛・慎重・寛容・憐愍《れんびん》・慈恵の諸徳を特に御涵養あらせらるるよう」（同前）教導することが、女子学習院の教育方針であることが明記された。

内親王や女王への待遇配慮は、たとえば、お供が待つ「供待《ともまち》部屋」に皇族用と華族用があった。学校での教科や評価は原則として平等であったが、天長節や紀元節などの行事や儀式では皇族女子は前列に並んだ。

学習院女学部中等科の授業風景（1910年代）

一九二二（大正一一）年には、皇族の特別待遇に関する内規（「一般学生と御取扱を異にする諸点」、一九二九年改正）ができ、「御登院御退院は玄関より御昇降のこと」「御付添ある場合は特に一室を配す」「御不浄場を特配す」「御呼び申すとき御一方の時は宮様、御二方以上御一緒の時は何（御名）宮様とす」「卒業式・記念日祝賀式等に行啓あらせらるる場合には御成績品を特に台覧に供し一般の成績品陳列には御加えせず」などが明記された。従前通り、儀式などの場合は学生席の最前列に特別席を設け、卒業式入場では皇族学生係がいて案内をし、一同は入場に際して敬意を表することになっていた。卒業修了証書は一人ごとに院長が奉呈した。「学習上特に申し出ある場合」は教官の派遣がなされることもあった。

のち、一九三二（昭和七）年に昭和天皇の長女照宮成子内親王が入学すると、さらなる特別扱いがなされ、同級生を約二五人に厳選し、学級は学年始めに編制替えをし、茶の持参を許し、控室を別に設けることなどが定められた。

第四章　昭和天皇の登場――軍国主義の跫音

1　摂政宮裕仁――一九二〇年代

皇太子の外遊

一九二〇（大正九）年になって、大正天皇の病状回復に期待をもてなくなった原敬首相ら政府首脳、宮内省の上級官僚は、七月の大正天皇の病状発表（二回目）頃から、帝王教育の一環として、皇太子に第一次世界大戦後の欧州を視察させようと考えるようになった。

しかし、天皇やその継承者である皇太子が国外（皇太子嘉仁が行啓した当時の韓国は外地）を訪問した例はなく、国家主義者の頭山満《とうやまみつる》らは皇位を継ぐ者が外国に出ることに反対し、皇后節子も不安を抱いていた。

国論は二分されたが、一九二一年三月三日、裕仁親王は欧州に向かった。三月一五日の

英国到着当日，無名戦士の墓を訪れた皇太子　国王に拝謁後，ホワイトホールの同地に向かい拝礼した（1921年5月9日）

『原敬日記』には「皇后陛下に拝謁し皇太子殿下御発程の際に於ける国民奉送の実況且つ御旅行中の御近況等を申上ぐるに、頗《すこぶ》る御満足の御諚《ごじょう》あり」と、皇后節子の安堵が記されている。裕仁親王の欧州視察は、一九二一年九月三日までの半年間におよんだ。

往路は、軍艦香取（御召艦）と鹿島（随艦）が横浜を出発し、香港、シンガポール、スエズ、ジブラルタルと航海し、ロンドンに向かった。皇族では、陸軍大将の閑院宮載仁親王が供奉者として同行。北白川宮能久親王四男で臣籍降下した海軍大尉小松輝《てる》久《ひさ》侯爵が、朝鮮独立を求める過激派のテロに備えての「影武者」となったりした。パリでは留学中の東久邇宮稔彦王とも会っている。

裕仁は、地図に示したように、第一次世界大戦の戦跡や戦後の欧州情勢を視察して、ほぼ往路と同じ航路で無事帰国した。裕仁はこの欧州外遊で、戦跡視察のほか、過剰警備や貴族制度のあり方、王家の家族団欒など、皇室と欧州王室との多くの相違点を体感し、宮中慣行の改革を意識するようになる。

皇太子裕仁外遊巡路（1921年3月3日〜9月3日）

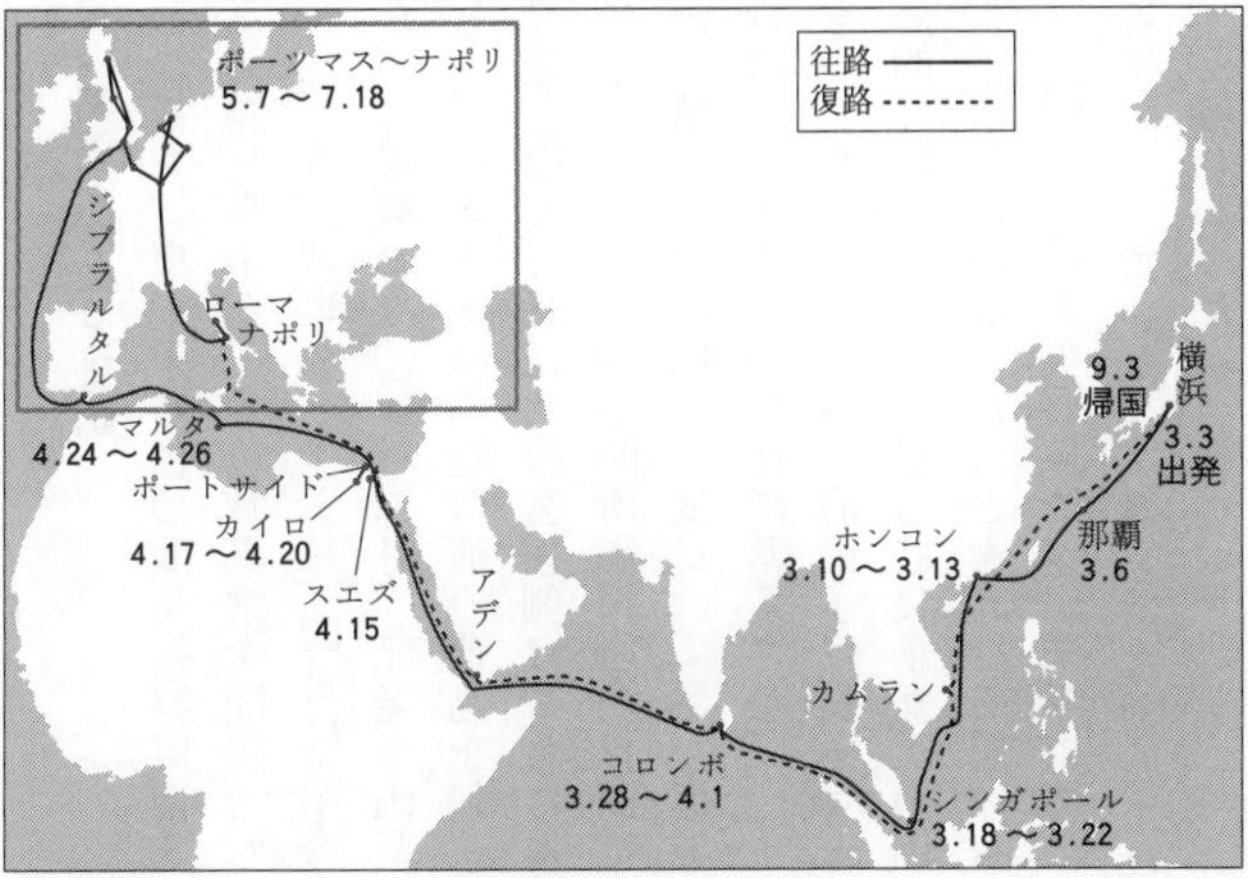
往路
復路
ポーツマス〜ナポリ
5.7〜7.18
ジブラルタル
ローマ
ナポリ
マルタ
4.24〜4.26
ポートサイド
カイロ
4.17〜4.20
スエズ
4.15
アデン
コロンボ
3.28〜4.1
シンガポール
3.18〜3.22
カムラン
ホンコン
3.10〜3.13
那覇
3.6
9.3
帰国
横浜
3.3
出発

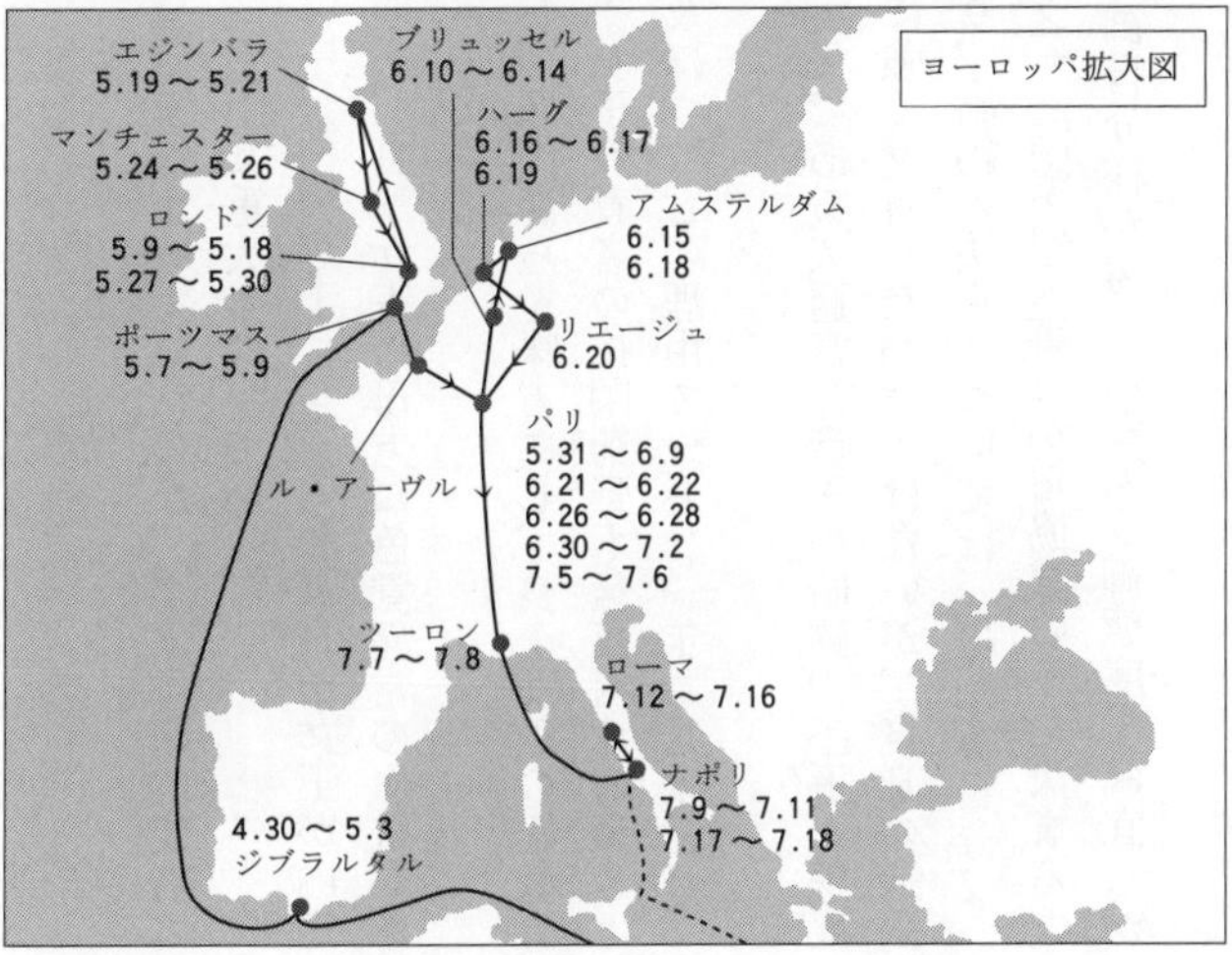
ヨーロッパ拡大図
エジンバラ
5.19〜5.21
マンチェスター
5.24〜5.26
ロンドン
5.9〜5.18
5.27〜5.30
ポーツマス
5.7〜5.9
ブリュッセル
6.10〜6.14
ハーグ
6.16〜6.17
6.19
アムステルダム
6.15
6.18
リエージュ
6.20
ル・アーヴル
パリ
5.31〜6.9
6.21〜6.22
6.26〜6.28
6.30〜7.2
7.5〜7.6
ツーロン
7.7〜7.8
ローマ
7.12〜7.16
ナポリ
7.9〜7.11
7.17〜7.18
4.30〜5.3
ジブラルタル

宮中某重大事件と恐喝

ところで、皇太子裕仁の欧州視察直前まで皇室を悩ませていたのが、皇太子妃内定者となった久邇宮良子女王の色覚異常を問題とした「宮中某重大事件」である。

一九一八（大正七）年一月一四日に皇太子裕仁の結婚相手として久邇宮良子女王が内定したが、二年後の二〇年一二月、元老の山県有朋が、良子女王の母方に色覚異常の血統があるとして、皇太子妃の内定取消の運動を起こしたのである。

異議を唱えられた久邇宮家側はこれに対抗し、頭山満らを味方にし、良子女王の妃教育を担当していた東宮御学問所御用掛の杉浦重剛や女子教育者の後閑菊野《ごかんきくの》も猛反対する騒ぎとなった。結局、同問題は、変更は「累を聖上に及ぼす」との理由で一九二一年二月一〇日、中村雄次郎宮内大臣の辞任で落着する。

もっとも、この間、皇后節子は良子女王の実父である久邇宮邦彦王の暗躍や不遜な態度に好意的ではなかった。皇后は良子女王の内定に強く反対したわけではないが、自身の近眼が皇太子裕仁に遺伝したことを詫びる思いもあり、婚約の決定については「母たる自分又「皇太子」殿下も勝手に御極《き》めの出来る事には無之《これなく》」、国家の大事だから協議のうえ決まるという姿勢をとっていた。久邇宮家に対しては「御自分様が勝ったと云う御態度では宜しからず」と厳しかった（『牧野伸顕日記』）。

良子女王の実父である久邇宮邦彦王は、元老の西園寺公望にも「一癖ある方なり」（『原敬日記』）とみなされていた人物で、勅旨を得た嗣子の久邇宮朝融王と酒井菊子との婚約を強引に取り消させてしまうなどの振る舞いもあり、皇后の心証はよくなかった。

ちなみに、事件当時、帝室会計審査局長官や宗秩寮総裁代理など宮内省中枢の職にあった倉富勇三郎の一九二一年の日記には、久邇宮家をめぐる興味深い記述がある。

久邇宮家を支援する浪人や壮士が、婚約破棄を求める山県や中村宮相らを「不逞《ふてい》の輩《やから》」とする怪文書をばらまいたが、そうした運動を担った壮士の一人である来原慶助なる男が、久邇宮家に一万五〇〇〇円の謝金の支払いを求めたというのである。久邇宮家では宮務監督の栗田直八郎のもとに属官が七名がいたが、そのうちの一人、武田健三が来原にゆすられていたのであった。

久邇宮邦彦王（1873〜1929）
陸軍士官学校卒業後，日露戦争に出征し軍功をあげる．宮中某重大事件で娘良子のためにさまざまな画策を行う．良子立后後，宮中に金の無心にいくなど評価が低かった

栗田は武田を辞職させ糊塗《こと》しようとしたが、来原は「羽織ごろ」（羽織を着たゴロツキ）と称される札付きの壮士であり、事態は新任の牧野伸顕宮相の耳にも入っていた。牧野は倉富から「来原が重ねて宮邸に到り暴行を為《な》す様《よう》の事なき様注意を促し置《お》き呉度《くれたし》」と依頼され、倉富は宮内官吏の酒巻芳男を警視庁に派遣した。

酒巻から事態を聞いた警視総監岡喜七郎は、倉富に「三千円なり五千円なり」を渡してはと提案する。警視総監も床次竹二郎《とこなみたけじろう》内務大臣も逃げ腰で、「羽織ごろ」に金を払って収拾させようとしたのである。

硬骨漢だった倉富は、さすがに「一度金を出せば幾度も強請することとなるべし」「幾分にても金を出せば、此方に弱点あることを示す様の訳なり」と反対した。しかし、岡は、宮家や宮内省ではなく、「武田一己《いっこ》よりの出金」とすることを主張した。倉富は「三千円は愚《おろ》か、千円にても武田より出金すると思う者はなかるべく、金の出所は他にありと思うは当然なり」と、あくまで反対する。

倉富は牧野宮相の判断を仰ぐこととなった。牧野は「宮家に累を及ぼす様のことありては大変」と出金に反対はしたが、結局、武田から来原に五〇〇〇円が支払われ、武田を処分することで落着した。五〇〇〇円は当時の首相の五ヵ月分の俸給額であり、その出所は久邇宮邦彦王自身と推測されている。

宮中某重大事件は、裏面で宮家と「羽織ごろ」との金銭関係をめぐるトラブルまで生んだのだが、こうした構造が一九二〇年代半ばから三〇年代初頭にかけての宮中側近を攻撃する怪文書事件にもつながっていく。昵懇となった浪人や壮士、右翼たちに宮中関係者はさまざまな弱味をつかまれ、たかられるようになるのである。良子女王を宮中に入れるため、安易に「羽織ごろ」に接近した久邇宮家の失態の「つけ」は大きかった。

女官制度改革案

裕仁親王は宮中某重大事件も落着し、欧州視察も無事終えた一九二一（大正一〇）年一一月二五日に摂政となった。摂政就任前後の裕仁親王は慌ただしく、参謀本部や海軍大学校を行啓し、天皇名代として代々木練兵場での天長節観兵式に臨御する。また、連日各地を視察し、関係施設を行啓した。参謀本部での昼餐では、閑院宮載仁親王はじめ四〇名と陪食している（『宮内省省報』）。

皇太子裕仁は病身で静養中の天皇嘉仁に代わり、精力的に働き、とりわけ軍事施設への行啓を重ねたのであった。軍部としても、名代とはいえ将来の大元帥たるべき皇太子の行啓を得て、大きな励みともなったろう。

こうしたなか、裕仁親王は突然、牧野伸顕宮内大臣を呼び、女官の通勤制を提案する。裕仁親王は牧野に、自分もそのうち結婚するが、従来のように女官たちが「奥」に住むことを廃止して、日々通わせたいと要求したのである。裕仁親王は家庭的団欒を重視し、そこでの私的な生活が外部に漏れることなどを嫌ったのだが、こうした改革方針には、欧州視察の影響があった。

裕仁親王の提案を聞いた牧野宮相は動揺した。家庭的団欒の必要については賛意を表したが、祭祀や伝統的式事における典侍や掌侍ら高等女官の役割は重要であり、通勤制ではできないものが多かったからである。牧野は反対した。しかし、裕仁親王は承伏せず、彼の頑固さに閉口した牧野は、「皇后様の御思召《おぼしめし》」もうかがう必要があると抵抗した。裕仁親王はまだ摂政であり、皇后節子にも一定の権限があったからだが、何よりも皇后節子は裕仁親王の実母でもあった。さらに、皇后節子は宮中の伝統、なかでも女官制度については保守的な考え方であり、皇后節子の意向はもっとも配慮されなければならなかった。

牧野は、裕仁親王との衝突の後、自己の意見を持つ皇太子に頼もしさを感じると同時に、その過激な性格に不安を覚えた。そのため、今後の裕仁親王の輔弼《ほひつ》とそのための側近人選が重要になると考え、さらに、将来、皇后節子と意見上の対立が生じるであろうことを懸念した。保守的で聡明な皇后節子に対して、摂政宮裕仁は外遊の影響があり進歩的で少し極端に走りやすいと、牧野はみなしたのである。

関東大震災

さて、一九二三（大正一二）年九月一日の関東大震災は、裕仁親王が摂政として宮城で執務中に起きた。御所は大きく揺れたが、彼は避難して無事であった。大正天皇と皇后は日光の田母沢《たもざわ》御用邸におり、被災を免れた。

余震もおさまった九月一五日、裕仁親王は、地震による東京の惨状を乗馬で視察した。そして、日光の天皇・皇后と久邇宮の了解を得た上で、結婚の延期を発表することを述べた

（『牧野伸顕日記』）。

久邇宮家は宮中某重大事件に引き続き「お預け」となってしまったわけであるが、内定取消ではないのでさほどの落胆はなかった。当時のニュース映画には、被災者の慰問品などを作製する良子女王の笑顔が残されている。

なお、牧野は日光で皇后節子に「皇族方事変に付御奮発、夫々御援助の御企図ある事」を言上し、皇后自身も「御手許御入費等御節約」（同前）で災害の援助に協力する意思を見せた。

一方、皇族たちは、東京市内では皇族邸が山の手方面に多かったこともあって被害が少なかったが、別荘地では死者も出ている。鎌倉に避暑中の賀陽宮邦憲王妃好子《よしこ》は負傷し、懐妊中の山階宮武彦《たけひこ》王妃佐紀子《さきこ》女王と侍女は圧死した。鵠沼《くげぬま》に避暑中の東久邇宮師正《もろまさ》王は被災死した。小田原の閑院宮別邸が倒壊して、避暑中の四女寛子《ひろこ》女王が即死した。

危機に遭遇した皇族も多数いた。横須賀では水雷学校学生であった華頂宮博忠《ひろただ》王が横須賀発の列車に田浦から乗車し、田浦・逗子間の隧道《すいどう》が崩壊して列車は圧潰《あっかい》したが、命に別状はなかった。閑院宮載仁親王と北白川宮能久親王寡婦の富子妃は陸路を絶たれ、別邸のある小田原から駆逐艦で帰京した。

久邇宮家では、婚約中の良子女王が、両親である邦彦王・俔子《ちかこ》妃、妹の信子《のぶこ》女王、弟の邦《くに》英《ひで》王（のち東伏見伯爵）らとともに赤倉の別邸におり無事であった。兄の朝融王は箱根の富士屋ホテルに滞在していたがホテルが大破し自動車内に避難した。雨の山道を徒歩で下山し三島に出たという。

梨本宮家では、地震発生直後、守正王は裕仁親王の安否を気遣い赤坂離宮に出かけ、帰途、叔父である閑院宮載仁親王邸などを見舞っている。渋谷宮益坂の梨本宮邸では、朝鮮人暴動の噂に自衛しながら不安な一夜を過ごすこともあったが、宮邸守備隊、第一連隊、憲兵、巡査などに厳重に警護されていた。伊都子妃の長女で朝鮮王族妃となった李方子は、火災の危険のため朝鮮王族の李垠とともに鳥居坂邸から梨本宮邸に逃げこみ、さらに朝鮮人暴動などの噂から宮内省に避難して第二控室前のテントで一週間過ごした。

皇族たちの避難民救済の動きは、地震の騒ぎが一段落した九月一二日以降に見られ、各宮家合同で五〇万円を震災救護事務局へ渡し、宮妃たちは衣服を二〇枚ずつ縫い、病院に傷病罹災者を慰問した。

2 宮中のなかで

宮内省――三〇〇〇人を超える組織

宮内省は、第二章で触れたように明治に入りあらためて一八六九（明治二）年に設置された。だが、近代的な組織として、実質的に機能するようになるのは一八八六年である。前年一八八五年、内閣制度の確立によって閣外に出された宮内省は、この年、宮内大臣だった伊藤博文が中心になって、宮内省官制を制定し、皇室事務や華族を管理する近代的な組織として確立された。

伊藤以降、宮内大臣は最上位の高等官である親任官で、多くは土方久元や田中光顕など能吏の勲功華族が就き、宮中と府中をつなぐ実務統括者としてその責を負った。他方、内大臣は宮中に設けられた重職で、天皇側近として常時輔弼し、三条実美以降、維新で活躍した公家や元老などが就任し、一九二二(大正一一)年の平田東助以後、浜尾新《あらた》など宮内大臣同様、能吏の勲功華族が担うようになった。当時、宮内大臣であった牧野伸顕が内大臣になったのは、そうした傾向を反映していた。

他方、侍従をはじめとする宮内官僚の多くは旧公卿や諸侯の末裔である有爵者が務め、侍医や大膳、内匠《たくみ》、車馬などは専門の医者や技術者によって支えられた。また、式部の掌典や楽部などには古来の技法を伝承した家系の人びとが担い、主猟《しゅりょう》や諸陵などには地域に密着して生活する者たちが任された。総じて、宮内省には、旧公家や諸侯を祖先に持つ華族、古来の伝統技法や最新の医療技術などを有する専門家、庶務を処理する事務官吏などがいたといえる。そして、一九二〇年代以後、これらを束ねたのが実務系高級官僚であり、その長に官僚出身の勲功華族らが任命されたのである。

組織のほうに目を向けてみると、大正時代末年の『宮内省職員録』によれば、職員として記載された総人員数は三三八五名（兼任や名誉職なども含む）である。このうち、皇宮警察部（五一二名）と帝室林野局とその支局（六六四名）とで一一七六名となり、全体の三分の一を占めていた（一九二六年一月一日現在）。

皇族関係部署は、表4－1のように、皇后宮職、東宮職、澄宮《すみのみや》付、皇族付職員、李王職、東宮武官、皇族付武官、李王公付武官などが、主たる部署である。

皇后宮職の二位局《にいのつぼね》付とは、大正天皇生母の柳原愛子付のことであり、皇族ではない側室が、生母ということで皇后に準じた特別待遇を得ていた。澄宮付は、当時満一〇歳であった澄宮（のちの三笠宮崇仁親王）の担当である。

武官では、東宮武官は陸海軍の双方から二名ずつ配置され、将来の大元帥としての配慮がなされていたといえる。また直宮である秩父宮（当時、一名だが翌年に本間雅晴陸軍中佐が配置され二名に）。高松宮は二名、そのほかの宮家皇族は一名ずつ配置された。

『内閣制度七十年史』によれば、一九二六年当時の文官総数は三五万七六五八名（勅任一二七一名、奏任一万三二四八名、判任一三万六一九八名、その他二〇万六九四一名）であり、宮内省職員三〇〇〇名は文官全体の一％程度でしかない。国内全域の行政や治安を担当する内務省や、世界各地に在外公館などを持つ外務省などと比べれば、小さな組織であったともいえる。しかし、そもそも文官のみならず武官も含めた官僚組織全体が天皇（皇族は天皇の血縁

李王職			雅楽師	2	
			雅楽手長	8	
			御用掛	3	
	王世子付	麻布区六本木町	事務官	1	高羲敬（伯）
			賛侍	1	
			典医	1	高階虎治郎
			属	5	林健太郎（陸軍工兵中尉）
	李堈公付		事務官	1	末松多美彦
			属	3	
	李鍝公付	下渋谷常盤松御料地	事務官	1	大浦常造（陸軍砲兵少尉）
			属	3	
東宮武官		赤坂東宮仮御所内	武官長	1	奈良武次（陸軍大将）
			武官	4	今村信次郎（海軍少将）
					蓮沼蕃（陸軍騎兵大佐）
					近藤信竹（海軍中佐）
					矢野機（陸軍歩兵中佐）
			武官付	3	
皇族付武官			雍仁親王付	2	本間雅晴(陸軍歩兵中佐)*
					岡崎清三郎(陸軍歩兵大尉)
			宣仁親王付	2	桑折英三郎（海軍少佐）
					志摩清英（海軍少佐）
			博恭王付	1	亥角喜蔵（海軍大佐）
			博義王付	1	実吉敏郎（海軍少佐）
			載仁親王付	1	吉崎隆（陸軍騎兵中佐）
			春仁王付	1	小島吉蔵（陸軍騎兵少佐）
			武彦王付	1	名古屋十郎（海軍中佐）
			恒憲王付	1	佐野織平（陸軍騎兵少佐）
			邦彦王付	1	梅沢銀造（陸軍歩兵大佐）
			朝融王付	1	中山道源（海軍少佐）
			守正王付	1	岡本忠雄（陸軍歩兵中佐）
			鳩彦王付	1	藤岡萬蔵（陸軍歩兵中佐）
			稔彦王付	1	安田銕之助(陸軍歩兵大尉)
李王公付武官			李王付	4	魚潭（陸軍少将）ほか
			王世子付	2	金応善（陸軍歩兵大佐）
					上野良丞（陸軍歩兵中佐）
			李堈公付	1	康弼祐（陸軍歩兵少佐）
			総数	370	

出典：『宮内省職員録』（1926年1月1日現在）より作成　＊は1927年3月15日現在

皇族付職員	東伏見宮	豊多摩郡渋谷常盤松	宮務監督	1	川島令次郎（宮中顧問官）
			事務官	1	
			属	6	
	山階宮	麴町区富士見町五丁目	宮務監督	1	大石正吉（海軍少将）
			事務官	1	
			属	5	
	賀陽宮	麴町区一番町	宮務監督	1	中島正武（陸軍中将）
			事務官	1	
			属	6	
	久邇宮	豊多摩郡渋谷町下渋谷	宮務監督	1	本郷房太郎（陸軍大将）
			事務官	1	
			臨時御用掛	1	
			属	5	
	梨本宮	豊多摩郡渋谷町青山北町七丁目	宮務監督	1	南部光臣（男・宮中顧問官）
			事務官	1	
			属	6	
	朝香宮	芝区高輪町	事務官	1	折田有彦
			御用掛	1	相馬孟胤（子・式部官）
			属	4	
	東久邇宮	麻布区市兵衛町	事務官	1	金井四郎
			属	4	
	北白川宮	芝区高輪南町	御用掛・別当	1	山辺知春
			御用掛	2	醍醐忠直（式部官）
			属	5	
			雇員	1	
	竹田宮	芝区高輪南町	事務官	1	古川義天
			御用掛	1	一戸寛（陸軍砲兵少佐）
			属	5	
李王職		朝鮮京城府	長官	1	閔泳綺（男）
			次官	1	篠田治策
			事務官	4	李恒九（男）
			賛侍	5	韓昌洙（男・掌侍司長）
					李恒九（男・掌侍司勤務）
			典祀	4	
			典医	1	
			通訳官	1	
			属	21	
			典祀補	15	
			技手	7	
			参奉	63	
			雅楽師長	1	

表4-1　**1926年における宮内省の皇族関係部署**

部署		所在地	官職	員数	主な職員名
皇后宮職		宮内省内	大夫	1	大森鍾一(男・枢密顧問官)
			事務官	2	三条公輝（公・庶務課長）
			臨時御用掛	1	
			属	7	
			雇員	1	
	二位局付	四谷	宮内省御用掛	1	
			雇員	2	
東宮職		赤坂離宮	大夫	1	珍田捨巳(伯・枢密顧問官)
			侍従長	1	入江為守（子）
			侍従	7	甘露寺受長（伯）
					土屋正直（子）
					牧野貞亮（子）
					黒田長敬（子）
			事務官	2	
			事務官事務取扱	1	
			御用掛	11	松平慶民(子・宮内事務官)
			属	18	
			東宮内舎人	4	
			東宮内舎人(特別勤務)	20	
澄宮付		澄宮御殿(青山)	御養育掛長・別当	1	田内三吉（陸軍少将）
			御養育掛	1	
			御用掛	2	山尾三郎（子・式部官）
			属	3	
皇族付職員	秩父宮	赤坂区青山	別当	1	山辺知春（陸軍少尉）
			事務官	1	前田利男（伯）
			御用掛	1	
			属	5	
			雇員	1	
	高松宮	麴町区三年町	別当心得・事務官	1	石川岩吉（宮内事務官）
			御用掛	1	増山正興（子）
			属	5	
	伏見宮	豊多摩郡中野町東別邸	宮務監督	1	佐藤愛麿
			事務官	1	
			御用掛	1	
			属	7	
			雇員	1	
	閑院宮	麴町区永田町二丁目	別当	1	田内三吉（陸軍少将）
			事務官	1	
			属	5	

として付随する）のために奉仕する存在であり、宮内省は天皇一人のために設けられた精鋭組織というべきものであった。

宮内官僚の憂鬱

昭和初期の代表的宮内官僚の一人に、侍従次長兼皇后宮大夫《だいぶ》を務めた河井弥八《かわいやはち》がいる。河井は一八七七（明治一〇）年に静岡県掛川に生まれ、東京帝国大学を卒業後、内務省に入り、内大臣秘書官長などを経て、一九二七（昭和二）年三月に侍従次長兼皇后宮大夫（のちに皇后宮大夫兼侍従次長）となり、牧野伸顕内大臣、一木喜徳郎宮内大臣、鈴木貫太郎侍従長らのもとで、昭和天皇側近の宮内官僚として奉仕した。だが、政治的に台頭する軍部や右翼の攻撃によって、一九三二年九月に帝室会計審査局長に転任した。戦時中は貴族院議員、戦後は参議院議員となり参議院議長も経験する。

宮内官僚であった昭和改元当時、河井は五〇歳、侍従次長兼皇后宮大夫として、昭和天皇が進める女官制度改革などに尽力した。河井の残した当時の日記や資料からは、女官問題をはじめとする当時の宮中内の動きの一端を知ることができる。

河井の各皇族との公私の関わりは密接であり、秩父宮や高松宮ら直宮からは夏季恒例賜金として各五〇円、皇太后節子からは二〇〇円を授けられ、年末にも同様の賜金があった。河井のほうは、年末・年始の挨拶のほか、各宮家の冠婚葬祭や病気・事故・火災などのたびに宮邸を伺候し、時には拝謁し、記帳している。また、各宮家から河井の冠婚葬祭などの賜物がなされることもあった。海軍特命検閲使の伏見宮博恭王に陪食を仰せ付られたりもしていた。

河井弥八が宮中の要職を離れたのは、河井と同郷であった一木喜徳郎との関係があった。一木は天皇機関説を支持する法学者であり、宮内大臣、枢密院議長などの重職を歴任したが、一九三五（昭和一〇）年の天皇機関説事件とその翌年の二・二六事件により、枢密院議長を辞して政界から身を退いた。一木は天皇主権説を唱える軍部や右翼から「君側の奸」と誹謗され、河井も一木とともに宮中を去る。この背後には、一九三〇（昭和五）年のロンドン海軍軍縮条約締結に反対する海軍軍令部や、宮中入りをめざしていた枢密院副議長平沼騏一郎らの策謀があったといわれる。河井や一木は、どちらかといえば実務系の官僚であり、昭和初期以後の軍部台頭の標的となったともいえる。

河井弥八（1877〜1960）

一九二〇年代以降に実務系官僚によって支えられてきた宮内省中枢は、一九三〇年代になって軍部との連動性を余儀なくされていく。河井の辞任はその象徴であった。

直宮と十一会

一方、軍部台頭に敏感に反応し、宮中組織を改革運営していこうとした代表的な宮内官僚が木戸幸一であった。

木戸は一八八九（明治二二）年、木戸孝允家の養嗣子孝正《たかまさ》の子として生まれ、学習院、京都帝国大学を経て、一九三〇年一〇月内大臣秘書官長兼宮内省参事官、三三年八月から三六年六月まで皇族・華族の事務を司る宗秩寮総裁と内大臣秘書官長を兼務した。その後、文部大臣、厚生大臣、内務大臣など閣僚を務め、四〇年六月から四五年一一月まで内大臣として戦時中の昭和天皇の最重要側近としての職務に就いた。

木戸家は侯爵家であり、幸一は一九一七年、数え二九歳で爵位を継いだ。こうした家系上の地位もあり、木戸は二二年一一月、同じ華族仲間と「十一会《じゅういちかい》」（「大正十一年十一月十一日」にはじまった会合に由来する）を組織した。十一会は、大衆運動の活性化などによりその特権的地位を脅かされはじめた少壮華族による政治革新運動だった。木戸以外のメンバーでは、近衛文麿公爵、松平康昌《やすまさ》侯爵、酒井忠正《ただまさ》伯爵、有馬頼寧《よりやす》伯爵、岡部長景《ながかげ》子爵、原田熊雄男爵らがおり、彼らはのちに首相、宮内官僚、閣僚などの地位に就いて戦時下の日本を動かすようになる。

とりわけ、木戸は宮中官僚として、近衛は政治指導者として、原田は元老西園寺公望の私設秘書として、互いの情報を交換しあい、新しい内外の環境に適応する国家の構築をめざした。彼らは西園寺公望、牧野伸顕ら明治・大正期の宮中勢力とも立場を異にし、国際政治での英米追従に反発し、政治台頭する軍部との関係を意識しながら、新たな天皇中心の国家運営をめざした。

木戸の宮内官僚としての第一歩は、一九三〇年一〇月の内大臣秘書官長就任からはじまるが、翌年、木戸は十一会メンバーに皇族を加えた会合に何度か参加している。

一月一七日には、午後六時半から近衛文麿公爵主催で、住友別邸で秩父宮夫妻と朝香宮夫妻を招いて宴会を開いた。十一会側は、木戸、近衛のほか、岡部、原田、高木《たかぎ》喜寛《よしひろ》男爵（慈恵会医科大学長）とその夫人たち、宮岡慶子御用掛、前田利男事務官らが参加した。『木戸幸一日記』には、「原田が非常に酔って元気に議論したのは御座興だった。十二時に帰宅す」とあり、深夜まで五時間半近く続いた宴会であったことがわかる。同年七月一〇日には、秩父宮夫妻、高松宮夫妻を住友別邸に招待し、木戸、近衛、高木、岡部、原田、酒井とその夫人が参加し、高松宮夫妻の新婚旅行をかねた欧米視察の話題に花を咲かせた。

木戸幸一（1889～1977）

また、八月七日には、クーデター未遂事件である三月事件の情報が木戸周辺にも伝わり、元老の西園寺から、天皇のみならず秩父宮と閑院宮に報告するように命ぜられている。その後も、牧野内大臣と面談し、「軍部の最近に於ける活動に関連し、之を閑院宮・秩父宮・高松宮各殿下に御耳に入れ置くこと」などについて懇談している。木戸や十一会メンバーたちは、日頃から皇族夫妻との私的な交流を深め、公的活動における円滑化をすすめていた。

他方、一九三二年六月二一日、木戸は近衛や原田と宮内大臣官邸で晩餐をともにし、食後に「秩父宮の最近の時局に対する御考が稍々《やや》もすれば軍国的になれる点」（『木戸幸一日記』）などについて意見を交換しており、木戸らは、皇族の政治化を懸念し監視してもいた。さらに木戸は、一九三三年三月八日に、牧野内大臣から、天皇が「従来秩父宮は政治等に就ても所謂《いわゆる》軍部の見るが如き軍本位のかたよれる御考えが多かりしが、昨今は大分変られて御眼界も広くなられし」（同前）と感想を漏らしたとの情報も得ている。

ところで、住友別邸での秩父宮や高松宮らとの宴会とは別に、東京倶楽部では東久邇宮稔彦王と十一会メンバーとの午餐会なども催されていた。『木戸幸一日記』（一九三〇年二月一七日）には、「正午、東京倶楽部に至り、例の通り近衛公其他と会食す。東久邇宮並に野村吉三郎《きちさぶろう》中将も参加せられ、食後ロンドンの軍縮会議に関し意見の交換を為す」といった記述がある。

のちに東久邇宮は歩兵第五旅団長として東京を離れるが、上京の折に会合を持つこともあり、頻繁に情報交換をしていた。一九三二年三月七日、木戸は血盟団によって暗殺された団琢磨の弔問に出かけ、その正午に、東京倶楽部で東久邇宮らと会食している。

このように木戸は皇族たちと交流し、その情報を入手し、台頭する軍部の影響を受ける時代状況を読み取り、その分析を続けていた。それは、かつての一木や河井らのような実務系官僚とは異なる政治性を持った、いわゆる「革新華族」としての宮内官僚の営みであった。

高松宮結婚問題

昭和天皇次弟の秩父宮は、一九二八（昭和三）年会津松平藩主の末裔である松平保男《もりお》子爵の姪である松平節子（結婚後、勢津子と改名）と結婚した。松平節子は保男の実兄である松平恒雄《つねお》の長女であるが、爵位がないために保男の養女となって秩父宮家に嫁いだ。

昭和天皇の三弟の高松宮も、秩父宮結婚の二年後、一九三〇年二月に、最後の将軍であった徳川慶喜の孫である喜久子《きくこ》と結婚した。維新後、慶喜は静岡に退隠したが、一九〇二（明治三五）年に特旨をもって公爵を授けられ、徳川宗家別家として一家を興していた。一九一〇年に慶喜が隠居して慶久《よしひさ》が継ぎ、慶久の二女である喜久子が高松宮妃となったのである。慶久夫人である喜久子の実母は、有栖川宮威仁親王二女の実枝《みえ》子《こ》女王であり、高松宮家とは廃絶となった有栖川宮家の祭祀を継承した縁があった。

高松宮夫妻　結婚直後1930年７月，外遊中のロンドンで

　ところが、元宮内大臣の田中光顕が、高松宮宣仁親王と喜久子との結婚後に、その血統関係につ

いて異を唱え、現職の宮内大臣を辞任させる事件が起きた。元宮内大臣が、宮中内部の極秘情報を暴露する形で、現職の宮内官僚を脅迫したのである。

田中は一八九八（明治三一）年、第三次伊藤博文内閣当時に宮内大臣となって以後、一一年余りの間、天皇側近の宮中政治家として尽力し、大きな勢力を持っていた。しかし、西本願寺の須磨別邸を武庫離宮として買い上げたことが、のちに疑獄として関連させられ、宮内大臣を辞任し、政界の裏面に身を置くようになっていた。

政界引退後は、日本各地の維新烈士の顕彰に尽力し、高知県桂浜の坂本龍馬銅像、茨城県大洗町の常陽明治記念館（現・幕末と明治の博物館）、旧多摩聖蹟記念館などの建設に関わり、蒐集した皇族や志士たちの遺墨、遺品などを寄贈した。

この田中が、高松宮結婚の責任者である一木喜徳郎らの辞任を迫ったのである。事件は新聞記者にも漏れ、元老西園寺公望はじめ秩父宮をも悩まし、宮内官僚や宮中周辺の政治家はその対策に追われた。

こうした田中の行動について、原田熊雄から得た情報として木戸は一九三二年八月二五日の日記に次のように記している。

問題は高松宮殿下と徳川喜久子姫御成婚の件に関連するものであって、田中氏が宮内大臣当時、有栖川宮栽仁王に内親王を配せんとするの議があったところ、明治天皇は有栖川宮の系統には狂人があるので如斯《かくのごとき》血統のところには内親王は婚嫁せしむることを得ずと仰せられたることあり、田中は此点より見て高松宮に喜久子姫を配するは宜《よろ》しからずと考え、嘗《かつ》て御内意の存したるときも宮内当局に注意したるが、御成婚御内定の際も宮内大臣に充分考慮方を注意したるにも不拘《かかわらず》、遂に之を決行したるは実に不都合なる故、其の責任を問うと云うのであって、若《も》し宮内大臣にして辞職せざるに於ては此問題を曝露して争うと云うのである。

また木戸は、関屋貞三郎《せきやていざぶろう》宮内次官から、「田中氏は一木氏に対し感情的に衝突し居るものにして、非常に態度は強硬」「御成婚内定の頃再度注意したるに、一木氏は挨拶にも来なかった」などの情報を得る。さらに、政友会幹事長であった森恪《もりつとむ》や、東久邇宮稔彦王の御付武官であった安田銕之助までもが事件を知っていることから、木戸は田中が政治的に利用されている感触を持った。

結局、一木は同問題の責任を負う形で一九三三年二月一五日に宮内大臣を辞任した。一木は辞任に関し、木戸に「誠に心苦し」と述べた。牧野内大臣も一木の辞任を奏上するのは「不忍《しのびざる》ところなり」と、苦衷を語った。

皇族と女性問題

ところで、時代は下るが一九三六（昭和一一）年一月八日、高松宮宣仁親王は、伯爵の二荒芳徳から某皇族が芸者に子を宿させた話を聞いている。

二荒の先代の二荒芳之は北白川宮能久親王の五男で、しかるべき身分ではない女性との間の隠された庶子であり、もともと皇籍はなく認知後に伯爵を授かっていた。芳徳は宇和島の伊達宗徳《むねえ》侯爵九男で、養子となって芳之の跡を継いだ。芳徳は式部官などを経て、当時は東宮職御用掛を務めている。高松宮は二荒から聞いた話を日記に次のように記している。

元日にきた時の話のつづきになって、近頃皇族が芸者に関係ある方あり、又そうした芸者の出る宴会や、待合《まちあい》に出入されることが人の話になって困ったことと云う話。

△△宮が新橋の芸者と関係なさって胤《たね》を宿しているのがいて、話題になっている、そのオカミが相当な腕ききで、早くなんとかしなくては愈々《いよいよ》面倒になるだろうと心配している由。又△△王も△△宮もそうした方でこまったもの、△△宮がどうかしらぬが深入りさせてはならぬと考える。

某宮が新橋の芸者と関係して妊娠させて話題になっているという情報だが、某宮のみならず、某王と別の某宮も「そうした方」であったというのである。天皇の側室は廃止され、皇族も一夫一婦制が定着しはじめていた時代でもあり、芸者との浮名は醜聞であった。二荒は、「皇族のそうした行動は直ちにお上の御徳に関することである。皇族は道徳的存在としてお上をとりかこんでいなくてはならぬ、若い方が早くから堕落なさっては真にこまるのである」（『高松宮日記』）と嘆いている。

当時、宗秩寮総裁兼内大臣秘書官長の要職にあった木戸幸一も、皇族の浮名を聞いている。一九三五年から翌年にかけて、木戸は二年前に寡夫となった朝香宮鳩彦王の「御配偶問題」で秩父宮から相談を受けるのだが、ことは複雑であった。

木戸の一九三五年六月二九日の日記には「朝香宮の例の問題は本日完全に解決し、全部取引を済せたる旨話あり、大に安心す。五千円、手紙十三通」などとある。「五千円、手紙十三通」とは、「五千円で処理し、手紙十三通も処分した」という意味だろう。

この一連の経緯は、秩父宮から皇太后節子（貞明皇后）へも伝えられ、皇太后は「必しも正式の妃殿下にあらずとも兎に角早く安定することが必要なり」（『木戸幸一日記』八月九日）と述べている。さらに、「現在のところ正式云々は難かしく、結局、内輪にて一日も早く安定する様取計うことが肝要なるべし、尚、大宮様は玄人の経緯も御承知にて、御心配の結果、沼津にて相当突込みて御話ありし御様子なり」とある。

ゴルフの普及

昭和に入り、天皇裕仁はじめ皇族や宮内官僚たちの間で流行ったスポーツの一つにゴルフがある。大衆化の兆しはあったものの、上流階級を象徴する世界であった。

『朝日新聞』は一九二九（昭和四）年四月五日から一六日にかけて一一回にわたり「ゴルフ場をめぐる」という記事を連載し、東京付近のゴルフ場を紹介したが、その第一回記事には、朝香宮正彦《ただひこ》王の多摩リンクでのショット姿の大きな写真が掲載されている。

記事には、「この岡、あの木かげにはボールを追うゴルファーの群、その中にまじって朝香若宮孚彦《わかみやたかひこ》王、正彦王両殿下の御姿―東京付近で一番民衆的―一番安上がりに出来るサラリーマンのこのゴルフリンクに、宮様のお出になったのは始めての事だった」などとある。連載の第四回目では、「一番完備している駒沢のリンク」「華族金持の名をズラリ並べて入会金の高い事も日本一」の見出しで、こうある。

会員の名簿には華族、金持、一流選手の名前がずらりと並んで五百二十五名、貴族院議員が多い、ここでは伊澤《いざわ》［多喜男《たきお》］元台湾総督、川村［竹治《たけじ》］現総督などの政敵［当時は政友会と民政党の党派人事］が二人仲よく組になって遊ぶ、ゴルフ好きの鳩山［一郎内閣書記］官長は森［恪］外務次官から最近は宮田［光雄］警視総監、横山［助成《すけなり》］警保局長まで仲間に引いれた。外人会員は四十名、婦人会員は廿余名、三井［高維《たかすみ》］、末弘

［厳太郎《いずたろう》］、鳩山、近衛［文麿］各夫人が東京婦人ゴルフ・クラブを作って夫君に対抗している

入会金は一〇〇〇円、年会費一五〇円で、日本一の高さといわれた。銀行の大卒初任給の相場が七〇円という時代である。一介のサラリーマンが通える場所ではなかった。

この駒沢リンクにはゴルフの成績表が掲げられており、「カウント・アサ［アサ伯爵］」「カウント・ヒガシ［ヒガシ伯爵］」の名もある。この二つの名前は、それぞれ朝香宮鳩彦王と東久邇宮稔彦王のことで、彼らは欧州留学時代と同様の仮名をそのままゴルフ場で用いていた。

朝香宮鳩彦王（1887～1981）
近衛師団長など歴任後，日中戦争下，上海派遣軍司令官．戦争末期も本土決戦を主張．戦後，南京事件について尋問を受ける．東久邇宮稔彦王は約2ヵ月遅れの腹違いの弟

朝香宮は駒沢リンクでの中心的存在だった。一九三二年五月一日に駒沢リンクを本拠としていた東京ゴルフ倶楽部は埼玉県膝折村に移転したが、膝折村は朝香宮にちなみ朝霞町と改称され、新リンクは朝霞リンクと名づけられている。

ちなみに、朝香宮の腕前は、「かねてゴルフに御熱心と承る朝香宮殿下も年毎《ごと》に御進歩の跡著しく本年度は11から10とならせられた」（『朝

日新聞』一九三二年三月二日）とある。鳩山一郎や近衛文麿は11であった。

ゴルフ場は、政治的情報交換の場としても活用されたが、戦局の進展による時局の変遷のなかで、次第に「贅沢」「非生産的」とみなされ、一九四一年、朝霞リンクは市ヶ谷台の陸軍予科士官学校移転の敷地となり、駒沢、箱根の仙石原、東京の六郷、神奈川県の保土ヶ谷などの各リンクは食糧増産のための耕地となった。

皇太子誕生

一九三三（昭和八）年、天皇裕仁と皇后良子は結婚九年目を迎えた。すでに、照宮《てるのみや》成子《しげこ》、久宮《ひさのみや》祐子《さちこ》（夭逝）、孝宮《たかのみや》和子《かずこ》、順宮《よりのみや》厚子《あつこ》の四人の子をもうけていたが、すべて内親王であった。そのため、天皇直系の皇位継承者がなく、宮中の重大関心事となっていた。万が一、親王誕生がなくとも、天皇裕仁には秩父宮、高松宮、三笠宮の三弟がおり、また、直宮ではなくとも伏見宮、久邇宮はじめ多くの親王と王がおり、男系男子の継承者に欠いたわけではない。しかし、直系男子が不在であり、皇位継承問題を不安定な状態にしていた。

天皇周辺では、側室復活のみならず、「胎中天皇」（懐妊中に皇位継承順位に従って摂政を置き、男子が生まれればそのまま摂政となり、女子であればその摂政となった皇族が天皇崩御時に遡って皇位に就くという説）や「皇族養子」なども想定されていた。

こうしたなか、一九三三年一二月二三日、男子が誕生した。内大臣の牧野伸顕は親王が生まれた安堵の気持ちを日記にこう綴った。

是迄《これまで》皇位継承問題に付ては万一の場合を慮《おもん》ぱかり種々の臆測被行《おくそくおこなわれ》、政治的には別して兎角の横議抔《など》も提出せられ、人心不安の一大原因をなしつつありたるに、今はすべての此種の禍根は解決せられたる分けにて、御上御一人の御慰安拝察に余りあり。

親王誕生は牧野のみならず宮内官や女官たちも安堵させた。「大奥の空気忽《たちま》ち活気を呈し、殊に末廻わりには女嬬《にょじゅ》、雑仕《ざっし》抔の高らかなる笑い声聞え、官房へ下る途中廊下の仕人《つこうど》、内舎人《どねり》何《いず》れも笑顔にて挨拶す」「側近者一同食堂に集まり祝杯を挙ぐ」（『牧野伸顕日記』）という状況だった。

男子誕生は皇位継承順位の高い皇族にも安堵感を与えた。

昭和天皇の次弟の秩父宮は勢津子妃とともに参内し祝福を述べた。その翌二四日、秩父宮夫妻は、皇太子誕生の「喜びに湧く東京市内を御覧になった」（『秩父宮雍仁親王』）。

三弟である高松宮宣仁親王は日々艦上演習に励んでいたが、二三日早朝に皇太子誕生の報を聞き、天皇、皇后、皇太后に祝電を打った。そして「まことに私も重荷のおりた様なうれしさを、考えて見ればおかしな話ながら、感じてやまず」（『高松宮日記』）と記して、艦に向かった。

高松宮としても万が一の場合、皇位継承の可能性も生まれ、かつ自分の男子出産の必要性も高まる緊張感にあった。高松宮は皇太子誕生を喜び、この日「おのつから涙わきけりうれしさは　日つきの御子のうまれましたる」など四首を、翌日は「仰き見るみそらにかゝる雲はれて　いとうるはしき富士の神山」ほか一首を詠んだ。

3　海軍と伏見宮——ロンドン海軍軍縮条約への介入

統帥権干犯問題

昭和初期、軍部や右翼の政治的台頭は、一九三〇（昭和五）年のロンドン海軍軍縮条約締結問題に端を発したといえる。

ロンドン海軍軍縮条約とは、一九三〇年一月にイギリスの招請によりロンドンで開かれた補助艦の保有量制限のための会議で締結された条約のことである。当時、浜口雄幸民政党内閣は協調外交と緊縮財政を柱としており、金解禁や軍縮を進めた。他方、民政党に対抗する政友会や、軍縮に反対する軍部と右翼は、これを攻撃し、浜口内閣の求めるロンドン海軍軍縮条約締結に猛反対した。軍縮条約では補助艦保有量の対米比率などが争点となり、七割弱で締結しようとする内閣側と、比率の少なさに不満を持つ軍令部側とのせめぎあいが続いた。

昭和天皇や元老西園寺公望は、欧米との国際関係などを重視して締結の意志を持っていたが、それは公にはされず、将来の対米戦を意識する伏見宮博恭王や東郷平八郎ら海軍長老や軍令部の強硬意見が、統帥権干犯（天皇の統帥大権を犯すこと）を掲げる政友会の倒閣運動と連動して政治問題化したのである。同年一〇月二日に同条約は批准されるが、締結に賛成する「条約派」と、反対する「艦隊派」の対立は残り、同年一一月一四日の浜口首相狙撃（翌年死亡）にまで発展した。

この間の、天皇と伏見宮博恭王の条約締結に関する意識の違いは、元老西園寺の私設秘書である原田熊雄がまとめた『西園寺公と政局』に克明に記されている。以下、その経緯を追ってみよう。

五月二五日、ロンドン海軍軍縮条約締結の全権として軍令部の反対を押し切った財部彪《たからべたけし》海軍大臣は、皇族の政治関与について、以下のような感想を述べている。

> 皇族方が責任ある相当な高い立場に立たれてからいろいろ議論せられると非常に困る場合がある。だから皇族は名誉職みたように直接論議の衝に立たれぬ方がよくはないかと思う。これから皇族が出ていろいろ議論をされるようなことがあってはいろいろと困難が生じはせぬかと憂慮せられる。
>
> （『西園寺公と政局』）

当時、ロンドン軍縮条約締結をめぐる政府と海軍軍令部との補助艦保有率をめぐる意見の対立は、政府の外交方針の根幹を揺るがし、天皇や皇族をも巻き込む一大政治運動と化していった。

伏見宮の天機奉伺

とりわけ、海軍大将であり海軍軍令部の長老的存在であった伏見宮博恭王は条約反対のいわゆる「艦隊派」に担がれ、条約を推進しようとする政府の大きな妨げとなった。伏見宮自身も艦隊派の加藤寛治《ひろはる》軍令部長や東郷平八郎元帥に強く共感し、締結を進める「条約派」を挑発する言動を重ねた。財部は皇族である伏見宮の政治関与に苦慮し、かつ将来の国政上の懸念となることをも危惧した。

当時、天皇が若かったことが、艦隊派には軽視、条約派には忠誠として現れたともいえる。軍縮条約問題のために御前会議の開催という意見が出たときに、条約派であった岡田啓介前海軍大臣は、こう述べている。

　御前会議のある時は［海軍］大臣と［軍令］部長との意見の一致した時のみに限るので、もし大臣と部長との意見の相違の場合、陛下はいかにこれを御裁断なさるか。また徒らに陛下の御裁断を仰いで若い陛下の宸襟《しんきん》を悩まし奉るというが如きことは極めて慎

まなければならないことである。（同前）

御前会議で天皇に最終判断を仰いだ場合、その責任は天皇に帰する。判断のための精神的負担もかけてはならないというのである。こうした岡田のような「忠臣」を天皇は信頼したが、必ずしも天皇の心に適《かな》う「臣下」ばかりではなかった。

一九三〇年六月一〇日午前一一時、条約締結に反対する加藤寛治軍令部長は、単独で天皇に帷幄上奏《いあくじょうそう》し、辞表を提出した。その際、加藤は政府弾劾をしたが、天皇は黙していた。その後、財部海軍大臣は加藤から「陛下は何ともおっしゃらなかったがどうしよう」と伝えられ、天皇からは「話の筋合が違う。加藤の進退についてはお前に一任するから」と命ぜられた（同前）。加藤は天皇の意思を読み取れなかったのである。

伏見宮博恭王（1875～1946）
日露戦争で黄海海戦に参加し負傷．巡洋艦艦長．海軍大学校長などを経て，1924年佐世保鎮守府司令長官，32年に海軍軍令部長．東郷平八郎と並ぶ海軍の長老に

さらに二〇日頃、伏見宮博恭王は天皇に天機《てんき》奉伺《ほうし》し、「軍縮のことについてお話申上げたいと思いますが、おきき下さる思召《おぼしめし》がございましょうか」（同前）と直接に尋ねた。海軍大将としての発言であれば、かなりの越権行為であり、皇族として発せられた言葉であった。

天皇は黙って返事をしなかったので、伏見宮はそのまま退去したが、天皇はすぐさま牧野内大臣を呼び、「いま伏見大将宮が自分にこう言われたが、自分はいまきく時期ではないし、またききたくもないと思う。そういうことを侍従武官を以て伏見宮に伝えたいと思うが、どうだろうか」（同前）と聞いている。牧野内大臣は、「至極適当な御処置」と同意し、鈴木貫太郎侍従長ら側近もこうした天皇の「御思慮深い御処置」に対して大いに安心したのである。

艦隊派の加藤や伏見宮は、辞表提出や天機奉伺という筋違いの手段で自らの政治的主張を天皇に訴えており、天皇や側近をはじめとする条約派の不興を買っていたのである。

賀陽宮からの接触

ロンドン軍縮問題に刺激された皇族は、伏見宮だけではなかった。

賀陽宮恒憲《つねのり》王は、一九三〇（昭和五）年六月一八日、西園寺の私設秘書だった原田熊雄を呼び、「皇族の将来について西園寺公の考なんかも一応ききたいからぜひ一遍会わしてくれ」（『西園寺公と政局』）と依頼している。賀陽宮は当時、国防・用兵計画の策定など天皇の統帥大権に関わる参謀本部の本部員であった。軍備をめぐり国論が二分されるなか、皇族軍人としてのあるべき姿を明確にしたかったのかもしれない。

実は、以前から賀陽宮は、再三、原田に「御殿に来い」と伝えていたが、原田が用心して会わないでいたのである。原田はやむをえず賀陽宮に会い、「なかなかそう運ばないのでまことに遺憾であります」と婉曲に答えたが、内心では皇族の政治関与について心配し、次のように考えていた。

　今度の軍縮で伏見大将宮のことに関しても、皇族が責任ある地位に立たれることが果して国家の政務の上からいって、また皇室対政府の関係からいって、いいか悪いかという問題は頗《すこぶ》る重大で、恐らく［財部］海軍大臣の希望していたように将来は名誉職にした方が間違いなく済みはしまいかという考も起った［後略］　（同前）

賀陽宮は、当時の政治的、社会的に不安定な皇族の立場を明確にしてほしかったのであろう。賀陽宮が皇族の使命についての確たる自覚を持っていなかったことの証でもあった。

賀陽宮恒憲王（1900～78）
1926年陸軍大学校卒．野球愛好家で34年に欧米出張時，ヤンキースタジアムを訪問．大衆的な人柄だった．騎兵連隊長，陸軍大学教官などを務める．戦後，掌典長兼御歌所長

原田としては、伏見宮の事件から、あまり皇族が政治的責任を持つ地位に就かれることは得策ではないと判断し、西園寺に会わせる前に、そうした理屈を賀陽宮の「頭の中」にも入れておく必要を考えたのであった。

もっとも、天皇に疵《きず》をつけまいとする元老や宮中側近たちの対応は、政治的紛糾が高まるほど、皇族たちに歯がゆい思いをさせていたともいえる。

軍事参議官会議への参加の可否

一九三〇（昭和五）年七月二一日、非公式の軍事参議官会議（海軍）が開かれ、翌二二日にロンドン海軍軍縮条約の兵力量に関する奉答文案が決定された。

この会議の開催にあたって、表決権をめぐる問題がもちあがり、伏見宮の投票権の可否が問われていた。すなわち、会議は多数決で決定されるが、その際、艦隊派の東郷平八郎（日露戦争の国民的英雄であり、軍令部長も経験した海軍の長老）、加藤寛治、伏見宮と、条約派の岡田啓介（財部の前任の海相）、財部彪、谷口尚真《なおみ》（加藤の後任の軍令部長）の六票が三対三で割れることが見込まれ、議長となる東郷に二票を与える案や議長は表決しない案などが出ていた。

他方、こうした表決に皇族が加わることの問題も提起されていた。なかでも財部はじめ、浜口雄幸首相、幣原喜重郎外相らは、条約推進の立場もあって、皇族の投票が与える影響について深く懸念していたのである。財部は皇族の政治関与の弊害について、次のように述べている。

皇族がかくの如き問題の表決に加わられるということは結果のいい時はいいけれども、

もし悪い時は国民の怨《うらみ》を受けられるということになって、単に一人の皇族の問題でなく、皇室が国民から怨を買うような結果になる。
（『西園寺公と政局』）

天皇に決定させないことが、皇室への怨嗟《えんさ》を避ける有効な手段であった。しかし、そのために、天皇の意思が存在しないと誤認される状態を生み、その間隙《かんげき》をぬって皇族の権威を前面に押し出してきたのが伏見宮であった。

条約派は天皇の意思を尊重しつつも、その意思決定の責任を天皇に及ぼさぬ配慮をしていた。艦隊派は天皇の意思が伝えられていないことを理由に、天皇に準ずる皇族の権威を利用して自らの主張を通そうとしていたのである。条約派の論理でいえば皇族も沈黙を守るべきであった。だが、艦隊派の論理でいえば天皇が自らの意思を述べるべきであった。艦隊派にとってみれば、天皇や元老の態度は煮え切らないものと映ったのである。

結局、軍事参議官会議の表決権問題では、天皇の「監督権」で伏見宮に投票させない意見も出たが、天皇が任命した軍事参議官である伏見宮の投票権を天皇の命令で奪うのは「非常な矛盾」（同前）となるという主張も出て、事態はさらに混迷する。

親王の枢密院会議班列

結果として、軍事参議官会議は、岡田らの説得に、兵力量の欠陥に拘泥していた東郷がようやく折れた。伏見宮も賛意を示し、奉答文案が決定した。こうして海軍部内での対立は一応の落ち着きを見せ、軍縮条約の舞台は枢密院会議での諮詢《しじゅん》に移った。

枢密院は、天皇が親臨し重要国務を諮詢するところであり、議長一名、副議長一名、顧問官二四名、書記官長一名および書記官で組織されていた。また、一八八八（明治二一）年五月の勅旨「親王の枢密院会議班列の件」によって、満二〇歳の成年に達した親王（皇太子は満一八歳）は枢密院会議に参加する権限を持っていた。

海軍軍令部ではこの親王の権限に目をつける。秩父宮や東久邇宮稔彦王を巻き込む策動を起こそうとしたのである。

皇族の政治関与を懸念する財部は、艦隊派が皇族を味方に抱き込み、秩父宮や東久邇宮を説得して枢密院会議に出席させ、枢密院における条約批准可決を妨害しようとしているとの情報を得ていた。前軍令部次長の末次信正《すえつぐのぶまさ》中将が「しきりに殿下の所に行っていろいろ申上げるらしい」（『西園寺公と政局』）というのである。

末次は加藤前軍令部長とともに条約反対の先鋒で、政友会や枢密院を焚《た》きつけていた中心人物であった。この末次の背後には、枢密院副議長の平沼騏一郎がいた。

司法官僚である平沼は一九二三（大正一二）年の虎ノ門事件に衝撃を受け、国家主義運動を推進する国本社《こくほんしゃ》を結成し、政党政治を否定し、自らは宮中側近となることをめざしていた。とりわけ、ロンドン海軍軍縮条約問題を利用し、軍縮を推進する民政党系内閣の倒壊や、憲法理論を異にする一木喜徳郎宮内大臣ら宮中側近への攻撃を企てていた。国防の危機をかざして条約派を追及する伏見宮の言動は、結果としてこの平沼の策謀に乗せられていたわけである。

こうした動きを重大視した原田は、事の真相を直接東久邇宮に尋ねている。原田は、東久邇宮の説明を聞き、この噂は軍令部作戦部長の仕業であると判断し、岡田や財部に「殿下の策動云々」は事実と違うと伝えた。少なくとも秩父宮や東久邇宮が積極的に荷担してはいなかったことに安堵したのである。

しかし、条約問題紛糾中に、東久邇宮が末次に会ったことは事実であり、それは軽率な行動であった。長期留学で帰国を拒んでいた東久邇宮の過去の言動を思えば、天皇や宮中側近たちの不信感も募ったであろう。そもそも秩父宮や東久邇宮には艦隊派に傾く心性があるという前提がなければ、秩父宮の枢密院参列が艦隊派に有利になるという保証はなかったし、こうした噂が広まることもなかったからである。

平沼騏一郎（1867～1952）

諮詢は、一〇月一日の枢密院本会議で可決した。とはいえ、ロンドン海軍軍縮条約調印をめぐって、皇族は自ら行動を起こす者、あるいは利用される者など、さまざまな形で政治的に関わっていたのである。

三月事件と東久邇宮

ロンドン軍縮条約問題では海軍軍令部が表舞台に出て政府攻撃をしていたが、この間、陸軍も国家改造をめざして武力蜂起の機会をうかがっていた。未遂に終わったが、一九三一（昭和六）年三月の「三月事件」はその先がけとなった。この事件は、武力による国家改造をもくろむ陸軍少壮将校の秘密結社である桜会の橋本欣五郎中佐や右翼の大川周明らが主謀したクーデター計画である。

事件当時、東久邇宮稔彦王は陸軍歩兵第五旅団長として名古屋に赴任中だった。同年八月一日に上京し、宮邸で小磯国昭軍務局長と長話をした。小磯は、元陸相であり朝鮮総督である宇垣一成の腹心で、三月事件を主謀し、かつ宇垣とともに「変心」した一人と目された人物であった。

東久邇宮は、翌二日、麻布市兵衛町の住友別邸の西洋館での午餐会で、原田熊雄や元内大臣秘書官長で貴族院議員の岡部長景に、平沼騏一郎が自分（東久邇宮）を担ごうとしているので、「面倒だから、まあ名古屋にも少しいよう」と語った。そして、原田と岡部は、「殿下もよく御注意遊ばさないと、いろいろな者が殿下を利用しようと思って、身勝手なお願いに出るでございましょう。そこらをよほど御注意願っておきたい」（『西園寺公と政局』）と助言した。

それに対して東久邇宮は、次のように答えている。

青年士官の、大尉級の結社の中には、非常に猛烈な熱心家が多い。現に名古屋旅団の管轄、即ち自分の管下にある岐阜の連隊にも一人そういうのがいる。で、これらがワアワア言うのは軍紀の上からよくない。（同前）

原田と岡部は、「殿下の御管下の部下にかくの如き者があった場合は、容赦なく紀律を保たれるようにされることが、軍一般をそういう風に仕向けるお手本にもなる」と答えたという。

なお、三月事件の概要を知った西園寺公望は、「寝耳に水」と驚き、秩父宮と閑院宮載仁親王への報告を原田に伝えている。

天皇には牧野内大臣から、秩父宮には近衛文麿から、当時参謀総長だった閑院宮には木戸幸一から報告することとしたが、原田は「侍従武官長に話せば必ず陸軍に筒抜けになるから、武官長には話さない方がいい」と述べ、西園寺もこれに同意した。

この後、原田は、東久邇宮の元御付武官であった安田銕之助中佐の訪問を受ける。安田は原田に「貴下は宇垣一派の爆弾事件を御承知ですか」と問い、三月事件の際に歩兵学校から演習用の爆弾三〇〇個が盗まれ、右翼結社の大行社《たいこうしゃ》の清水行之助《こうのすけ》に渡されていたという事実を伝えた。原田から安田の話を聞いた井上三郎（桂太郎三男。井上馨長女と結婚し侯爵家を嗣ぐ）陸軍省整備局動員課長は、「安田がそこまで知っているのでは、恐らく大分方々に話が拡がっているのではなかろうか」（『西園寺公と政局』）と心配している。

当時、陸軍少壮将校たちの活動は活発で、この井上が原田に話したこととして、閑院宮が在郷軍人会の総裁として北海道に行啓した際に、「青年士官の団結が廻《マヽ》した檄文《げきぶん》」が目にとまり、南次郎陸軍大臣に「軍紀の上からああいうことは注意しなければならんじゃないか」（同前）と注意したという。

南は恐縮して、小磯国昭軍務局長を呼び叱責し、訓示を与えたが、どうにもならなかったという。井上は、「閑院宮がそれほど御心配になるのだから、軍紀の維持ということについて、改めて閑院宮あたりから、陸軍大臣、参謀総長を並べておいて、厳しく注意されたらどうか」（同前）と提言していた。

伏見宮の非立憲的態度

ロンドン海軍軍縮条約が問題化していた一九三〇（昭和五）年一〇月、右翼の北一輝や西田税《みつぎ》が北海道御料林払い下げに宮内省上層部の収賄行為があったとして、当時の牧野内大臣ら宮内官僚を脅迫した「宮内省怪文書事件」の大審院での判決が下された。この結果、北と西田は懲役五ヵ月となり、西田は同年一二月に、北は翌年二月に豊多摩刑務所を仮出所した。

宮内省怪文書事件は氷山の一角であり、裁判にかけることができないこうした宮中への脅迫事件は数多くあった。宮内官僚らは怪文書情報を揉み消すための金品を要求されるが、それに下手に応じるとそのことで強請《ゆす》られるなど、右翼の攻撃は容赦なかった。

宮中側近への右翼の攻撃は、五・一五事件の裁判陳述がはじまると、一層強まる。五・一五事件は、一九三二年五月一五日、海軍中尉古賀清志《きよし》らが中心となって首相官邸を襲撃し、犬養毅首相を射殺し内閣を総辞職させたクーデター事件であるが、その公判過程で、事件首謀者たちの心情が開示された。この結果、汚職などで腐敗した政党政治への反発もあり、被害者よりも加害者に同情的な大衆感情が広まり、被告への減刑嘆願運動へと発展した。

また、ロンドン条約締結当時の宮中内部の情報も流布し、とりわけ、軍令部長の伏見宮博恭王の参内を、牧野伸顕内大臣、鈴木貫太郎侍従長らが阻んだ問題が再燃した。五・一五事件公判でロンドン軍縮会議当時の上奏阻止問題が話題になったのである。

一九三四年七月一〇日、伏見宮軍令部総長（一九三三年一〇月軍令部長から改称）は、三五年に開催予定の第二次ロンドン海軍軍縮会議を意識し、またも軍令部総長としてでなく、「海軍軍籍にある皇族の一人として」軍縮会議に対する方針について意見と覚書を奏上した。

これに対して天皇は、「皇族が個人として如斯ことを奏上せらるるは御維新当時は或は有之《これあり》しならんも、憲法発布後如斯ことはあるまじきことと思ふ、責任あるものの奏上なれば処置し得るも、如斯文書の処置は如何《いか》にすべきや」（『木戸幸一日記』）と、伏見宮の非立憲的態度を鈴木侍従長に下問している。

伏見宮は、第一次ロンドン海軍軍縮条約を締結した「無念」をはらそうとしたのであるが、天皇はかつての締結の際と同様に皇族の超法規的言動の是非にこだわったのである。

伏見宮の態度は以前よりも強硬であった。木戸は牧野の命を受けて、一一月一九日、西園寺に元帥会議での模様を伝えた。

会議の際、伏見宮は頻《しき》りとパリティー〔同等〕を強調せられたるが、陛下は従来十と七の割合と云うことで来て居ったのに急にパリティーを絶対に主張することの理由は納得出来ずとの御話にて、総長の宮は種々御説明ありしも、充分御質問に対し御答え出来ざりし由を御話し、最近、陛下の御政務振りは畏《かし》こけれども著しき御進境〔後略〕(同前)

話を聞いた西園寺は、「総長の如き位置に殿下を御据することはどうかと思う、此頃では殿下の御言葉を総長の御言葉と解せず、陛下の御沙汰の様に扱って居るではないか」(同前)と木戸に述べた。

当時、軍縮条約改定問題やソ連の軍備増強への不安などから、軍部は「一九三五、六年の危機」を喧伝し、軍縮傾向を阻み続けていた。

結局、日本は予備交渉の不調などから軍縮条約の脱退を決意し、第二次ロンドン海軍軍縮条約は一九三六年三月、英・米・仏の三国のみで締結される。条約拒否の流れに果たした伏見宮博恭王の役割は大きかったのである。

東久邇宮の愛郷塾見学

ロンドン海軍軍縮条約問題以降、軍部や右翼の台頭に巻き込まれた皇族のなかでも、東久邇宮稔彦王はその個性と、当時四〇歳代前半という壮年期ということもあって、話題に事欠かなかった。

先述したように、東久邇宮は宮内省の帰国命令にもかかわらず、自らの信念を持って留学を続けた硬骨漢であった。また、御付武官の安田銕之助が共鳴したように、皇室の行く末に強い危惧と憂いを抱いていた。そうした立場は時に皇室や宮内省にとって厄介なこともあるが、一定の制限内では有能な人材となる。他方、当時台頭してきた安田のような過激な皇室崇拝主義者たちへの受けがよく、その登用によって彼らの非合法行為を抑制しようとした面もあったろう。そもそも、昭和天皇は長女の照宮成子内親王をのちに東久邇宮家に嫁がせており、そうしたことからも天皇の東久邇宮への期待や配慮がうかがえる。

一九三二（昭和七）年八月には、東久邇宮による愛郷《あいきよう》塾見学が宮内省関係官の間で問題化した。愛郷塾は水戸市に在住する農本主義者の橘孝三郎《たちばなこうざぶろう》を中心とした「自営的農村勤労学校愛郷塾」と称する私塾であり、五・一五事件で、塾生らと「農民決死隊」を組織して変電所を襲撃したことで知られた。東久邇宮は、一九三一年五月に常陽明治記念館（田中光顕が幕末維新の烈士たちを顕彰するために一九二九年四月に設置）の財団法人化の祝賀会で水戸に赴き、田中光顕と同道し愛郷塾へも出かけたというのである。

東久邇宮が訪問したのは五・一五事件発生前であったが、「相当右傾団体の手先となれるにはあらずやと思われる」（『木戸幸一日記』）と、木戸幸一は心配した。

ただ、精査したところ、田中が同道したというのは誤報であり、元御付武官の安田銕之助らが案内しようとしたので、田中はむしろ非常に心配し制止したという。田中は山本達雄内務大臣に、「東久邇宮の御行動は困る、宮に御付き申して居る安田少佐（中佐）はあれはよくない」とも述べていたようだ。

とはいえ、東久邇宮が愛郷塾を訪問したのは事実で、安田らを介して右傾団体との接触も増えていた。そもそも安田は御付武官を辞して後も東久邇宮邸の官舎に住んでおり、東久邇宮は安田らが画策したクーデター未遂事件、いわゆる「神兵隊《しんぺいたい》事件」の逃走資金三五〇円を提供していたともいわれる。

神兵隊事件は、一九三三年に安田や愛国勤労党の天野《あまの》辰夫《たつお》らを中心とした右翼結社の神兵隊が、血盟団事件や五・一五事件で不首尾に終わった国家改造運動の実現を求めて、斎藤実首相や牧野内大臣ら政府要人を殺害して政府を転覆し、戒厳令により皇族内閣を組織しようとした事件であった。計画は事前に発覚し、天野らは検挙され、一九三五年に東京刑事地方裁判所において内乱罪が適用されたが、刑は執行免除となる。

裁判では、東久邇宮と神兵隊事件との関わりがとりざたされた。皇族内閣を希求する安田が、東久邇宮内閣の実現を意識したであろうことは、容易に想像されたからである。

4　陸軍の台頭——二・二六事件と各皇族

閑院宮による真崎更迭

昭和初期の軍部の政治的台頭を支えていた皇族として、海軍では長老の伏見宮博恭王を挙げることができるが、陸軍には長老の閑院宮載仁《ことひと》親王がいた。閑院宮は一九三一年（昭和六）年一二月から一九四〇年一〇月まで参謀総長を務め、陸軍の中枢にあった。

陸軍参謀総長に閑院宮、海軍軍令部総長に伏見宮と、軍部の国防・用兵の最高責任者が皇族によって占められることは、軍部の統制に大きな力となると想定されていた。実際、天皇への奏上なども皇族という立場から円滑さを増し、内大臣、侍従長らは皇族が軍の中枢にあって天皇と戦局の見通しについての意見を共有することに安堵した。

すなわち、軍部側にすれば、皇族が参謀総長、軍令部総長という公式の官職に就くことで、天皇に軍部の意向を直言する機会が増える。一方、天皇や宮内官僚側にすれば、皇族が一個

閑院宮載仁親王（1865〜1945）
仏陸軍大学校卒．日清・日露戦争に従軍．師団長などを経て，1921年皇太子裕仁の訪欧に同行．31年参謀総長就任後，統制派を後押し．2・26事件では昭和天皇の不興を買った

人としてではなく、参謀本部、軍令部という公の組織の代表者となることで、責任ある言動をとるという意味を持つ。一個人であれば、私見を重ねて逃げることも可能だが、公的立場であれば、私見も逃避も許されない。そして、情報も統一されて共有される。しかし、公的責任を皇族が負うことは、万が一の場合、「累を皇室に及ぼす」危険もあり、木戸はこれを避けるため、両宮の政治への関わりには慎重であった。木戸の懸念通り、閑院宮は陸軍内の派閥抗争に関わっていく。

一九三五年七月、閑院宮は強い意志をもって真崎甚三郎教育総監を更迭する。この背景には、真崎による過度の精神主義的な言動があった。真崎は天皇機関説は国体に反するとした訓示を全陸軍に通達していたのである。真崎をめぐっては、乱れた軍の秩序を統制しようとする林銑十郎陸相や永田鉄山軍務局長らによって二年前に軍事参議官の閑職に追いやられたとみられ、永田は真崎を支持する皇道派系将校らの反発を買い、一九三五年八月相沢三郎陸軍中佐によって斬殺される事件が起きていた。

木戸はこうした軍部内派閥抗争に閑院宮が巻き込まれたことを懸念した。木戸は、「相沢が大阪にて師団長の宮〔東久邇宮稔彦王〕に拝謁したるに、宮は閑院宮に対し人事異動には深入りせられざる様御止め申したりと御話ありたり」（『木戸幸一日記』）と記し、皇族の軍部への積極的介入を気にしていた。それには「閑院宮の総長御在職を陸軍の癌と迄《まで》云う青年将校あり」（同前）とあるように、青年将校の間での閑院宮への低い評価も関係していた。

一九三六年、二・二六事件が起こると、木戸は小田原の閑院宮別邸に電話して、状況を聞いている。真崎の後任の教育総監である渡辺錠太郎《じょうたろう》が殺害されており、皇道派系青年将校に心証の悪い閑院宮の安否を気遣ったのである。

事件の形勢が見えはじめた二月二八日、閑院宮は小田原から上京するが、閑院宮邸が立退き区域だったため、内大臣官舎に待避した。この直後の三月一日、海軍軍令部総長の伏見宮博恭王は天皇に拝謁し、「閑院宮の御態度は遺憾なり」（『木戸幸一日記』）と批判している。閑院宮が統制派にとりこまれたのみならず、国家の重大危機に際して、身命を賭すどころか、身を潜めねばならなかったことを、伏見宮はなじったのであった。

二・二六事件と伏見宮

二・二六事件は、三月事件以来の一連のテロ・クーデターが、陸軍部内の統制派と皇道派の政治抗争と化し、ついに政府高官殺害へと発展したものであった。

反乱将校たちが頼りにし、自らも後継首班への下心があった真崎は、軍令部総長の伏見宮博恭王に拝謁していた。この結果、真崎は伏見宮を動かし反乱軍が要求する国家改造を実現させようとしたと疑われる。

事件収束後の四月二七日、臥床《がしょう》中の自宅で真崎は、憲兵から事件当日、伏見宮に会いに出向いた理由を問われている。真崎は、「自ら進んで御伺候しようと思いませんが、加藤［寛治］から電話があった事が参殿した直接動機であります」（「真崎甚三郎 聴取書」『二・二六事件秘録』）と、自発的に伏見宮に会いにいったのではないと強調した。

真崎が慎重だったのは、真崎が反乱将校を利するために、伏見宮を通じて、「大詔渙発《たいしょうかんぱつ》」（天皇の詔の発布）を願った事実があり、その意図次第では真崎の反乱幇助《ほうじょ》、あるいは首謀者とされる危険があったからである。

真崎は参謀次長時代（一九三二～三三）に、陸海軍の協力一致を説いていた伏見宮軍令部長にしばしば拝謁し、懇意にしてもらったことを述べ、そうした関係から事態収拾のための「大詔渙発」を願ったとした。さらに、「三月事件、十月事件が起って、其儘《そのまま》に放置し居っても収まらないし、又、全部を厳重に処分しても収［ま］らない、其処《そこ》で法の命ずる処《ところ》に従って、先ず厳重に処分したる後、其の政治犯人は大権の発動に依って、適宜に御許しを乞う」（同前）とその真意を説明した。

真崎は「大詔渙発」によって自らを首班とする「強力内閣」を組織することを疑われたのだが、真崎がロンドン海軍軍縮条約に反対する伏見宮や加藤ら海軍艦隊派に接近し、事後処理をしようとしたのは事実であった。

伏見宮を担ごうとした動きは、反乱軍を激励支援した北一輝ら右翼勢力にもあった。北は事件収束直後の三月二日に東京憲兵隊司令部で尋問を受け、小笠原長生《ながなり》海軍中将を通じて加藤寛治の力を借り、右翼の薩摩雄次に伏見宮を補佐して時局収拾に努めさせようとしたと述べている。北は反乱軍が討伐されないように後方支援し、配下の薩摩らを動かして海軍に接近し、伏見宮の尽力で「皇軍相撃」の事態を避けようとしたというのである。

北同様に反乱軍に同調していた右翼の亀川哲也も軍事参議官の山本英輔《えいすけ》海軍大将に伏見宮による事態収拾を依頼していたが、山本に「君の電話によって、宮様［伏見宮］にもお目にかかり、部隊の収拾に就て申し上げたら、陸軍の事を海軍で彼是《かれこれ》云うと却《かえ》って感情を害する虞《おそれ》がある。陸軍に委して置いた方がよい」（「亀川哲也　聴取書」同前）と返答されたという。

真崎甚三郎（1876～1956）

なお、宮中顧問官でもあった小笠原は、事件当時、西田税や薩摩雄次らから反乱軍内の情報などを得ており、加藤寛治とともに伏見宮に拝謁し、「此の時［事］態を収拾するには至誠尽忠の士が立って強力内閣を組織しなければ不可能である、それが為には宮殿下御自ら内大臣の様な御位置にあって、御上《おかみ》を御守り申上げらるべき」（「小笠原長生　聴取書」同前）と進言したという。

一方で伏見宮はどのように行動していたのか。伏見宮は事件当日の朝に参内し、「速《すみやか》に内閣を組織せしめらるること」

「戒厳令は御発令にならざる様にせられたきこと」を天皇に上申し、かつ天皇の意見を聞いた。天皇が「自分の意見は宮内大臣に話し置けり」と返事をすると、伏見宮はさらに「宮内大臣に尋ねて宜しきや」と念を押したが、天皇はこれを制した（『木戸幸一日記』）。

伏見宮は天皇が望む反乱軍の速やかなる討伐よりも、反乱軍の作り出した混乱状態のなかで、一定の政治活動を進めようとしていたのである。

三月一日になってようやく伏見宮は「叛乱軍を徹底的に撃滅せざりしは遺憾なり」と反乱軍の討伐を参内して主張。そして、「荒木、真崎等を出さず、中正なる者により粛軍せざれば海軍は迷惑なり」（同前）との意を天皇に言上する。

事件勃発時から諸情報を整理した結果であろう、伏見宮は北一輝ら右翼の働きかけには乗らず、ロンドン軍縮廃棄をめざす海軍の総合的立場を代表して、陸軍内の抗争には与《くみ》せず、反乱軍の徹底討伐を主張するようになったのであった。

秩父宮の意見具申

ところで、事件の形勢が討伐に定まり出した二月二八日、天皇は広幡忠隆《ひろはたただたか》侍従次長に「各皇族の御態度」につき感想を漏らし、「参考に［木戸幸一・宗秩寮］総裁にも伝えよ」と述べ、広幡は木戸に以下のように語った。

高松宮が一番御宜しい。秩父宮は五・一五事件の時よりは余程お宜しくなられた。梨本宮は泣かぬ許《ばか》りにして御話であった。〔閑院宮〕春仁王は宜しい。朝香宮は大義名分は仰せになるが、先鋭化して居られて宜しくない。東久邇宮の方が御判〔り〕になって居る。

（『木戸幸一日記』）

兵士と語る秩父宮（中央右）　歩兵第31連隊大隊長時代（1936年9月）

天皇は重大事件下、皇族の動向を冷静に観察していた。とりわけ秩父宮は歩兵第三連隊中隊長時代にいわゆる隊付将校たちと寝食をともにし、皇道派系の青年将校たちから担がれやすい環境にあり、秩父宮もまた彼らに共感する心性があった。

二・二六事件では、安藤輝三《てるぞう》のように首謀者のなかに秩父宮に心酔する将校もおり、事件との関わりがとりざたされた。少なくとも、反乱将校のなかに秩父宮が事態収拾に乗り出してくれると期待する動きがあったのは事実である。秩父宮も事件勃発の報を聞いて、歩兵第三一連隊大隊長として赴任していた弘前から上京してきたため、反乱将校との関係をとりざたされた。

事件の帰結が明確化した頃、秩父宮は真崎ら皇道派系の軍人を支持せず、粛軍の方向を進めようとしていた。秩父宮は天皇に、「後継内閣の首班に平沼男［爵］は不可なり」「真崎は馘首《かくしゅ》することを要すべし。陸軍大臣には各方面に因縁なき若い者を出すことが必要なり。而《しか》して此者に自由手腕を振い得るが如き内閣を組織せしめられたし」（同前）と述べている。「平沼首班への反対」など、天皇と秩父宮には一致点がみられたが、憲法上の権限のない秩父宮が直宮の地位を利用して後継内閣人事に口を出していたことも事実であった。

秩父宮は、内大臣人事についても、「松平［恒雄］が内大臣候補との噂があるが、右はロンドン条約の関係上支障はなきや、何も生命を惜む訳ではないが、労相（ママ）とは異り側近の重臣に不祥事の屢々起るが如きはなるべく避けたし」（同前）と異議を唱え、結局、内大臣は湯浅倉平《くらへい》がなり、松平は宮内大臣となった。

二・二六事件からほぼ一ヵ月後の三月二〇日、秩父宮に拝謁した木戸は、「時局重大の折柄、皇族方は一致、陛下を御助け相成様な御態度に願《ねがいた》度く、兎角批評的の御行動は御慎み願度」と述べている。皇族の言動に悩まされた木戸が、筆頭直宮である秩父宮に釘をさしたといえよう。

もっとも、皇族側にも言い分はあったようで、この一週間前の三月一三日に閑院宮春仁王は、就任したばかりの松平恒雄宮内大臣に以下の苦言を呈していた。

一、御上との間をもー少し親密になる様に致したし。
二、皇族と宮内省の関係——宮内省が何事も先ず決めて押付ける様な風がある。之を改められたし。
三、宮内省対民間——下級官吏中には往々威張るものあり云々。（『木戸幸一日記』）

本来は親族として、もっと密接な交流があっていいはずの天皇と皇族との間に壁があるといいたいのだろう。宮内省が皇室や皇族の絶対的な統制官庁となり、その一方で皇室や皇族の権威を笠に着て民間を威圧しているというのである。「神の末裔」である皇室の一員とされながらも、憲法によって法制化され、官僚に制御されている存在としての苦悩の吐露でもあった。

昭和天皇への優越感

かつて昭和天皇は軍部に利用されただけであって、実際の軍務や政治には関わっていなかったといわれた。しかし、実際には昭和天皇は、軍部が強引に築いた既成事実への対応を余儀なくされながらも、軍事的にも政治的にも自らの主体的な知識と判断を持ち、さまざまな事態に対応していた。同じように、軍の上層部となっていた皇族たちも軍部の完全なる「お飾り」ではなく、それぞれの軍事的政治的力量の差はあろうが、それなりの主体性を持った判断と対応をしていた。

ただ、軍事官僚と比べて最終判断を下す専門性は弱く、最終的に利用されがちな立場であったのも確かであった。とはいえ、皇族たちがそれぞれの立場を選んだのは、そうした心性や主義があったからであり、無知無能ゆえに騙《だま》されたという構図とは異なる。

皇族たちは本来ならば、昭和天皇の身内として、天皇の立場を尊重すべきであったが、伏見宮や閑院宮のように、軍部の中枢部にあって、昭和天皇よりも軍部側の見解に染まっていたという問題があった。このことは、皇族軍人たちが軍部の単なる傀儡《かいらい》ではなく、主体性を持って昭和天皇の方針に異議を唱えていたことの証でもある。

では、なにゆえに皇族軍人たちは昭和天皇の立場を支持できなかったのであろうか。

その理由の第一は、皇族軍人自身が現役将官としての自負を抱き、実際の軍務経験のない天皇に対する無意識の優越感を持っていたことにあろう。実務上の優越感があったとしても天皇に異議を唱えることはありえない。だが、皇族軍人たちは身内の気安さで、意見を具申するという形で異議を繰り返したのである。

第二には、伏見宮や閑院宮のような明治時代からの軍事経験者の長老意識である。伏見宮や閑院宮は、明治天皇の孫である昭和天皇に対して大叔父として振る舞い、昭和天皇の主体性や経験を軽んじていたといえなくはない。少なくとも、明治天皇のもとで日清・日露を戦ったという誇りが、慢心を生んでいた。そして、長老たちの軽視は、若い皇族たちにも連鎖した。この結果、昭和天皇は自分の身内で味方となるはずの皇族たちへ複雑な気持ちを持つようになったといえる。

他方、昭和天皇は新時代の外交と軍事のあり方を皇太子時代から模索しており、元老西園寺らとともに、皇室を守るための最善の道を選択しようとしていた。これに対して、長老の皇族軍人たちは旧来の外交と軍事に固執し、対米英戦、対ソ連に対応できる軍拡を求めた。そのことは協調外交を打破しようとする軍部の一員としての主義思想でもあり、軍部にとっては心強い同志であった。皇族たちはその主義主張に反して、強硬策を続ける軍部に利用されたのではない。自らも軍部の意向に賛意を示していたのである。

長老の皇族軍人たちが軍拡を求める軍部の側に立たず、もっと天皇の立場を理解し尊重していれば、天皇と皇族、天皇と軍部との関係は違ったものになっていたであろう。

増加する外地出張

ところで、テロ・クーデター事件が頻発し、日本の対外緊張も孕《はら》んだ一九三〇年代（昭和初期）は、皇族たちの朝鮮、満州、樺太（サハリン）、台湾、南洋諸島など外地への出張や旅行が増えていった。天皇・皇后の名代としての差遣、業務としての出張、私的面が重なる旅行と任務は違ったが、その多くで軍務を兼ねることがあった。

33	4	23	5	16	李鍝公	陸軍士官学校生徒として朝鮮及び満州国旅行	○	○			
33	5	15	6	6	閑院宮春仁王・同妃直子	北海道及び樺太へ出張			○		
34	6	2	6	18	秩父宮雍仁親王	満州国差遣		○			
34	9	18	10	22	故東伏見宮依仁親王妃周子	朝鮮旅行	○				
34	9	24	10	20	梨本宮守正王	宮崎県及び台湾へ旅行				○	
35	1	13	2	6	李垠	台湾へ旅行				○	
35	4	29	5	26	賀陽宮恒憲王	満州国へ出張		○			
35	9	29	10	16	閑院宮春仁王・同妃直子	朝鮮旅行	○				
35	10	2	10	17	竹田宮恒徳王・同妃光子	朝鮮旅行，光子妃は15日に帰京	○				
35	10	7	10	20	閑院宮載仁親王	朝鮮旅行	○				
35	10	9	10	19	梨本宮守正王	朝鮮旅行	○				
36	4	21	5	12	三笠宮崇仁親王	満州国へ出張		○			
36	7	18	8	1	梨本宮守正王	樺太旅行			○		
36	8	15	10	15	竹田宮恒徳王	朝鮮，満州見学のため旅行	○	○			
36	9	20	10	13	梨本宮守正王	九州，南朝鮮地方へ出張	○				
37	3	25	4	9	久邇宮朝融王	九州，青島方面へ出張					○
37	4	20			東久邇宮盛厚王	満州国へ出張		○			
37	5	14	6	10	梨本宮守正王	満州国へ旅行		○			
37	5	14	6	22	東久邇宮稔彦王	特命検閲使として関西，朝鮮，台湾出張	○			○	
38	4	2	4	24	東久邇宮稔彦王	台湾，朝鮮へ出張	○			○	
38	6	20	7	2	梨本宮守正王妃伊都子	関東州へ出張		○			
38			7	13	故竹田宮恒久王妃昌子	台湾出張				○	
38	8	1	10	8	北白川宮永久王	陸軍大学校学生として満州国へ出張		○			
40	5	26	6	10	朝香宮鳩彦王	北海道及び樺太へ旅行			○		
41	3	5	3	26	閑院宮春仁王・同妃直子	九州及び台湾へ旅行				○	
41	10	21	10	29	朝香宮鳩彦王	朝鮮旅行	○				
42	5	26	6	3	高松宮宣仁親王	満州国差遣		○			
42	6	22	7	4	東久邇宮稔彦王	北海道及び樺太へ出張			○		

註：朝鮮王公族の朝鮮のみの訪問は含んでいない
出典：『宮内省省報』1915～42年より筆者作成

表4－2　**皇族の外地訪問記録**（1915～42年）

年	出		帰		皇族名	訪問理由など	朝鮮	満州	樺太	台湾	他
	月	日	月	日							
15	5	2	5	25	北白川宮成久王	陸軍大学校学生の資格をもって満州，朝鮮旅行	○	○			
15	9	23	10	9	閑院宮載仁親王・同妃智恵子	朝鮮始政5年記念物産共進会へ差遣	○				
16	4	11	4	30	閑院宮載仁親王・同妃智恵子	台湾総督府開催の勧業共進会へ差遣				○	
17	10	17	11	9	北白川宮成久王・同妃房子	台湾へ旅行				○	
20	10	11	11	4	久邇宮邦彦王・同妃俔子	台湾へ旅行（帰国は門司上陸）				○	
22	10	5	10	15	閑院宮載仁親王	朝鮮旅行	○				
23	4	12	5	1	皇太子裕仁	台湾行啓				○	
23	4	12	5	1	伏見宮博義王	軍艦比叡にて台湾方面随行				○	
25	8	5	8	17	皇太子裕仁	樺太行啓			○		
26	9	18			閑院宮載仁親王	関東庁始政20年記念式へ台臨		○			
26	10	21	11	4	故北白川宮能久親王妃富子	台湾へ旅行，別府経由にて帰京				○	
27	4	4	5	10	伏見宮博恭王	特命検閲使として佐世保及び朝鮮鎮海へ出張	○				
27	10	25	11	22	朝香宮鳩彦王	滋賀県出張，続いて台湾旅行				○	
28	4	21	6	7	久邇宮邦彦王	三重県，京都府を経て台湾へ出張				○	
28	10	7	11	3	高松宮宣仁親王	朝鮮，支那(中国)方面へ航海	○				
29	4	26	5	12	山階宮茂麿王	満州方面へ旅行		○			
29	6	23	7	3	伏見宮博恭王	樺太旅行			○		
29	9	27	10	29	閑院宮載仁親王	朝鮮旅行，帰還途次，山口，福岡，島根へ	○				
29	10	19	11	8	故東伏見宮依仁親王妃周子	台湾へ旅行				○	
30	5	3	5	16	賀陽宮恒憲王	朝鮮方面へ出張	○				
30	5	4	5	27	秩父宮雍仁親王	満州，朝鮮地方へ出張	○	○			
30	10	3	10	25	朝香宮鳩彦王	朝鮮旅行	○				
30	10	5	10	17	梨本宮守正王	朝鮮旅行（師団対抗演習）	○				
31	4	24	5	19	閑院宮春仁王	朝鮮，満州へ出張	○	○			
31	4	28	5	17	北白川宮永久王	朝鮮，満州へ旅行	○	○			
31	6	3	6	21	賀陽宮恒憲王	台湾へ旅行				○	
32	6	30	7	29	久邇宮朝融王	南洋群島へ出張					○
33	4	23	5	16	朝香宮孚彦王	陸軍士官学校生徒として朝鮮及び満州国旅行	○	○			

内政面では主義主張の違いがあったが、外地訪問は皇族として軍人として、天皇の命に従った。なかでも、直宮である秩父宮雍仁親王は一九三四（昭和九）年に、高松宮宣仁親王の場合は日米開戦後の一九四二年に、それぞれ「満州国」に差遣され、「満州国」を具に視察していたことは興味深い。

一九一五〜四二年までの皇族の主な外地出張の一覧は、前ページの表4－2「皇族の外地訪問記録」（ただし朝鮮王公族の朝鮮のみの訪問は省いた）の通りである。この二七年間に、皇族が朝鮮を訪れた件数は二四件（妃同伴もあったので人数にするとのべ二七名）、満州（建国後は「満州国」）は一七件、樺太が六件、台湾が一六件、南洋諸島が一件、外地ではないが青島《チンタオ》が一件であった。

時期ごとの傾向を見ると、一九三〇年以前は台湾訪問が多く、以後は朝鮮や満州訪問が増えていく。また、一九二六年以後、毎年のように外地出張や旅行が行われ、同年で複数の皇族が出かける状態が続いた。

方面別でみると、台湾にはこの地で戦死した北白川宮能久親王の慰霊を目的とした妃や継嗣の訪問が目立つ。一九二三（大正一二）年には皇太子裕仁が伏見宮博義王も同伴し、台湾総督田健治郎《でんけんじろう》の案内で基隆から台北、台中、台南、高雄、澎湖諸島など台湾全島を回った。一九二八年の久邇宮邦彦王の訪台時には、朝鮮人の趙明河《チョミョンハ》に短刀を投げつけられる「台中不敬事件」が起こり、台湾総督の上山満之進《かみやまみつのしん》らが引責辞任している。

一方、皇太子裕仁は一九二五年に樺太を訪問し、皇族の樺太訪問の先鞭をつけていた。

朝鮮方面には、一九二七年に伏見宮博恭王が特命検閲使として朝鮮鎮海《チンヘ》に出張して以降、高松宮、閑院宮載仁親王、賀陽宮恒憲王、秩父宮、朝香宮鳩彦王、梨本宮守正王、北白川宮永久王と、陸海軍軍人でもあった皇族の多くが朝鮮の地を踏んでいる。また、朝鮮と同時に満州に訪問する事例が増え、当時の軍事的関心と強く連動していたことがわかる。

当時は先進的な内地と、未開地としての外地という意識があり、内地の皇族が外地を訪問することは、外地が内地の威光と恩恵に浴するという意味を持った。皇族来訪によって道路や電気などが整備されることもあり、皇族は内地の文化を運んでくる存在でもあった。

他方、皇族訪問の警備や接待する側の準備など、とりわけ治安が安定しない地域の場合は大がかりになった。それでも、外地の産業振興や人心掌握のために皇族たちは外地に赴いたのである。また、戦争がはじまると、外地は前線に近い戦場でもあり、軍人である皇族にとってはその視察が重要な任務となった。

第五章　戦争の時代

1　二人の直宮と陸海総長

秩父宮の戴冠式出席問題

二・二六事件から九ヵ月後の一九三六（昭和一一）年一一月、日本はドイツと国際共産主義運動に対する共同防衛を目的とした日独防共協定を締結した。そして翌三七年七月には北京郊外の盧溝橋で日中両軍が衝突（盧溝橋事件）。その処理をあやまり日中間の戦争が泥沼化し、日本と英米との関係はさらに悪化していった。皇族もまたこうした国際関係や時局の変化に巻き込まれていく。

天皇の次弟である秩父宮雍仁《やすひと》親王は、盧溝橋事件が勃発する四ヵ月前の一九三七年三月一八日、勢津子妃とともにイギリスのジョージ六世戴冠式に天皇名代として参列のため、横浜

ジョージ6世戴冠式のため訪英した秩父宮夫妻（1937年4月16日）　左には吉田茂駐英大使

港から、カナダ、アメリカを経由して渡欧した。このとき秩父宮はドイツにも立ち寄り、ニュールンベルクで開かれていたナチス党大会の最終日にドイツ総統ヒトラーと直接会見する。

　秩父宮訪独とヒトラーとの会見の経緯は、柴田紳一「昭和十二年秩父宮訪独問題」（『昭和の皇室と政治外交』）に詳しいが、はじめ秩父宮が訪欧の途次に訪独する話が出た際、元老西園寺公望は、日独防共協定を「ドイツに利用されるばかり」と批判し、訪独に反対した。しかし、湯浅倉平内大臣や松平恒雄宮内大臣らは「英米依存」の「宮廷外交」に対する攻撃を懸念。秩父宮の訪独について、なかなか決まらなかった。

　秩父宮訪独が具体化するのは、一九三七年二月五日、ヒトラーから「秩父宮同妃両殿下欧州巡歴の際独国に御来訪」を希望する旨の申し出がなされてからである。それに対して、宮内省式部職外事課長の山県《やまがた》武夫《たけお》が駐日ドイツ大使フォン・ディルクセンに「［秩父宮］殿下は総統の厚意を感謝あらせらる」との返事をした。日程についてはイギリス到着後の調整となった。

一方で、駐英大使で「親英米派」として陸軍から攻撃されていた吉田茂は、日英協調を進める立場もあり、秩父宮訪独を憂慮していた。吉田は、秩父宮の訪仏・訪独の日程内定後も、パリに数日の滞在でしかない訪仏に対し、各地を三週間にわたり歴訪する訪独を知って、ドイツが秩父宮訪独を「自国に都合好《よ》き宣伝を露骨に行う」（昭和一二年五月五日吉田茂発佐藤尚武《なおたけ》宛「各国皇帝即位関係雑件　英国ノ部『ジョージ』六世戴冠式関係」）と懸念、佐藤尚武外相に日程変更を求めた。その背景には、秩父宮自身から日独防共協定の将来に危惧の念を抱いていることを聞かされたこともあった。秩父宮はヒトラーの性格についてイギリスの王族や高官から聞いていたらしい。

五月一二日、秩父宮はジョージ六世戴冠式に各国代表の先頭で式場に入る扱いで参列する。日独防共協定問題などで崩れかかった日英関係の改善を求めるイギリスのメッセージでもあった。

参列後の五月二六日、秩父宮の以後の訪欧日程が内定し、訪独は八月下旬から九月初旬までとされた。しかしこの内定前後、秩父宮は肺炎の病状を見せはじめ、日程は大幅に変更され、スイスで静養となる。その後、秩父宮は各国訪問を再開したが、再び発病し、健康回復次第帰国となり、訪欧旅行は中止となった。

この間、七月に盧溝橋事件が勃発し日英関係の亀裂が深まった。スイスで療養後、オランダに向かい再び発病して同地で静養中の秩父宮はこうした事態を深く憂慮する。八月一二日には駐独大使館付陸軍武官の大島浩を呼び寄せ、ドイツ事情を二時間にわたり聞き、「やはりヒットラーには会っておいた方がよい」(『秩父宮雍仁親王』)との結論に達する。盧溝橋事件後の国際関係の変化が秩父宮訪独を促したのである。

ヒトラーとの会見

秩父宮は、外務省や宮内省など本国政府の周到な計画のもとに病を押して、九月七日、ドイツのデュッセルドルフに到着する。この日はニュールンベルクで第九回ナチス党年次大会が開かれており、ヒトラーは開会にあたり「ボルシェヴィズムを難じて日独防共協定に及び極力之を支持した」(『外交時報』七八八号)と、日本との関係に言及していた。

秩父宮がニュールンベルクに着いたのは、ナチス党大会最終日の九月一三日であり、その午餐会でヒトラーと会見した。

同席した駐独大使武者小路公共《むしゃのこうじきんとも》によれば、午餐会のさなかに口をきわめてスターリンを攻撃するヒトラーを、秩父宮はたしなめたという。武者小路は、日独防共協定締結を推進した大島浩武官に反感を抱いており、こうした秩父宮の態度をナチス党大会を参観した元文相の鳩山一郎に「痛快」と評し、日独枢軸強化の動きを牽制するのに「効果的」であったと語った(鳩山一郎『外遊日記 世界の顔』)。

ヒトラーとの会見を終えた秩父宮は九月一四日にはドイツを離れロンドンに戻り、勢津子妃とともにヨーロッパを離れた。

一〇月一五日に帰朝した秩父宮は、近衛文麿首相と会い訪独の感想を次のように述べたという。

ドイツ兵を閲兵する秩父宮（敬礼する左側の人物）

> ドイツも日独防共とかなんとか言って、一生懸命になっているけれども、随分中が割れていて、経済財政の方面から見ても非常によくない〔中略〕一体日本では親英というと馬鹿に親英になってしまうし、親独というと馬鹿に親独になってしまうが、国際問題はよほど冷静に大局から見て考えないといけない。
>
> （『西園寺公と政局』）

また文相に就任したばかりの木戸幸一には、「兎に角よくやって居る、只ヒットラーの死後はどうなるかが問題にて、伊も亦《また》同様なれば、我国は之等の諸国に頼るは考えものにて、危険なり」（『木戸幸一日記』）と語った。

秩父宮は、イギリスと比べて国家を統制する君主もなく歴史が浅いドイツに、日本が依存することについて、少なくとも同調的ではなかった。

高松宮の上海視察希望

秩父宮が訪欧して病気療養をしていた一九三七（昭和一二）年八月二八日、高松宮家別当の山内豊中《やまうちとよなか》（予備役海軍少将）は宗秩寮総裁の木戸幸一に「高松宮戦線御視察」の希望を述べている。しかし、木戸は「秩父宮も御留守の今日、時期尚早なる旨」を述べ、これを却下した（『木戸幸一日記』）。

『高松宮日記』によれば、木戸は「秩父宮も外国に御病気等のこともあり、又私［高松宮］が海外に出るのは、お上の御心配をますことで、オソレ多いから、此の際留保してほしい」と山内に答えたという。高松宮は「私が別当に『秩父宮の御留守のこともあり、どうか』と云いしを、逆用したる感あり」と憤慨している。そして、さらに次のように記した。

赤子《せきし》何万人を戦闘の死地におかれる以上は、却って、兄弟たる私をある程度同じ危険におかける《ママ》ことにより、満足をお感じになるのであるまいかとすら、私は思うのである。又私が、負傷するとか、又は死んでしまう機会なしとは云えぬが、之とても戦闘盛んなる間の方が、影響少く、アトになればナル程面白くないと思うわけなるも、どうも総裁が「コマッタ、メンドウな事」として、アッサリ考えすぎているのはこまった事と思う。

高松宮は一般兵と同じように皇族である自分を死地に置くことは天皇も満足するはずである、死傷の問題は、戦局が悪化しないうちなら影響は少ないと判断していた。

高松宮は、その後も木戸に視察希望を述べ、山内別当を介し「上海方面戦地御視察の旨」を伝えた。このため木戸は、九月一一日、松平恒雄宮内大臣、白根《しらね》松介《まつすけ》宮内次官と「高松宮上海戦地御視察の希望」につき協議している。松平宮相は天皇の意見を聞いたが、天皇は、「一応御許の御言葉はありしも、余り御希望なき趣」であった。このため、同日木戸は高松宮邸に伺候し中止を願った。しかし、高松宮は「中々御聴入れなく」、一時間半にわたり意見を交わし、「漸く御取止めのことに御決定」を得たのであった。

それから三年後のことになるが、一九四〇年一〇月一九日に木戸は天皇に呼ばれて、「是は木戸の所管ではないかも知れないが、及川［古志郎《こしろう》海軍大臣］に左の様に話て置いた」として次のように語った。

高松宮宣仁親王（1905～87）
海軍兵学校卒．1925年海軍少尉任官．36年海軍大学校卒後，戦艦比叡砲術長などを歴任．日米開戦後は和平派を支持，反東條の行動を．時局認識をめぐり昭和天皇と時に対立も

秩父宮は軽い肺結核で静養して居らるるので、万一の場合に摂政は高松宮に願わなくてはならないと思う。それ故、高松宮は第

一線の御勤務にならない様に考えて置いて貰いたい。

（『木戸幸一日記』）

木戸は、「此様の処に迄御気を御使い遊《あそば》して御居でになるのは、誠に恐懼《きょうく》の至りに堪えない」（同前）と感激した。天皇も木戸も、秩父宮に代わる高松宮の前線への派遣は好まなかった。皇太子明仁《あきひと》親王と義宮正仁《まさひと》親王の二人の直系男子が生まれてはいたが、まだ幼少であり、「万一の場合」の摂政の存在が重視されたのである。

ただ、高松宮の前線視察希望は単なる物見遊山の気分から発せられたものではない。高松宮は盧溝橋事件以来、戦局に強い関心を抱き、自ら戦局分析を試みていた。高松宮は自らの日記に「事件不拡大の方針は代《ママ》りなく、結局やはり冀東《きとう》政権［日本が華北に作った傀儡政権］みたいなものになるのだろうが、（甘くゆけば）その経過に米国が実力阻止をすることはないだろう。彼《か》の海軍整備の暁、重大なる圧迫をするものと思える」（七月一一日）と米国介入の時機を予測していた。そして、「北支事件も、発砲は支那が先きかしらねど、発砲せしむる如き演習をなすことにも十二分の欠点あり」（七月一四日）と陸軍の態度を批判していた。

高松宮は、こうした意見を抱きながら、木戸に「北支か上海に行く件」につき打診していた。国際関係の悪化を懸念した高松宮が皇族として現地で事態に対応すれば、停戦に向けて一定の効果が生まれた可能性はあろう。とはいえ、皇族が関わって事態が悪化した場合、累が皇室に及ぶ危険は避けがたく、木戸ら宮内省高官は容易には賛同できないでいた。

閑院宮の国防計画上奏

一九三六（昭和一一）年の二・二六事件で、伏見宮軍令部総長から「御態度は遺憾」と評された参謀総長の閑院宮載仁親王は、事件後の五月一一日、天皇に国防計画を上奏した。

この閑院宮の国防計画上奏は意表をついたものであり、外相の有田八郎は木戸に参謀総長の上奏と内閣との関係について種々質問している。木戸は有田に関係手続きについて説明し、さらに牧野内大臣と相談し、「国防計画は参謀総長、軍令部総長より上奏せられたるときは、元帥府に御諮詢あり、同時に軍は内閣に内示す」などの諸点を確認した。木戸ら宮内官僚は、国防計画上奏の手続きを明確にしようとしたのである。これは陸軍が皇族の閑院宮を利用して立憲的手続きを踏まなかったことへの対応であった。閑院宮は、陸軍の中枢にいたが、立憲的態度を重視する天皇や側近を必ずしも満足させてはいなかったのである。

なお、閑院宮の上奏した計画の概要は、陸軍は平時二〇個師団（満州六個師団）、戦時五〇個師団というもので、対ソ戦を意識した石原莞爾作戦課長が中心となって作成したものであった。当時、海軍も主力艦一二隻、巡洋艦一八隻、航空母艦一四隻と、対米戦を意識した国防計画を立てていた（『木戸幸一日記』）。

その後、陸軍と海軍は、その主要仮想敵国の違いで対立したが妥協し、一九三六年六月三日、「帝国国防方針」が一三年ぶりに改定された。「帝国国防方針」は、一九〇七（明治四〇）年にはじめて策定され、一九一八（大正七）年と一九二三年に改定されていた。主要仮想敵国を陸軍はロシア、海軍はアメリカとするなど、その方針や内容に大きな変化はなかった。一九三六年の改定でも米ソを主要仮想敵国とする方針は同じであったが、陸海軍それぞれの要求を実現させるため、米ソを並立させるという無謀な方針となった。軍縮から、当時、世界最大の陸軍国ソ連と世界最大の海軍国アメリカとを同時に射程に入れた軍拡路線となったのだが、こうした統一性のない国防計画を決定させた一因に、閑院宮参謀総長、伏見宮軍令部総長という二人の皇族の存在が、互いの計画を譲歩させにくくしていたこともあった。

盧溝橋事件勃発以後、戦線の拡大・不拡大をめぐって国務と統帥の関係が乱れはじめても、閑院宮は参謀総長の職にあり、一九三八年杉山元《はじめ》陸相が辞職を余儀なくされる。杉山は盧溝橋事件では強硬論を主張して拡大派を支持。天皇に事件は一ヵ月程度で片づくと述べていたが、事件は泥沼化していた。一九三八年三月、近衛文麿首相は突然辞意を漏らすが、近衛は杉山に不信感を強めていた。

陸軍は近衛を支持していたため、杉山辞任で近衛の辞意をとどまらせようとした。四月、木戸は梨本宮守正王と閑院宮が杉山に「全陸軍の為めに陸軍大臣を辞すべき様、御勧告」（『木戸幸一日記』）したとの話を聞いている。五月には、木戸は湯浅倉平からの電話で、「閑院総長宮御参内あり、陸相の後任は紆余曲折はありしも、結局三長官［陸軍大臣、参謀総長、教育総監］とも板垣［征四郎］に一致せり」（同前）と告げられる。

その後、閑院宮は参内し、陸軍三長官の総意として板垣征四郎を後任とする旨を天皇に伝えた。そして、六月三日、杉山は病気を理由に辞任し、近衛内閣は改造により継続された。この間、閑院宮は陸軍と天皇とを結ぶ重要回路として機能していたのである。

閑院宮参謀総長の更迭

しかし、日中戦争が長引くなか、閑院宮参謀総長への天皇の不信感は高まっていった。一九四〇（昭和一五）年六月三日、天皇は木戸にカンチャズ事件（盧溝橋事件直前の一九三七年六月三〇日、黒龍江の中州、カンチャズ島をめぐるソ連との国境紛争）当時を述懐し、次のように述べた。

総長宮［閑院宮］と杉山［元］を御召になり、出来得れば支那と話合いの案を作らせたいと思ったが、それはうまく行かなかった。然るに愈々支那に出兵することとなると、陸軍はソ満国境を心配して北満より兵が思う様にまわせず、終《つい》に今日の様に事態がなったが、最初の処置如何によっては局面は相当変化して居りしにあらざるかと思う云々。

（『木戸幸一日記』）

天皇はカンチャズ事件の処理のまずさをかなり悔いており、そのこだわりを木戸に長々と語り、閑院宮と杉山の不手際を責めていた。

閑院宮は、天皇からの不信感、統帥部内での孤立、政府との齟齬が重なり、辞任に追い込まれていく。

一九四〇年七月、天皇は木戸に「参謀総長の宮より南支作戦の為め重砲兵の動員下令につき内奏ありたるが、右は政府との打合せ充分済み居るや否や」(同前)と、閑院宮と政府との乖離《かいり》を懸念している。九月には、木戸が天皇に「陸海統帥部の話合につき総長宮の御在職が運営上相当問題になり居ることの一端」を言上すると、すでにその間の消息を知っている天皇は、茶会でも開き、「談笑の間に意思疏通を図りては如何」(同前)と提案している。そして、松岡洋右外相と閑院宮がそれぞれ天皇に北部仏印への武力進駐を奏上した際、天皇は木戸に「仏印との関係につき、松岡の説明と参謀本部の説明との間には必しも完全に一致せりとは見えざる点あるやに思わるるが、現在の情況にては政府の方針を実行せしむる外なしと思うが如何」と確認している。

天皇は松岡と閑院宮の方針の違いなどから、皇族が参謀総長を務めていることが政戦略の一致に弊害をもたらしていると感じていた。九月一七日、天皇は侍従武官長の蓮沼蕃に「両総長宮御勇退、元帥府確立等」(同前)の意向を伝えた。天皇は閑院宮のみならず、伏見宮軍令部総長も辞任させようとしたのであった。

一九日、今度は木戸を召し、「総長宮」の更迭を伝えた。蓮沼は陸軍の意向として、「愈々重大なる決意を為すときとなりたるを以て、此際両総長宮の御交迭〔ママ〕を願い、元帥府を確立すると共に、臣下より両総長を命ずることとしたし」（同前）と述べた。政戦略の統一や陸海軍人事の均衡、皇族が重大決意の責任を負う事態を避けさせる意図などがあったのだろう。

ところが、両総長の更迭について、陸軍は同意したが、海軍は「総長宮の現職を去らるることは絶対に困る」と反対した。木戸は、次善の策として「陸軍の総長宮に御勇退を願い、海軍との権衡《けんこう》上更に皇族を御願いするの外なからん」（同前）との論に傾き、天皇の御下問の際に、一応の考えとして言上し、蓮沼とも相談すべき旨を奉答した。

蓮沼が阿《あ》南惟幾《なみこれちか》陸軍次官と協議したが、「陸軍としては海軍の動向如何に不拘《かかわらず》、此際総長は臣下を以て充てたき希望」（同前）であると、皇族の総長案に強く反対した。陸相の東條英機も同様の意向であったため、木戸の次善策は潰《つぶ》れ、一〇月三日、閑院宮のみが辞任し、皇族ではない杉山元が参謀総長となった。海軍は伏見宮を支持したが、陸軍は閑院宮を邪魔にしただけでなく、皇族軍人の参謀総長起用にも難色を示したのであった。

辞任後、閑院宮は不満があったのだろう、一〇月二五日、木戸を呼び寄せ「聖上と皇族方との御親みを深くする為め一段の工夫を為すの要あるべし」などの意見を呈している。

伏見宮と仏印進駐

一方、更迭を免れた伏見宮は、その後も大本営政府連絡会議（一九三七〈昭和一二〉年に設けられた大本営と政府間の協議のための会議）などで、当然のことながら軍令部側に立った発言を重ねた。そして、一九四一年二月一日、伏見宮軍令部総長、近衛首相、杉山参謀総長とが揃って拝謁し、前月三〇日の大本営政府連絡会議で決定した「対仏印・泰《タイ》施策要綱」を奏上する。

両総長と首相とが同時に奏上したのは異例であり、木戸は「新例なり。従来、連絡会議決定事項の奏上は、重要なるものは御前会議に於てせられ、然らざるものは政府、大本営各別に上奏し居りしが、今回は其中間的の方法として両者が同時に上奏せるもの」（『木戸幸一日記』）と記している。近衛は木戸に「御前会議をとの議もありしが大方針は既に御允裁《いんさい》を経居るを以て此の方法により御願したるなり」（同前）と説明した。

「対仏印・泰施策要綱」は、宗主国フランスがドイツに敗北した影響で発生したタイと仏印との国境紛争に乗じて、仏印に武力威圧をかけて南進の足場を固めようとしたものであった。天皇は同要綱を認めはしたが、「火事場泥棒式のことは好まない」（同前）と実行については慎重であった。

このように大きな政策転換に関わってきた伏見宮であったが、一九四一年に入り目眩《めまい》を起こすようになる。四月九日、伏見宮は辞任し、軍令部総長は永野修身《ながのおさみ》に代わった。伏見宮離任から三ヵ月後の七月、日本軍は南部仏印に進駐し、対米英開戦への道を歩みはじめる。

なお、天皇は、辞任後の伏見宮と会見するが、伏見宮が対米問題について「極めて急進論」であり、「痛く」失望している（同前）。伏見宮が対米開戦時に責任ある地位にいなかったのは、皇族へ累が及ぶことを懸念する木戸ら宮中官僚にとっても好都合なことであった。

朝香宮の質疑

参謀総長や軍令部総長という要職を辞した閑院宮と伏見宮は、以後も元帥として軍事参議官の職にあり、対米英開戦の決定に関与していた。しかし、実際に発言をするのは、次世代である朝香宮鳩彦《やすひこ》王や東久邇宮稔彦王で、一九三九年八月、ともに陸軍大将となった彼らもまた軍事参議官として軍の開戦計画を知る立場にあった。

朝香宮は、対米英開戦の一ヵ月前にあたる一九四一年一一月四日に開かれた軍事参議官会議で、次のように述べている。

一　武力発動の時期を十二月初旬と定めたるは近衛内閣当時の決定に比し約一月半遅延しあり、両総長の説明に依れば其時期は早きを可とするが如く洵《まこと》に同感なるに今十二月初頭とせるは外交上の交渉に何等かの関係ありや、総理の所見如何。
二　開戦決意後米英及蘭の包囲圏突破は我れに勝算ありとは両総長の説明に依り了解せり、然も爾後《じご》戦局は長期戦に陥る公算ありとの判断亦《また》首肯し得る所、此の如きは我弱点とする所にして、特に資源に乏しき我れとして大いに考慮を要すべき点なりと思考す。

（『杉山メモ』）

朝香宮は、このように開戦時期の遅延の理由と長期戦の不利を再確認したうえで、「外交上の懸引《かけひき》に依り開戦時期の決定を左右すべきにあらずして統帥上の見地より決定するを適当とするにあらずや」（同前）と開戦時期の遅延を咎《とが》めた。

東久邇宮が求めた「大義名分」

一方で、東久邇宮は、同じ軍事参議官会議で次のように述べている。

対英米開戦に方《あた》りては独伊をして日本に協力せしむる如く外交に依り誘導するを有利とす、此見地より我戦争継続中独伊の対英米単独媾和《こうわ》を予防する如く約束し置くを可と信ず、軍部として何か手を打ちありや［中略］我武力発動の理由を明示すること必要なり、大義名分を明かにし聖戦の趣旨を中外に示し且国民をして感奮国難に殉ぜしむることに関し所信を問う。

（『杉山メモ』）

三国同盟の活用と独伊の単独講和の危険性を指摘し、開戦の「大義名分」の必要性を訴えたのである。

これに対して東條英機陸相は、東久邇宮の「大義名分」論について、「苟《いやし》くも国家が戦争を決意するに当り大義名分を明かにすることは最も必要なりと考えあり、戦争目的の顕現に関しては具体的に如何に示すべきやに関し研究中なるも唯今御前に於て確信を以て申す迄に至りあらず」と答えている。戦後、よく知られることになったが、開戦を目前にしながらも、開戦理由は「研究中」であった。

さらに、東久邇宮は、戦争の長期化への対応について語っている。

長期戦を予期することは勿論なるも適当なる時機に終結せしむる如く今より考え置くこと必要なり、又日米間の戦争のみならず世界の動乱をも御稜威《みいつ》に依り我指導的態度を以て終局に導くこと肝要なりと信ず。（同前）

東久邇宮は、長期戦となっても天皇の力で世界和平の時機を考えておくことを求めたのである。

これに対して、東條首相は、長期戦となる公算が八分だが、アメリカの主力艦隊の撃滅や主要軍需資源を絶つことによって短期終結に導くこともできると答えている。東久邇宮は東條の答弁にとくに反論はしなかった。

その他、東久邇宮は「武力発動に当り内外への発表内容如何」「独伊との外交交渉内容如何」、また朝香宮は「南方作戦の重点如何」「北樺太はどうするか」「長期戦に対し両総長は戦勝の確信ありや」「武力発動の時機を十二月初頭と定めたる理由如何」などと問いただしている。そして、朝香宮、東久邇宮、寺内寿一《ひさいち》（軍事参議官、直後に南方軍総司令官）の三者が「長期戦を避くる方法なきや」と尋ねている。

これに対して参謀本部は、「速戦速決は困難にして長期戦を予期せざるべからず」としつつ、一は戦争目的の確立（南北に正面戦争の極力防止）、二は対米海軍決戦の強要、三は米の対日戦意喪失で速やかな戦争終結をめざすと答えている。どれも具体的根拠に欠けた希望論であったが、朝香宮も東久邇宮もとくに反論はしなかった。

一一月四日の皇族親睦会

この軍事参議官会議のあった日の夜、皇族親睦会が開かれ、その宴会の様子を、梨本宮妃伊都子は日記に、「皇族ばかりの内わのより合いとはいえ、此時節柄故、まじめになさればよいものを」と苦々しく書き残している。

宴会は、質素倹約が叫ばれるなか、仕出しの食事、朝香宮骨折りの酒、賀陽宮持参の乾鮭《からざけ》などが用意され、伊都子も生菓子を持っていった。

午後八時頃に食事が終わると、レコードをかけて「みずほ踊り」がはじまり、しつこく何度も繰り返され、そのうちに組み合ってダンスとなった。伊都子は「年がいもなく朝香宮と東久邇宮が御はじめになる。それにいつも遊ぶ事を初言なさるは竹田宮［恒徳《つねよし》］と批判の目で見ていた。つきあいきれないと、伊都子は九時一五分に東伏見宮妃周子と相談して家に戻った。帰宅後、伊都子は次のように記している。

いつもいつも酒のみはこれだからだらしがなく、皇族がこれでは今後が思いやられる。今の中年の御方々からこんな事がはじまり、こまった事だ。何でも親睦という事は酒のんでさわぐ事だと心得ていられる。お酒をのまぬものの迷惑など少しも考えない。

（『梨本宮伊都子妃の日記』）

皇族も第二世代となり、六〇歳を超える第一世代の伊都子らはその振る舞いに違和感を持っていた。とはいえ、この日は特別で、朝香宮や東久邇宮は軍事参議官として対米英開戦を決定した緊張と不安のなかにあった。皇族妃とはいえ、伊都子らはそうした情報を知らされていなかった。

東久邇宮首班の幻

ところで、対米英開戦前、第三次近衛文麿内閣に代わって、東久邇宮稔彦を首相とする皇族内閣への期待が高まったことがあった。

東久邇宮稔彦王（1887～1990）
陸軍大学校卒．1920～26年仏留学．師団長，陸軍航空本部長など歴任．日米戦争中は防衛総司令官．大らかで「やんちゃ」な言動から各界からの期待が大きく，何度も首相候補に推される

先に触れた軍事参議官会議の一ヵ月前、一九四一（昭和一六）年一〇月一五日、東條陸相は後継首班について「臣下には人なく、結局、東久邇宮殿下の御出馬を煩わすの外なかるべし」（『木戸幸一日記』）と内大臣だった木戸幸一に意向を伝えた。木戸は皇室に関するので慎重なる考慮を要するとし、出馬の場合は、「事前に陸海一致の方針、即ち自重的の方針の決定」が先決必須の問題と答えている。

その後、近衛も木戸に東久邇宮出馬の件についてその成り行きを尋ねるが、結局、宮内省内では好意的な感触はなかった。木戸は熟考し、翌一六日、「皇族内閣にて日米戦に突入するが如き場合には之は重大」「万一予期の結果を得られざるときは皇室は国民の怨府となるの虞《おそれ》あり」（同前）など理由で反対の立場を明確にした。

いずれにせよ、なぜ東久邇宮が首相候補に挙げられたのか。当時、東久邇宮と朝香宮の兄弟が同じ五五歳（約二ヵ月違いで朝香宮が兄）で陸軍大将であった。伏見宮、閑院宮、梨本宮ら六〇歳代以上の長老がすでに第一線を退いた次世代であった。東久邇宮と朝香宮に次ぐのは、直宮を除けば四二歳の賀陽宮恒憲王（陸軍）と四一歳の久邇宮朝融王（海軍）であり、閑院宮春仁王、竹田宮恒徳王、北白川宮永久王らはまだ四〇歳以下であった。首相として政治や軍事を率いるには東久邇宮か朝香宮しかいなかった。

先述したように、反骨精神や皇国意識が強かった東久邇宮は、朝香宮と比べて軍部や右翼の受けがよかった。さらに、戦後に昭和天皇が回想したところによれば、開戦前のこととして、「皇族その他にも戦争論多く、平和論は少なくて苦しかった」「東久邇宮、梨本宮、賀陽宮は平和論だった、表面には出さなかった」（『昭和天皇独白録』）とある。また終戦の際のこととして「東久邇宮と朝香宮とは兄弟であり乍《なが》ら、終始反対の意見を持っていた」（同前）という違いもあった。天皇は内心は、独立意識が強く、「隠れ」平和論者であった東久邇宮に共鳴する部分があったのだろう。

こうして一〇月一七日、木戸は陸海軍の一致と「九月六日の御前会議（一〇月下旬を目標に対米英蘭戦争準備を完整するとした「帝国国策遂行要領」を決定）の再検討」の必要性から東條の組閣を支持することになる。東條英機の首班は、東久邇宮が「火中の栗」を拾うことを回避する選択でもあった。

高松宮の演習交代

開戦という事態から高松宮を遠ざけようとする動きもあった。高松宮は海軍軍人として日々艦上演習を重ねていたが、一九四一（昭和一六）年一月一六日に、中原義正人事局長（海軍）から演習の「前期がすんだら代われ」と命ぜられた。高松宮が戦争がはじまるからかと質《ただ》すと、東京の近くにいたほうがいいとの返事であった。さらに高松宮が誰の命令かと問いかけると、「陛下がおもらしになった」(『高松宮日記』)との答えであった。

高松宮は、戦地に行かないのなら貴重な弾薬を費やし演習をするのはもったいないと不満を漏らしている。秩父宮が結核療養中の身であり、高松宮を死地に赴かせるわけにはいかなかったのだろう。

軍人であった皇族の悲劇は、高松宮に帰京を促す連絡が入った前年に起こっていた。一九四〇年九月、張家口《ちょうかこう》の対空監視所での飛行機事故で北白川宮永久王が三一歳で亡くなっていたのである。

高松宮はこの遺骸《いがい》に接しているが、右足先が行方不明、頭の皮がめくれた状態で棺に納められていた。高松宮は永久王の死に接して次のように記している。

永〔永久王〕様はお立ちの時も、おば様〔北白川宮成久《なるひさ》王妃房子〕が、御心配であった。何しろ能久親王は台湾で、成久王は仏国で、いずれも薨去《こうきょ》になっているので今度もとても御気にしていらしゃった。それが、ほんとにこんなことになって何《な》んとも、お気の毒であるばかりか、若い皇族の中で一番シッカリしていらっしゃると、自他ともに許していた方であった。

御アト取りはあるとは云うもののそんな事はこの際、何んの理由にもナグサメにもならぬ。ミネ〔美年子女王〕様始めいらっしゃるけれど、タエ〔多恵子女王〕様にして見れば今秋の御婚約である。お一人でない御家庭ではあるが、御不幸なお家である。

（『高松宮日記』）

軍人となる義務があった皇族だったが、死に接したときの家族はつらいものであった。高松宮が述べているように、北白川宮家は、永久王の祖父能久親王が台湾出兵で戦病死し、父成久王もフランスで自動車事故死しており、悲劇の宮家であった。

前年のこうした永久王の死や秩父宮の病気を考えたとき、皇位継承の順位が高い高松宮は軽々しく勇将ぶりを発揮するわけにもいかなかった。

一九三一年九月にはじまる満州事変から太平洋戦争までと、太平洋戦争開始後の出征皇族の一覧は次ページの表5－1のようになる。

ロンドン軍縮問題から日中戦争期にかけて皇族軍人として主導的立場にいた陸軍の閑院宮載仁、朝香宮鳩彦、東久邇宮稔彦、賀陽宮恒憲、海軍の伏見宮博恭らは漸次、軍の第一線から退き、若い閑院宮春仁、竹田宮恒徳、三笠宮、久邇宮朝融らが主力となっていった。

たとえば、竹田宮恒徳の場合、日中開戦後の一九三八年、騎兵第一四連隊第三中隊長として満州ホロンバイルの駐屯地ハイラルから、黄河の北岸の帰徳《きとく》付近に移動する。前線で戦闘に加わるようになると、皇族の身分を隠すために「宮田武」（「竹田宮」を逆にした）と名前

表5－1　**満州事変および太平洋戦争当時の皇族軍人一覧**

	皇族名	生年	主な経歴		
			満州事変（1931. 9. 18～）	日中戦争（1937. 7. 7～）	太平洋戦争（1941. 12. 8～）
陸軍	閑院宮載仁	1865	参謀総長	参謀総長	
	朝香宮鳩彦	1887	歩1旅団長・近衛師団長	上海派遣軍司令官	
	東久邇宮稔彦	1887	歩5旅団長・第4師団長	航空本部長・第2軍司令官	防衛総司令官
	賀陽宮恒憲	1900	騎10連隊長・騎16連隊長	中支那派遣軍参謀・騎2旅団長	航空総幹部付・陸大校長
	秩父宮雍仁	1902	歩3中隊長・参謀本部付・歩31大隊長	歩59大隊長・参謀本部付・発病	
	閑院宮春仁	1902	騎16中隊長	北支那方面軍参謀	戦車5連隊長・戦車第4師団
	竹田宮恒徳	1909		騎14中隊長・第1軍参謀	関東軍参謀・第1総軍参謀
	北白川宮永久	1910	近衛野砲兵連隊付	駐蒙軍参謀・事故死	
	三笠宮崇仁	1915	騎15付	騎15中隊長	支那派遣軍参謀・大本営参謀
海軍	伏見宮博恭	1875	軍令部長	軍令部総長	
	久邇宮朝融	1901	榛名副砲長・木曾、八雲砲術長	八雲艦長・木更津空司令	高雄空司令・南西方面艦隊司令部付
	高松宮宣仁	1905	扶桑、高雄分隊長	軍令部第4部・比叡砲術長	軍令部第1部1課・砲術校教頭

出典：秦郁彦編『日本陸海軍総合事典』（東京大学出版会，1991年）より筆者作成

を変えた（部隊名は「宮田部隊」と称される）。その後、梅津《うめづ》美《よし》治《じ》郎《ろう》を第一軍司令官とした第一軍参謀（宮田参謀）となり河北省石《せっ》家《か》荘《そう》の司令部に転任、さらに山西省太原に移動する。

当時、山西省では中国に対する掃討作戦が展開され、山岳地帯では毒ガスが撒布《さんぷ》されていた。竹田宮は「第一軍は、［昭和］十四年新春には大掃討作戦を開始することになって

いた。その作戦計画を十三年の暮、年を越さないうちに、梅津美治郎軍司令官の決裁を頂きたいと思って一生懸命やった」「この作戦の時には、敵ばかりでなく、ネズミにも悩まされた」（竹田恒徳『私の肖像画』）と、毒ガス撒布への関与は明確ではないが、計画段階から作戦に関与したことを回想している。その後、東京の参謀本部に戻り、石原莞爾らの談話を得ながら統帥の研究に努めた。

一九四〇年には、「日華事変の功」により功四級金鵄《きんし》勲章を得て陸軍少佐になり、太平洋戦争開始にあたっては、大本営陸軍部参謀としてマレー進行作戦の基地であるサイゴン（現ホー・チ・ミン）に身分を貴族院議員と秘して向かい、南方での戦闘を見守った。戦時中は東京でフィリピンやガダルカナルでの作戦計画に関与、一九四三年には関東軍参謀となり北満地域での作戦に関わるなど、全方面で戦争と関わっていく。恒徳王は、日中戦争から太平洋戦争の時期、軍人としての使命を全うした皇族の代表的存在であった。

また、久邇宮朝融王は、海軍長老の伏見宮博恭王三女の知子女王を妃としていた。一九三二年に海軍大学校を卒業し、「木曾」「八雲」「長門」などの砲術長となる。一九四二年には台湾の高雄海軍航空隊司令となり、南西方面艦隊司令部付などを経て、四五年五月に海軍中将に昇進した。

他方、秩父宮は病気で、高松宮は将来の摂政として、前線からは身を退いた。政治上の比重は直宮として高松宮、宮家皇族として東久邇宮に置かれていく。

2　太平洋戦争下――「国体」への危機感

緒戦の勝利

一九四一（昭和一六）年一〇月一六日、第三次近衛文麿内閣が総辞職した。翌日、東條英機に組閣命令が下ったとき、高松宮は開戦決定を確信し、日記に次のように記した。

夕刻、東條陸相に組閣御命じあり。意外にも思ったがよく考えれば、それをそのつもりで考え居る人には自然の帰結かも知れぬ。当然とも思えることだった。そしてうまくやったなと云う感じと、これで国交調整もだめ、とうとう開戦と決った気持ち。そして開戦はもはや異常な努力なしには行われねばならぬ推移であり、唯それが余りにハッキリ外国にまで印象せしめた下手と、開戦なら却って楽に、政治的には少くも現在黙っていてゆきつく処なのに、総辞職するとはコマッタものだと思った。

高松宮の確信通り、東條内閣は対米英蘭戦争へと突入する。緒戦の勝利に宮中は沸いた。日頃、陸軍に批判的で慎重な高松宮も、日記に「パールの戦果大成功にてよろこぶ」「東條首相の詔勅発表直後の話は、文も話振りも上出来」（一二月八日）と上機嫌であった。

梨本宮妃伊都子も日記に、「何とこきびよきこと」（一二月八日）、「次々と戦況よい事ばかり」（一二月一一日）、「はなばなしい戦果に色どりつつ、このとしも終らんとする」（一二月三一日）と綴った。

天皇も、一九四二年二月一六日、シンガポール陥落の報に接するや「全く最初に慎重に充分研究したからだ」（『木戸幸一日記』）と内大臣の木戸幸一に喜びを語っている。

ただ、勝利に喜びながらも高松宮が「一安心なり。併《しか》し、前途猶遠き感深し」（一二月八日）と日記に記したように、対米英蘭戦争は短期決戦とはならず、長期持久戦を余儀なくされていく。

高松宮の反東條意識

開戦半年後の一九四二（昭和一七）年四月一七日、高松宮は中国の傀儡政権である汪兆銘政権の大使であった重光葵《まもる》から、「支那民衆は生活物資不足、物価騰貴等により困難しあり、駐屯軍の生存のための廉価買上げ等も影響す。汪政権の実力つかず、蔣［介石］政権下の民衆の困苦の責は日本に負うと云う逃れ路あり」（『高松宮日記』）と、中国支配が順調ではないとの報告を受けている。

この年六月にはミッドウェー海戦で日本の主力航空母艦四隻が撃沈され、一二月に大本営はガダルカナル島撤退を決定するなど、太平洋上での戦局も悪化しはじめる。

翌一九四三年二月には太平洋における主導権が米軍に移行し、四月一八日には連合艦隊司令長官の山本五十六がソロモン諸島上空で米軍機に撃墜されて戦死、高松宮はその電報を見て「ぼんやり」となったが、「山本大将の統率力から見て犬死にはならぬ」（同前、四月一九日）と自らを奮い立たせている。

五月にはアリューシャン列島のアッツ島の日本軍が玉砕、このとき高松宮は「東條首相はけしからぬ」（同前、六月一二日）という投書を読んでいる。七月には三国同盟の一角であるイタリアでムッソリーニが失脚と、戦局は劣勢となっていった。

八月には、伏見宮博恭王の四男で臣籍降下により伯爵となっていた伏見博英がセレベス方面で海軍軍人として戦死する。一〇月には、東條と対立した中野正剛が自殺、高松宮は中野を支援する「ビラ」を手にした。そこには、「東條内閣を倒せ、軍需省は陸海軍の闘争場、頭山満、若槻［礼次郎］、樹《た》てよ」（同前、一〇月二七日）などと記してあった。

こうしたなか、高松宮は東條への期待を失い、新たな行動を試みる。日記の一〇月二九日には「吉田茂氏、一九〇〇」とあり、午後七時に親英米として陸軍に敵視されていた外交官の吉田茂と会ったことが記されている。また、一一月八日には「細川護貞《もりさだ》、一九〇〇」とあり、近衛文麿の女婿であった細川と会ったこともわかる。

周知のように、吉田も細川も、東條内閣の戦争遂行政策に疑問を持ち、近衛らと連携しながら、国体護持のための早期和平へと動きはじめていた。細川は、一九四三年一一月二日の日記に次のように記している。

高松宮（中央）と東條英機（中央左） 汪兆銘政府の南京遷都3周年記念祝賀午餐会で（1943年3月31日）

去る三十日午後、箱根なる近衛公から電話で、「先日高松宮殿下に拝謁したが、その時『時局が此の様に急迫して来ると、種々の方面の人の意見を聞きたいが、時間もなしそれに目立つので、原田の様に方々馳《か》け廻って各方面の意見を聞いて来る者があるといい』と云う仰せがあったので、自分は『それには年が若いが細川は如何でしょう』と申し上げて置いた」。

細川は高松宮の情報収集のために、西園寺の私設秘書であった原田熊雄のような役割を近衛から依頼されたのである。以後、細川は情報を集め、高松宮に直に会って報告し、後継内閣や戦争終結について議論するようになる。この細川の動きの意図は、戦争継続による共産革命をおそれた上層勢力が早期和平による国体護持を求めた一九四五年二月の近衛上奏文に集約される。

高松宮は直宮としての立場上、近衛や細川の動きに距離を置きながらも、大筋としては早期和平路線に同意する動きをみせ、東條内閣打倒に一定の役割を果たしていた。一九四四年三月一八日、近衛は高松宮が天皇に「東條にては最早望みなければ替うべし」(『細川日記』)と進言したとの情報を得ている。そして七月一八日、東條政権は倒れるが、これには同月、高松、東久邇、朝香の三宮が「統帥が全きを得ない」と直接上奏し(同前、七月一四日)、これが天皇を動かしたと、細川はみなした。もっとも、高松宮は上奏せず、東久邇と朝香の両宮によるものであったという。

直宮たちと石原莞爾

当時、高松宮以外の直宮、つまり秩父宮も三笠宮も東條と対立していた石原莞爾を信頼し、石原もまた、秩父宮や三笠宮と接点があった。

いうまでもなく、石原は陸大卒の軍事エリートで、東洋文明を代表する日本と西洋文明を代表する米国との間に人類最後の絶滅戦争としての世界最終戦が近い将来戦われるという予言的な提唱をしたことで知られる。

満州事変を首謀し、二・二六事件では戒厳参謀として反乱軍鎮圧にあたった。しかし、盧溝橋事件では不拡大を唱え、かつ満州経営をめぐって東條英機と対立したこともあり日米開戦前に予備役となっていた。予備役になってからは東亜連盟協会顧問として欧米帝国主義の支配を排除する「日満支」の東亜連盟の結成に邁進《まいしん》したが、憲兵や特高を指揮する東條によって圧迫され、郷里の山形県鶴岡市に退いていた。石原は、元来が有能な軍人であり、天皇の嫌う皇道派とも一線を画し、反東條の代表的な存在でもあり、かつ対米戦争開始時に政治の中枢にいなかったことなどが、直宮たちの信頼を得る要因となっていたのだろう。

他方、後述するように一九四三（昭和一八）年一月に三笠宮は若杉参謀の名で南京に赴任していたが、このとき、三笠宮の配下にいた辻政信の部下、津野田知重少佐が事件を起こす。津野田は三笠宮の知遇を得て、ともに東條内閣批判で共鳴するところがあった。津野田はのちに石原の東亜連盟の信奉者となり、その関係から、石原の満州国協和会に関わっていた浅原健三（元労働運動家・実業家）とも交流を深める。浅原は石炭問題に造詣深く、石原はその聴講を勧め、秩父宮も浅原の講演を聴いたという。

石原莞爾（1889〜1949）

こうした人脈が築かれていくなか、一九四四年六月に津野田は東條暗殺計画を作成し石原の同意を得る。しかし、実行前に東條内閣が倒れたため計画は中止となった。だが、津野田の東條暗殺計画案は三笠宮にも届けられており、秩父宮、高松宮との間で相談もされていた。事情を重くみた三笠宮は東條内閣倒壊一ヵ月後の八月中旬に兵務局の黒崎貞明中佐に渡し、東條系の兵務局長那須義男少将の手から憲兵隊に回されたという。このため津野田と浅原は逮捕され軍法会議に付された。しかし、すでに東條系の圧力は弱まり、津野田は懲役二年執行猶予二年、浅原は不起訴となる。石原は津野田の計画案の欄外にあった東條暗殺の項に「必要なる犠牲はやむを得ざるべし」、後継内閣に東久邇宮とある項に「不同意、皇族内閣は適当ならず」(大谷敬二郎『昭和憲兵史』)と加筆し、これが計画支援の証拠とされ、軍法会議に召喚されるも、即日解放された。

直宮たちと石原ら満州グループとの間は、東條内閣倒壊後は微妙なものとなったようであり、『細川日記』の一九四四年八月二五日には、近衛文麿の話としてこうある。

石原中将の子分の話に、東久邇宮様は現時局に御出馬遊ばさるる程の御勇気あらせられざるを以て、やはり高松宮殿下を総理に推戴し、石原中将自ら陸相となり、東條、杉山等を死刑にし、一大粛軍を断行し、その成ると同時に辞職し、本庄〔繁〕大将と共に満州に渡り、満州に真の五族協和を実現せば、然る後陛下を満州に御迎えするも差しつかえなしと。要するに最後まで戦いて、自分等の力で満州をよくして、聖駕《せいが》を迎えんとの論なり。

石原の「子分」とは、おそらくは津野田であろう。津野田はこの頃、作戦視察のために大陸に飛び、その不在中に三笠宮が黒崎に東條暗殺計画書を渡したのであった。津野田は帰国した九月二日に出勤途上の渋谷駅付近で憲兵に同行を求められ、留置され、一〇月四日に停職となり、九日に軍法会議にかけられた。三笠宮は、東條内閣打倒で勢いづいた津野田の跳《ちょう》梁《りょう》を牽制したのかもしれない。

三笠宮の中国派遣

さて、話は少し戻るが、当時二〇代後半だった昭和天皇の末弟三笠宮崇仁親王は、習志野の陸軍騎兵学校を経て陸軍大学校を卒業し、太平洋戦争開始後の一九四三（昭和一八）年一月から四四年一月までの一年間、「若杉参謀」と名を隠し、南京の支那派遣軍総司令部に勤務していた。「若杉」は三笠宮の「お印」であり、支那派遣軍在勤中、その正体は一般兵士には秘密とされていた。

三笠宮が南京に赴任した背景には、一九四二年一二月二一日の御前会議で決定された「大東亜戦争完遂の為の対支処理根本方針」と、これに基づいて翌年一月九日に発せられた「戦争完遂についての協力に関する日華共同宣言」による対中国政策の転換があった。つまり、日本はこれらの決定と宣言により、汪兆銘率いる国民政府に対米宣戦布告をさせ、日中の提携を強めようとしたのである。

三笠宮自身は、南京派遣に天皇の直接介入はないと回想しているが、当時、中国大使であった重光葵は「陛下の御名代」で新政策の監視のため配属させたとみなしていた。三笠宮は着任直後の一月二五日、総司令部の部課長以上に陪食を仰せつけ、「今回赴任に際し陛下に拝謁を賜わりたるが、陛下は今回の対支処理方針に非常なる関心を御持ちになり、今後はこれが実行が最大切なる旨特に御言葉あり」(『畑俊六日誌』)と述べており、少なくとも、三笠宮派遣に天皇の同意があったのは確かである。

三笠宮は派遣前、すでに中国語を三年間学んでおり、派遣後も総司令部高官と国民政府首脳の通訳などにあたっていた木村辰雄の指導を受ける。木村は日中の誤解の原因を、自由に中国語を操り、中国人と意思の疎通を図れる総司令部高官がいなかったためと主張しており、その意味で三笠宮の中国語研究に対する態度に深い感銘を覚えたという。

日中問題の混迷が「大東亜戦争」勃発の主要原因であることは、軍首脳部はじめ多くの識者の知るところであり、天皇もまたそれを知悉《ちしつ》していた。天皇は中国に対する政策変換に大きな期待を抱き、三笠宮もまたその期待に添うべく現地で尽力しようとした。三笠宮は「お飾り」として南京に派遣されたわけではなかった。

三笠宮の憤り

現地での三笠宮は、作戦課で中国全土での戦闘状況報告書を読み、総司令部の作戦会議に列席し、部隊の視察に出向いた。三笠宮は現地軍の風紀の悪さを見聞しており、中国共産党軍が兵の犯罪に厳しかったのに対して、日本軍は「あやまてる温情主義」（工藤美代子『母宮貞明皇后とその時代』）があったと回想している。

中国戦線での三笠宮（中央）

また三笠宮は、自分の動向が蔣介石側に漏れていたと後年語っている。それによれば、天皇の弟が若杉参謀を連れ視察に訪中し、天皇の弟は東京に帰り、若杉参謀は南京に行ったと重慶に報告されていたらしい。ただ、三笠宮と若杉参謀は別人として認識されていた。

さて、三笠宮は南京での任務を終える直前の一九四四年一月五日、尉官級の将校一三〇名ほどを集めて、軍紀に関すること、中国の国民性を知る大切さなどを約二時間にわたって論じた。総参謀課長以下二〇余名の参謀も臨席し、若い将校たちに離任の講話教育をしたのである。

三笠宮は、日本に不利な発言をしたり、日本を批判する者は、真に日本を思い、中国を愛し、東亜を患《うれ》う熱情より発した場合でも、日本人であれば「売国」とされ、中国人であれば「抗日」「通敵」「重慶分子」とされてしまう、そのため一般の将校たちが大胆な発言をすることは困難であるので、将校の末席にある自分が発言すると前置きして、「教育目的」と「研究課題」を掲げた。研究課題の論点については、事前に尉官の解答を求めてこの日の教育に臨んだ。

つまり、「教育目的」を「陸軍軍人の『内省』と『自粛』を促すと共に支那事変に対する認識の統一を図るにあり」と定めて、「研究課題」を次の三つに集約させていた。

第一研究①「満州事変の出兵目的如何」、②「支那事変の出兵目的如何」

第二研究①「何故支那事変は未だに解決せざるや」、②「所謂対華新方針の最も有難き点は何処《いずこ》に在りや」

第三研究「大東亜戦争の現段階に於て支那派遣軍としては其の戦争目的を何に置くを至当とするや」（「若杉参謀挨拶要旨」）

その上で三笠宮は以下のように語った。第一研究では、「現地軍が動々《やや》もすれば最高統帥部の掌握外に脱する傾向があったことは否み難い」とし、「両事変共陛下の御考え又は御命令で戦闘が生じたのでなく、現地軍が戦闘を始めてから、甚だ畏れ多き言葉であるが、陛下に爾後の御始末を押しつけ奉ったとも言うべきもので、今回の大東亜戦争とは根本的に性格の異なるものである」と語った。

第二研究では、「蔣介石が抗日になった原因は種々あって一口には言えないと思うが、主として日本人として之を反省してみれば」とし、「日清戦争頃よりの侮華思想（チャンコロ思想）」など一〇項目の要因を挙げ、中国を抗日ならしめた責任は、「『隣組』であり而《しか》も『夫』である日本人が負わなければならない」とまとめた。そして、「現在日本人特に軍人に欠如しているものは『内省』と『謙譲』とである。『新聞』『ラジオ』は日本人の悪いことは言わないし、又相手のよいことは言わない。吾々《われわれ》はこれに惑わされてはならない」と強調した。

第三研究については、「支那事変は元来『自衛』『権益擁護』と言う様な利己的な根本思想を以て始められている」と断言した。

この尉官教育のときの三笠宮の様子を、三笠宮の中国語教育を担当した木村辰雄は、こう書き残している。

陛下は中日戦争の早期終結については、殊のほか心を労せられ、余〔三笠宮〕が南京在勤の僅《わず》かな期間中においてすら、三回にわたり親書を下さった程である。（とてポケットから親書を出して一同に示し）要するに、〔中略〕何よりもまず日本人は本来の真の日本人の姿にかえり、「過去並びに現在行いつつある自己の行動に対し、厳格なる反省をなし」悪を捨て善に就き、更に「中国人に対しては謙譲の徳を発揮する」ことこそ最も肝要である。（「南京の若杉参謀」）

三笠宮が憤慨するほど、中国における日本軍の振る舞いは目を覆うものがあったのである。しかし、三笠宮の講話は「適当を欠く箇所あり」として軍当局によって箝口令《かんこうれい》が布かれる。この講話記録は焼却されたが、かの津野田が印刷して若手将校に配布し、戦後、防衛研究所で発見された。

その後、三笠宮は大本営参謀に転任となり、名前も本来の三笠宮となった。三笠宮が名を秘したのは、おそらくは、天皇の弟であることが知れわたることで、誘拐や暗殺など、反日勢力の攻撃対象となることを避けるためであったろう。名は伏せながらも、天皇名代として泥沼化した日中戦争解決の道を、現地で探っていたのである。

高松宮の天皇への不満

東條政権打倒に動き出した高松宮は、天皇の立場を尊重しながらも、開戦から戦局悪化のなかで、天皇が周囲の皇族の意見を聞こうとしなくなったことに不満を持っていた。ただ、近衛文麿が高松宮のために情報を収集させたのは、多くの皇族のなかでも直宮の意見には天皇は耳を傾けるという認識があったからだった。秩父宮は病を患っており三笠宮はまだ若く、高松宮だけが唯一の希望であった。

東條内閣総辞職の一三日前にあたる一九四四（昭和一九）年七月五日、高松宮は療養中の秩父宮を訪ね、「作戦の見透《みとおし》なく国内結束第一重大なること、陛下が依然形式的なること」（『高松宮日記』）などを伝えようとしている。

また、七月八日には次のように天皇を批判している。

陛下の御性質上、組織が動いているときは邪《よこしま》なことがお嫌いなれば筋を通すと云う潔癖は長所でいらっしゃるが、組織がその本当の作用をしなくなったときは、どうにもならぬ短所となってしまう。［中略］今の様な有様では、例《たと》え天皇として上御一人でも万世一系の一つのつながりとして、それでは余りに個人的すぎると思う。（同前）

サイパン島が陥落し、東條内閣が倒れるなか、天皇もようやく重臣や皇族たちの意見を聴く機会を持つようになってきた。

一九四五年二月には近衛が上奏し、共産革命を避けるために早期和平が必要であることを力説した。また、天皇は二月二五日皇族を午餐に招き、三笠宮、東久邇宮稔彦王、賀陽宮恒憲王らが参内した。高松宮は「空襲予想」のため辞退したが、「一寸《ちよつと》珍しい結構なことと思っていたのにおしいことをした」（同前）と残念がっている。

三月に入ると、高松宮は御所に招かれ、皇后、朝香宮鳩彦王、東久邇宮稔彦王、賀陽宮恒憲王、三笠宮らとともに天皇と夕食をともにした。高松宮は終始黙していたが、帰りがけにようやく朝香宮らに、「近衛、岡田、若槻、平沼四重臣を政治上の御相談相手として側近におくこと」「統帥の一元化」「第二段として最悪事態の処置を促進すること」(同前、三月二日)などを語った。

高松宮が御所に招かれる以前に、朝香宮や東久邇宮たちと事前に打ち合せをしなかったのは、謀議ととられる危険性を避けたためであろうし、天皇の前で発言しなかったのは自分の構想が天皇に反対されることを想定したからであろう。高松宮は「帰りがけ」という時機を利用するなど、慎重に事を運ぼうとしたのである。

その後、高松宮は細川から、近衛が拝謁のとき上奏した草稿を受け取り、秩父宮妃勢津子、三笠宮夫妻と会い、時局に関する話をし、直宮内で意思の疎通を図っていた。

連合軍の本土上陸が現実のものとなりつつあった七月二七日にも、高松宮は三笠宮の提唱で、朝香宮鳩彦王、東久邇宮稔彦王、竹田宮恒徳王らと夕食をともにしている。

皇族内閣への道

天皇と高松宮との微妙な関係は、近衛文麿はじめ反東條勢力の周辺ではよく知られた事実であった。細川護貞は、近衛から高松宮が「陛下は皇族を何と思って居られるのだ」と述べたこと、他方、天皇も「宮が何をするのか」と反駁していたことを聞いている。細川は、「双方の御言葉より拝察し、恐れ乍《なが》ら、御上は職に在る者以外から意見を御聴取遊ばさるることを、御好ませられざること、益々明かなり」（『細川日記』一九四四年七月一七日）と判断していた。

当時、天皇は憲法で許容された官職（元老なども含む）にある者以外の進言は受けつけず、皇族という理由だけで政治的な意見を私的に持ち込まれることを嫌っていた。責任なき立場の声を排除しようとしていたのである。

東條打倒と次期政権の画策を練った高松宮たちの具体案は、東條に代わる皇族内閣の組閣であった。皇族を首班にすることによって民心を統一し終戦に導く強力な内閣を組織しようとしたのである。だが、天皇が敬遠するように、責任がない立場の人びとは自己保全的な動きをするため、その動きは腰砕けであった。

たとえば、高松宮自身、皇族内閣を提唱しつつも摂政予定者でもあり、首班となる意思はなかった。近衛は一九四四年四月一二日に東久邇宮に拝謁し、「自分としてはこのまま東條にやらせる方がよい［中略］せっかく東條がヒットラーと共に世界の憎まれ者になっているのだから、彼に全責任を負わしめる方がよい」とまで力説し、東久邇宮もこの提案に同意し、「自分としては最悪の事態に到りたるとき最後の御奉公の積りで出る考えだ」（『細川日記』）と答えている。近衛も東久邇宮も、目前の戦争被害の阻止よりも、自らの責任回避に強い関心があったのである。

ちなみに、高松宮や近衛には、天皇を退位させて仁和寺に落飾《らくしょく》させ、国体を護持しようとする動きがあったといわれる。しかし、天皇が退位することは、かえって戦犯指名を受けやすくなる危険性もあり、落飾構想は天皇の同意のない一方的なものであった。こうした構想が、天皇の耳に入れば高松宮や近衛への不信感が一層深まったであろうことは想像に難くない。

いずれにせよ、戦後の東久邇宮内閣は、こうした宮中内での政治力学の延長線上に誕生するのであった。

宮邸炎上

さて、敗戦前、皇族たちを襲ったのは空襲であった。以下、主なものを時系列で追っていこう。

一九四五（昭和二〇）年一月一四日、伊勢神宮が空爆され、神宮祭主の梨本宮守正は参内して天皇に被害を報告している。人的被害はなかったが、外宮《げくう》、斎宮《さいぐう》、神楽殿《かぐらでん》などに爆撃を受けた。

二月二五日には、宮内省の各所に焼夷弾が落ち火災となった。大宮御所衛兵所付近には爆弾が落ち、数名の兵が生き埋めになったという。

三月九～一〇日の東京大空襲では、賀陽宮邸、宮内大臣官邸などが全焼。宮内大臣夫人の松平信子《のぶこ》は着のみ着のままで難を逃れた。

四月二九日の天長節では、皇族たちが宮中に参内して葡萄の間（皇族控室）にいたが、空襲警報で防空室に避難し、再び葡萄の間に戻るもまた警報となり、侍従長に祝辞を述べて帰宅せざるをえなかった。

五月二四日には、吹上御苑ほか、伏見、北白川、東久邇、朝香の各宮家に空襲被害があり、さらに二五日深夜から二六日にかけて、宮城、大宮御所、東宮仮御所、秩父宮、三笠宮、山階宮、伏見宮、閑院宮、梨本宮、李鍵公などの各宮邸が焼夷弾などで全焼した。

梨本宮妃伊都子は、宮邸が空襲を受けたときの様子を、次のように記している。

〇時二十分ころ、三機ほどつづいて、西より近づき、ザーとおそろしい音とともに、焼夷弾は滝のごとくに落ち、壕《ほり》の屋根から本館の上、一面、火の海となり、何としても手のほどこし様もなく、みるみるうちにもえひろがり、一同一生懸命、力のかぎり消してくれたけれども、さらに次々と敵機来り。其内に突風吹きつのり、うずを巻いて火の粉とものとぶ音ゴーゴーと、すさまじきいきおい。烟《けむ》りは目を呼吸をふたするほどになり、何とも筆にもつくしがたく、しばしは、只々《ただただ》おそろしさに、口もきけぬさま。

（『梨本宮伊都子妃の日記』）

伊都子は、この後、長女方子の嫁ぎ先である李王家に逃れ、翌日から焼け跡で金庫の整理などをしている。

六月四日、宮内大臣の松平恒雄は宮城や宮邸などの空襲被害の責任を取って辞任した。七日に、梨本宮家は宮内省から一万円の戦災見舞いをもらったが、本邸が焼失したので、河口湖畔の別邸で生活をする。河口湖ではうなぎやあひるなどはもらえたが、青菜は少なく、野草をとって食べたりしたという。

八月一五日、戦争は終わるが、焼失した皇族の御殿が再建されることはなく、梨本宮家では焼け残った跡地に茶室を住居として再建し、戦後の生活をはじめたのであった。

3 敗戦

天皇と皇太子の敗戦

敗戦を国民よりも先に知っていた皇族たちではあるが、その歴史的瞬間に立った衝撃は大きかった。

七月二六日に連合国が提示したポツダム宣言の受諾については、その条件を「国体護持」のみに絞る天皇や鈴木貫太郎首相らと、「戦争犯罪人の自主的処罰」「日本軍の自主的武装解除」「保障占領の拒否」の三条件も付すという四条件派との対立があった。八月九日に天皇の異例の採決で一条件とし、一〇日に「国体護持」を条件にポツダム宣言受諾を連合国に打電した。

しかし、反対派の動きはおさまらず、敗戦前日の一四日正午、天皇はポツダム宣言受諾に最後まで抵抗する軍首脳らを抑えるために、閣僚全員と最高戦争指導会議構成員との連合（鈴木貫太郎首相、東郷茂徳外相、平沼騏一郎枢密院議長、阿南惟幾陸相、米内光政海相、梅津美治郎参謀総長、豊田副武《そえむ》軍令部総長ら）による御前会議を開いた。

これを終えた天皇は木戸幸一を御文庫（防空壕として設置され、天皇・皇后の居間や寝所などがある）に召した。木戸はそのときの天皇の様子を「御涙を浮ばせられての御話に真に頭を上げ得ざりき」（『木戸幸一日記』）と記している。天皇は泣いていたのである。この間、高松宮、三笠宮も皇居に上がり、近衛や木戸と時局などの相談をしていた。

一四日深夜から一五日にかけて、ポツダム宣言受諾による戦争終結を潔しとせず徹底抗戦を叫ぶ近衛師団の一部が反乱し、宮内省の通信施設を占拠遮断し、御文庫も包囲した。彼らは天皇の玉音盤（「終戦の詔書」の録音盤）と御璽を奪取しようとした。しかし、事件は朝八時頃には解決し、正午に天皇の肉声による「終戦の詔書」がラジオで放送される。天皇はこの放送を表御座所（政務室）で自ら聞いており、侍従の岡部長章《ながあきら》に「今の、どうであったろう」（岡部長章『ある侍従の回想記』）と感想を求めた。国民の反響を心配していたのだろう。天皇の心はすでに戦後の再建に向かっていた。

皇太子明仁は日光に疎開中であったが、天皇退位というような事態の場合には、高松宮を摂政として皇位を継承する可能性が高まっていた。八月一五日の皇太子の日誌には、「国民が忠義を尽して一生懸命に戦ったことは感心なことでした」と国民の奮闘を讃えた上で、敗戦原因は日本の国力と科学の力の不足、「日本人が大正から昭和の初めにかけて国の為よりも私事を思って自分勝手をしたため」と記し、こうまとめている。

今までは、勝ち抜くための勉強、運動をして来ましたが、今度からは皇后陛下の御歌のように、つぎの世を背負って新日本建設に進まなければなりません。それも皆私の双肩にかかっているのです。それには先生方、傅育《ふいく》官のいう事をよく聞いて実行し、どんな苦しさにもたえしのんで行けるだけのねばり強さを養い、もっともっとしっかりして明治天皇のように皆から仰がれるようになって、日本を導いて行かなければならないと思います。　（木下道雄『側近日誌』）

皇后の歌とは、その年の宮中歌御会始《うたごかいはじめ》での「御民のこゝろさながら神垣の　さむさにかちて梅もさくらむ」を指すのだろう。皇太子にとって敗戦は、終末ではなく、明治天皇以来の威光を再現するための新たな出発であった。逆境でも前進しようとする強い意志があった。なお、八月一五日、皇后は玉音放送を終えた天皇のそばにいたという。

皇太后節子は、七月一六日に沼津御用邸本邸が空襲で焼失したため、八月二〇日に軽井沢に疎開することになっていた。その間、大宮御所の防空壕（御文庫）におり、八月六日には皇后の訪問を受けている。三笠宮妃百合子によれば、空襲を受けた皇太后は、大宮御所の防空壕に端座して「これで国民と一緒になった」と述べ、敗戦の日には「これで皇室は明治維新前に戻ります」（『母宮貞明皇后とその時代』）と語ったという。

結局、敗戦となったが予定通り軽井沢に移った。敗戦から三ヵ月後の一一月三日、明治節に際して、皇太后は「千年へしもののしらべもすすみたる　御代にいよいよさかえしめなむ」（『貞明皇后御歌集』）と詠んだ。御題に雅楽とあり、皇室伝統文化のさらなる発展を願っていたのである。この後、急激な女官制度改革を怒り、改革に携わっていた皇后宮大夫兼侍従次長の木下道雄を罷免に追い込んだともいわれる。

秩父宮、高松宮の動向

秩父宮は胸の病気のため御殿場《ごてんば》の別邸で療養していた。八月一一日に三笠宮と懇談し最後の決意を固めたらしく、空襲で焼失した赤坂表町の本邸から肇国《ちょうこく》絵巻と軍刀を取り寄せたという。一五日は朝から艦載機の波状攻撃があり、正午に玉音放送があった。この日、主治医であった寺尾殿治博士は診療のため東京から秩父宮邸に向かう途中で終戦を知った。寺尾は涙に曇った目で、秩父宮に「本日の放送は、まことに残念なことと存じます」と挨拶したが、秩父宮は「ああ」と述べただけであった。寺尾は「御表情にはさしたる変化も見られず、あまつさえ微笑すらほのかに漂っている」「戦争に敗れたくらいで、日本が亡びる筈《はず》はない。と、無言のうちに語られているようであった」と回想している（『秩父宮雍仁親王』）。

早期和平を主張していた高松宮は、ポツダム宣言を歓迎した。当時、高松宮は「戦争終末対策の眼目は国体の護持に在る。玉砕では国体は護れぬ。又玉砕と云っても女子供迄玉砕できるものではない」（伊藤隆編『高木惣吉 日記と情報』）と理性的な判断をしていた。高松宮は、七月三一日午前、高輪邸に参上した細川護貞に「過日の三国共同声明［ポツダム宣言］は、大体承認し得る」（『高松宮宣仁親王』）と述べ、「近衛［文麿］にはくれぐれも国内体制をしっかりして行く様に注意してくれ」（同前）と伝言している。

しかし、鈴木内閣が宣言を「黙殺」したため、原爆投下、ソ連参戦へと事態は悪化する。八月九日、軍令部にいた高松宮は、細川にソ連参戦の情報を伝えた。これにより、近衛を和平仲介のため天皇の特使としてソ連へ派遣しようとしていた計画も頓挫した。このとき、細川は、高松宮が内閣首班となって英米と和を講ずる機会だから、参内して天皇あるいは木戸内大臣と組閣の相談をするように進言している。しかし、高松宮は「近衛にやらせろ」と返答し、細川を宮家の自動車で荻窪の近衛邸に派した。細川からソ連参戦と組閣案を聞いた近衛は「陸軍を抑える天佑《てんゆう》」（同前）として、木戸の元へ向かった。

この頃、宮内省では先述の宣言受諾をめぐる最高戦争指導会議構成員会議が開かれていた。

会議終了の午後一時に、細川と近衛が宮内省に着いた。会議は一条件派と四条件派の意見が分かれて決着していなかった。細川から会議の状況を聞いた高松宮は木戸に電話して「条件付にては連合国は拒絶と見るの虞《おそ》れあり」（同前）と反対の意を伝える。

この間、高松宮は御殿場療養中の秩父宮に手紙を送り、最高戦争指導会議構成員会議でのやりとりなど中央の情勢を伝えていた。九日付の手紙には、ソ連参戦と原爆投下について、高松宮が知り得た情報を記している。

八月一一日、高松宮邸に「朝香、東久邇宮、盛様［東久邇宮盛厚］、よし様［竹田宮恒徳］、春仁様［閑院宮］、三笠宮」（同前）ら在京の皇族が集まり、三時間にわたり東郷外相からいままでの経緯を聞き、皇族としての意思の統一を調整しようとした。

翌一二日午後三時、宮中防空壕（御文庫）に皇族、王族、公族の成年男子全員（秩父宮、伏見宮、朝香宮孚彦《たかひこ》王は欠席）が参内し、天皇からいままでの事情を説明され、「この国難に当って皇族が自分に協力してくれるよう」（同前）と述べた。天皇の説明のあと、最長老の梨本宮が代表して「私共一同、一致協力して、陛下をお助け申し上げます」（同前）と答えた。

高松宮邸での東郷外相の説明会に同行した加瀬俊一《かせとしかず》（外交官、のち加盟後初の国連大使。スイス駐在公使の加瀬俊一《しゅんいち》とは別人）は、「天皇親臨の皇族会議で、まっ先に和平に賛成して会議をリードしたのは高松宮であった。皇族のなかにはまだ戦える、と考える方もいた」（「高松宮の昭和史」『文藝春秋』一九八七年四月号）と回想している。「天皇親臨」とあるが、あるいは前日の高松宮邸での説明会でのことであったかもしれない。

『高松宮日記』によれば、一三日、軍令部次長の大西瀧治郎《たきじろう》中将が「ぜひ戦争継続の様に取はからってくれ」と高松宮邸を訪れた。しかし、高松宮は「信念の問題にて私如き戦わざるものは取つぐ資格なし」と逃げた。大西は特攻の生みの親として知られ、高松宮は七月二六日にも大西から「和平噂しきりに始まり、これでは『特攻』も行かなくなるし、暗殺もはじまるであろう」と聞かされている。

兄弟で聴いた玉音放送

さて、一五日午前一一時半、高松宮夫妻は御殿場の秩父宮邸にいた。早朝に自動車で東京を出て、兄弟で正午の玉音放送を聴こうとしたのであろう。ともに終戦の経緯も、天皇が初めてラジオ放送をすることも知っていた。高松宮としては病床の秩父宮が放送を聴くのはさびしいであろうとの思いであったという。高松宮妃喜久子は、こう語る。

御殿場に着いたら、お兄様は少し具合がお悪いとかでお休みでしたが、枕元で皆でお聞きしました。

ラジオはあまりよく聞き取られなかったが、それはそれは悲しかったわね。お姉様とワーワー泣いたわ。今でも、二人で「あの時は悲しかったわね」と話しています。
私たちは大泣きしましたが、宮様は涙を出されなかった。
（『高松宮宣仁親王』）

高松宮は敗戦そのものよりも天皇の肉声放送が気がかりであったようで、「初めての詔書を自ら放送せらる。二千六百年記念式典にすら許されざりしを、斯《か》かる場合に未曾有の録音放送を敢えて遊ば（さ）るるは何とも感胸にしむ思いなり」と八月一七日の日記に記している。そして多くの人はソ連参戦に対する激励と思ったりし、「あとの次ぐ放送で終戦の仰せであったとわかり驚き悲憤し自失した思いであった」と玉音放送のあり様を批判した。

三笠宮は、航空総軍の参謀であったので、市ヶ谷台上におり、抗戦派の軍人たちの談判に対応し、軍刀だけでなく拳銃をそばに置いていた。

敗戦前日の一四日には阿南惟幾陸相が空襲で焼けた三笠宮邸を訪ねてきた。天皇が翻意して戦争を継続するように懇願したのである。しかし当時、三笠宮は高松宮とともに一条件での講和を結ぼうとする鈴木首相を支援しており、これを受け入れなかった。阿南は肩を落として帰って行った。その後、三笠宮は御所に向かおうとしたが、御付武官に止められた。阿南が、三笠宮が玉音盤奪取事件に巻き込まれないように御付武官に厳命したのだという。

各宮家皇族たちの思い

竹田宮恒徳王は、敗戦直前の八月には第一総軍司令部におり、一三日前後に阿南陸相が二度会いに来た。「陸軍大臣が私に話しに来られる要件をなにも見いだせないし、最も重要な地位にあって多忙を極めている大臣が、なぜわざわざ二度まで私を訪ねて来られたかは、まったく判らなかった。わずかな時間であったが、ただ重大時局について話されただけで、それについての結論や希望などを述べられるというようなことはまったくなかった」（竹田恒徳『私の肖像画』）と回想している。阿南はポツダム宣言受諾に際して四条件を主張しており、竹田宮もそうした事情を知っていたろうが、とくに具体的なことは書き残していない。「八月十五日、とても暑い日であった。私は玉音放送を市ヶ谷の第一総軍司令部で拝聴した」と回想し、阿南や第一総軍司令官杉山元の自決を淡々と記しているだけである。

閑院宮は、先代の載仁親王が敗戦前の五月に他界していた。宮家は春仁王が嗣いだ。春仁王は一九四五年三月一九日に千葉市戦車第四師団司令部に配属され、名倉栞師団長を補佐して本土決戦に備えていた。もっとも、春仁王は「口に必勝の信念はとなえても、本土決戦も実は心細いかぎりであった」「終戦は天佑」（閑院純仁『私の自叙伝』）と回顧しており、あまり勝利の確信はなかったようだ。

春仁王は、八月一一日に陸軍省から帰った名倉師団長からポツダム宣言受諾を聞いた。「私はあまりに意外のことに、声も出ないくらいであった」（同前）とあるから、当時は、決戦の心意気であったのだろう。その日、三笠宮から重要事項があるからと高松宮邸に呼び出される。この経緯は先に記した通りである。東郷茂徳外相からポツダム宣言受諾に関する経緯を聞いた。春仁王はこう記す。

各宮の様子はきわめて平静であったが、実は私はその平静が甚だ気に入らなかったのである。ポツダム宣言というものは、約二週間ほど前に情報として聴いたが、わが国がそんなものを受諾するとは夢にも思わず、私としては黙殺してしまっていた。（同前）

その翌日、先述したように成年男子皇族たちが参内し、天皇と拝謁する。「一部の反対者があったが、私はそれを押えて、外務大臣の原案を裁決したのであります」（同前）という天皇の終戦決定の意思を聴いた後、春仁王は「陛下の御決心がかくある以上、何も意見はございませんが、はたしてわが国の存立が維持できるものかどうか、まことに心配でございます」（同前）と危惧の念を述べたという。

一五日、春仁王は浦和の第三六軍司令部に赴き、そこで玉音放送を聞いた。「ただし雑音多く」ともある。

天皇の各皇族への視線

朝香宮は、一二日の皇族参集の場で、「講和は賛成だが、国体護持が出来なければ、戦争を継続するか」（『昭和天皇独白録』）と天皇に質問している。天皇は「勿論だ」と答えるが、朝香宮を「最も強硬論者である」とみていた。なお、この一二日の会合について、天皇はさらにこう述べる。

賀陽宮、東久邇宮、久邇宮は終始一貫弱い意見であったが、賀陽宮は松平恒雄を排斥したり白鳥敏夫や徳富《とくとみ》猪一郎《いいちろう》［蘇峰《そほう》］を推薦したりする様な時には、本人自身の気持とは違った事を口にした。

秩父宮は日独同盟は主張したが、その后病気となったので意見は判らぬ。

高松宮はいつでも当局者の意見には余り賛成せられず、周囲の同年輩の者や、出入の者の意見に左右され、日独同盟以来、戦争を謳歌し乍ら、東条内閣では戦争防止の意見となり、其后は海軍の意見に従われた。開戦后は悲観論で、陸軍に対する反感が強かった。（同前）

天皇の各皇族評であり、賀陽宮が枢軸派に踊らされていたこと、高松宮が東條内閣前は好戦派であったことなどを、天皇は意識していた。

なお、先述したように、天皇は「東久邇宮と朝香宮は兄弟であり乍ら、終始反対の意見を持っていた」（同前）とも見ており、ポツダム宣言受諾後に首相にしようとした東久邇宮に対する視線とは違った角度で朝香宮をとらえていた。

梨本宮は一二日に河口湖別邸に疎開していた守正王が参内し、天皇からポツダム宣言受諾決定を聴く。守正王は七二歳の長老（八一歳の閑院宮載仁親王は亡くなり、七一歳の伏見宮博恭王は欠席）、一致協力する旨を述べた。守正は長老であるばかりでなく、もともと温厚な性格でもあり、また一九三七年以来軍職にはなく神宮祭主の任にあったためか、敗戦決定にも感情の起伏を見せなかった。敗戦の精神的動揺は、守正王よりもむしろ伊都子妃のほうが大きかった。女性であることもあり、守正王から事前に概要は知らされていたにせよ、その憤慨の心は激しい。八月一五日の伊都子の日記には次のように書かれている。

とてもとても筆にはつくしがたきくやしさ。やる方なく、アアこれで万事休す。昔の小さな日本になってしまう。これから化学を発達させ、より以上の立派な日本になさねばならぬ。国民は陛下のこの有難き大御心《おおみこころ》に対し奉り、全力のあらんかぎりを尽し、国の発展をはからねば申わけがない。

敗戦にうちひしがれず、天皇のため国家のため前進しようという気持ちは皇太子と似ている。伊都子にとって敗戦は、日清・日露以来の戦勝で得た領土を失うという程度の感覚でもあった。他方、軍部への怒りは強い。「陸海軍は何をしているのか。つよがりばかりいうて、国民にはかくして勝々とばかりいえども、くるしさはよくわかる。いつもいつも先手をうたれて、たじたじと受身になる斗《ばかり》」「いかなる事にや、この大戦争中というのに、吾陸海軍互に助け合い力を合せて国をまもるべきに、いつも秘密をまもり互にあかさず」（同前）などとも記す。そして、「アーくやしいくやしい」「口惜しきかぎりである」と無念さを隠さなかった。日清・日露戦争以後、世界の強国として繁栄させてきたという自らの体験と思いがあり、それが悔いを増幅させていた。

東久邇宮内閣の成立

天皇は八月一六日、国体護持のための敗戦処理という考えから、東久邇宮稔彦王に組閣を命じ、八月一七日に内閣は発足した。

東久邇宮内閣成立をラジオのニュースで聞いた梨本宮伊都子は、「皇族として今まで政事の事はあまり御承知ないから、どんな事かと、失礼ながら心配である。今後は英米等と色々談議もある事故、よほどしっかりかまえなければと思う」（『梨本宮伊都子妃の日記』）と心配した。

東久邇宮は敗戦前より首相就任の打診を受けていた。八月一四日午後七時に木戸の代理の

東久邇宮内閣　戦前から待望論があった稔彦王だが，わずか54日の短命に終わる

松平康昌内大臣秘書官長に「軍部を抑えて行ける自信のある人が重臣の中には無いから」と、まず打診されている。しかし、東久邇宮は「皇族は政治に干与しないほうがよい」という考えから断り、松平は「なおよく考えておいてもらいたい」と言い残して八時頃帰っている（東久邇稔彦『一皇族の戦争日記』）。翌一五日正午、東久邇宮は「直立して詔書の放送を聴きつつ、涙が出るのを止めることができなかった」（同前）。そして、「戦争はもうこりごりした。今後は軍備の全廃、戦争の絶滅、世界の平和、人類の幸福に貢献しようとする人類最高の使徒の先覚者となって、努力しようではないか」（同前）との感想を持ち、首相となることに同意する。

東久邇宮は近衛文麿を相談役とし、組閣の人選を進めさせた。東久邇宮内閣は国内の秩序維持とポツダム宣言実施に関する連合国との折衝を大きな任務としており、とりわけ軍部に停戦を徹底させること、降伏文書に調印することに主眼があった。

大阪府特高課の収集した情報には、「宮様内閣の是非に付ては、未曾有のことで未知数だが恐らく媾和《こうわ》の為の内閣で、之が解決すれば必然的に解消されると思う」(内務省警保局「新内閣に対する意嚮《いこう》」)などとある。その意味では、マッカーサーが厚木に到着し、九月二日、東京湾上のミズーリ号艦上で降伏文書に調印することで、東久邇宮内閣はその使命を終えたといえる。

この間、東久邇宮は八月二八日、内閣記者団との会見で「国体護持ということは理屈や感情を超越した固いわれわれの信仰」と述べ、敗戦原因は戦力の急速な壊滅、戦災・原子爆弾・ソ連参戦、戦時統制のいきすぎ、国民道義の低下をあげ、軍官民が反省して懺悔すべきであるとの「一億総懺悔」を唱えた。

皇族軍人の外地への派遣

一方で、敗戦翌日の一六日、天皇は外地の日本軍に終戦を告げるため、朝香宮鳩彦王を南京の支那派遣軍総司令部に、閑院宮春仁王をサイゴン(現ホー・チ・ミン)の南方派遣軍に、竹田宮恒徳王を新京(長春)の関東軍総司令部に派遣した。

このときの竹田宮を追ってみよう。竹田宮の新京への鎮撫は命がけで、「高輪の家に戻っ

竹田宮恒徳王（1909～92）
陸軍大学校卒後，38年中国戦線の連隊中隊長．日米開戦後は関東軍作戦参謀などを歴任．皇籍離脱後は，日本オリンピック委員会委員長を務めるなどスポーツ関連で知られる

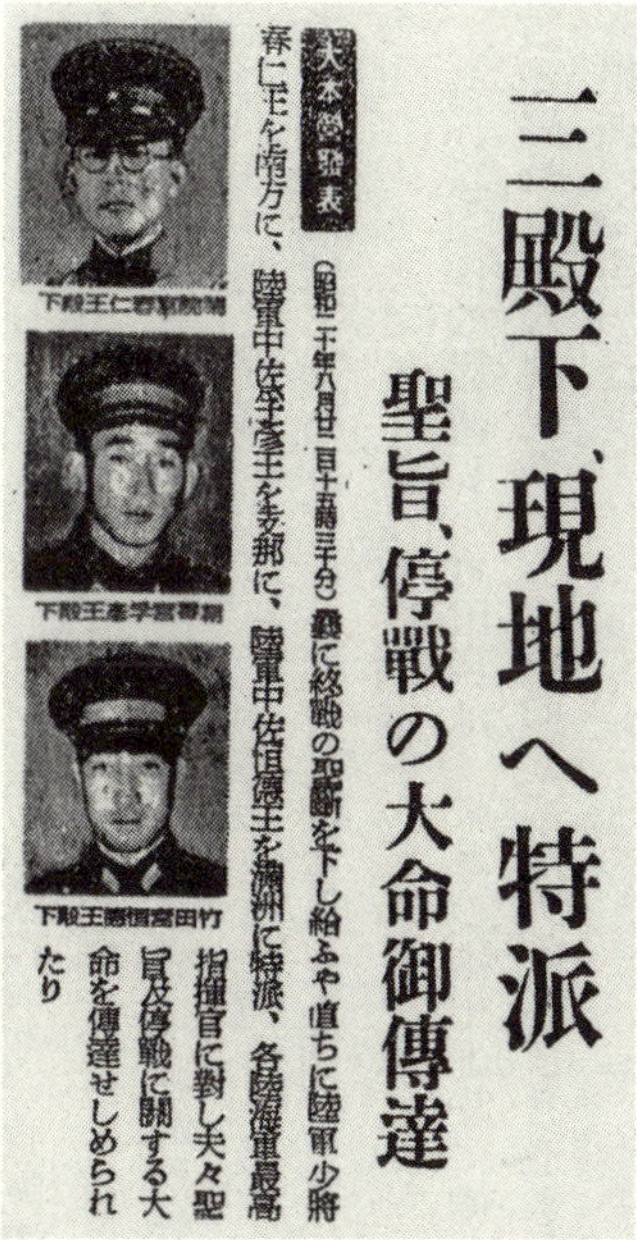

三殿下、現地へ特派
聖旨、停戰の大命御傳達

大本營發表（昭和二十年八月廿二日十五時三十分）曩に終戰の聖斷を下し給ふや直ちに陸軍少將春仁王を南方に、陸軍中佐孚彥王を支那に、陸軍中佐恒德王を滿洲に特派、各陸海軍最高指揮官に對し夫々聖旨及停戰に關する大命を傳達せしめられたり

閑院宮春仁王殿下

朝香宮孚彥王殿下

竹田宮恒德王殿下

皇族軍人の“現地”派遣を伝える報道（『朝日新聞』8月23日付）　この記事では朝香宮孚彦王だが、翌日鳩彦王に訂正された．実際の派遣命令から7日経っての報道だった

た私は、無事に帰れるとは思えないので、身辺の整理をした」（竹田恒徳『雲の上、下　思い出話』）という。

竹田宮は、八月一七日に立川から専用機で新京に飛び、山田乙三《おとぞう》関東軍総司令官ら幕僚に天皇の聖旨を伝えた。竹田宮は山田らがどのような反応をするか心配したが、厳粛な雰囲気のなかで、無事承諾された。しかし、その夜、新京市街では「満州国」の近衛兵が反乱を起こして銃声が鳴り響いた。

竹田宮は翌一八日朝に京城（ソウル）に向かうが、山田ら関東軍幕僚たちはシベリアに抑留される。

竹田宮も一九四三年八月から四五

年七月まで「宮田」と名前を秘匿して関東軍参謀として作戦の任にあたっており、竹田宮は「ことに、私の後任として赴任したばかりに、抑留の憂き目に遭った瀬島龍三参謀〔のち伊藤忠相談役〕は、いわば私の身代わりとなったわけで、なんとも気の毒」（同前）と記している。一歩手順をあやまれば、竹田宮自身も抑留される可能性があったわけである。しかも、新京を飛び立った竹田宮の飛行機は故障して新京飛行場に戻っており、修理に時間がかかり一泊する事態になれば、翌一九日に進攻してきたソ連軍に連行されていたかもしれなかった。

このとき竹田宮は、東久邇宮首相と東郷茂徳前外相から、溥儀が希望すれば日本に連れてくるという密命も与えられていた。竹田宮は溥儀とは旧知の仲であった。

当時、溥儀は通化《つうか》（中国吉林省）の山奥におり、京城で会う約束をしたが、溥儀の飛行機が小さく長白山《ちょうはく》（白頭山）を越えられないので、一九日に奉天（瀋陽）に出ることとなった。竹田宮は溥儀に会うために奉天に引き返そうと朝鮮軍管区司令官（朝鮮軍司令官を改称）の上月良夫《こうづきよしお》中将に依願したが、反対されかなわなかった。溥儀は一九日に奉天に着いたが、すでにソ連占領下であり、シベリアに抑留された。「もし、私も奉天に行っていれば、同じ運命をたどるところであった」（同前）と回想している。

八月二〇日に帰国した竹田宮は、米軍の本土上陸に備えていた広島県宇品の陸軍船舶司令部と福岡の第六航空軍司令部を抑えるために再び派遣される。また高松宮も厚木の海軍航空隊鎮撫に向かった。

皇族たちは天皇の名代として「一億玉砕」を叫んだ戦争の終息に一役買ったのである。

ドゥーリトル空襲と東久邇宮

「一億総懺悔」を唱えた東久邇宮内閣に対して、国民側からは「従来の当局は国民に総懺悔する前に自ら責任を負うべきだ」（愛知県知事「議会に於ける首相宮殿下の演説に対する反響に関する件」）との声があがり、指導者の責任を問う動きも出てきた。

九月一一日、連合国軍最高司令官総司令部（GHQ）は、東條英機ら三九名の逮捕を発表したが、そこには皇族の名はなかった。しかし　翌一二日に、細川護貞は「此の内閣に対する評判急激に悪化す。第一の理由は、宮様内閣はよからぬこと、宮様自体に対する不満、危《き》惧《く》等なり。首相宮は戦争犯罪者逮捕のことありしより、此の内閣中の戦時内閣閣員を更迭せしむべし、との御意見もある由」（『細川日記』）と記している。この頃、東久邇宮首相退陣の世論は醸成し、竹田宮恒徳王なども早い機会での辞職を進言していたほどであった。

九月一八日、東久邇宮首相の外国人記者団との会見で、一九四二年四月のドゥーリトル中佐率いる部隊による日本本土空襲に際しての捕虜処刑について、防衛総司令官だった東久邇宮の責任や、天皇の開戦責任などが追及された。

東久邇宮は曖昧な回答しかできず、「自分が訊問されて居る様であった」（警保局外事課「首相宮外人記者団との御会見に関する件」）と会見の最後に述べている。このため、政府は東久邇宮や天皇の責任を回避するための具体的説明を二八日までに作成するように、関係各部局に通達したのであった。

九月二七日には、天皇とマッカーサーの第一回会見が行われた。結果的にこの会見で天皇はマッカーサーから絶大な信頼を得て、以後、天皇が日本の占領改革を進める主体としての地位を約束されたといえる。

この二日後、東久邇宮がマッカーサーと会見し、「自分の如き封建的性格の者が総理たることに差障りあるや否や、及び現閣僚内に更迭せしむべき者ありや否や」と質問している。これに対してマッカーサーは、「むしろ殿下の如き封建的なる方が、民主的なる政治をなさることこそ、民主的なり、又閣僚中に更迭を要すと認むる者なし」(『細川日記』)と明言したという。

一〇月四日GHQは東久邇宮内閣に「政治的民事的宗教的自由に対する制限の撤廃に関する覚書」を命じ、政治犯の即時釈放、思想警察の撤廃、内務大臣(山崎巌《いわお》)の罷免などを求めた。これに対して東久邇宮は、実行不可能として一〇月五日に総辞職する。東久邇宮は封建的なままで、民主的な政治を行うことができなかったのである。

復員と山陵差遣

東久邇宮内閣が倒壊しても、皇族としての立場は継続されていた。一九四五年一一月二九日、皇族会議が宮中で開かれ、枢密院臨時本会議で可決された「皇室諸制度の改廃」に関する議決がなされた。これは皇族身位令、皇族就学令、皇族遺言令、皇室裁判令を改正したもので、それぞれ条文などの部分修正が行われた。

会議には高松宮、三笠宮、閑院宮春仁、賀陽宮恒憲、賀陽宮邦寿《くになが》、久邇宮朝融、朝香宮鳩彦、東久邇宮稔彦、東久邇宮盛厚、竹田宮恒徳の一〇人の皇族が出席、平沼騏一郎枢府議長、石渡荘太《いしわたそうた》郎《ろう》宮相らが臨席し、天皇出御のもとに行われた。なお、皇族会議や皇族身位令などの皇室令は一九四七年五月に廃される。その後、日本国憲法で皇族会議は皇室会議となり、皇室令のいくつかは政令となって継承されている。

表5-2　**復員皇族一覧**

	皇族名	階級
陸軍	梨本宮守正	元帥大将
	朝香宮鳩彦	大将
	東久邇宮稔彦	大将
	賀陽宮恒憲	中将
	李垠	中将
	秩父宮雍仁	少将
	閑院宮春仁	少将
	朝香宮孚彦	中佐
	竹田宮恒徳	中佐
	李鍵	中佐
	三笠宮崇仁	少佐
	東久邇宮盛厚	少佐
	賀陽宮邦寿	大尉
海軍	伏見宮博恭	元帥大将
	久邇宮朝融	中将
	高松宮宣仁	大佐

註：階級は敗戦時

さらに一二月には、表5-2のように軍籍に身をおいていた一六名の皇族たち（朝鮮王公族を含む）が復員し、宮中に召され、天皇から言葉を賜った。陸軍では将官クラスが七名おり、敗戦時に多くの皇族が陸軍上層部にいたのである。なお、かつて参謀総長で元帥陸軍大将であった閑院宮載仁は敗戦の三ヵ月前に八一歳で亡くなっていた。このため、敗戦時陸軍の長老皇族は七二歳の梨本宮であった。また、海軍長老の伏見宮は翌一九四六年八月一六日に七二歳で亡くなる。

さて、復員後、高松宮ら七名の皇族は一二月一日から、歴代の山陵へ差遣される。

まず、一二月一日から六日間の日程で高松宮は仲恭天皇山陵はじめ京都府下の四六陵を、三笠宮は神代三陵はじめ鹿児島、山口両県下の四山陵を代拝した。

また、竹田宮恒徳は一二月一日から五日間の日程で、崇徳天皇山陵はじめ香川、兵庫両県下の二山陵を、首相を辞任した東久邇宮稔彦は一二月六日から五日間の日程で、桓武天皇山陵はじめ京都府と滋賀県下の二三陵を、閑院宮春仁は一二月六日から四日間の日程で、開化天皇山陵はじめ奈良県下の一四陵を、賀陽宮邦寿は綏靖天皇山陵はじめ奈良県下の一六陵を、朝香宮は仲哀天皇山陵はじめ大阪府下の一六陵を、それぞれ代拝した。

天皇家存亡の危機を前に、各皇族が分担して、各地の歴代の山陵を参拝したのである。

梨本宮の戦犯指名

高松宮らが山陵に派遣されていた一九四五年一二月二日、梨本宮守正が戦犯に指名される。四日、GHQは「宮殿下ゆえに特別扱いせず」の声明を出し、天皇や宮内省をはじめとする関係者に衝撃を与えた。

一二日、梨本宮は巣鴨に出頭し、厳寒の拘置所で年を越した。この間、外務省が働きかけ、東京裁判首席検察官であるジョセフ・キーナンが本国と調整し釈放しようとしているとの情報が流れた。結局、翌年四月一三日、梨本宮は釈放され、戦犯として裁かれることはなかった。

当初より梨本宮の戦犯指名の理由は、関係者の間でも疑問視されていた。梨本宮が、実際に軍務にあったのは日露戦争時であり、太平洋戦争時は陸軍の長老ではあったが、武徳会、飛行協会、警防協会といった外郭団体の総裁などの名誉職が多く、梨本宮妃の伊都子も「お飾りでも犯罪人か？」（『梨本宮伊都子妃の日記』）と憤っていた。

巣鴨拘置所に出頭した梨本宮守正王（1945年12月12日）

梨本宮が戦犯となった理由は、GHQの民間諜報局（CIS）のファイルによれば、「数十年にわたって軍国主義を権威づけるためにその名前が役立てられた数少ない皇族の一員として拘禁されるべき」とある。また、梨本宮逮捕に踏み切ったCIS局長で対敵諜報部（CIC）部長でもあったE・R・ソープ准将の回想によれば、梨本宮が伊勢神宮の祭主であり、神道の名目上の頭目であったとしても、神道こそは侵略戦争を鼓舞した最大の推進力であり、皇族であっても戦犯を免除されないことを示すために拘禁したという。

ＣＩＳファイルにあるような「軍国主義を権威づける」ためであれば、梨本宮に限定される理由はなく、参謀総長であった閑院宮載仁や軍令部総長であった伏見宮博恭が挙げられるべきだが、前述したように閑院宮は敗戦直前に亡くなっており、その結果、梨本宮が陸軍籍皇族の最高責任者と見られたのかもしれない。また、一九三〇（昭和五）年のロンドン軍縮会議問題を思えば、伏見宮のほうが梨本宮よりもよほど反米的だったが、対米開戦前の言動だったためか、不問に付された。

だが、戦時中に神宮祭主であったことが、ＧＨＱに国家神道の本山の総責任者とみなされたことは、日本軍の狂信的な言動の背景に国家神道の存在を見た欧米諸国の見解として一定の理があったといえよう。しかし、日本側ではそうした認識はなく、その齟齬から生まれる責任意識の欠如はあった。

神宮祭主は維新後に守正の実父である久邇宮朝彦親王が初代皇族祭主に、次に有栖川宮熾仁親王が就くが、その後は守正の実の兄弟である賀陽宮邦憲王、久邇宮多嘉王、久邇宮邦彦王が務め、一九三七年一〇月以後は守正が就いていた。実質的に久邇宮朝彦親王の実子で担うのが慣行となっていたのである。ちなみに守正の後は、北白川房子、鷹司和子、池田厚子と代々、元内親王が継承している。

皇族戦犯指名の報道

また、実際には戦犯に指名されなかったが、一九四五年一一月九日、首相辞任後の東久邇宮稔彦が、中国の指名によって戦犯に挙げられていると報道された。『朝日新聞』(一一月九日付) は「中国指名の我戦犯人」と題して、七日のメルボルン放送の報道を伝えている。

同記事によれば、ニューヨーク・ヘラルド・トリビューン東京特派員の報道として、中国によって指名された日本の戦争犯罪人三〇〇名の名簿の筆頭に天皇が挙げられ、近衛文麿らとともに東久邇宮稔彦王の名があると公表したというのである。この名簿はマッカーサーに提出されるとも記されていた。もっとも、「但し現在までのところ右に関して何ら公報はなく、またこれを確認する情報もない」ともあり、不確定情報をあえて流した面もあった。

だが、東久邇宮にしてみれば、胸中穏やかではなかったろう。先にも触れたように東久邇宮は戦時中、一九四一年一二月以後、防衛総司令官を務めたが、在任中に捕虜になったドゥーリトル爆撃隊員を処刑した事件が起こっている。また一九四五年にはB29に対する体当り攻撃への感状を「稔彦王」の名を付して発したことがメディアで大々的に報道されていた。結局、メルボルン放送の報道の通りにはならず、天皇も東久邇宮も戦犯指名されることはなかった。

しかし、翌年に新たな戦犯指名の議論が起こった。一九四六年二月六日、キーナンの特別補佐官であるブレブナー・スミスとイギリス、オーストラリア、ニュージーランドの各国検察陣との起訴状草案をめぐる会談が開かれ、この席上、オーストラリアのアラン・ジェームス・マンスフィールド検事は、キーナンに一二四名の戦犯リストを提出する。そのなかには、天皇をはじめ、伏見宮博恭、東久邇宮稔彦、梨本宮守正ら皇族の名が挙がっていたのである。そして、伏見宮は同年四月八日に、東久邇宮は東京裁判開廷中の一九四七年九月二九日に、それぞれ検事局の尋問を受けた。

こうした動きはあったが、梨本宮以外の皇族が戦犯指名を受けることはなかった。その理由の第一は、米国を中心とした検察局がまずは日米開戦の責任者である東條内閣の閣僚を重視していたこと、第二に、マッカーサーやキーナンが天皇免責に傾き、皇室攻撃の矛先を弱めたこと、第三に、皇室を守るため日本の宮内省（宮内府）や外務省の要人たちが積極的に占領軍に働きかけて皇室無罪論を強調したことなどが挙げられよう。

南京事件と皇族

付言すれば朝香宮鳩彦も、一九三七年一二月に上海派遣軍司令官として南京事件と関わっており、戦犯に指名される可能性が少なからずあったが、どのリストにも載らなかった。一九四六年三月二二日、国際検察局のアーサー・A・サンダスキー大佐の尋問を受けていた田中隆吉（元陸軍省兵務局長）は、南京で残虐行為をした部隊や将校名を挙げ、「これに劣らずひどかったもう一つの軍は、朝香宮軍と呼ばれる軍でした」（『東京裁判資料　田中隆吉尋問調書』）と述べている。

朝香宮鳩彦は、東京裁判開廷二日前の一九四六年五月一日、米国法務官であるトーマス・H・モロー大佐の尋問を受けた。モローは、松井石根から朝香宮の指揮した部隊が南京事件に関係しているとの情報を得ていた。モローは裁判にあたり中国戦線での日本軍の化学戦・細菌戦の詳細な調査をした人物としても知られる。

尋問は、モローのほか、通訳と速記者を交えて白金台の朝香宮邸で一〇時一五分から一二時一五分まで二時間にわたりなされた。尋問は、朝香宮が南京での残虐行為についてどの程度の情報を得ていたかの確認が中心となった。

モローは、朝香宮が一九三七年一二月に南京を占領した松井石根の指揮下にある部隊の司令官であることに着目していた。そして、朝香宮が南京にいた外国人などが、日本軍による残虐行為について非難していた情報を得ていたかを何度も確認した。朝香宮は、南京での違法行為は軍法会議で裁いており、そのほかの情報はいままで聞いたこともないと、否定し続ける。朝香宮は南京での捕虜を積荷などの労役に使ったが、虐殺行為は知らないし、市街に死体を見たこともないと答え続けた。日本大使館に寄せられた日本軍の残虐行為に対する非難の声も聞いたことはなく、外国人が書いた南京での非道な事件の本を読んだこともなく、南京での状況は松井以外からの情報は得ていないと述べた。

検察局側では、事前に、朝香宮が明治天皇の皇女である允子内親王を妻とし、軍事参議官であり皇族であったため彼の意見は無視できないものと考えていた。そして、松井石根の親密な友人であり、「一九三七年における罪科を深く負っており、揚子江流域の豊かな地域で自分の利益のために支配力を得ようとした。朝香宮と松井は、南京で強奪事件［the rape of Nanking］をひきおこした軍紀の乱れの結果として、帰任を命ぜられた」（『IPS尋問調書』）との認識があった。しかし、朝香宮への尋問はこの一回で終了し、その調書が裁判に反映されることもなかった。

結局、皇族は戦争責任を追及されることはなかった。だが、一九三〇年初頭からの歴史を振り返れば、彼らは多くが軍の枢要におり、日本の軍事的侵攻に少なからぬ役割を果たし、時にはその急先鋒として重大責任を負うべき言動を行っていた。

もっとも、皇族たちも軍籍にある者は、一九四六年二月六日、すべて公職追放となった。また、戦後の占領改革で、直宮を除く宮家皇族家（伏見宮系皇族）は多くの特権を剝奪され、皇族としての身分を喪失した。一定の制裁を受けたといえる。とはいえ、上官の命令による行為で死刑を宣告されたＢＣ級戦犯たちと比べれば、一市民としての自由な生活が保障されただけ、幸運であった。

第六章　皇籍離脱と新憲法

1　皇籍離脱

特権剥奪

敗戦後に皇族内閣は成立したが、皇族に対する処遇は悪化する一方だった。空襲被害の補《ほ》塡《てん》もままならないうちに、GHQの戦後改革が進められ、皇族の身辺も慌ただしくなる。

一九四五（昭和二〇）年一〇月、宮内省はGHQの命を受けて、各皇族の全財産を調査した。皇族は、土地や家屋の価格と建坪、所有物の価格などを書き出して提出することとなり、大騒ぎとなる。信託会社に預けていた宝石などもいったん引き取って宮内省に保管することとなったが、万一の場合を考え、一部を隠匿する家もあった。

このときの調査額は表6－1の通りである。直宮の総額では高松宮がもっとも多かったが、

表6-1　**皇室財産調査額**（1945年11月）

宮家名		総額（円）	総合順位
直宮	高松宮	5,725,064	2
	秩父宮	1,792,792	11
	三笠宮	723,624	14
直宮総額		8,241,480	
宮家皇族	伏見宮	7,701,444	1
	朝香宮	5,568,778	3
	北白川宮	4,606,941	4
	東久邇宮	4,560,549	5
	梨本宮	4,526,998	6
	閑院宮	3,346,542	7
	竹田宮	3,015,259	8
	久邇宮	2,512,189	9
	山階宮	1,825,990	10
	賀陽宮	1,736,770	12
	東伏見宮	1,070,401	13
宮家皇族総額		40,471,861	
総額		48,713,341	

註：円以下の銭は切り捨て
出典：国立公文書館『終戦関係書類』より筆者作成

このうち二八三万四〇〇円が宝石類であった。秩父宮の内訳は現金・小切手・国債が二〇万七二二七円、土地が一四万六九五〇円、建物が一九万四七一五円、宝石が一二四万三九〇〇円、総額一七九万二七九二円である。

直宮以外の宮家皇族では、伏見宮の七七〇万一四四四円を筆頭に、総額は四〇四七万一八六一円、平均は三六七万九二六〇円。この資産額を再調整し、のちに高額の財産税が課せられることになる。十一宮家の財産と財産税については表6-2の通りである。

一九四六年五月二一日、GHQから日本政府宛の覚書「皇族殿下並妃殿下に関する件」が発せられる。同覚書では、主に以下四つの指令が行われた。

①「皇族殿下並妃殿下」のため宮内省で保管中の証券をただちに各皇族へ転付すべきこと、②宮内省から金員もしくは物件によるいかなる賜物、あるいは貸与を受けないこと、③宮家

の奉仕について宮内官を充当しないこと、④各皇族に転付した宮内省保管の財産の権利、権限、利益を除去するための必要な措置を講ずること。

さらに「皇族殿下並妃殿下」の「一切の特権及免除（課税免除を含む）」を除去するため必要な措置を講ずることも命ぜられた。

「皇族殿下並妃殿下」には「皇太后陛下若くは皇男女殿下」を含まずとあり、いわゆる十一宮家のみならず秩父宮、高松宮、三笠宮ら皇弟の宮家も対象としたものであることが明記された。なお、「皇族のため宮内省に保管されている証券」として国債が九〇万七八三七円、府県債が五三万九四〇九円、社債が四二二万二八八二円、株券が二一六万六〇九二円、合計七八三万六二二〇円が算出されていた。

二日後の二三日、総司令部は二一日の覚書を踏まえ「日本皇族男女より『免税を含むあらゆる特権と義務免除』を剝奪する」こと、「天皇の直系を除き皇族男女子は日本統治者より伝統的に与えられた」特権を制限されることを発表した（『朝日新聞』一九四六年五月二四日付）。

すなわち、秩父宮をはじめとする十四宮家

表6-2　**十一宮家の財産・財産税**

（単位　千円）

宮家名	財産	財産税
伏見宮	7,920	6,098
閑院宮	5,681	4,195
山階宮	1,543	920
北白川宮	8,438	6,548
梨本宮	3,686	2,563
久邇宮	7,048	5,352
久邇宮（京都分家）	186	34
賀陽宮	1,740	1,071
東伏見宮	1,919	1,202
竹田宮	6,221	4,654
朝香宮	10,676	8,443
東久邇宮	3,310	2,264
計	58,368	43,344

出典：『朝日新聞』および黒田久太『天皇家の財産』三一書房，1966年

に対して、具体的には以下の四つの指令が行われる。

①皇族男女子が皇室に信託したすべての有価証券を皇族各家に返還し、これに対し課税する。

②宮内省が皇族男女子ならびにその家族に対し金銭もしくは財産を譲渡あるいは貸与することを制限する。

③宮内省使用人の皇族男女子に対する奉仕を禁止する。

④皇族男女子が宮内省に属しまたは保有されている一切の財産に対してもっている権利、名義および持分はこれを剥奪する。

これについて、総司令部経済科学金融課長のジェニングス中佐は、以下のように語っている。

皇族十四家の保有資産は総額五千万円を超えており、そのうち約八百万円に上る有価証券が終戦と同時に皇室財産に信託された。これは明かにこれら証券が差押えられることを予期して行われたものであるが、宮内省がかかる資金の管理に当るのはその機能ではないとの見地から、各皇族への返還を命ぜられたのである。そしてこれらは課税の対象となるわけである。皇族男子は政府の名誉職にはあるが、公の仕事は行っていない。現在宮内省予算には各宮家の生活を維持するため年額二百万円に上る扶助金が計上されているが、これは名誉職に対する俸給といった観を呈している。然し下賜金や扶助金を与える事によって「皇族という職業」において皇族男子を扶養することを禁止しもって政府の人件費からかかる費用を取除くことがよいと思われる。かかる費用はせんじつめれば全て一般国民によって支払われるものであるからである。（同前）

悲　哀

特権を剝奪された皇族側の一人であった梨本宮妃伊都子は、当時をこう回想している。

戦争に負け第一生命本社にマッカーサー司令部が乗り込んで来ると、まず第一に皇族費が削られてしまいました。総理大臣の年俸が一万円か一万二千円の時代に、梨本宮家は三万八千円でした。（東伏見宮四万三千円、伏見宮四万一千円、山階宮三万八千円、賀陽宮四万五千円、久邇宮七万七千円、朝香宮七万一千円、東久邇宮十一万円、北白川宮六万六千円、竹田宮五万一千円、閑院宮五万八千円）この歳費が止められてしまったのです。（このほかに御交際費などあり）

梨本宮家では、別当、事務官、御用取扱い（女）、属官、雇員等の職員の給料はすべて宮内省、お付武官は陸軍省でしたから、宮家の費用としては、男子は家丁、自動車運転手、料理人、小使、女子は老女（一人）、侍女（六人）、下女（三人）だけに給料を支払うだけでした。私などはお金など見る必要もなかったのです。

梨本宮家も戦前までは三十数名の職員がいましたが、敗戦の頃には七、八人となり、宮様が巣鴨から出所された時には、執事と侍女の外に事務員が一人というありさまでした。

（梨本伊都子『三代の天皇と私』）

伊都子の回想は、時期的な整合性にやや欠け、守正が釈放された一九四六年四月一三日は、まだ皇族の財産上の特権は剝奪されていなかった。ただ、梨本宮家の場合、空襲で渋谷の二万坪の敷地の豪邸が焼失してしまい、敗戦前から生活の苦難を味わっていたので、こうした時期の記憶違いも起きたのだろう。

いずれにせよ、梨本宮家は皇族の財産上の特権剝奪によって、河口湖や伊豆山の別荘を売り、調度品や桂印（伊都子のお印）のある愛用の琴までも手放した。当時の伊都子の日記には、「大きらい」「癪《しゃく》にさわる」「いまにバチがあたる」など、買い手への悪口が記され、その荒れる胸中が伝わる。しかも、仲介に立った使用人が不正を働くこともあり、守正や伊都子に知らされずに売買がなされたり、売却価格が不明瞭であったりしたという。伊都子の回想には、こうある。

私には物の値段が全然わかりません。すべてよきに計らえ……式に職員に任せてしまいました。売ったお金のほとんどをこの事務官に誤魔化され、二台の自動車も売り渡してしまいました。

宮様用の自動車は、公式の時はナンバーをパタンと返すと、宮家の十四の菊の御紋章になるのですが、それをそのままにして売却しましたから、買い主は堂々と菊の御紋章のまま街を走るのでした。（同前）

菊の御紋章の自動車だけではない。天皇から拝領した勲章までも買われてしまったのである。皇族たちは財産税を払うために、別邸や美術品の多くを売り払った。

皇籍離脱の背景

宮家皇族の皇籍離脱は一九四七（昭和二二）年一〇月だが、敗戦直後から皇室の変革ははじまっていた。東久邇宮稔彦は、首相辞任後の一九四五年一一月一〇日に新聞記者を麻布の仮御殿に招き、敗戦の責任を痛感し自らの臣籍降下の決意を表明していた。

かつての明治憲法下では「臣民」の概念があったので臣籍降下と称したが、日本国憲法施行後は、皇籍離脱と称するようになる。かつての臣籍降下は華族への賜姓降下を意味したが、華族制度が廃止後の皇籍離脱は、いうまでもなく一般市民になることを意味した。

東久邇宮の臣籍降下の意図は、皇族の特別待遇を拝辞し平民となり、天皇や国民にお詫びし、敗戦の道義的責任を明らかにするというものであった。しかし、石渡荘太郎宮内大臣や木戸内大臣によって、時機を待つように制止される。

同じ頃、占領軍内部では、「今上天皇及び男子御兄弟御三方の皇族としての已存権《いそん》を確認す」（木下道雄『側近日誌』）との内容を含むケン・ダイク占領軍総司令部民間情報教育局長（CIE）の意見書が作成され、右翼事業家の安藤明を介して木下道雄侍従次長に伝えられていた。木下は同意見書を昭和天皇に上奏し、これを受けて天皇と宮内省は「男子御兄弟御三方［皇弟］」、すなわち「皇太后陛下若《も》しくは皇男女殿下」よりも範囲を広げた直宮全体の「已存権」確保と、それと連動する直宮以外の宮家の処遇を検討するようになる。

GHQは、十一宮家の廃止を提唱したわけではない。だが、「已存権」を天皇と直宮に限定したことは、直宮以外のいわゆる宮家皇族十一家の「已存権」を保証しないことを暗に示していた。

では、天皇の心境はどのようであったのか。高松宮は日記（一九四六年五月二四日）に次のように記している。

陛下がほんとに皇族と一緒にやってゆくと云う御決心がこの際はっきりせねば臣籍降

下のほかなかるべし、即ち物質的にも精神的にも皇族としてなりたちゆかぬ［後略］

当時、天皇が皇族たちをどのように処遇しようとしたのか、皇弟の高松宮には真意が見えず、苛立《いらだ》っていた。皇室存続を願う天皇にすれば、GHQの意図を慎重に推し測りながら、軽率な意思表示は避けていたともいえる。

いずれにせよ、天皇、直宮（なかでも皇弟）、宮家皇族の意思の疎通が十分でなく、こうした事態は古くは「会津のミカド」問題など、すでに戊辰戦争当時から現れていた。前章でも触れたように一九三〇年代にはロンドン海軍軍縮条約問題を契機に深刻化しはじめ、戦時中には戦争指導をめぐって天皇と皇弟、宮家皇族との間に相互不信すら生まれていた。そしてこの天皇の皇弟や宮家皇族への不信感が、十一宮家離脱容認の遠因の一つとなっていたともいえる。

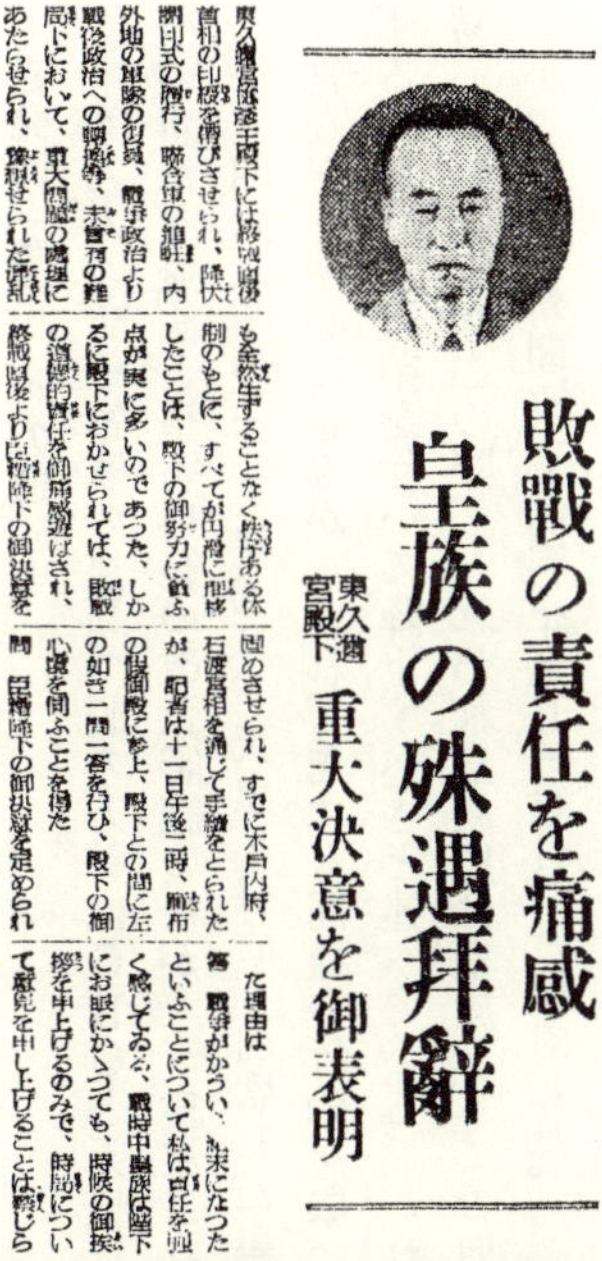
敗戰の責任を痛感
皇族の殊遇拜辭
東久邇宮殿下　重大決意を御表明

臣籍降下決意を表明した東久邇宮稔彦王（『朝日新聞』1945年11月11日付）

自発的「降下」への道

もちろん、十一宮家の皇籍離脱の方針はGHQと天皇だけが抱いていたわけではない。戦後の新たな憲法と皇室典範の改正審議のなかで、皇族自身も意見を述べている。

一九四六（昭和二一）年七月、天皇・皇后も出席した皇族当主による皇族会で、皇弟の三笠宮などを中心に議論がなされ、先にも同様の行動を取った東久邇宮稔彦が敗戦の責任を感ずるなら、三皇弟を除いて降下すべきと述べている。これに対して、竹田宮恒徳は「降下は易いが、国家存亡の際、われわれ皇族には皇族としての何か御奉公すべき途があるのではないか」（『朝日新聞』一九四六年九月一日付）と反対した。

結局、皇族会での議論をもとに宮内省で研究を進め、「皇室の血縁関係」「皇室強化」「経済上の問題」「政治的理由」の四点の方向が示されるようになった。

とくに「皇室の血縁関係」では、十一宮家の当主たちの父祖にあたる伏見宮家と現皇室との血縁の遠さが挙げられた。伏見宮家は「今上天皇からさかのぼれば一八代も前の貞成《さだふさ》親王の第二子貞常《さだつね》親王が源［第一子が一〇二代後花園天皇］というのだから、現皇室とのつづきがらは相当離れたものといわざるを得ない」（同前）という。また、皇后良子の実家の久邇宮家、成子内親王の婚家の東久邇宮家、さらには明治天皇の四内親王の嫁ぎ先であった竹田、北白川、朝香、東久邇の四宮家と、ほかの宮家との具体的な区別は難しいと指摘された。

「皇室強化」では、皇室の根幹をより強固にするために「枝葉」を伐採する必要があるとされた。「経済上の問題」では、すでに財政上の特権が剝奪され、また財産税を課せられた皇族が、将来的に皇族予算が計上されたとしても国庫から品位を保つだけの十分な支出は難しいとされた。「政治的理由」では、すでに新しい生活意欲に燃えて働く意志を固めている若い皇族もいるとし、一平民として国民のなかに飛び込んでいくことこそが、大きな仕事だとされた。

具体的な皇籍離脱の方法としては、法的には皇室典範（当時は旧典範）増補第一条にあり、勅旨と情願という二つが認められていたが、天皇自身による勅旨ではなく、皇族の発意に基づく情願が穏当であるとされた。

ただ、情願については、当主の情願によって直系卑属も離脱できるのだが、すでに寡婦となり実家が天皇家である皇族や、皇族身位令で満一五歳未満の皇族には情願が許されておらず、北白川宮妃房子（周宮）や北白川宮道久王の場合、勅旨によるしかあるまいと予想されていた。

天皇による「申し渡し」

一九四六（昭和二一）年一一月三日、日本国憲法が公布され、皇室典範改正、皇室経済法制定の議論が進んでいた。「皇族の生活保障」「臣籍降下の時の一時金」などがこれらの法案に盛り込まれるようになった。しかし、こうした状況になっても、十一宮家側は自発的離脱の情願について意思統一はされていない。結局、天皇自ら十一宮家を集め、皇籍離脱を申し渡すこととなった。

一一月二九日、すでに六〇代半ばであった梨本宮妃伊都子は、実妹信子の長女でもある秩父宮妃勢津子とともに、バザーの相談のため、午前九時半頃から勢津子妃の実家である松平恒雄邸にいた。学習院の女子卒業生の同窓会組織である常磐会主催でバザーができないか相談をしていた。

そして、午後二時、天皇に呼ばれる。伊都子の日記には次のように記されている。

> 午後二時、陛下の御召しにより、皇族十宮、東伏見宮、伏見宮特に若宮同伴、賀陽宮両、若、久邇宮二、梨本宮二、朝香宮同若二、東久邇宮妃、北白川宮大妃、竹田宮二、閑院宮二、(山階宮一)、十九名。[実際は一八名の出席]
>
> 天皇陛下出御。一同に対し、此の時局に関し申しにくき事なれども、私より申し上ますと仰せられ、生活其他に付、皇室典範を改正になり、色々の事情より直系の皇族をのぞき、他の十一宮は、此際、臣籍降下にしてもらい度《たく》、実に申しにくき事なれども、何とぞこの深き事情を御くみとり被下度《くだされた》いと、実に恐れ入りたる御言葉。
>
> 其他に次《つい》ても、身をつつしみ、貴賓《きひん》[気品]ある御生活をしていただき度い。出来るだけの御補助はいたすつもりである。なお御たずねの件があるならば、御遠慮なく御申

出被下《くださ》いと仰せられた。

長年、精神的に病んでいた山階宮武彦王は欠席したのだろう。実際には一一宮家から一九名が呼ばれていた。「両」とは当主と妃、「若」とは嗣子、「大妃」は先代の寡婦、「二」は二人という意味である。

さらに、天皇は離脱の時期について「来年一月末か二月頃がよかろう」と述べ、「それまでは他言なさらぬ様」とつけ添えていた。伊都子妃は、「ほんとに、陛下の御心中、御さっし申上ると、胸もはりさける思い」と記す一方で、「もうもう（私どもは憲法発表、皇室典範の事など新聞ですでにみているから、もうどうせ臣下にならねばならぬと覚悟はしているが、実に何ともいえぬ心もちである）」とも記している。

この日、伊都子妃らは「渡り茶」をもらい、雑談して三時半頃退出した。わずか一時間半の出来事であった。梨本宮家では、翌年までに納める財産税のための資産売却のさなかでもあり、伊豆山の別荘の品々をトラックで運んできて、焼失を免れた自邸の蔵に収めていた。

こうして敗戦後の苦難のなか、一九四七年一〇月一四日、秩父宮、高松宮、三笠宮の三皇弟を含む直宮たちを除いて、いわゆる宮家皇族十一宮家五一名が皇族としての地位や身分を失った。

表6－3で示したように、十一宮家でも家族の大きさが違った。離脱者がもっとも多かっ

表6－3　**皇籍離脱した十一宮家の人びと**

久邇宮		賀陽宮		東久邇宮		竹田宮	
俔子妃	69	恒憲王	48	稔彦王	61	恒徳王	39
静子妃	64	敏子妃	45	聡子妃（泰宮）	52	光子妃	33
朝融王	47	邦寿王	26	盛厚王	32	恒正王	8
朝子女王	21	治憲王	22	成子妃（照宮）	23	素子女王	6
邦昭王	19	章憲王	19	俊彦王	19	紀子女王	5
通子女王	15	文憲王	17	信彦王	3	恒治王	4
英子女王	11	宗憲王	13	文子女王	2		
朝建王	8	健憲王	6				
典子女王	7						
朝宏王	4						
朝香宮		**伏見宮**		**北白川宮**		**閑院宮**	
鳩彦王	61	朝子妃	46	房子妃（周宮）	58	春仁王	46
孚彦王	36	光子女王	19	祥子妃	32	直子妃	40
千賀子妃	27	博明王	16	道久王	11		
冨久子女王	7	章子女王	14	肇子女王	9		
誠彦王	5						
美乃子女王	3						
梨本宮		**山階宮**		**東伏見宮**			
守正王	74	武彦王	50	周子妃	72		
伊都子妃	66						

註：1）数字は数え年齢，2）宮家は離脱者数の順．ただし同数の家は創設年順，3）一家は年齢順

た宮家は久邇宮家（京都分家の静子妃を含む）で、全体の五分の一である一〇名を占めた。皇后良子の実家でありながら、数え四歳から二一歳までの王や女王七名を含む離脱であった。明治天皇と昭和天皇の内親王が嫁いだ東久邇宮家も二歳の文子《ふみこ》女王を含め七名が離脱した。

もっとも少ないのは、すでに当主が亡くなり宮家の祭祀も華族家に預けていた東伏見宮家と、関東大震災で妃を失い精神的に病みながら単身で一家を維持してきた山階宮家である。東伏見宮家では嗣子

がなく、妃周子が亡くなれば宮家はいずれ廃絶することになっていた。山階宮家も当主である武彦王の実弟四名がすでに臣籍降下し華族になり嗣子はなく、再婚話も破談となって、自然消滅の流れにあった。

一時金と邸宅のその後

この皇籍離脱に際して各宮家は一時金をもらった。だが、序章で触れたようにＧＨＱは元軍人に与えることを禁止し、国会も了承したので、陸海軍軍人だった皇族は受け取ることができなかった。

当時の新聞によれば、当主の王は二一〇万円、そのほかの王が一四四万九〇〇〇円、親王妃一五〇万円、内親王一五〇万円、王妃一〇五万円、女王七四万九〇〇〇円という配分だったという。各宮家の一時金については表6－4の通りである。

表6－4　**十一宮家の一時金**

（単位　千円）

宮家名	一時金額
伏見宮	4,648
閑院宮	1,050
山階宮	0
北白川宮	5,399
梨本宮	1,050
久邇宮	8,393
久邇宮（京都分家）	1,050
賀陽宮	8,295
東伏見宮	1,500
竹田宮	5,446
朝香宮	3,997
東久邇宮	6,647
計	47,475

出典：『朝日新聞』および黒田久太『天皇家の財産』三一書房，1966年

梨本宮家は一〇五万円であったが、当時宮家の財産は三六八万六〇〇〇円と試算され財産税が二五六万三〇〇〇円課せられていたため、一時金を充当させても一五一万円ほど不

表6-5　**主な旧皇族本邸跡一覧**

宮家名	所在地	旧邸の有無	跡地の現況
伏見宮	紀尾井町	空襲焼失	ホテル・ニューオータニ
閑院宮	永田町	空襲焼失	衆・参議院議長公邸
山階宮	富士見町	空襲焼失	衆議院議員九段宿舎
北白川宮	高輪	高輪プリンス会館（取り壊し）	グランドプリンスホテル新高輪
梨本宮	渋谷	空襲焼失	東京都児童会館
久邇宮	渋谷	一部がクニハウス（御常御殿）	聖心女子大学キャンパス
賀陽宮	三番町	空襲焼失	千鳥ヶ淵戦没者墓苑
東伏見宮	渋谷	現存	常陸宮邸（旧東宮仮御所）
竹田宮	高輪	貴賓館	高輪プリンスホテル
朝香宮	白金台	現存	東京都庭園美術館
東久邇宮	麻布	空襲焼失（麻布御殿）	六本木（民間所有）

表6-6　**主な旧皇族別邸跡一覧**

宮家名	所在地	現在	旧邸宅
朝香宮	沓掛	千ヶ滝プリンスホテル	あり
高松宮	翁島	天鏡閣	あり
閑院宮	箱根強羅	強羅花壇	あり
小松宮	三島	三島市立公園楽寿園	あり
高松宮	翁島	福島県迎賓館	あり
梨本宮	河口湖	ニューブリッジキャンプ場	なし
東伏見宮	葉山	イエズス孝女会葉山修道院	あり
東伏見宮	京都	料理旅館吉田山荘	あり

足していた。身分だけでなく経済的な特権を失った宮家のなかには、一市民として切り売り生活をはじめたものも少なくなかった。

なお、宮家皇族たちの本邸の戦後の移譲については表6-5にまとめたが、本邸建物の多くは空襲で焼失し、残った土地も売却された事例が多い。その代表的なところでは、西武グループの創業者堤《つつみ》康次郎《やすじろう》が旧皇族邸を購入しロイヤルブランドのホテルとして開発し、現在はグランドプリンスホテル新高輪（北白川宮邸）、高輪プリンスホテル（竹田宮邸）、グランドプリンスホテル赤坂旧館（李王邸）などとなっている。

ちなみに、久邇宮家の敷地と御常御殿は、皇后良子（香淳皇后）が幼女期を過ごした場所で、宮中に嫁いだ「門出の地」でもあった。しかし、一九四七年、聖心女子学院が大学設立のために購入する。同年、この聖心女子学院中等科に正田美智子が入学する。美智子は、高等科を経て聖心女子大学文学部を首席で卒業するなど、この地で輝かしい青春を送る。

また、朝香宮家は皇籍離脱後に熱海へ移住したため、白金台の朝香宮本邸は外務大臣（当時は吉田茂）官邸として利用され、一九五〇年に西武鉄道に売却され同社が管轄する国賓公賓の迎賓館となった。朝香宮夫妻がパリでの体験から建築したアールデコ様式で、現在は東京都庭園美術館となり一般公開されている。現存する旧皇族本邸としては、東伏見宮邸（旧東宮仮御所、現常陸宮邸）とともに稀有《けう》の例である。また、各地にあった別邸も表6－6に示したようにブランドホテルなどに変貌している。

いずれにせよ宮家皇族、つまりは伏見宮系の皇族たちの多くは空襲で本邸を焼失し、敗戦後は財産税などを課され、皇籍離脱後は特権的身分を喪失し、その後、残った邸地なども売却してしまったのであった。伏見宮系皇族たちにとって、戦後社会は屈辱と辛酸の時代であったともいえる。

2 日本国憲法・新皇室典範

国民の声

敗戦前後の時期、全国各地の特別高等警察などは国民の不穏言動を収拾していた。そこには天皇や皇室に対する流言蜚語《ひご》もあり、当時の国民の皇室に対する感情の断片を知ることができる。

敗戦の前月だが、福島県本籍の逃亡軍属職工とされる一九歳の男が、列車内で面識のない滋賀県の三〇歳の女性に「僕の父は高松宮妃殿下の父に当る」と詐称して、宿泊食事のほか物品の供与を受けた。そのとき男はこう述べたという。

今度京都の高松宅に行ったが岩手県へ疎開した後で困っている。宮城《きゅうじょう》は実に惨状目もあてられない。其の堀で魚釣りを一般の人がやっている。天皇陛下は宮城におられない。皇后陛下は京都の山奥にモンペ姿でおられる。秩父宮は肺病で病院におられる。僕は毎週一回見舞いに行っている。

(『資料日本現代史 敗戦直後の政治と社会 1』)

当局は男の言辞を不敬として検挙し、敗戦後の八月二八日に内務省警保局に送り、取り調べた。高松宮妃の父といえば、最後の将軍であった徳川慶喜の子である慶久だが、一般庶民にはなじみがなく、簡単に騙《かた》せたのだろう。

こうした皇族の親族を騙り、利益を得ようとした者は少なくなかったようだが、敗戦直後の皇族に関する主な流言は、天皇が退位して皇太子が即位するというものであった。皇太子が未成年であったため、高松宮あるいは秩父宮が摂政となるであろうことも噂された。八月一五日に東宮職が設置され、穂積重遠《ほづみしげとお》が東宮大夫となったことが、そうした風聞に信憑性をもたせ、実際その可能性もあった。警察の調査によれば、以下のような声が収拾されている。

・天皇陛下は自害された。
・畏れ多い話だが天皇陛下は連合国のために退位させられるのではないか。
・東宮職の設置は畏くも天皇陛下の譲位と拝察して居た。無念であるが止むを得ない。
・天皇は皇太子殿下に譲位されて沖縄に行幸された。国民は飽迄《あくまで》抗戦すべきだ。
・天皇は真に民族の為めならば徹底的に抗戦して愈々の際には自己が自ら戦争責任者となり帝位を皇太子に譲るべきだ。（同前）

他にも「この戦争に敗けて朕も何もあるものか」という強い批判や、「天皇陛下は琉球に流され、女は全部上陸軍の妾になり混血児をつくる」「天皇陛下は今次の降伏で御心労の余り御崩御になったそうだ」など、辛辣《しんらつ》な流言があり、当局はこれらの出所を調査し、他言厳禁に処したりした。

また、皇族に関しては首相に就任した東久邇宮稔彦王について、以下のようなものがある。

・宮様が総理大臣になったので其の他の閣僚や一般国民も何も云う事が出来ないだろうね。
・宮様は二食主義だから今度は吾々にも二食にさせるんじゃないだろうか。
・自分達の不始末から敗けた後始末と云う苦難な役目を引受けて下さった宮様のことを、お察して何とも感じない様では敗けるのが当然だよ。
・首相宮殿下が国民の声をお聞きになり始めたが何時《いつ》迄続くだろう。
・総理大臣宮殿下が民間の意中を知るべく投書を希望発表せられたが宮様が政治をされて何が出来るものか。　(同前)

秩父宮、高松宮などについては、「一一月頃皇太子殿下が皇位につかれ秩父の宮様が摂政になられる」「昨夜のラジオ放送では東久邇宮がおかくれになり代りに高松宮がお成りになったそうだ」などの流言があり、なかには「秩父宮は敵国のスパイであった為病気と名付けて軟禁せられて居る」という過激なものもあった。

変わらぬ国民感情

一九四五年一〇月から一二月にかけて、アメリカ戦略爆撃団戦意部は、日本全国五八の市町村で約五〇〇〇人の一六～七〇歳までの日本人（日米開戦後に軍隊経験のない一般民間人）に、天皇に関連した面接調査を行っている（『資料日本現代史　敗戦直後の政治と社会　1』）。

そのなかで「天皇制に対する態度」について質問し、以下のような結果を得ている。「在位を望む」六二％、「何も判断できない」一〇％、「天皇陛下に申し訳ない」七％、「天皇がどうなろうと私には関係ない」四％、「退位させる」三％、「回答拒否または、そのような畏れ多いことを話すことはできない」二％、「回答なし」一二％。

このように、在位を望む声が強かったが、「何も判断できない」「回答なし」を合わせると、五人に一人は態度を保留している。戦意部も、「多くの回答者は話をやめ、ためらい、何度もこちらからうながされてやっと意見を述べた。ある若い女性は天皇について尋ねられたとき完全にしゃがみこんでしまった。彼女は大声をあげて泣きはじめ、インタビューを続行することはできなかった」と特記している。当時の国民のなかには天皇について自主的な発言ができない状態にあった人も少なくなかった。

戦時中に軍事探照灯工場の部長をしていた電気技師は、「日本人は皇室を自分達自身の家族だと考えている」と語り、某役人は「もし天皇が追放されたら、日本共和国は簡単に無政府状態か、あるいはラテン・アメリカ諸国のような独裁制になってしまうかもしれません」と述べていた。

こうした声を裏付けるかのように、「天皇の命令」で戦死した家族を持つ遺族の間でも、天皇を糾弾する声は高まらなかった。むしろ、天皇によって戦争を終結できたことを評価し、天皇は軍部に騙され利用されていたという認識が国民に広まっていく。

敗戦は、皇室にとって大きな衝撃であった。そして、皇室への怨嗟《えんさ》や批判の声も生まれた。しかし、皇室のあり方や、皇室に対する国民感情を大きく変えることはなかった。

新憲法と新典範

戦後、皇族のあり方をもっとも大きく変えさせたのは法律である。具体的には一九四七（昭和二二）年五月三日の日本国憲法と、新皇室典範の施行である。これらにより、大日本帝国憲法や旧皇室典範に代わる新しい原則で皇室が再編成され、皇族の姿も変容した。

新憲法では天皇の権限については三一〇ページの表6-7のように第一～八条によって規定され、第一条で天皇は元首から「日本国の象徴」となった。第三条と第四条では、天皇の政治関与に制限を加えた。天皇の国事行為については、第七条で一〇項目が規定され、「内閣の助言と承認」を必要とした。皇位継承者とその予備軍、およびその配偶者と子女たちで構成される皇族の性格や機能も、こうした天皇の象徴化にともない変質する。

新憲法の第二条にある「国会の議決した皇室典範の定めるところ」に即して、一九四七年一月一六日に新皇室典範が公布（新憲法施行の日より施行）され、天皇の親族である皇族の地位や身分が新たに規定された。

新皇室典範には、皇位継承、皇族、摂政、敬称、皇室会議などについての条文があり、三一一ページの表6-8のように第一条で皇位継承が規定され、旧典範同様に男系男子の継承が堅持された。第二条で皇位継承順位が示されたが、同等内での出生順が重んじられた。ただし第三条でその例外についての規定がなされた。

皇族については、第五条でその範囲が規定された。そして、第八条で親王のうち皇位継承順位第一位である皇嗣たる皇子を皇太子と呼び、皇太子がいないときは皇嗣たる皇孫を皇太孫と呼ぶとしたが、このことは皇太子あるいは皇太孫を生む皇后（皇太子妃）の存在が、皇族の配偶者のなかでもとりわけ重要であることを示している。

しかも皇位は世襲であるため、第九条で天皇および皇族は養子を認められないことが規定された。また第一一条と第一二条で規定されたように、一五歳以上の内親王、王、女王はその意思に基づき、皇太子と皇太子孫を除く親王も特別の事由がある場合は、皇室会議の議により皇族の身分を離れることができたので、皇族に男子が生まれなければ、将来の皇位継承に支障が起こることは明白であった。

表6-7　**日本国憲法の天皇についての条項**

第1条	天皇は，日本国の象徴であり日本国民統合の象徴であって，この地位は，主権の存する日本国民の総意に基く.
第2条	皇位は，世襲のものであって，国会の議決した皇室典範の定めるところにより，これを継承する.
第3条	天皇の国事に関するすべての行為には，内閣の助言と承認を必要とし，内閣が，その責任を負う.
第4条	天皇は，この憲法の定める国事に関する行為のみを行い，国政に関する権能を有しない. 2　天皇は，法律の定めるところにより，その国事に関する行為を委任することができる.
第5条	皇室典範の定めるところにより摂政を置くときは，摂政は，天皇の名でその国事に関する行為を行う．この場合には，前条第一項の規定を準用する.
第6条	天皇は，国会の指名に基いて，内閣総理大臣を任命する. 2　天皇は，内閣の指名に基いて，最高裁判所の長たる裁判官を任命する.
第7条	天皇は，内閣の助言と承認により，国民のために，左の国事に関する行為を行う. 1．憲法改正，法律，政令及び条約を公布すること. 2．国会を召集すること. 3．衆議院を解散すること. 4．国会議員の総選挙の施行を公示すること. 5．国務大臣及び法律の定めるその他の官吏の任免並びに全権委任状及び大使及び公使の信任状を認証すること. 6．大赦，特赦，減刑，刑の執行の免除及び復権を認証すること. 7．栄典を授与すること. 8．批准書及び法律の定めるその他の外交文書を認証すること. 9．外国の大使及び公使を接受すること. 10．儀式を行うこと.
第8条	皇室に財産を譲り渡し，又は皇室が，財産を譲り受け，若しくは賜与することは，国会の議決に基かなければならない.

表6-8　**新典範の主要条項**

第1条	皇位は，皇統に属する男系の男子が，これを継承する．
第2条	皇位は，左の順序により，皇族に，これを伝える． 1．皇長子　2．皇長孫　3．その他の皇長子の子孫　4．皇次子及びその子孫　5．その他の皇子孫　6．皇兄弟及びその子孫　7．皇伯叔父及びその子孫 2　前項各号の皇族がないときは，皇位は，それ以上で，最近親の系統の皇族に，これを伝える． 3　前2項の場合においては，長系を先にし，同等内では，長を先にする．
第3条	皇嗣に，精神若しくは身体の不治の重患があり，又は重大な事故があるときは，皇室会議の議により，前条に定める順序に従って，皇位継承の順序を変えることができる．
第5条	皇后，太皇太后，皇太后，親王，親王妃，内親王，王，王妃及び女王を皇族とする．
第6条	嫡出の皇子及び嫡男系嫡出の皇孫は，男を親王，女を内親王とし，三世以下の嫡男系嫡出の子孫は，男を王，女を女王とする．
第8条	皇嗣たる皇子を皇太子という．皇太子のないときは，皇嗣たる皇孫を皇太孫という．
第9条	天皇及び皇族は，養子をすることができない．
第10条	立后及び皇族男子の婚姻は，皇室会議の議を経ることを要する．
第11条	年齢15年以上の内親王，王及び女王は，その意思に基き，皇室会議の議により，皇族の身分を離れる． 2　親王（皇太子及び皇太孫を除く．），内親王，王及び女王は，前項の場合の外，やむを得ない特別の事由があるときは，皇室会議の議により，皇族の身分を離れる．
第12条	皇族女子は，天皇及び皇族以外の者と婚姻したときは，皇族の身分を離れる．
第15条	皇族以外の者及びその子孫は，女子が皇后となる場合及び皇族男子と婚姻する場合を除いては，皇族となることがない．

他方、旧典範同様に、皇族でない女子は皇族男子との婚姻により皇族となれると規定された。しかし、第一五条にあるように、皇族でない男子が皇族女子との婚姻により皇族となることはない。このため、皇族女子と結婚した男子が皇族となり皇位を継承することは想定していない。

ちなみに、「皇室」とは天皇および皇族の総称であり、戦前の大日本帝国憲法下では「帝室」とも称された。皇室は天皇と内廷皇族を家族とする内廷、皇太子以外の男性皇族とその家族である宮家とで構成されてきた。戦前の宮家には直宮といわゆる宮家皇族（四親王家および伏見宮系皇族）があったが、戦後は直宮だけとなった。

なお、先にも触れたが戦前は旧典範に基づいて設置された皇族会議があり、皇族の大事を議した。いわば皇族の親族会議であり、成年以上の皇族男子で構成され、内大臣、枢密院議長、宮内大臣、司法大臣、大審院長が参列し、議長は天皇がなるか、皇族が指名されるかした。戦後は新典範により皇室に関する重要事項を合議するための皇室会議が設けられ、成年皇族が互選により二名、衆参両議院の正副議長、首相、宮内庁長官、最高裁判所長官と長官以外の裁判官一名の一〇名で構成される。

皇族の権利と義務

戦前の皇族男子は軍人となる義務があった。また形式的にせよ貴族院議員として議席を有した。皇族女子も皇族軍人の妻として、軍事援護はじめ各種の社会支援団体に参加して活動した。国家の一員としての重要な職務が与えられていた。

だが、戦後、皇族は国家の象徴たる天皇の親族としてのみの意味と価値しか持ちえなくなった。新憲法の第九条は戦争の放棄を謳い、皇族が軍事に関わることは不可能になった。議会では、天皇代理となった皇太子が、国事行為として国会を召集し、国会議員の総選挙の施行を公示することはあっても、皇族は身分を皇統譜《こうとうふ》（天皇・皇后は大統譜、他の皇族は皇族譜）に記し、いわゆる戸籍がないので、公職選挙法による参政権がない。つまり衆参両議院のどちらかに議席を有することはもとより、議員候補者の選挙運動や投票に関わることさえ許されていない。

新憲法は一般国民に対して、居住、移転、職業選択の自由や、学問の自由を保障し、婚姻は両性の合意のみに基づいて成立させて夫婦が同等の権利を有すと規定している。しかし、皇族はどれ一つとして許されていない。

居住・移転は自由意思ではできず、学問も一定の制約のなかで進めるしかない。婚姻は両性の合意を前提にしてはいるが、さまざまな条件が重なった結果の最終的合意である。男女同等の権利にいたっては皇位が男系男子に限定されることに集約されるように、必ずしも有していない。また、新典範の第一〇条で「立后及び皇族男子の婚姻」は皇室会議の議を経ることを要するのであり、新憲法の保障する「両性の合意」とは別の論理が介入する。財産の取り扱いについても、新憲法の第八条で国会の議決に基づかないとできないとされ、財産の譲受の権利すらない。

経済事情

新憲法の第八八条には「すべて皇室財産は、国に属する。すべて皇室の費用は、予算に計上して国会の議決を経なければならない」とあり、先述の第八条とともに、戦後の皇族の経済基盤を大きく規定している。これらの条項の具体的運用のために制定されたのが、皇室経済法（一九四七年一月一六日法律第四号）と皇室経済法施行法（一九四七年一〇月二日法律第一一三号）である。

皇室経済法は、皇室の予算に関わる費用についてそれぞれの用途と予算の決定方法などを規定している。また、憲法第八条が定めた譲受禁止の例外事項として、相当の対価による売買など、通常の私的経済行為、外国交際のための儀礼上の贈答、公共のためになす遺贈または遺産の賜与のほか、年間（四月一日から翌年三月三一日までの間）の賜与または譲受の財産の価格が一定限度額内の場合を挙げた。

その限度額は皇室経済法施行法の第二条によって、天皇とすべての内廷皇族（皇后・皇太子・皇太子妃・皇太孫など）の賜与は一八〇〇万円、譲受は六〇〇万円、そのほかの宮家皇族の賜与・譲受は一六〇万円、未成年の皇族は三五万円とされた。

天皇家や皇族家は、毎年、国から生活資金などを交付され、これも皇室経済法に定められている。同法によれば、天皇家や皇族家のための国家予算が皇室費で、表6－9のように内廷費、宮廷費、皇族費と三種に分かれる。

内廷費は、天皇家の私的な生活費。御手元金であり、宮内庁の経理に属する公金としていない。一九九六（平成八）年度以降の年額は三億二四〇〇万円となっており、内訳は大きく人件費と物件費に分けられる。

人件費は天皇家が私的に雇用している「内廷職員」と呼ばれる人たちの給与にあてられる。

表6－9　**皇族の予算**

皇室費	内廷費（私的な生活費）
	宮廷費（公的な活動費）
	皇族費（内廷外皇族の私費）

「内廷職員」には、掌典《しょうてん》、内《ない》掌典、仕女《しじょ》のほか、御養蚕所職員などがおり、宮中三殿の神職である掌典（神官）や内掌典（巫女《みこ》）は、政教分離の考えから、侍従職や東宮職で働く侍従や女官のような国家公務員として雇用することができないため、内廷費で賄うことになる。仕女は内掌典の身の回りの世話をし、これも公務員ではない。これらの人びとの人件費は総額約一億円といわれる。

物件費は、用度費、食饌《しょくせん》費、恩賜金・交際費、教養費・旅行費、祭祀費、その他雑費などに分けられ、総額は約二億円である。そのうちの用度費が約五八〇〇万円で、天皇家の人びとの私的な衣服などにかかる。眼鏡代や装飾品代なども、用度費から支払う。食饌費は、日常の食事や個人的な会食の費用で、約四二〇〇万円。恩賜金・交際費には、災害時の見舞金などがあり、教養費・旅行費には、天皇明仁の魚類の研究、皇太子徳仁の歴史研究、御用邸への旅費などがある。祭祀費には、宮中三殿や全国の神事に関する経費があり、神事に国費を使えないので、ここから支出する。その他雑費は、天皇家の人びとの自由な小遣いで、総額は約三五〇〇万円だが、実際にはあまり使われずに銀行預金や有価証券購入に回されていると考えられている。

宮廷費と皇族費

宮廷費は、皇室の公的な活動費に使われ、その金額は毎年変わる。二〇〇三年度予算総額は六三億六一九三万三〇〇〇円で、その内訳は、謝金、報償費、外国旅費、庁費、招宴費、修繕費、自動車重量税、施設整備費（皇居など）、交際費などである。

謝金には、天皇家の人びとへの講義（進講）や、正倉院宝物調査などに対するものがあり、その総額は約二二四三万円。庁費には、儀典関係費、宮殿等管理費、皇室用財産修繕費、皇居等施設整備費、文化財管理費、車馬管理費などがあり、総額は約一八億七八〇〇万円。庁費の皇居等施設整備費は約二億円で、修繕費二二億七〇〇〇万円、施設整備費（皇居など）一八億三〇〇〇万円と合算すると、約四三億円となり、宮廷費に占める土木建築費の割合は六八％ほどになる。

皇族費は、宮家皇族の私的費用で、家族の人数と構成に応じた額が支出される。総額は戦後の宮家数やその構成人員の変化によって異なる。たとえば、二〇〇九年一月一日現在では、

表6-10の通りである。

独立した親王の定額は年三〇五〇万円で、これを基準として独立の生計を営むか否か、親王かその妃か、親王を失った妃か、内親王か、王か女王か、成人か未成年かなどで支給率を変えている。現皇室には独立した親王の妃としての秋篠宮妃紀子《きこ》、常陸宮妃華子《はなこ》、三笠宮妃百合子《ゆりこ》、寛仁《ともひと》親王妃信子《のぶこ》がおり、これらの妃たちは定額の半額にあたる年一五二五万円が支給される。また、寡婦となった高円宮《たかまどのみや》妃久子《ひさこ》は独立した親王と同額の年三〇五〇万円が支給されている。

そして未成年の内親王と親王である眞子《まこ》、佳子《かこ》、悠仁《ひさひと》は定額の一割にあたる三〇五万円であるが成人になると三倍の九一五万円となる。その他の女王たちはその一〇分の七を基

表6-10　**宮家の皇族費（2009年1月1日現在）**　単位：万円

宮家名	皇族名	皇族費	宮家総額
秋篠宮	文仁親王	3050	5490
	紀子妃	1525	
	眞子内親王	305	
	佳子内親王	305	
	悠仁親王	305	
常陸宮	正仁親王	3050	4575
	華子妃	1525	
三笠宮	崇仁親王	3050	4575
	百合子妃	1525	
寛仁親王家	寛仁親王	3050	5856
	信子妃	1525	
	彬子女王	640.5	
	瑶子女王	640.5	
桂宮	宜仁親王	3050	3050
高円宮	久子妃	3050	4544.5
	承子女王	640.5	
	典子女王	640.5	
	絢子女王	213.5	

註：宮家全総額で2億8090万5000円となる

準にして、未成年の高円宮絢子《あやこ》女王は三分の一の二一三万五〇〇〇円、成年となった三笠宮彬子《あきこ》、瑶子《ようこ》、高円宮承子《つぐこ》、典子《のりこ》の四女王は六四〇万五〇〇〇円となるのである。ただし、皇太子徳仁親王、皇太子妃雅子《まさこ》、敬宮愛子《としのみやあいこ》内親王の場合は、天皇家の一員として年三億二四〇〇万円の内廷費から支出されている。なお、内親王や女王が、婚姻などで皇籍を離れるときは一時金として、独立した場合の一〇倍に相当する額を超えない範囲で皇室経済会議の議を経て定められる。紀宮清子《のりのみやさやこ》内親王が黒田《くろだ》慶樹《よしき》と結婚したときは、内親王が独立の生計を営んだとして定額の二分の一である一五二五万円を一〇倍した一億五二五〇万円が一時金として支給された。

国家予算から支給されるこれらの皇室費の総額は、たとえば二〇〇三（平成一五）年度は、宮廷費六三億六一九三万三〇〇〇円、内廷費三億二四〇〇万円、皇族費二億九七六八万円で、合計六九億八三六一万三〇〇〇円である。そして、皇室関連費には、ほかに、宮内庁費、皇宮警察本部費があり、宮内庁費は定数一〇九〇名の宮内庁の経費で、二〇〇三年度は一一四億六一二九万二〇〇〇円。皇宮警察本部は、皇室専門の警察組織であり、定員九六一名、その予算総額は八八億三六一四万九〇〇〇円。つまり、皇室費、宮内庁費、皇宮警察本部費を合算すると、二七二億八一〇五万四〇〇〇円となる。これを当時の日本人口約一億二七四三万五〇〇〇人で分担すると、一人あたり二一四円と算出される。

国家の象徴としての天皇とその親族である皇族を支えるのに一人あたり二一四円が高額か

どうかは、それぞれに意見があろう。ただ、皇室関連費のなかでもっとも多いのが宮内庁費であり全体の四二・〇％、次いで皇宮警察本部費が三二・四％、皇室費自体は二五・六％で全体の四分の一である。天皇や皇族そのものの生活費よりも、皇室を支えるための諸組織に多くの経費がかかっているのである。

皇室用財産

さて、かつての御料地は国有林になり、その他の皇室財産も多く国の財産となった。また、国有財産法（一九四八年公布）第三条は目的の定まった行政財産とそれ以外の普通財産を区別し、行政財産のなかに「皇室用財産」を設定した。「皇室用財産」は、二〇〇九年一月一日現在、次ページの表6－11のように住居の他、史跡施設や陵墓も含まれる。これらは国家財産であり、皇室の私有財産ではないが優先的な借用権を認められている。

戦前の天皇家の私有財産は莫大であり、岩手県ほどの広さに匹敵する土地や、そこの樹木など、すべてが私有で、その総額は第二次世界大戦終結直後で、当時の価格にして三七億円を超えていた。敗戦後、これらのうち三三億円が財産税として物納され、皇居などは国有財産に移管される。

戦後の天皇家の私有財産には、金融資産と代々伝わる美術品や宝石類などがある。金融資

表6-11　**皇室用財産一覧**

皇居
赤坂御用地
常盤松御用邸
那須御用邸
須崎御用邸
葉山御用邸
高輪皇族地
御料牧場
埼玉鴨場
新浜鴨場
京都御所＊1
桂離宮
修学院離宮
正倉院
陵墓＊2

註：2009年1月1日現在. ＊1大宮御所・仙洞御所を含む. ＊2宮内庁が管理する陵墓の数は896である

産は、主に銀行預金、株式・債券などの有価証券である。美術品はその資産価値が高く、すべてを私有とすると相続の場合の課税額が増大するほどである。

実際、一九八九年の昭和天皇の崩御にあたり、相続税問題が起こり、天皇家所有の約四六〇〇件の美術品を三分し、約三〇〇〇件を国有財産に、五八〇〇件を「御由緒物」に、約八〇〇件を「御物」とした。このとき、国有財産となった美術品の多くは三の丸尚蔵館《しょうぞうかん》で保管され、元寇を描いた「蒙古襲来絵詞」などの名品が定期的に一般公開されている。

なお、「御由緒物」とは、皇位とともに代々伝えるべきもので、たとえば、三種の神器や宮中三殿などで、相続法上、非課税として扱われる。「御物」は、純粋な意味での天皇家の私的美術品である。

宮内庁

皇室関連費の四二・〇%を消費している宮内庁は、戦前の宮内省を前身とする。宮内省は戦前の皇室を管轄した部局であり、敗戦後の一九四七年五月三日、日本国憲法施行とともに宮内府となり、内閣総理大臣の所轄機関となった。職員数は敗戦当時の六二〇〇名から一五〇〇名へと大幅に減少した。

その二年後には、総理府設置法の施行により、総理府の外局としての宮内庁となり、宮内庁長官のもとに宮内庁次長が置かれ、長官官房・侍従職・皇太后宮職・東宮職・式部職・書陵部・管理部と京都事務所が設置された。二〇〇一年以後は、中央省庁等改革の一環として内閣府設置法が施行され、宮内庁は内閣府に置かれている。

職務は、皇室関係の国事事務や政令で定める天皇の国事行為に関わる事務を司り、御璽・国璽を保管することである。組織は長官官房と三職（侍従職・東宮職・式部職）、二部（書陵部・管理部）からなる。

宮内庁は、法的には国家機関の一部であり、その職員たちは国家公務員で、一般市民に就職の機会が与えられている。部署によっては伝統的な人脈や慣習が入りくんでいたりもするが、現在では、その割合も減り、宮内庁長官など上層部はキャリアなどが任命されている。

ちなみに、歴代の宮内庁長官は、田島道治《たじまみちじ》（鉄道院総裁秘書、昭和銀行頭取）、宇佐美毅《うさみたけし》（内務大臣秘書官、東京都教育局長）、富田朝彦《とみたともひこ》（警視庁官房長、内閣調査室長）、藤森昭一《ふじもりしょういち》（環境庁自然保護局長）、鎌倉節《かまくらさだめ》（警視総監）、湯浅利夫《ゆあさとしお》（自治省財務局長）、羽毛田信吾《はけたしんご》（厚生省老人保健福祉局長）であり、旧華族家出身者はいない。

また、宮内庁職員は、人事院が行う国家公務員試験合格者から面接で採用を決定しており、採用条件としては、「皇室と国民との間にあって、常にこうした皇室のご活動が滞りなく進められるよう、社会の動き・人びとの心に対する洞察力と感受性、日本の歴史・伝統への強い関心と深い理解を持ち、個々の事務実施における新鮮な発想と細かい配慮を心がける積極性を身につけた人材」ということが明記されている。皇室に敬意をもって奉仕する心があれば、旧華族家などの身分でなくとも採用される。他方、雅楽や車馬など、伝統的な技量や人脈に頼ったり、御歌所や内掌典のように旧華族の子弟・子女が優先的に任用されている部署もあり、広く一般に開かれた職場とは言いがたい面もある。

ところで、宮内庁長官を筆頭とする宮内庁職員は天皇や皇族の私的な使用人ではなく、国家機構の一部として正統性と自立性を持ち、ときに天皇や皇族に対しても法の範囲内で意見を述べることも可能であるようだ。とりわけ、近代市民社会に溶けこもうとして最低限の行動の自由を求めようとする皇族と、皇室の安泰のために一定の制約が必要とみなす宮内庁との間には、相応の「確執」があり、そのことが、戦後の皇族に少なからぬ心理的抑圧を与えているといえる。

3　旧皇族の「宮様商売」

宮様商売

さて、皇籍離脱した皇族たちのその後はさまざまである。しかし、その多くが経済困窮、醜聞、詐欺訴訟などのトラブルに巻き込まれた。

雑誌『真相』は、皇室を揶揄《やゆ》する傾向が強かったが、一九四八（昭和二三）年六月号では、「カメラ探訪　宮様商売告知板」という記事で旧皇族の商売を「宮様商売」として写真入りで皮肉っている。記事は、東久邇稔彦の「東屋・東久邇商店」、閑院春仁の「無料結婚媒介所」、久邇朝融のダンスホールなどを紹介し、その写真には軽妙なキャプションが付されている。

たとえば、「閑院夫人がチョクチョク古着を売りにくるナツメ衣裳部」などとある。「ナツメ」は久邇朝融がはじめた久邇香水の直売所であり、銀座にあった。間口三間、奥行一〇間の小店は、美術部、食料品部、高級喫茶部の三部門に分けられ、久邇の血縁の元妃殿下たちが数人の男女店員に交じって働いていた。

美術部は古物商として委託販売にあたったが、「タケノコ生活」を余儀なくされた旧皇族の古着や古道具などが売られていた。ナツメ衣裳部には、「天皇・皇后以外のほとんど全部の宮様方がお成りあそばし」「徳川のアオイの紋のとなりに菊の紋がならんでいる」といわれるほど盛況だと記された。

失敗が続いた東久邇

東久邇稔彦の人生は、首相辞任後も波瀾《はらん》に富んだものであった。

一九四六年一月初め、東久邇の使者を名乗る「トクガワナリヒロ」なる人物がGHQ政治顧問ジョージ・アチソンと接触して、東久邇挙国一致内閣による講和締結と憲法改正を進め、憲法改正後に天皇が退位するという内容の手紙を提出している。

手紙の内容は、民主化に悲観的な立場から、敗戦後も日本人は旧態依然の考え方であり、政治や社会の不安定が暴動に結びつく可能性があるとし、そのためには「挙国一致内閣」が必要と述べ、その首班は東久邇以外にいないとするものであった。この手紙はマッカーサーはもとより米本国のジェームズ・バーンズ国務長官にも回された。しかし、GHQはこれを却下したため、実現はしなかった。

首相辞任後の東久邇の主な事業経営は、新宿西口マーケットの乾物屋、美術骨董店（東屋・東久邇商店）、ポンせんべい機の販売の三事業に集約された。一九四八年六月頃には月五万円の欠損を出し、開業した一九四七年七月以後の累積赤字は二〇〇万円になったという。赤字の原因はポンせんべい機の業績不振が大きく、当初は黒字であったが、一日二〇〇〇円程度の売り上げで、もっぱら美術骨董店から毎月一万円を融通する状態だったようだ。

東久邇は多角経営を試み、他に喫茶も計画したが小火を出して挫折。また若松町の国立第一病院の内科と外科の博士らと連絡して急患用の診療所を大久保百人町に設ける予定もあったが頓挫した。さらに、アメリカのステファノ・ブラザーズ会社から煙草を輸入しようとしたが、企画倒れとなった。

失敗を重ねた東久邇は気力をなくし、品川高輪の北白川の旧邸の一角で読書に耽《ふけ》るようになる。そして一九五〇年には、「ひがしくに教」なる新宗教を開いた。『朝日新聞』（一九五〇年四月一六日付）は、「東久邇氏出家」と題し、「新宿で食料品店を開業したり、ポマードをつくって売り出したり〝廃業宮様〟の悲哀をかこっていられた東久邇稔彦氏（六二）が、〝禅宗ひがしくに教〟を創始した」と伝えている。しかし、法務府（のち法務省）は元皇族の宗教団体設立や「ひがしくに」の名前の使用などを禁じ、東京都も宗教法人として認可しなかったため、「ひがしくに教」もまた頓挫した。

自宅で得度し，曹洞宗系の「ひがしくに教」を開教した東久邇稔彦（1950年4月15日）

政治への道

東久邇は政治との関係を模索し、一九五六年四月には鳩山一郎首相の私邸を訪ね懇談している。当時、鳩山は中国との国交回復について周恩来総理の申し入れがあれば、会うことをあえて辞さないと述べており、中国もこれを歓迎し、国交正常化のための会談を求めていた。

東久邇は戦後、「私の組閣直後——中国に謝罪使を派遣すべし——との意見が、民間に有力に起ってきて私の耳にも入っていた。私も、心から詫びたいと思っていた。実は私自身、謝罪使となって行ってもよいと考えた」（『私の記録』）と記しており、そうした考えの一環としての動きであったようだ。

さらに一九六〇年には、安保条約改定問題で混迷した政局打開のため、東久邇は片山哲、石橋湛山らとともに、元首相経験者として、岸信介首相に「即時退陣がこのさい先決」と政局収拾の勧告文を提出している。

勧告文は元陸軍中将で戦後は護憲派となった遠藤三郎を代理人として手交されたが、岸がこれを拒み、椎名悦三郎官房長官に渡された。東久邇は吉田茂元首相にも声をかけるつもりであったが、吉田は外遊中で参加しなかった。

東久邇らは勧告文と国民へのメッセージを公表し、民主政治の死活に関わる深刻な問題であり、首相は辞任して、直ちに選挙管理内閣を組織して国会を解散すること、選挙管理内閣組織の各党の斡旋は東久邇ら三者が引き受けることなどを表明した。「非常の時に当たって、かつて国政を担当した者の立場から、あえて貴下に勧告する次第であり、貴下が政治の本道に基づいて、即時これに対処せられることを希望する。安保新条約およびアイゼンハワー大統領訪日問題等の取り扱いは新国会成立後決定すべきものと信ずる」と、勧告文にはある。戦後の重臣としての東久邇の一面を見る出来事であった。

これ以降、東久邇は表舞台から姿を消したが、それから二〇年後の一九八〇年、北白川宮成久の落胤と称する増田きぬ（東久邇紫香）が、勝手に東久邇との婚姻届けを出していたとして訴訟を起こした。いわゆる「戸籍乗っ取り事件」である。しかし、裁判で婚姻関係が立証され、東久邇は慰謝料を払い離婚した。東久邇は一九九〇年一月二〇日、一〇四歳の長寿を全うして他界し、戦前からの皇族たちが眠る文京区大塚の豊島ヶ岡墓地に埋葬された。

久邇家の浮沈

皇籍離脱後、皇后の実家であり構成員が多かった久邇家は、当主の朝融《あさあきら》を筆頭に精力的に働いた。一九四八年六月号の『真相』は、「宮様商売一ヵ年を探る」と題した記事で、離脱一年後の動向を詳細に伝えているが、なかでも久邇家は、離脱した子弟の数が多く、「元皇族中トップの財産家になった」ので、その盛況ぶりはめざましいとしている。

敗戦後、久邇家は財産税のために本邸を約六〇〇〇万円で大映に売却（のちに転売されて聖心女子大学に移る）し、母の俔子《ちかこ》（邦彦王妃）の住む別邸に越している。一〇名が離脱しているので、二〇名の使用人と合わせて月一〇万円の経費がかかったという。しかし、いわゆる「タケノコ」生活の苦労はなく、時価一五〇万円のキャデラックをはじめとして三台の自家用車を保持していた。取材した記者は「さすがに現皇后の兄貴だけの貫禄をみせている」（『真相』一九四八年六月号）と舌を巻いている。久邇家は資産運用の妙により、こうした財力を得ていた。

久邇家の財源は、まず久邇香水直売所の「ナツメ」にあった。ナツメは、店主を夏目タツといい、三田で土地建物・金融業を営む夏目合名会社社長であった。タツは、不動産協会理事の夏目喜次郎の妻で、女子美術学校を卒業してから学校関係の金融相談などをしていた高利貸しで、松平俊子（李鍵公妃佳子《よしこ》〈誠子《よしこ》を改名〉実母、秩父宮妃勢津子の叔母、梨本宮妃伊都子の実妹）を通して、旧皇族、旧華族家ゆかりの女性たちと仕事をするようになっていた。商売相手は上層階級や資産階級ばかりなので営業成績はよく、京橋税務署によれば、一九四七年度の所得は一五〇万円を超え、月の売り上げは一〇〇万円を下らなかったという。

次に久邇香水である。久邇香水は、六桜社《ろくおうしゃ》（現コニカミノルタ）日野工場長であった手島という人物が敗戦後にオバクレス化粧料本舗を設立し、香水を高貴なものにするため久邇の紋章を図案化した外装を付けて販売したものであった。手島は久邇家が受領した多額の一時金を利用するため、久邇を社長にしたといわれる。久邇香水は元皇族家で皇后の実家であるという久邇家の高級感と、ジャスミンを使った香りが好評であった。初代イメージガールには女優の原節子が起用されるなどして、女優や宝塚歌劇団の間に流行し、一般女性にも広く普及した。現在でも元皇族の久邇朝融が創作した高級香水として販売されている。

さらに、事業拡大による増収の一環として、戦時下に日銀総裁だった結城豊太郎《ゆうきとよたろう》を財政顧問として、二軒のダンスホールに投資した。その一つは銀座のメリー・ゴールドで、ミス日本を引き抜いて店のホステスのナンバーワンとした。このミス日本は突然消えて世上を騒がせるのだが、実際は知子夫人を亡くした久邇朝融が自分の愛妾にしていたという一幕もあった。

もう一つのダンスホールは、神田の「クラブ・パール」だった。『真相』によれば、同伴専門と銘打ち昼間から「スローなテンポで、頬《ほ》っぺたをくっつけ、チークダンスをやっているというホールで、所轄署も見て見ぬふりをしていたという。

そのほか久邇は、化粧品の桜屋（三井本館内、社長は海兵時代の同期生である福田良人元大佐）に出資したり、青森県七戸市の東北牧場の取締役会長や、久邇奨学金を出す英語五千字会の会長なども務めている。あまりに会長を兼務すると過度経済力集中排除法のおそれがあり、日本観光施設会社では相談役となったという。

久邇家の事業熱は、分家で京都在住の静子（多嘉夫人）にもおよび、上京区の邸内に久邇洋装学院を開き、受講生は二〇〇人に達したという。

もっとも、こうした勢いは一九四八年以降、次第に弱まり、久邇家も家屋敷や別荘を次々と手放すこととなった。久邇家で離脱時に一番若かった朝宏《あさひろ》（数え四歳）は、のちに「子供ながらに、父が事業に失敗して、家がだんだん傾いていくのはわかっていました」（保阪正康「新宮家創設八人の『皇子候補』」『文藝春秋』二〇〇五年三月号）と語っている。

家主稼業

屋敷の賃代で生活費を賄った宮家もあった。朝香家である。朝香家はかつては皇族一の財産家ともいわれたが、軍人一家であったため一時金は少なく、戦後は「元皇族中でのプロレタリア」（『真相』一九四八年六月号）とも称された。

一九四八（昭和二三）年当時、当主の鳩彦は熱海の狩場に隠棲し、三名の女中を従えて晴耕雨読の生活にあった。元陸軍中佐であった嗣子の孚彦は、千賀子夫人と三名の子どもを抱えながら、葉山の旧小松侯爵邸から西荻窪の別邸に移り住み、三七歳で東京大学工学部の聴講生となっていた。使用人は男一人、女三人にきりつめているが、売り食いはしていなかった。白金台の旧本邸を、外相官邸として月額三万円で賃貸していたからである。

竹田家も、商工相官邸として月額五万円の家賃収入があった。家主であり当主である竹田恒徳は、一家七名（離脱後、一名誕生）と使用人男女各六名を抱えながら、とりたてて事業もせず、日本スケート連盟や日本馬術連盟の会長などにおさまった。光子夫人も「ナツメ」に時折出かける程度という。自家用車も二台保有していたが、邸内に二反歩の畑をつくり、甘藷、馬鈴薯などを収穫して食糧の足しにしていたという。

なお、北白川家は、高輪の御殿の日本館を衆議院議長官舎として七二万円で売却している。

そのため、渋谷八幡通りの縁戚に間借り生活をすることとなったが、男三名、女四名を使って、一二歳の当主道久を囲みながら、祖母房子、母祥子、妹肇子の四人の生活を営み続けた。

継承者という問題

男子継承者がいなかった梨本家は、当主の守正も夫人の伊都子も七〇歳前後の高齢であった。一九四五年の宮邸全焼後の六月、守正と伊都子は、財産税を納めた後、渋谷の焼け残った敷地に元茶室であった木材を買い台所付きの小さな家を建て、以後はそこでつましい生活を余儀なくされた。温厚な守正もさすがに不機嫌な日々が増え、ささいなことから夫婦喧嘩をした。そうしたなか、一九五一年一月一日、新年早々、守正は体調を崩し、七八歳の生涯を閉じた。

梨本家はその後、次女規子《のりこ》の三男である広橋儀光《ひろはしよしみつ》を養子とするがうまくいかず、久邇宮多嘉王の三男で、降下して龍田《たつた》伯爵となっていた徳彦《のりひこ》を、久邇朝融の長女正子とともに養子縁組して祭祀を嗣がせた。しかし、一九八〇年に徳彦と正子は離婚し、梨本家は継承者のあてを失う。

徳彦は、戦後は池袋の丸物《まるぶつ》百貨店でサラリーマンを経験したこともあるなどの苦労人だが、人に担がれて利用されることが少なくなかった。晩年の徳彦の悩みは自分が責任者となっている鳳凰《ほうおう》会（鳳凰は徳彦の印）などの団体の処理と梨本家の継承者だった。徳彦は、最晩年には長野県に越し、好きな鳩の世話などをしていたが、二〇〇七年に亡くなる。

絶える宮家

伏見宮系皇族の本家である伏見宮家は、元帥であった博恭が一九四六年に他界し、その嗣子の博義はすでに三八年に上海で戦病死していた。当主は一九三二年生まれでまだ一〇代の博明であり、母の朝子、姉の光子、妹の章子の四人暮らしであった。

紀尾井町の本邸は二万一〇〇〇坪といわれ、空襲で焼けたので半分を財団法人住宅研究会に売却し、伏見家は目黒大崎の三条元公爵邸を購入して転居する。他に片瀬に別荘があり、使用人五名で、月六万から七万円の経費がかかったという。

伏見家は事業に手を出さず、もっぱら金利に頼る生活で、一〇〇〇坪の畑で野菜などを作って自給自足に努めた。伏見家の代々の財政顧問は、中村俊久（元海軍中将、侍従武官）、岩波武信（元宮内省内蔵頭《くらのかみ》、日銀監事）、吉橋戒三《よしはしかいぞう》（元陸軍大佐、侍従武官、宮内府主馬課長）といった実力者が務め、軽薄な選択は避けたのだろう。しかし、博明に男子が生まれず、伏見家の男系は絶えている。

東伏見家は一九二二年に当主の依仁親王が亡くなって以後、嗣子はなく、妃の周子が一人で一家を守ってきた。宮家の祭祀は、すでに一九三一年に臣籍降下した久邇宮邦英《くにひで》王が東伏見伯爵となって嗣いでいた。

敗戦後、周子は数人の使用人とともに葉山堀之内で余生を過ごした。資産は神奈川県仙石原に土地と別邸があり、渋谷常盤松《ときわまつ》にある東京邸も一部焼け残っていたが、新築の一部を除いて宮内府（のち宮内庁）管理の御用邸となった。

なお、東伏見家は周子が亡くなって三ヵ月後の一九五五年六月二七日、東京美術倶楽部で家財整理の売却をした。寿福庵と山水堂が札元となり、横山大観『春色新』、竹内栖鳳《せいほう》『霰《あられ》』、川合玉堂《かわいぎよくどう》『春渡』『浦の朝』はじめ、「金地宇治景蒔絵壺」「象牙巌上児童置物」など五〇〇点の美術品が競り売りに出された。

山階家は当主の武彦のみであり、男子兄弟たちはそれぞれ降下して一家を構えていた。武彦妃の佐紀子女王は関東大震災で事故死し、以後、再婚話はあったが実現せず、独身でいた。空襲で麴町の本邸が罹災し、埼玉県寄居の玉屋に疎開していたが、戦後になり鎌倉材木座の別邸に戻った。

海軍少将であったため離脱の一時金もなく、財産税納入後は麴町本邸と鎌倉別邸のみが残り、自動車などはすべて処分した。男三名、女二名の使用人がおり、月四、五万円の生活費がかかったという。公称財産は六二万円であり、事業もやりかけたが神経衰弱のために中止し、有利な投資を心がけたという。家政顧問には、実弟の山階芳麿《よしまろ》元侯爵や日銀監事である岩波武信があたったが、一九八七年に亡くなった。

事件がらみの賀陽家

賀陽家は久邇家に次いで、八名の離脱者を出し、一時金は八二九万五〇〇〇円受領した。賀陽家は麹町の本邸を焼失したので、淀橋区下落合の広池千英《ひろいけちぶさ》（千葉外事専門学校長、のち麗澤大学初代学長、父の千九郎はモラロジー研究所創設者）宅の母屋に寄寓していた。

当主の賀陽恒憲は、戦後いち早く職業の必要を感じ自動車免許の下付を申請し、門司竹材貿易会社顧問などもしていた。また、戦前からの野球好きは変わらず、観戦のみならず自ら試合にも出場した。賀陽家は、離脱当時は六名の男子がおり、長男の邦寿《くになが》は海軍兵学校在学中であったが、京都大学経済学部に進路変更した。

講和後の一九五四年の新年早々、当主の恒憲と長男の邦寿が、それぞれ詐欺事件に巻き込まれる。恒憲の事件は、朝日勧業社長が有利な投資話で全国各地に営業所を置いて、数百人から二四〇〇万円を集めたが、経営不振を理由に返金がなされず告訴された事件に利用されたというものであった。恒憲が同社の顧問に名を連ねており、その名で信用を得ていたのだが、恒憲は同社とまったく関係がなく、無断で使用されたと主張した。

邦寿のほうは日本積財会の詐欺事件に関わり、同会の集めた資金を邦寿が使った疑いがもたれた。邦寿によれば、積財会は育英事業に協力する会であり、下条康麿《しもじょうやすまろ》元文相らの要請もあって、同会の顧問になったという。しかし、積財会が業務不振となり法人設立にいたらず問題化した。知らぬ間に利用されたというわけではなく、邦寿の取り調べと出頭も予想された。だがその後、沈静したようである。

恒憲は以後もいくつかの事件に巻き込まれた。一九五九年一〇月二二日、福岡地裁は二年前の春に別府博覧会にからんで起きた殺人未遂の暴力事件の被告を釈放するが、同被告は別府市の石井組の石井一郎なる人物であり、恒憲や恒憲の秘書である木下俊凞《としひろ》、元別府市長の脇鉄一らが身元引受人として名を連ねて保釈請求をした。脇は身元引受人となったことを認めているが、恒憲は「学習院時代の友人、木下君（元子爵）から頼まれたので名前を貸しただけだ。石井君と木下君がどういう関係かも知らない」と、関係を否定した。

自動車で出かける賀陽恒憲夫妻（1947年10月29日）

一九六六年には、恒憲が総代を務める京都市の本圀寺《ほんこくじ》で境内の土地処分をめぐる紛糾があった。このときは、恒憲が弁護士を介して、共謀し勝手に土地を売却するといった背任行為のあった二人を告発している。

しかし内偵捜査の結果、容疑事実はなく、むしろ告発された本圀寺代表役員代務に「賀陽さんは役員会に一度も出席したことがない。その賀陽さんの名前がこのような問題に出ていることは解せないが、賀陽さんを使っていろいろ悪いことをやっている者があるのは知っているから、別段驚きもしない」と、反撃される始末であった。

こうした事件がらみの賀陽家であるが、次男の治憲《はるのり》は東京大学法学部に進み、一九五〇年に外交官となる。ジュネーブの国際機関日本政府代表部公使などを経て領事移住部長となり、日本赤軍の日航機乗っ取り事件に遭遇している。国際連合局長、イスラエルやデンマークの大使などを歴任した。

賀陽家には、ほかに徳大寺公爵家の次男である斉定に嫁ぎ一九四五年九月に離婚した長女の美智子がいた。美智子も外交畑を歩み、外務省や財界の後援で設立された財団法人「国際教育情報センター」の常務理事となり、「誤解されている日本」を是正する運動を進めた。業務内容は、外国の教科書や百科事典に紹介された日本像の修正であり、海外の書籍を、約一〇〇名の専門員が手分けして調査し、和訳し、訂正し、各国語訳にするという作業を重ねるというものであった。一九七四年当時、美智子は世界各国から一七年間で一万冊の教科書や百科事典を集めたという。

閑院家の晩年離婚

さて、閑院宮載仁嗣子の春仁は、戦後に離婚した皇族として知られる。

春仁は敗戦後、日本橋の三都和会館で占領軍向けの建築金物専門店社長となり、モーターの修理などをしたという。当時は小田原に住み、月水金に出社し、金曜日に恵比寿駅付近のモーター修理工場に監督に出ていた。もともとは宮様贔屓《びいき》の宮下武男なる人物の所有であり、戦時中に鉄兜《てつかぶと》などの全国配給をしていた。宮下は侍従武官を介して春仁と知り合い、皇籍離脱後に社長になってもらい「三都和クラブ」を新設した。

三都和クラブは、職業補導、値下促進、結婚相談所（無料）などを行い、春仁の給与は七七〇〇円とされている。また、宮下は使用人一〇名の閑院家の生活費を賄っていた。春仁はほかに神戸観光株式会社社長もしていたが、こちらはあまり出社しなかった。

ところで、春仁は戦後一〇年以上にわたる妻直子との確執のすえ一九六六年に離婚する。その原因は、春仁の皇族軍人としての生活様式と深く関連していた。不在がちだった生活が、皇籍離脱により一市民となり、一条公爵家出身の直子夫人と日常的な家庭生活を営み、お互いの性格の不一致を意識せざるをえなくなったからだ。

春仁は、一九二一年に二〇歳で士官候補生として近衛騎兵連隊に入隊以来、陸軍の騎兵畑を歩み、四二年からは戦車第五連隊長として満州牡丹江《ぼたんこう》で二年五ヵ月にわたり北辺警備の任務、敗戦直前の四五年五月に父の薨去後、閑院宮家を嗣いだ後も、戦車第四師団長心得として千葉県九十九里浜で本土決戦の準備にあたっていた。敗戦後は戦争終結の徹底をはかるため先述したように天皇名代としてサイゴン（現ホー・チ・ミン）に派遣されてもいる。

戦後は空襲で焼けてGHQに接収された永田町本邸から小田原別邸に移り、皇籍離脱後、一九五七年には「純仁《すみひと》」と改名した（この項では春仁と統一する）。ところが、六五歳になる

結婚当初の閑院春仁（1902～88）と直子（1908～91）

一九六六年に直子夫人と離婚したのである。

春仁は離婚後に、直子夫人との結婚生活について、「二人の精神年齢が、あまりにも隔たっていたことである。すなわち妻の考え方が、何かにつけて幼稚なのであった」（閑院純仁『私の自叙伝』）と回想している。春仁は、戦前、直子には軍務に対する理解がまったくなく、婚家の親を敬する心はあるが夫への配慮が不足していたという。また、春仁は野性を好む体質であるのに、直子は深窓の令嬢で「貴族的でありすぎた」（同前）ことも、二人の溝を深めたという。「ただよき母でありえないことが、彼女としては唯一にして、最大の不満」（同前）とも記し、二人に継嗣がいなかったことが離婚の最大の原因であったことも仄《ほの》めかしている。

一方、春仁の実妹で、戦前、華頂《かちょう》博信《ひろのぶ》侯爵に嫁いでいた華子が、性格の不一致を理由に一九五一年に離婚した。華子は社交好きでダンス教師などをする性格であったが、夫の博信は、戦前は真面目な海軍軍人で、戦後は養鶏場などを経営する地味な性格であった。

厳格な春仁は華子を咎め、離婚の陰に不倫相手がいると華子を軟禁する。これに対して直子は、春仁は男色の趣味があり、お付きの兵士と夜をともにしたことがあると暴露。すでに直子の気持ちは、夫春仁から離れつつあったのである。最終的に、華子は不倫相手とされた実業家の戸田豊太郎と再婚した。そして、春仁と直子は、裁判による調停などを経て、一九六六年に協議離婚となった。

なお、閑院春仁は、一九八八年に八七歳で他界し、嗣子のない閑院家は断絶した。陸軍長老の載仁を実父に持ち、自らも厳格な軍人として働いた春仁であったが、そうした規律と建前と権威主義の軍人としての性格が、戦後社会への不適応を起こしたといえなくもない。むしろ、一条家出身の直子や、皇族女王として育った華子のほうが、戦後社会に適応しやすかったのだろう。

第七章　天皇・皇族の戦後

1　大衆化の道――皇太子ご成婚

皇太后節子の戦後

十一宮家のように皇籍離脱しなかった皇族は、敗戦当時、一五人いた。天皇を除き、天皇家には皇后良子、皇太后節子、皇太子明仁のほか一親王（正仁）と三内親王（和子、厚子、貴子）の七人がおり、また天皇の弟たちである秩父、高松、三笠の三宮とその妃（勢津子、喜久子、百合子）、そして三笠宮家の一親王（寛仁）と一内親王（甯子《やすこ》）の八人であった。

これら一五人中の最高齢が、数え六二歳の皇太后節子である。天皇の実母であり、常に天皇・皇后の背後にあって宮中の最上位に君臨していたともいわれる。

実は、敗戦二日前の八月一三日に、昭和天皇は一六日に皇太后節子に会いに行くと言い出した。当時、皇太后は沼津御用邸から大宮御所に移っていて、その後は軽井沢に疎開する予定であった。当然、宮内大臣の石渡荘太郎は「事態切迫の折柄」、行幸の延期を願い出た。しかし、天皇は石渡の制止に抗して「私の身はどうなるかわからない、だからこれが最後と思って一度お目にかかっておきたいと思うのだ」(『朝日新聞』一九四六年八月一五日付)と述べた。実際には、一五日に敗戦となり、天皇の皇太后行幸はなかったが、天皇にとって皇太后がいかに大きな存在であるかを示すエピソードともいえる。

ところで、皇太后は天皇よりも次弟の秩父宮に心を寄せていたといわれる。長兄の裕仁は天皇となるので、我が子と見る甘えを棄てたとも。そうした皇室内部の心理的葛藤は測りがたいが、偶然ながら皇太后と秩父宮は誕生日が六月二五日と同じであった。戦時中の秩父宮は胸を病み療養生活を余儀なくされていた。孤高に生きる長兄の天皇が実母の歓心を得ようとする内面の動きは少なからずあったろう。

戦後の皇太后節子は、養蚕の伝統を維持しようと、養蚕農家を行啓したり、日本橋白木屋でのシルクフェアーに臨席したりした。また、一九四七年一一月には皇后と東劇で占領軍による上演禁止から解除されたばかりの「忠臣蔵」を観に出かけている。

俳人の水原秋桜子《みずはらしゅうおうし》は、戦後に「冬菊のまとふはおのが光のみ」という句を詠んだ。自らの光で凜と立つ冬菊に、皇太后節子を重ねたといわれる。水原産婆学校の校長であった秋桜子は、宮内省侍医寮の御用掛も務めており、長年、皇太后を身近に見てきたのである。晩年の

馬車を降りる貞明皇后（右端，1947年4月6日）

皇太后は、沼津御用邸に住み、規律正しい生活を維持し、散策などで日々を過ごした。毅然として女官たちを従えたその姿は、御用邸周辺の人びとの記憶にいまも残されている。

敗戦直後の一時期には、天皇制打倒を掲げる勢力から天皇とともに皇后や皇太后も戦犯として糾弾されたこともあった。皇太后節子は一九五一年に六八歳で崩御。昭和天皇は「かなしけれどはふりの庭にふしをがむ　人の多きをうれしとぞ思ふ」と詠んだ。戦後の雌伏を経た後の天皇の実母への思慕が漂う。

皇太后節子は崩御後に貞明《ていめい》皇后と諡号《しごう》された。古風な気品を持つ女性であり、貞明皇后の格調高い印象が人びとの心に残った。しかし、貞明皇后がその模範となってきた良妻賢母教育は戦後の風潮には必ずしもなじまず、その名声も衰えていく。

アメリカ人家庭教師

戦後、直宮筆頭ともいうべき皇太子明仁に大きな影響を与えたのは、アメリカのエリザベス・グレイ・ヴァイニング夫人（一九〇二〜九九）によるアメリカ式の教育である。

実は、敗戦直後までの皇太子の意識は、戦前の感覚のままであった。敗戦の日、一三歳であった皇太子明仁は、「国民が忠義を尽して一生懸命に戦ったことは感心なこと」「日本人が大正から昭和の初めにかけて国の為よりも私事を思って自分勝手をしたために今度のような国家総力戦に勝つことが出来なかった」と、書いている。そして、「国体護持の精神を堅く守って一致して働かなければなりません」「それが私達小国民の役目です」（木下道雄『側近日誌』）とも記していた。

こうした旧態依然たる皇太子の個人授業を担当したのが、ヴァイニング夫人であった。夫人は週に一度、英語の個人授業を行ったが、英語教育のみならず、社会福祉事業家であり自らも盲聾唖《もうろうあ》の三重苦であったヘレン・ケラーやスイスの平和主義者であるピエール・セレゾール（第一次世界大戦後、行動による平和を唱えたサービス・シビル・インターナショナルの先駆者）など世界の偉人を多く紹介している。ヴァイニングは暴力否定や良心的徴兵忌避などで知られるクエーカー教徒でもあり、皇太子はこうした夫人の信仰上の心性も学んだといえる。

ヴァイニング夫人は学習院中等科でも授業を持ったが、そこで皇太子に「ジミー」というアメリカではありふれたニックネームをつけたのは有名な話である。他者と平等に扱われた経験がなかった皇太子は、「ノー、アイアム、プリンス・アキヒト」とこれに抗したという。皇太子はヴァイニング夫人を介してアメリカン・デモクラシーと対峙したともいえようか。

夫人としては、一生に一度だけでも、敬称や特別扱いを受けない経験をさせることの大切さを皇太子に説いたのである。

また、ヴァイニングは皇太子に家庭生活を重視させた。親子が日常的にふれあえない状況は欧米人たちには奇妙な慣習に見え、古くは、明治期の日本の医学に貢献し宮内省御用掛でもあったエルウィン・ベルツも、天皇家の親子別居に違和感を覚えていた。昭和天皇は皇太子時代の訪欧でイギリス皇太子から親子が同居しないことを不思議がられた。皇室の伝統では、万が一の場合に同時に他界する危険があったため、同居を避けてきたといわれる。いずれにせよ、天皇家の親子同居は明治以来の大きな課題であった。

ヴァイニング夫人の授業を受ける皇太子明仁（左端，1947年7月9日）

ヴァイニングは「英国民一般にとって、理想的な家庭生活の表現また仰ぐべき亀鑑《きかん》となっている英国王室の、幸福な健康な正常な家庭生活こそ、世界の王家の家庭生活の模範であると私たちアメリカ人には思われる」（『皇太子の窓』）と、王家における家庭生活の重要性を述べている。

当時、昭和天皇も皇太子との同居を望んでいた。しかし、因習の壁は厚かった。結局、皇太子が結婚して家庭を持つことで、皇室の家族同居は実現する。皇太子は家庭を築いてからは、毎年、ヴァイニング夫人に家族写真のクリスマスカードを送り続けた。

皇太子がヴァイニングから受けた教育の効果は、その後、正田美智子と結婚することでさらに洗練され、いわゆる平成流の皇室となって開花する。

美智子妃への好感と反感

皇太子妃に市民階層出身の正田美智子を選んだことも、アメリカナイズされた皇太子の心性の表れであった。戦前の旧皇室典範では第三九条で「皇族の婚嫁は同族又は勅旨に由り特に認許せられたる華族に限る」など、皇太子妃の身分は法的にも定められていた。戦後、この旧皇室典範の条文は削除された。戦後初の皇太子妃選考でどのような結果がもたらされるかは、多くの人びとの関心の的でもあった。

実際、皇太子妃選考の過程では、旧皇族や上流華族家などの令嬢が含まれていた。しかし結果的には、過去の慣行にとらわれず、日清製粉社長の正田英三郎《ひでさぶろう》の長女を生涯の伴侶とした。民間からの皇太子妃という話題は、多くの人びとの心をとらえた。権威的な旧皇族・華族への反発も相まって、平民出身の皇太子妃を熱狂をもって迎えた。入江《いりえ》相政《すけまさ》侍従は、皇太子婚約を決定する皇室会議が開かれる二日前の一九五八（昭和三三）年一一月二五日に正田家を訪問し、その日の日記に、「質素な家だし、みんな立派ないい方である。美智子さん、綺麗でそして立派である」と記している。婚約発表の二七日には、「この時の美智子さんの立派さは忘れられない」と付している。

一方、旧来の慣行が崩れることを潔しとしない人びともいた。なかでも、旧学習院の女子卒業生からなる常磐会は、旧皇族でも華族でもない皇太子妃の出現を喜ばなかった。とくに、皇后である良子やその周辺の女性たちはこぞって反対の声をあげた。一九五八年一〇月一一日、皇室会議で結婚が正式決定する一ヵ月ほど前、皇后良子は秩父宮妃勢津子や高松宮妃喜久子らに「東宮様の御縁談について平民からとは怪《け》しからん」（『入江相政日記』）と訴えた。

良子の不満を代弁するかのように、当時、秩父宮妃勢津子の実母である松平信子や旧華族家の宮崎燁子《みやざきあきこ》（柳原白蓮《やなぎわらびやくれん》）が愛国団体を動かして「御婚儀反対」の運動を行っていた。松平信子の実姉であり、旧皇族であった梨本宮妃伊都子も不満があり、婚約発表の日の日記に「日本ももうだめだ」と記している。そして、「思ひきや広野の花をつみとりて竹のそのふにうつしかゑんと」と詠み、婚儀に反対する心を和歌に託した。「竹の園生」とは宮廷を意味し、「民間人を皇室に入れるとは誰が思ったろう」という思いである。さらに、「あまりにもかけはなれたるはなしなり　吾日の本も光りおちけり」と憤慨した。

良子も伊都子も、かつて皇族や上流華族家の出身であり、自分たちのような選ばれし女子だけが皇太子妃になれるという矜持《きょうじ》のなかで生きただけに、驚きも大きかったのである。

大衆天皇制

しかし、一九五〇年代後半の日本は、戦後復興も一段落し、日本国憲法と民主主義が定着しつつあるときであった。戦前の価値観や思想も過去になりつつあった。一九五九年四月一〇日の皇太子結婚のパレードを見るためテレビの購入が急速に増える。国民は、民間出身の皇太子妃誕生を歓迎した。

当時、満二九歳だった新進気鋭の政治学者松下圭一はこうした状況をとらえ、「かつての皇室の尊厳はうしなわれたが、皇室は大衆の敬愛の対象となった。皇室は、大衆の憧憬と歓呼のなかで、『統治』はしないが『君臨』することになった」(「大衆天皇制論」『中央公論』一九五九年四月号)と述べ、大衆に支持された天皇制を説いた。多くの人びとは、民間出身の皇太子妃に「国民とともに歩む皇室」を強く期待する。

一方、ジャーナリストのなかには、皇太子妃ブームの負の面を見る者たちもいた。敗戦直後から高まってきた天皇退位論や皇室開放論を曖昧にし、かつ当時盛り上がっていた日米安全保障条約反対運動の報道を消す役割を果たしたというのである。

実際、民間出身の皇太子妃というシンデレラブームは、日米軍事同盟問題で政治化した国民意識の矛先をそらす効果もあった。一九六〇年九月に皇太子夫妻の訪米は実現し、「シン

皇太子明仁と美智子妃　宮中での儀式を終え儀装馬車でのパレード（1959年4月10日）

デレラガール」を好むアメリカの人びとは皇太子夫妻を歓迎した。安保問題でこじれた日米関係の改善に大きな成果をあげた。

訪米の背後には日米協会理事であったロックフェラー三世の働きかけがあるなど、皇太子夫妻の皇室外交はかなり政治的な意図があった。しかも、歓迎の中心は美智子妃であり、二月に浩宮を出産した美智子妃を無理にも出国させるため、官僚たちも苦心した。こうした夫婦揃っての外交や行啓はこの後も増えるが、美智子妃人気によったものであり、皇族が夫婦揃って公務を行う慣行はここからはじまったといえなくもない。

いずれにせよ、皇太子は民間出身の美智子妃を得ることで、その将来の天皇としての行動のスタイルを確立させはじめる。それは大元帥であり現人神《あらひとがみ》であった昭和天皇とは異なる、新しい時代の天皇像であり皇室像であるが、その実現は昭和という時代が終わるまで預けられる。

内親王たちの婚姻

ところで、かつて明治天皇の内親王たちは、すべて皇族家に嫁いだ。婚姻により生活が難渋することを避けるためであった。大正天皇には内親王はなく、昭和天皇には照宮成子《しげこ》を筆頭に五名(うち一名は夭逝)いた。長女の成子は、明治天皇にならい皇族の東久邇宮家に嫁いだが、ほかの三名は皇族家に嫁ぐことはなかった。戦後という時代のなか、「通婚圏」が広がったのである。こうした戦後の内親王たちの婚姻も国民の関心を集め、皇室への関心を高める機会ともなった。

先に触れたように、昭和天皇の第一皇女の成子は、戦時中の一九四三年に、東久邇宮稔彦王の第一男子盛厚《もりひろ》と結婚していた。しかし、皇籍離脱後の庶民生活の苦労や、末期癌による三七歳の早世などで、戦後社会に話題を投げかけた。

戦後に結婚した内親王は、第二皇女(実際の第二皇女久宮祐子《さちこ》は夭逝)の孝宮和子である。一九五〇年に旧公爵鷹司家の嗣子である平通《としみち》のもとに嫁いだ。平通は当時、交通博物館勤務のサラリーマンであった。ところが、平通は一九六六年、飲酒後にバーのマダム宅に立ち寄った際、一酸化炭素中毒で事故死する。寡婦となった和子には、その二年後さらなる不幸が

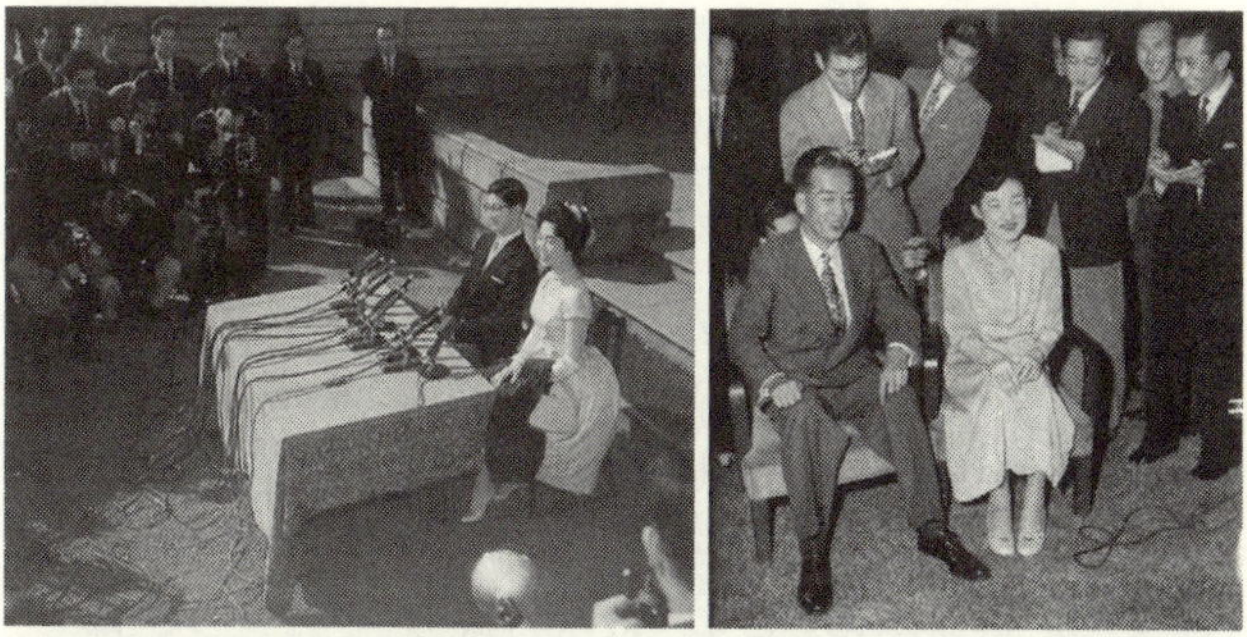

右／**順宮厚子内親王と池田隆政**　結婚後の記者会見（1952年10月10日）
左／**清宮貴子内親王と島津久永**　結婚式後の記者会見（1960年 3 月10日）

襲う。千駄ヶ谷の自宅で強盗に襲われ負傷したのだ。その後、赤坂御用邸に一人暮らしをし、大叔母にあたる北白川房子の跡を継いで一九七四〜八八年まで神宮祭主を務め、八九年に六一歳で亡くなった。

第三皇女の順宮《よりのみや》厚子も、一九五二年に旧侯爵家嗣子の池田隆政と結婚して皇籍を離脱した。池田家は姫路藩主として知られる大大名家である。隆政は結婚後、夫婦で株式会社の池田動物園を運営した。厚子は、一九八八年から姉の鷹司和子を継いで神宮祭主となった。

第四皇女で昭和天皇の末っ子にあたる清宮《すがのみや》貴子は、七歳で敗戦を迎え、その後、学習院大学文学部イギリス文学科に入り、皇太子成婚の翌年である一九六〇年三月、在学のまま元日向佐土原藩主で島津伯爵家の次男である久永と結婚した。

清宮の「私の選んだ人を見て下さい」との言葉は当時の流行語となり、新時代の皇室を思わせた。結婚後も、テレビやラジオに出演し、「おスタちゃん」の愛称で民間イメージをふりまいたが、一九六三年には身代金五〇〇〇万円を狙った「おスタちゃん」誘拐未遂事件が起こり、警備を強化させた。

昭和天皇の内親王たちも民間の生活に溶け込みはじめたが、婚家はみな旧来の名家であった。

皇室への無関心

戦後、国民の皇室観はどのようになっていったろうか。表7－1は、戦後三〇年近く経った一九七三年から五年ごとに全国の一六歳以上の男女五〇〇〇人に意識調査を行った結果である。これによれば、天皇に「尊敬の念をもっている」「好感をもっている」が、ほぼ五〇％以上であるのに対し、「反感をもっている」は二％台以下でしかない。

一方で「尊敬の念をもっている」割合が漸減するなか、「好感をもっている」が増減があるものの、漸増する傾向にある。一九八八年の二二・一％から九三年の四二・七％への急増の背景には、昭和天皇から今上天皇への代替わりがあったこともあるだろう。いずれにせよ皇室への意識は、「尊敬」から「好感」に変わってきたといえる。

ちなみに、二〇〇三年に尊敬と好感がともに上昇するのは、愛子内親王の誕生とその後の皇太子の子育て、さらには女帝人気が影響したからであろう。

ただこの推移でもっとも目につくのは、「特に何とも感じていない」がほぼ四〇％台を保

表7-1　**天皇に関する感情**

質問＼年	1973	1978	1983	1988	1993	1998	2003
尊敬の念をもっている	33.3	30.2	29.3	27.5	20.5	19.2	20.2
好感をもっている	20.3	21.9	20.9	22.1	42.7	34.5	41.0
特に何とも感じていない	42.7	44.1	46.4	46.5	33.7	44.2	36.3
反感をもっている	2.2	2.4	2.2	2.1	1.5	1.1	0.8
その他	0.1	0.2	0.2	0.2	0.1	0.2	0.2
わからない，無回答	1.3	1.3	1.1	1.7	1.6	0.9	1.6

出典：NHK 放送文化研究所編『現代日本人の意識構造』（第1～第6版）

ち、かつ微増していることである。一九九三年だけは三三・七％と落ち込むが、これは小和田雅子が皇太子妃となった年であり、そうした効果で無関心から好感に移った層が増えたと推測できる。

天皇に関する無関心層が、いつ頃から四〇％台になったのか。残念ながら一九七三年以前の同一基準の調査はない。ただ、調査直前の一九七二年は浅間山荘事件があり、政治化していた多くの若者たちが政治全般に「無関心」となっていった時代である。こうした社会的影響もあり、天皇に対する無関心層も増えたのだろうか。敗戦直後から天皇への無関心層が四〇％を超えていたかどうか疑問はある。

少なくともミッチーブームの頃は、かなりの人びとが尊敬なり好感なりを持っていたと思われる。ちなみに、内閣広報室、ＮＨＫ、毎日新聞社、共同通信社、朝日新聞社、読売新聞社、時事新報社の七機関の調査によると、一九六一年から一九八六年の間における天皇への好感的意見が常に大体六〇％前後で、積極的反感は三％前後、無関心は三〇～四〇％であった（西平重喜『世論調査による同時代史』）。おそらくは、一九六一年二月に起こった風流夢譚《ふうりゅうむたん》事件が無関心傾向に一定の影響力を持ったのであろう。

この事件は、深沢七郎による小説「風流夢譚」（『中央公論』一九六〇年一二月号）の内容が、皇室を侮辱していると激怒した右翼少年による犠牲者一名、重傷者一名を出したテロ事件である。皇室に対しての表現をめぐり、せめぎあっていたのが当時の国民意識であったともいえる。結局、事件後、人びとは皇室について語るとき、過剰な慎重さを持つようになり、天皇への無関心的態度も強まったと想定できなくはない。

いずれにせよ、国民の半数近くを占める天皇への無関心は、皇室や皇族への無関心でもあり、多くの人びとが皇太子夫妻以外の皇族の名前も存在も知らないとしても不思議はない。

2　宮家皇族と女性たち

秩父宮の戦後

戦前・戦中、秩父宮や高松宮は、天皇と年が近いながらも臣下の礼をとった。皇族の最上位の存在であっても、天皇の前では一臣民でしかない厳格な差別があった。こうした節度は貞明皇后の教育によるものともいわれる。このため秩父宮や高松宮は、戦後も肉親の弟としてではなく、陛下を支える「一臣下」として振る舞った。

秩父宮は皇太子を補佐し、皇位継承第二位の皇族として万が一に天皇たるべき教育を受けながらも、自らは皇位を望んではならないという複雑な心構えのなかで生きたといえる。高松宮は、秩父宮の次位の後継者という立場のため、より客観的な心性を持ち、そのため「どうも皇族はいらないものの様にしか思えない」（『高松宮日記』一九二九〈昭和四〉年別紙）などという気分に支配されていた。

戦後、秩父宮も高松宮も軍人としての職務はなく、生活基盤は安定していたが、国家や社会との関わりは名誉職ばかりであり、その存在感は弱まった。皇太子や義宮《よしのみや》の存在もあって皇位を継承する可能性は少なく、子もなかったからである。

秩父宮は、戦時中から肺結核で御殿場での療養生活を余儀なくされていた。戦後の占領下でも対外関係の行事などには関わらず、もっぱらスポーツ観戦や執筆活動などをしながらの療養生活が続き、一九五三年一月四日に神奈川県の鵠沼別邸で亡くなった。

秩父宮が一九四九年七月に執筆し生前は未発表であったものに「陸軍の崩壊」（『中央公論』一九九六年一二月号）と「占領政策の批判」（同）がある。

「陸軍の崩壊」では、陸軍は独裁ではなくむしろ統制力がなく支離滅裂だったことを指摘し、閑院宮参謀総長が担がれた「ロボット」だったことが悲劇を生んだと述べている。「占領政策の批判」では、日本の行った戦争の失敗と米軍の占領の必然を認めながら、占領後の諸問題の原因を占領政策のあり方に求め、以下のように論じている。

日本政府を残し之に相当の権限を与えたことは占領軍の負担を軽くすることは出来たであろうが、他面日本人に敗戦を忘れしめ甘い気持ちにさせた。戦争遂行以上に困難を覚悟しなければならない敗戦日本の再建に対する決意を喪失せしめるに至った。

秩父宮は間接統治という占領政策を戦後日本の過誤の元凶としたが、彼自身がそれと対決する場も機会もなかった。

高松宮の主張

健康であった高松宮は、占領期に東京裁判の首席検察官であるキーナン検事やGHQ民政局の局員たちを宮邸（光輪閣）や埼玉県の鴨場に接待したりした。「どの程度お役に立ったかわからないけれど、向こうは皇室なんて珍しいものですから、喜んじゃって」（『菊と葵のものがたり』）と喜久子妃は回想している。

戦後、高松宮はスキーや競馬、駅伝などのスポーツ杯に関わったり、ハンセン病予防事業団である藤楓《とうふう》協会の初代総裁に就任した。また、かつての海軍関係の集まりにもよく出席した。国際親善のため海外に渡航することも多かった。一九七一年には硫黄島での戦没者碑の除幕式に出席、一九七三年には皇族として戦後はじめて沖縄を訪問した。

戦時中から兄である昭和天皇の態度に対して批判的な目を持っており、戦後もそうした言辞を隠さず、象徴となった天皇を補佐して自分なりに皇室を支えていこうとする姿勢は変わらなかった。このため、高齢となった天皇が生物学研究はしながらも、入江相政ら側近の提言を入れて祭祀を簡略化しようとしたことに、高松宮は批判的であったといわれる。

また、かつての対米英戦争に対する意見の違いもあった。『文藝春秋』一九七五年二月号に、加瀬《かせ》英明《ひであき》（加盟後初の国連大使だった加瀬俊一《としかず》の長男。皇室評論家）は、「高松宮かく語りき」を載せ、高松宮は太平洋戦争開始前に昭和天皇に戦争を避けるように進言し、ミッドウェー海戦敗北後は早期和平に努力したと述べた。だが、昭和天皇はこの記事が気に召さず、入江相政侍従長を数え切れないほど呼び寄せ、自分の立場を縷々《るる》語ったという。

この昭和天皇が語った記録は「聖談拝聴録」と称されるが、入江や徳川義寛《よしひろ》ら側近の日記から実在が知られている。だが宮内庁は存在しないとし、天皇明仁も記者会見で「無いと思います。見たことがありません」。さらに現在、手元にもないかという質問に対して、「それは見少なくとも私が知っているところには無いということです」（宮内庁ＨＰ「天皇陛下のお誕生日に際しての記者会見の内容とこの1年のご動静」二〇〇七年一二月二〇日）と答えている。

かつて昭和天皇は、近衛文麿の戦争観を記した手記について「自分にだけ都合のよいことを言っているね」（藤田尚徳『侍従長の回想』）と漏らしており、高松宮にも同様の感想を抱いたのであろう。

また、昭和天皇の高松宮への不満は戦争責任問題のみではなく、皇族としての品格と節度にもあったようだ。『文藝春秋』一九七六年二月号で、高松宮は秩父宮妃や喜久子妃をまじえ三笠宮寛仁とともに「皇族団欒」と題した座談会を開き、皇族であることの不満を奔放に述べあった。たとえば、「皇族の自由というものが制限されている」「何か仕事をして収入を得たら税金でとられます」「住民税まで払わされるわけよ。戸籍がないのに」「選挙権もないんだしさ」「皇族なんて税金で食っているんじゃないかと批判された」「明治天皇は辞職したくてもできないんだって」「普通の人と皇族と両面をいつも知らされてきちゃっている」「皇族っていうようなものはあんまり頭はよくない」など、皇族による皇室の暴露記事めいていた。

戦中戦後の皇室の危機を乗り越えてきた長兄の昭和天皇としては、甥まで巻き込んで自由気《き》儘《まま》に放言を重ねる実弟に立腹したとしても不思議はない。しかし、高松宮は何を怒られているのか理解できず、どこが悪いのか具体的に示せと憤慨した（『高松宮宣仁親王』）。

高松宮は一九八七年二月三日に肺癌で亡くなるが、末期には昭和天皇の見舞いを受けている。ともに昭和戦前の難局を乗り越えながら、兄弟ながらそれぞれに違う位置に立ってしまったことを天皇は強く感じたであろう。

学者となった宮様

末弟である三笠宮崇仁親王は、皇位継承順位も離れ、昭和天皇とは一四歳違うこともあり、戦前から直宮としては比較的自由な立場にあった。皇太子と義宮の誕生で皇位継承の可能性はほぼ考えられず、戦後社会に順応しようと独自に努力した皇族といえる。

三笠宮崇仁親王　国際宗教学会一行と知恩院で（1958年９月８日）

三笠宮は、敗戦直後に、義父にあたる高木《たかぎ》正得《まさなり》子爵（百合子妃の実父）の自殺という事件も経験するが、一九四七年に東京大学文学部の研究生となって古代オリエント史を専攻する。のちには東京女子大学や青山学院大学の教壇に立ち、学術書も刊行し、日本オリエント学会初代会長となり、テレビやラジオなどにも出演した。

一九五七年には、学問的立場から日本の神話を否定し、「紀元節復活」に反対した。そのため右翼勢力から「赤い宮様」と攻撃される。

たとえば当時、帝都日日新聞社長の野依《のより》秀市《ひでいち》は、「三笠宮が紀元節の二月十一日はウソであるといわれたのは、まことに怪しからぬ話［中略］かかる軽率の言を発するのは断じて棄てておけない。宜しく皇族から離脱して頂きたいと思う」（『三笠宮は皇族を離脱か』）とし、さらに「三笠宮は常識に欠けているから、左傾、反皇室の評論家や学者にオダテられてその仲間入りしてしまったんだ」「三笠宮様の言動は無論外国にも知れ亘っておるだろうが、まことに恥かしい。困ったものだ」と、三笠宮に容赦ない攻撃を加えている。

また、日蓮宗系の国柱会《こくちゅうかい》創設者であった田中智学《ちがく》の三男で日本国体学会会長の里見岸雄《きしお》も、法学博士の立場で『天皇及三笠宮問題』を著している。同書には「強制された米国製憲法」「ちょっと待て！　皇居開放論」などの言及があり、「特別付録　三笠宮問題」として「三笠宮に捧げる公開状」「重ねて三笠宮の御思想に縁して我が所信を述ぶ」「三笠宮の新著」「三笠宮の演説について」「皇族言論の限界」「三笠宮の紀元節反対理由を読む」「三笠宮に皇籍離脱を諫告《かんこく》す」など、三笠宮攻撃に多くの紙面を費やしている。

戦前からの国粋主義者であった野依や里見は、戦後社会に順応していく皇族の姿に大きな違和感を抱いたのである。

寛仁親王のストレス

三笠宮崇仁親王には、寛仁《ともひと》、宜仁《よしひと》、憲仁《のりひと》の三親王がおり、それぞれに寛仁親王家、桂宮、高円宮と独立した。

こうしたなかで、崇仁親王長男の寛仁親王は、戦後皇族のあり方に関していくつかの話題を提供してきた。たとえば、一九六九年には、英国留学中に交通違反の罰金未納で逮捕状が出される事件を起こしている。また、障害者福祉やスポーツ振興などの公務に熱心で、一九八二年に福祉活動に専念したいとの理由で皇籍離脱を表明し、国会でも取り上げられ、皇室関係者を振りまわしたことがあった。

一九九三年、寛仁親王は皇室評論家加瀬英明との「皇室と日本人」（『文藝春秋』三月号）というインタビュー対談で、皇族の務めについて「伯父様方は陸海軍が基本でしたが、戦後生まれ第一号の私は仕事の選び方一つとっても大変ですよ！」と、高松宮に愚痴をこぼしたと語る。衣食住足りた生活のなか、何をするのかを自己決定する難しさの吐露であった。戦後、軍務からも解放され、国家や社会に対して重要な責務がなくなってしまった皇族の存在意義の喪失感ともいえる。

近年になっても、たとえば二〇〇七年の『ニューヨーク・タイムズ』紙のインタビューに答え、「皇室はストレスの塊のようだ」と語っている。当時、寛仁親王は自身のアルコール依存症を公表しており、その原因が自らの環境であると示唆していた。寛仁親王は、「朝起きて、朝食を食べて、昼食を食べて、夕食を食べて、眠りに就く。これを一年三六五日繰り返す」ことで役割を果たすことができると説明した。

生まれながらの皇族であることから逃れる道はない。幼少の頃から、教育を受けてきたとはいえ、日本社会が経済的・文化的にも豊かになるなか、自己の存在理由への葛藤はおのずと生ずる。皇族が自由に市民生活を享受するには多くの制約がある。こうしたストレスが、戦後の皇族、とりわけ皇位継承順位が遠い皇族男子ほどあるのだろう。

桂宮と高円宮

寛仁親王の悩みを受けてか、次弟の桂宮は、皇族男子としてはじめての「サラリーマン」となった。一九七四年一〇月から日本放送協会（NHK）の嘱託となったのである。会長室付き勤務から放送総局事業部に異動し、「一千万ラジオ体操祭」の運営などを担当した。職員としてアメリカ、カナダへ出張もし、「三笠さん」と呼ばれ、赤提灯の居酒屋にも出入りした。NHK在職中に日豪ニュージーランド協会総裁となり、皇族として国際親善にも尽くし、一九八五年に退職した。

その後、一九八八年五月、急性硬膜下血腫（硬膜とクモ膜の間に生じた静脈性の出血）となり、以後はリハビリにはげみながら総裁を務める団体の表彰式などに臨席している。二〇〇八年九月、敗血症（細菌によって引き起こされた全身性炎症反応症候群）で東大病院集中治療室に入院したが、一二月に一般病棟に移った。

三弟の高円宮も、一九八一年八月にカナダのクイーンズ大学留学から帰国して、一〇月から国際交流基金の嘱託となった。総務部総務課に配属され、自家用車で出勤した。総務課では海外文化を日本に紹介する仕事を担当し、講演会の企画や調整をした。自らの人脈を頼って薄給の講師依頼をしたり、カバン持ちとして講師に随行した。

他方、皇族として多忙な公務もこなし、「私の役割は皇太子さまをお守りすること」という意識を強く持っていたという。スポーツ、文化、国際交流などの団体の名誉総裁を務めた。高円宮の外国訪問は一九八一年にカナダ留学を終えるときにフランス、ベルギー、スイス、西ドイツ、オーストリア、英国など欧州各国を旅行し、以後は毎年のように世界の各地を訪問、国際親善に努めた。

二〇〇二年五月、日韓共催のサッカー・ワールドカップでは開会式に臨席するため、久子妃とともに皇族として戦後初めて公式に韓国の地を踏んだ。国立墓地の顕忠院に献花し、金大中大統領を表敬訪問し、李方子の開設した知的障害児施設の明暉園《めいきえん》にも足を運んだ。しかし、同年一一月、カナダ大使館公邸でスカッシュの練習中に倒れ、重度の不整脈による心室細動で急逝した。数え四九歳であった。

なお、三笠宮家の三男子には男子後継者がいない。寛仁親王と信子妃との間には、彬子《あきこ》、瑶子《ようこ》の二女王。次弟の桂宮は独身。三弟の高円宮と久子妃との間には、承子《つぐこ》、典子《のりこ》、絢子《あやこ》の三女王。すなわち、崇仁親王の孫の代には男子がなく、男系男子を皇位継承者とする現行皇室典範下では、三笠宮家の断絶は時間の問題となっている。

遠ざかる常陸宮

昭和天皇の第二男子である正仁《まさひと》親王は、浩宮（徳仁親王）が生まれるまでは皇位継承第二位の位置にあった。

明仁親王誕生の二年後、一九三五（昭和一〇）年一一月二八日に正仁親王は誕生した。国内は二人目の男系男子に沸いた。号外が配られ、母方の祖母である久邇宮妃俔子《ちかこ》が参内する写真が報道される。「宮内省の隅々までどっと揚る歓声この朝の嬉しい興奮」「御殿の御賑かさに東宮様も御早起き」「二重橋前に額《ぬか》ずく民草《たみくさ》」「朝の街に翻る日の丸」などの記事が、紙面を埋めている。一二月四日には義宮正仁親王と命名され、翌日の新聞は、「万歳と日章旗全国に氾濫」「高鳴る弓弦《きゆうげん》・響き渡る拝誦《はいしょう》」と命名の儀や浴湯の儀のあらましを伝えている。以後も誕生奉祝が続き、節句、端午、避暑避寒、玩具下賜など、その成長の姿が逐一報道され、皇太子の弟として周囲の期待を集めた。

皇族の義務としての海軍軍人としての将来が期待され、一九四〇年には海軍中将の桑折英三郎《こおりひでさぶろう》が皇子傅育《ふいく》官となった。一九四一年に学習院幼稚園、翌年学習院初等科に入り、靖国参拝なども した。戦争末期には皇太子とともに日光湯元に疎開した。敗戦後の一九四九年九月一〇日、皇太子とマッカーサーの息子であるアーサーとともに日本学生選手権水上競技会を観戦、二四日には天皇・皇后、皇太子にともなわれてボーイスカウト全日本大会に臨席している。義宮は皇位継承第二位の皇族として、常に皇太子とともに注目されていた。

もっとも、戦時中に報道されることはなかったが、義宮は学習院初等科に入学して、天皇・皇后に挨拶するため参内したとき、足の異常を訴えたという。精密検査の結果、左足膝蓋骨《しつがいこつ》の小児マヒと診断された。一日三回の電気マッサージ治療を行うなどの結果、二年目に小康状態となったが、左足が不自由な状態が続いた。ようやく回復したのは発病から五年経った一九四七年のことである。

皇太子と比べて温厚で、その皇族然とした振る舞いが、むしろ将来の天皇にふさわしいと評価する周囲の声もあったという。わちさんぺいの漫画で知られる「火星ちゃん」のモデルとして愛されたこともあり、国民的人気は高かった。戦後、天皇が退位して皇太子が即位するような事態があれば、皇位継承第二位という難しい立場になる可能性もあった。しかし、天皇は退位せず、皇太子が結婚し徳仁、文仁の二親王をもうけたことで、皇位継承順位は四位となった。一九六四年には、旧伯爵家の津軽華子《つがるはなこ》と結婚し、夫婦で日本赤十字社副

義宮親王と華子妃　「朝見の儀」を終えて（1964年９月30日）

総裁などの公務をこなしていった。昭和天皇の次男としての発言も少なくなく、一九八七年に昭和天皇が腸の通過障害で手術をした際には、「ご公務より、お好きなことを自由にしていただきたい」と述べている。

ちなみに、一九八七年まで、元旦の天皇一家写真には常陸宮夫妻も写っており、また正月や天皇誕生日の一般参賀でのお立ち台にも登場した。しかし、昭和天皇が崩御して昭和から平成に変わると、常陸宮は退き、天皇明仁とその妻子を中心とした家族が前面に出てくる。これは皇位継承順位と戦後の核家族型の家族意識の反映とみなせる。

すなわち、戦前の大家族主義であれば天皇の実弟の常陸宮一家も天皇の家族であるが、戦後の核家族型であれば、親子が家族であり、親の兄弟姉妹は離脱するからである。しかし、より仔細《しさい》に考察すれば、近代天皇家の場合、天皇の兄弟姉妹が家族として同一写真に載ることはなく、天皇とその兄弟姉妹との立場の差の厳しさを物語るものともいえる。

いずれにせよ、天皇明仁が即位することで、常陸宮は皇位継承順位のみならず、天皇一家という概念からも遠ざかっていった。

民間に嫁ぐ内親王

「おスタちゃん」誘拐未遂事件から六年後の一九六九年に生まれたのが、清子内親王（紀宮）である。

表7-2　**戦後の皇族女子の出自と嫁ぎ先**

皇籍を離脱（内親王）

婚姻年月日	名	嫁ぎ先	婚家の旧身分
1950. 5.20	孝宮和子	鷹司平通	公爵（五摂家）
1952.10.10	順宮厚子	池田隆政	侯爵（大大名家）
1960. 3.10	清宮貴子	島津久永	伯爵（大名分家）
1966.12.18	三笠宮甯子	近衛忠煇	公爵（五摂家）
1983.10.14	三笠宮容子	千政之	
2005.11.15	紀宮清子	黒田慶樹	

皇籍に入籍

婚姻年月日	名	出自	嫁ぎ先
1959. 4.10	正田美智子	実業家	皇太子明仁
1964. 9.30	津軽華子	旧伯爵	常陸宮正仁
1980.11. 7	麻生信子	実業家	三笠宮寬仁
1984.12. 6	鳥取久子	実業家	高円宮憲仁
1990. 6.29	川嶋紀子	大学教授	秋篠宮文仁
1993. 6. 9	小和田雅子	外交官	皇太子徳仁

清子内親王は皇太子明仁と美智子妃の唯一の女子であり、学習院大学文学部国文科を卒業後、山階鳥類研究所非常勤助手となり、赤坂御用地や皇居の鳥類研究などに専心した。日本舞踊の花柳流の名取試験にも合格し、盲導犬の育成などにも関心を持つ。内親王として国際親善や福祉慈善事業などにも従事し、国民からも「サーヤ」の愛称で広く親しまれた。

二〇〇五年一一月一五日、東京都職員であった黒田慶樹と結婚し、皇籍を離脱した。清子内親王は結婚前に自動車普通免許証を取得するなど、一般社会で生活する心構えがあったようである。また、黒田は旧華族家の末裔ではない。内親王の婚家も民間に広がったのである。

なお、二〇〇九年現在、内親王は皇太子徳仁の長女愛子、秋篠宮家の眞子、佳子の三名であるが、彼女たちが婚家が旧皇族や五摂家、大大名家であることを絶対視する世論はほとんどないだろう。民間から皇室に嫁ぐのみならず、皇室の女性も民間に嫁ぐ時代になったといえる。

先述したが、天皇明仁の弟である常陸宮正仁親王は、旧弘前藩主家を嗣いだ津軽義孝《よしたか》の四女華子と結婚した。津軽家は旧伯爵家であり、旧華族家である。兄の天皇明仁が民間の美智子妃を娶ったこととの調和を保つための配慮ともいわれる。前ページの表7－2に示したように、津軽華子の入籍以後、小和田雅子の結婚まで二九年間、旧皇族・華族出身の女性は皇室に嫁いではいない。

3LDKのプリンセス

天皇明仁の次男文仁親王の妃である川嶋紀子は、皇后美智子の再来であり、開かれた皇室の担い手として期待された。結核予防会総裁、日本赤十字社名誉副総裁などを務めるかたわら、手話を得意とし、『ビーバーのベン』『ゾウのソフィ』など動物絵本の翻訳もしている。

紀子は一九六六年九月一一日、川嶋辰彦《たつひこ》と和代の長女として静岡市に生まれた。曾祖父に川嶋庄一郎学習院大学教授や池上四郎朝鮮総督府政務総監、祖父に川嶋孝彦内閣統計局長がおり、紀子の弟舟《しゅう》は獣医で東京農業大学農学部バイオセラピー学科の講師である。川嶋家は官僚や学者の家系であった。

紀子は父辰彦の留学に同行して米国ペンシルベニア州フィラデルフィア市に移り、帰国して転校を重ねた後、学習院初等科四年に編入した。その間、父辰彦は学習院大学経済学部教授となり、さらにオーストリア国際応用システム分析機構主任研究員としてウィーンに移住、紀子もアメリカ・インターナショナル・スクール・イン・ヴィエンナ六年に編入した。二年後に再び帰国し、学習院女子中等科一年に編入し、高等科を卒業して大学文学部心理学科に入った。専攻は社会心理学で、卒業論文は「認知地図の成立に関する規程要因について」。

秋篠宮夫妻　婚礼の記念撮影で（1990年６月29日）

卒業後、大学院に進学した。帰国子女であり、才女でもある。

　礼宮とは「自然文化研究会」などを通して学生時代からの交流があり、グループ交際を重ね、信号を待つ間のプロポーズという現代的感覚が多くの人びとの関心を呼んだ。昭和天皇の喪明けの一九九〇年六月二九日、礼宮と結婚するが、そのまま九五年の博士前期課程修了まで学生妃殿下として在籍した。学習院大学教授の職員アパートから嫁いだことから、「3LDKのプリンセス」とも称された。紀子フィーバーのなか、結婚を記念するアニメ番組「平成のシンデレラ　紀子さま物語」が放映されてもいる。

なお、結婚の儀の際に、紀子妃が秋篠宮の乱れた髪を右手で整えた写真が嘱託カメラマンによって撮影された「事件」が起きた。写真自体は紀子妃の秋篠宮に対する細やかな愛情を示したものである。新聞各紙は掲載し、人びとは紀子妃への好感度を高めた。しかし、宮内庁はこの写真を記念写真とはいえないとの理由で取り消しを求めた。紀子妃は、結婚早々、公式の場での愛情表現のあり方を教えられたのである。

皇位継承第二位の皇族妃として、眞子、佳子の二内親王をもうけたが、その後、皇室典範改正問題が混迷するなか、四一年ぶりの男系皇位継承者となる悠仁《ひさひと》親王を生み、その皇室における地位が重要度を増した。

皇太子家に男子が生まれず、皇室典範の改正もなければ、皇后になる予定のなかった3LDKのシンデレラは、将来の皇后であり、天皇の生母であり、皇太后となるのである。その突然の変化とそれにともなう精神的負担は想像にあまりある。

キャリア出身の雅子妃

皇太子徳仁親王と雅子妃　「結婚の儀」を終えオープンカーでのパレード（1993年6月9日）

皇太子徳仁親王妃となった小和田雅子は、一九六三年一二月九日、外交官の小和田恒《ひさし》と優美子《ゆみこ》の長女として東京に生まれたが、父の赴任地の関係でモスクワ、ニューヨークで育った。帰国後、田園調布雙葉小学校三年に編入、その後、ボストンのベルモントハイスクール、ハーバード大学経済学部を卒業し、さらに東大法学部に学士入学した。東大在学中に外務省に入省し経済局国際機関第二課に配属され、英国オックスフォード大学ベーリオールコレッジに留学する。その後、千葉県新浜の鴨場で皇太子徳仁親王のプロポーズを受け、一九九三年六月九日、外務省を退官して皇太子妃となった。「就職経験」のある女性が皇太子に嫁いだのは史上初である。

小和田家は越後村上藩内藤家五万石の藩士であり、明治維新後、雅子妃の曾祖父の金吉が聾唖学校教師、祖父の毅夫が教育長となるなど勤勉な家系を築いた。母方の江頭《えがしら》家は佐賀鍋島藩の藩士で、優美子の父豊《ゆたか》は日本興業銀行常務を経てチッソ株式会社会長、従兄弟の江口朴郎《ぼくろう》は歴史学者、江藤淳は文芸評論家として知られる。

外務省出身の雅子妃は、未来の皇室外交の担い手として国民から期待されたが、次期の皇位継承者のいない皇室にあって、男子出産を強く求められ、皇室外交での活躍は二の次とされた。しかも、結婚数年を経ても懐妊の兆しがなく、二〇〇一年一二月一日に敬宮愛子《としのみやあいこ》内親王が生まれたが、男子でないためにさらなる出産を期待された。

この後、二〇〇四年五月には皇太子が記者会見で雅子妃の「人格が否定された」と発言し混乱を招き、また同年七月、宮内庁は雅子妃が精神的ストレスで「適応障害」となり長期療養中であることを公表した。

男子に恵まれなかった宮家

雅子妃の男子出産を期待する一方で、二一世紀に入り政府は「女帝」を認める皇室典範改正の道を開こうとした。しかし、秋篠宮家に悠仁親王が誕生することで、典範改正審議は停止した。その後も、雅子妃の病気療養は長引き、遠のく公務復帰に対する賛否の声にさらされている。

現在、皇室の未婚男子は悠仁親王のみであり（桂宮は除く）、婚姻は早くても親王が満一八歳となる二〇二四年以後のこととなろう。そのとき、妃にどのような女性がなるかで、皇室のあり方も大きく変わるだろう。

悠仁親王の妃が重大な関心事となる最大の理由は、次期天皇の生母となる可能性があるからである。徳仁親王（皇太子）や文仁親王（秋篠宮）ら複数の男系男子が存在していた頃でさえ、皇太子妃だけは特別視されていた。文仁親王は徳仁親王よりも早く結婚し、女子を二人生んでいたが、皇太子ではない身軽さもあり、皇位継承への関心はひとえに徳仁親王の結婚と男子出産にかかっていた。

徳仁親王が独身の間、文仁親王はじめ多くの男性皇族には男子が生まれなかった。徳仁親王の大叔父である三笠宮崇仁親王には寛仁親王、宜仁親王、憲仁親王の三男子があったが、その三男子たちは五人の女子をもうけながらも、男子は一人もいなかった。そのほか、大叔父の秩父宮、高松宮、叔父の常陸宮の三家は子どもに恵まれなかった。男系男子を掲げ、その血脈の維持のために存在しているはずの皇族家に皇位継承権を持つ男子が一人もいないまま、ひたすら雅子妃に男子出産の期待がかかっていたのである。

この重圧もあり、雅子妃は期待された外交のみならず、いわゆる公務全般が果たせない状態となったのである。

3　公務と外交

増大する公務

戦後の皇室のいわゆる「公務」は、法的に定められた義務ではない。法的には天皇の国事行為しかなく、皇族もその代行があるのみである。国事行為以外の公務と称されるものは、非公式の慣行として積み重ねてきたものであり、その履行は法的に定められてはいない。

たとえば、天皇明仁は即位一五年目の二〇〇三年に全国都道府県一巡を果たした。距離にして地球三周分という。昭和天皇が在位期間の六二年と一四日かかってもなしえなかった大規模な行幸である。しかし、これは法的に義務づけられた公務ではなく、明仁が天皇としての自覚から行った私的行為といえる。

ちなみに、宮内庁は二〇〇九年に高齢となった天皇明仁の健康に鑑みて公務と宮中祭祀の負担軽減方針を出した。そのなかで、外国賓客や駐日大使との会見・引見、赴任大使や帰朝大使の拝謁、都内や地方への行幸などを天皇の公務として挙げている。

国事行為には、たしかに「外国の大使及び公使を接受すること」がある。だが、赴任大使や帰朝大使の拝謁までは含んでいない。まして都内や地方への行幸は国事行為ではない。宮内庁は「帰朝大使のためのお茶のように、平成に入ってから恒例とされたものもあり、また、認証式や学士院及び芸術院の会員等からお話をお聞きになるなど、内容においても変化してきております」（宮内庁HP「今後の御公務及び宮中祭祀の進め方について」二〇〇九年一月二九日）と述べ、公務の具体的内容や範囲は拡大解釈され、増加しているのが実態である。

皇族の場合、天皇の公務に準じた形で臨席、行啓をするが、天皇の代行でなければ、法的な義務はない。もちろん、経費の出所が問題でなければ、不法行為ではなく、むしろ慣行として定着した皇族の社会貢献とみなすことはできる。

その意味では、雅子妃のように、体調を崩しても公務を「義務」づけられるのは問題である。慣行化された公務が、かえって皇族を束縛しているからだ。まして夫婦で地方を行啓するという規定はどこにもない。そのような伝統もない。むしろ戦前の天皇と皇后は、行動が別であることが多く、皇族・皇族妃も含め、欧米の習慣にならった夫婦同伴という形は戦後になって増えたものである。

国事行為としての儀式

国事行為には、「儀式を行うこと」とあるが、その具体的内容は非常に曖昧である。一般に新年祝賀の儀式などが該当すると解釈される。

なお、天皇が即位して初めての新嘗祭である大嘗祭は、一九九〇年一一月二一日の閣議決定で、「国家・国民のために安寧と五穀豊穣などを祈念」する儀式であり、宗教上の性格を有するとされ、政教分離の立場から国事行為とはみなされなかった。ただし、「皇位が世襲であることに伴う一世に一度の極めて重要な伝統的皇位継承儀式であるから、皇位の世襲制をとる我が国の憲法下においては、国としても深い関心を持ち、その挙行を可能にする手だてを講ずることは当然」として、内廷費ではなく宮廷費による経費支出を認めた。

このように解釈が広められて、国家や社会が公的に行う儀式と天皇家の私的儀式とが同化されてきたのも事実である。そのためすべての宮中祭祀を公務とみなす意見も出てくるのである。

これらの是非の議論もさることながら、拡大解釈による公務の増加が、結果として天皇や皇族の心身に負担をかけていることは間違いない。天皇や皇族は、過剰公務が続いており、それは雅子妃一人だけの問題ではない。天皇・皇后も限界にきているのである。

他方、皇族たちは各種スポーツの宮杯や各種団体の名誉総裁などに関わっている。これも法的には義務を負ってはいない。戦前の皇族のノブレス・オブリージュ（高貴なるがゆえの義務）的な行為が、戦後も継承され、拡大されたものといえる。

だが、戦後はしばしば謝金を得る場合も生じている。たとえば、一九九五年には競輪や競艇で高松宮家が一億円以上、寛仁親王家が一〇〇〇万円以上を受け取ったことがわかり、参議院内閣委員会などで問題視された。宮内庁も現金の受領に肯定的ではなく、あくまで名誉の社会貢献としての範囲にとどめようとしている。

しかし、皇族側としては衣装代など三一七ページの表6－10で示したような皇族費だけでは十分まかなえない現状であるという。本来、自主的な活動であったものが、公務として義務化され、その数や種類が拡大し、その負担に物心ともに支えきれないでいるのが、おおよその構図といえよう。

皇室外交の目的と効果

天皇や皇族の「公務」としてもっとも知られているのが外交であろう。皇室外交は、「国政に関する権能を有しない」という憲法の条文に抵触するという意見もある。だが、既成事実の蓄積によって慣行化され、国民からの大きな反対もあまりない。むしろ皇室による、よりよき外交を望む声すらある。

巻末に付録「天皇・皇族の外国訪問（昭和、戦後）」と「天皇・皇族の外国訪問（平成）」を掲載した。この二つの表からもわかるように、昭和から平成を通じて天皇や皇族の外国訪問の目的は、国際親善が大部分である。その形式は、表敬訪問、招待、記念式典臨席などさまざまである。長期滞在はなく、一泊で帰国することもあれば、数週間かけて数ヵ国を歴訪することもある。

こうした国際親善は、諸外国とのよりよい関係を築くためのものであり、結果として政治や経済の有効な結びつきを生む。天皇や皇族が列席したパーティなどが、政治問題解決や経済提携など国交の露払いとしての役割を果たすことは容易に理解でき、非政治的に見える親睦会も、まったくの私的交流というわけではない。むしろ、非政治的な形で接触することで、より政治的な効果をもたらしているといえる。

訪問国の多くは欧米だが、それ以外にも中近東、アフリカ、東南アジア、オセアニアなど、日本と密接な政治・経済関係のある地域が多い。経済的には製品の輸出先や原料の輸入先のみならず、日系人の多いブラジルなどは労働力の輸入先として期待された地域でもある。以前は、旧ソ連、旧東ドイツ、朝鮮民主主義人民共和国、キューバなどの社会主義圏への訪問はなく、ソ連崩壊後に東欧圏や中国への接近がはじまったことを見ると、当然ながら政治・経済が意識された訪問先が設定されていることがわかる。

各皇族の海外歴訪

こうした皇室外交の礎を築いたのは、皇太子時代の明仁親王と美智子妃である。昭和にあっては天皇の名代として、平成になっても天皇・皇后として、世界各国を訪問したことからもその活躍ぶりがわかる。

その回数は皇太子時代の明仁が二三回、美智子妃が二二回、天皇となってからは明仁が一四回、皇后美智子が一五回である。二人揃っての外国訪問は三六回、一九六〇～二〇〇七年までの四七年間にのべ一〇三ヵ国を回っている。その目的の多くが国際親善だが、本来外交官がすべき職務を、国家の象徴が代行してきたといえよう。

皇太子明仁の初めての外国訪問は一九五三年、英国エリザベス二世の戴冠式であった。昭和天皇の名代として参列することを主目的として、イギリス以外にも米国、カナダ、フランス、スペイン、モナコ、イタリアなど米欧各国を回った。しかし、敗戦国の皇太子であることもあり、大歓迎を受けるほどではなかった。

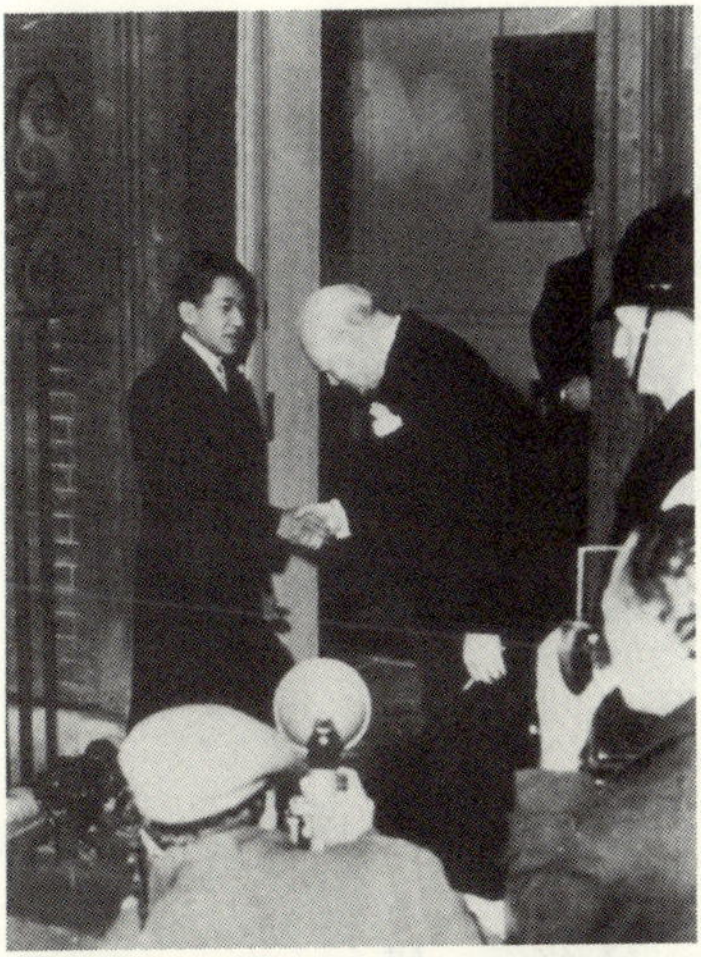

皇太子明仁（左）とチャーチル英首相　エリザベス女王戴冠式のため初の外国訪問．ダウニング街10番地の首相官邸で（1953年4月30日）

熱狂的歓迎を受けたのは、一九六〇年に美智子妃とともに、日米修好一〇〇年に際して米国を訪問したときである。この訪問には、先述したように日米安全保障条約の改定をめぐって複雑化した日米関係修復の政治目的があり、美智子妃という「シンデレラガール」によって、日系を含む多くの米国民の心をとらえさせようとしたものであった。この狙いは成功し、その後も美智子妃の存在が皇室外交の重要な要素となる。皇太子夫妻は幼い徳仁

皇太子夫妻の訪米　ロサンゼルス「リトル・トーキョー」で大歓迎を受ける（1960年９月26日）

親王を国内に残し、毎年のように外国を訪問することになる。

もちろん、戦後、皇太子夫妻よりも早く外国を訪問し国際親善に尽くしていた皇族もいる。三笠宮崇仁親王と百合子妃である。一九五六年にセイロン（現スリランカ）の建国祭に参列し、翌年には国際親善を目的として北欧三ヵ国を訪問している。皇太子夫妻の外交がはじまって以後は、国際宗教史会議やオリエンタリスト国際会議など、崇仁親王の専門とする学問研究の国際会議への出席が大半を占めるようになる。

皇太子夫妻の外交を補塡したのは、明仁親王の弟である常陸宮正仁親王夫妻であろう。一九六五年以後、常に華子妃をともない米国を中心として諸国の記念式典などに参列してきた。また、秩父宮妃勢津子も英国中心の外遊を重ねた。高松宮宣仁親王と同妃喜久子は欧米にしばしば足を運んだ。三笠宮寛仁親王は単独で外遊することが多く、昭和期ではその目的も留学や旅行であり、平成になって障害児支援や古代遺跡視察などの外遊が増えている。高円宮は国際交流基金の出張のほか根付《ねつけ》研究会などの外遊もあり、薨去後は久子妃がスポーツ関係の視察などを重ねている。

他方、外国からの元首クラスの来日も増え、天皇・皇后はじめ皇族たちによる接待が繰り返された。こうした事実の積み重ねにより、「皇室外交」という言葉が国民のなかに定着していった。なかでも皇太子時代の明仁・美智子妃の対応は評価が高く、そのほかの皇族たちの接待も洗練されていった。多くの人びとが皇室による親善外交を黙認したのは、それなりの理由があったともいえる。

「戦後和解」の模索

一方で、戦後皇室外交の重要な要素には「戦後和解」があった。

一九三〇年代以後の日本の対外戦争に果たした皇室の役割の評価はまだ定まっていない。天皇のみならず皇族一人ひとりの戦争との関わりは今後の課題でもある。だが、天皇の名により遂行された戦争であり、皇族も陸海軍軍人として枢要な役割を果たしたことは否定できない。国家権力の中枢部にいながら、軍部の横暴を阻止することなく、多くの戦争犠牲者を生んだことは確かであった。

実際、戦後の昭和天皇や皇太子明仁の言動には、そうしたことに対するある種の悔いがみられる。少なくとも自分たちは戦争犠牲者であり、加害責任がまったくなかったという論理を展開していない。こうした悔いをいかに乗り越えるかが、天皇や皇太子の戦後の大きな課題であり、制約のあるなかで努力をしてきたといえる。

そうした努力の一つが、戦後和解としての皇室外交であった。昭和天皇の訪欧・訪米は、天皇の戦争責任を追及する声を負いながらはじめた和解の旅だった。実現しなかったが、昭和天皇は沖縄、韓国、中国への訪問と、それぞれの地域・国への謝罪を意識していたといわれる。そして、その志を天皇明仁は継いだ。

つまり、昭和天皇と皇后良子の一九七一年九月から一〇月の欧州七ヵ国への親善訪問は、戦後和解の大きな一歩であった。旧敵国への「試練の旅」でもあり、とくに捕虜となって非人道的待遇を受けた元連合国兵士からの批判は厳しかった。国内でも天皇・皇后の初めての訪欧への期待とともに、訪欧前から過激派が皇居に乱入し訪欧阻止を訴えた。昭和天皇は皇太子時代に欧州遊学をしていたが、皇后は初の洋行をこうした形で迎えねばならなかった。

九月二八日、米大統領ニクソン夫妻とヨーロッパへの経由地米国アンカレッジで会見した天皇・皇后は、デンマークに向かい国王らの歓迎を受ける。だが、天皇制廃止などのビラを配布する日本人が逮捕されるという事件が起こる。一〇月一日のベルギーでは、天皇の車に学生が卵を投げつけた。イギリスでは、在英邦人が遠慮し日の丸を振れなかったと伝えられた。また、バッキンガム宮殿での晩餐会では、エリザベス女王が「過去において両国の関係は常に平和と友好であったとは言えません」と述べる。それでも天皇・皇后は、英国無名戦士の墓に花輪を飾り、過去の戦争への思いを形にしようとした。こうした天皇の誠実さに欧州の人びとも好意的になっているとの評価も出た。

しかし、オランダでは、第二次世界大戦中の蘭印をめぐる問題もあり、体験者が中心となり、激しい反対運動が繰り広げられていた。オランダ訪問の中止説も浮上し、宇佐美毅宮内庁長官がこれを否定する事態もあった。

実際、戦争責任を問いかけ訪問を批判する論調がオランダ国内では高まり、天皇の車にビンを投げつける者も現れ、記念の植樹が引き抜かれたりもした。その後、天皇・皇后はかつて中立国であったスイスで休養するが、次の訪問地ドイツの西ベルリンでも日本人留学生らの訪問反対のデモが展開されていた。

天皇・皇后の訪欧は、戦争責任や皇室外交のあり方にいくつかの問題を投げかけており、評論家の石垣綾子は「戦争責任を明らかにすべき」、日英協会理事長の大野勝巳は「皇室外交のあり方を考えよう」とコメントしている。

そして、訪欧の四年後の一九七五年九月三〇日、天皇・皇后は旧敵国であり占領国であった米国の主要都市を初訪問する。このとき、昭和天皇は、フォード大統領主催の歓迎晩餐会で、以下のようにかつての戦争についてはじめて言及する。

私が深く悲しみとするあの不幸な戦争の直後、貴国がわが国再建のために、温かい厚意と援助の手をさしのべられたことに対し、貴国民に直接感謝の言葉を申し述べる。

昭和天皇崩御

一九八九（昭和六四）年一月七日、昭和天皇が満八七歳で崩御した。在位六二年と一四日（一九二六～八九）は天皇として史上最長であった。とりわけ戦前は国家元首として、かつ大元帥として戦争の時代の采配をとり、敗戦後は復興と繁栄の時代を支えてきた。

他方、戦後は国内外を問わず戦争責任追及の声も広がった。その動きは東京裁判判決後も消えず、むしろ、裁判で天皇が免責されたことで、責任追及の矛先がかえって鋭くなった。しかし、実証研究の基礎となる天皇や皇室関係の史料の公開は進まず、その論争は断片的な事実をもとにした政治的色調が強いものになりがちであった。そのため、天皇は戦争に関して事実を知らず軍に騙されたのであり、平和主義者である天皇のおかげで戦争が終わったのだという意見は根強くある。反面、天皇が国家の最高権力者であり、多方面のあらゆる情報を知っており、戦争の一番の責任者であるという立場から天皇の法的・道義的責任を問う声も幅広くあった。天皇の戦争責任問題は、戦後国家おける天皇のあり方とも関わるため、賛否の意見が鋭く対立しがちであった。

さらには、戦後の政治的経済的混乱から立ち直ってきた中国や朝鮮が、国際的発言をするようになり、実際に戦争の被害を受けた立場からの日本の戦争加害の実態を告発する事例が増えていった。中国への侵攻や朝鮮の併合などが天皇の名のもとになされたことから、天皇の戦争責任を問う声も生まれた。そうした動きに昭和天皇自身、まったく無関心ではなく、戦後社会に復帰した日本とアジア諸国との友好な国交の前提として、先の戦争の謝罪と清算が重視されると判断していた。しかし、そうした天皇の内面が表明される機会はなかなかなかった。

一九八二年秋に中曽根康弘首相は、昭和天皇に沖縄、韓国、中国訪問の是非について伺いをたてた。戦争の被害を受けた地域へ昭和天皇の「思い」を伝えることが不可欠のものとなっていたのである。このとき、天皇も前向きの回答を述べたといわれる。だが、実際にはこれらの地域を訪問する計画は実現しなかった。

それから二年後の一九八四年九月六日、韓国の全斗煥大統領が来日した。天皇は宮中晩餐会で、以下のように述べ、抽象的ながらも「謝罪」の意を表した。

　貴国と我が国とは、一衣帯水の隣国であり、その間には、古くより様々の分野において密接な交流が行われて参りました。我が国は、貴国との交流によって多くのことを学びました。例えば、紀元六、七世紀の我が国の国家形成の時代には、多数の貴国人が渡来し、我が国人に対し、学問、文化、技術等を教えたという重要な事実があります。永い歴史にわたり、両国は、深い隣人関係にあったのであります。このような間柄にもかかわらず、今世紀の一時期において、両国の間に不幸な過去が存したことは誠に遺憾であり、再び繰り返されてはならないと思います。

（『朝日新聞』一九八四年九月七日付）

とはいえ、こうした抽象的な「謝罪」に対して反応はさまざまだった。一定の評価をする声がある一方で、全大統領訪日前から事前に天皇が「遺憾」を表明することが知らされており、その期待が大きかっただけに「明確な反省欠く表現」「謝意　むしろ行動を期待」（同前）などの不満もあった。

翌七日昼に中曽根康弘首相が全大統領に重ねて「多大な苦難与えた」と述べ、大統領は「責任をなじる気はない」と答えたが、北朝鮮などは天皇の韓国招請に強く反発するなど（同前）、戦後和解への道はようやくその第一歩を踏み出したばかりの状態であった。

その後、昭和天皇は韓国訪問と正式の「お詫び」の機会を得られないまま、一九八七年に腸通過障害で手術し、容体が悪化して、一九八九年に崩御した。

天皇の容体悪化から崩御までの全国の様相は、たとえば朝日新聞社編『「朝日新聞全国・地方版全記録」昭和天皇報道　崩御までの110日』などからもうかがえる。「戸惑う文化祭」「ゲートボール大会中止」「延期の能代コメまつり」「さびしい弁天祭」「教会は緊張のXマス」「『寿』や『お慶び』姿消す［年賀葉書］」「『尾張万歳《おわりまんざい》』注文が激減」などの見出しが伝えるように、人びとは年末年始の行事の自粛をして、昭和天皇への敬意を示したのであった。健康回復を祈る記帳も増えて全国で九〇〇〇万人におよんだ。

他方では、行きすぎた自粛や記帳に懸念と反対を表明する動きもあり、「記帳所設置やめよ」「行事の自粛は異常」「天皇讃美を拒否」のほか、経済的影響を訴える記事もあった。たとえば、京都三大祭の一つである「時代祭」が天皇の病気を理由に中止になり、京都観光業界は一一億三七〇〇万円の損失と計上し「市民の暮らし、中小企業者らの経営にかかわる」と指摘されていた。もっとも、天皇崩御の日を「Xデー」と呼び、報道関係のみならず多くの国民が一種のお祭り騒ぎのなかにあったことも否定できない。

天皇制に対しては、賛否両論が渦巻いていた。「民主主義の基本見直そう」「過激派や右翼動向に注意を」「皇位継承は憲法の基本原理で厳格に」「共産党議員の発言巡り紛糾」「戦争責任発言に右翼抗議」など、政治的立場の違いが尖鋭化した。こうしたなかで、天皇に批判的な人びとや団体への脅迫もあり、翌一九九〇年一月に本島等《もとしまひとし》長崎市長が天皇の戦争責任発言により右翼に狙撃され重傷を負い、さらに四月には弓削達《ゆげとおる》フェリス女学院大学学長宅が右翼に銃弾を撃ち込まれた。

他方、大喪の礼以後、天皇制に反対する過激派の動きも活発化し、宮内庁宿舎で自動車に爆弾をしかけたり、常陸宮邸や京都御所に飛行弾が打ち込まれたりした。天皇明仁の即位式と大嘗祭、文仁親王の婚礼などに反対する闘争も激化し、一九九〇年六月に学習院女子中・高等科の礼法室が放火され、八月には全国戦没者追悼式中継中のＮＨＫのホール屋上などに迫撃弾が発射されたりした。

「昭和の清算」の継承

「戦後和解」は皇室の大きな課題であったが、戦時中に成年として皇室にあった皇族たちのうち、多くは皇籍離脱し、残された直宮である秩父宮雍仁親王は講和後の一九五三（昭和二八）年に、高松宮宣仁親王は昭和天皇崩御より二年前の一九八七年に、それぞれ亡くなった。昭和の終わりの時期には、三笠宮崇仁親王のみが存命ではあったが満七三歳の高齢であり、戦後和解の重責は、敗戦時に満一一歳であった皇太子明仁が父である昭和天皇の遺志を継いで、負うこととなった。

皇太子夫妻は、一九八一年八月七日、東宮御所での恒例記者会見で、沖縄慰霊の日（六月二三日）、広島原爆忌（八月六日）、長崎原爆忌（八月九日）、終戦日（八月一五日）は、「記憶すべき日」として強調し、終戦記念日について「こういう戦争が二度とあってはいけない」（『朝日新聞』一九八一年八月八日付）と語るなど、平和を願う気持ちを表明していた。これらの日は自室で黙禱をするという（高橋紘『平成の天皇と皇室』）。皇太子時代から、先の大戦は忘れることのできないものだったのである。

皇太子明仁が皇位を継承して、まだ即位礼を行う前の一九九〇年五月二四日、韓国の盧泰愚大統領が来日した。その歓迎の宮中晩餐会で、天皇明仁は以下のように語っている。

朝鮮半島と我が国は、古来、最も近い隣人として、密接な交流を行ってきました。我が国が国を閉ざしていた江戸時代においても、我が国は貴国の使節を絶えることなくお迎えし、朝野を挙げて歓迎いたしました。しかしながら、このような朝鮮半島と我が国との長く豊かな交流の歴史を振り返るとき、昭和天皇が「今世紀の一時期において、両国の間に不幸な過去が存したことは誠に遺憾であり、再び繰り返されてはならない」と述べられたことを思い起こします。我が国によってもたらされたこの不幸な時期に、貴国の人々が味わわれた苦しみを思い、私は痛惜の念を禁じえません。

（『朝日新聞』一九九〇年五月二五日付）

天皇明仁は昭和天皇よりも具体的な「謝罪の辞」を述べ、将来の両国の関係の発展を願ったのである。盧泰愚大統領は天皇の言葉を受け、「日韓は親密なパートナーに」と記者会見で語り、天皇・皇后の訪韓を招請し、日本政府はその検討に入った。

天皇・皇后は一九八六年の皇太子夫妻時代に昭和天皇の名代としての訪韓が計画されたが、両国の政治状況や皇太子妃の健康状態などから見送られていた。しかし、この計画も実現が難しく、その後、一九九〇年一〇月に三笠宮寛仁親王が韓日親善盲人写真展開幕式で、二〇〇二年に高円宮憲仁親王夫妻らがサッカー・ワールドカップ開会式で、それぞれ訪韓するが、天皇・皇后の訪韓はいまだなされていない。

他方、一九九二年一〇月二三日に、天皇・皇后の中国訪問が実現した。遣隋使以来の日中友好の歴史を述べ、「両国民間の交流の伝統をかけがえのない、貴いものと考えます」と語り、以下のように「過去の戦争」にも言及した。

しかし、この両国の関係の永きにわたる歴史において、我が国が中国国民に対し多大の苦難を与えた不幸な一時期がありました。これは私の深く悲しみとするところであります。戦争が終わった時、我が国民は、このような戦争を再び繰り返してはならないとの深い反省にたち、平和国家としての道を歩むことを固く決意して、国の再建に取り組みました。

(『朝日新聞』一九九〇年一〇月二四日付)

天皇のこの発言に対して支持と反対の両論があり、世論は一定しなかった。だが、天皇・皇后は着実に近隣諸国に「謝罪」の姿勢をとるようになっていったのである。こうした天皇の謝罪発言は、天皇の戦後日本における地位問題も絡み、天皇を「国家元首」とする報道があり、これを受けて有識者の間では天皇はどういう立場で謝罪しているのかという憲法論議も起こった(同前)。

この後、一九九三年四月、全国植樹祭出席のため天皇・皇后として初めて沖縄の土を踏んだ。天皇明仁は、沖縄が戦場となって多くの犠牲者を出したことに言及し、「深く哀悼の意を表したい」と述べた。翌年には硫黄島を、さらに戦後五〇年にあたる一九九五年には広島、長崎、沖縄を訪問した。

そして、一九九九年一一月一〇日、皇居石橋《しゃっきょう》の間での即位一〇年の記者会見では、戦争へのこだわりを以下のように語った。

私の幼い日の記憶は三歳の時、昭和十二年にはじまります。この年に盧溝橋事件が起こり、戦争は昭和二十年の八月まで続きました。したがって私は戦争の無い時を知らないで育ちました。この戦争により、それぞれの祖国のために戦った軍人、戦争の及んだ地域に住んでいた数知れない人々の命が失われました。哀悼の気持ち切なるものがあります。今日の日本が享受している平和と繁栄は、このような多くの犠牲の上に築かれたものであることを心しないといけないと思います。

（宮内庁ＨＰ「天皇陛下ご即位十年に際しての記者会見の内容」）

天皇明仁は、こうして近代における日本の戦争の問題について、昭和天皇より踏み込んだ発言を続けてきたのである。

戦後型の「愛される皇室」

二一世紀に入ると、さらに踏み込んだ形での発言が行われる。韓国との「ゆかり」発言である。天皇自らが歴史のタブーを破ったという意味で大きい発言であった。二〇〇一年一二月、満六八歳の誕生日に際しての記者会見で、天皇明仁は日韓共催のサッカー・ワールドカップとの関連で韓国について質問を受け、次のように答えている。

日本と韓国との人々の間には、古くから深い交流があったことは、日本書紀などに詳しく記されています。韓国から移住した人々や、招へいされた人々によって、様々な文化や技術が伝えられました。宮内庁楽部の楽師の中には、当時の移住者の子孫で、代々楽師を務め、今も折々に雅楽を演奏している人があります。こうした文化や技術が、日本の人々の熱意と韓国の人々の友好的態度によって日本にもたらされたことは、幸いなことだったと思います。日本のその後の発展に、大きく寄与したことと思っています。私自身としては、桓武天皇の生母が百済の武寧王の子孫であると、続日本紀に記されていることに、韓国とのゆかりを感じています。武寧王は日本との関係が深く、この時以来、日本に五経博士が代々招へいされるようになりました。また、武寧王の子、聖明王は、日本に仏教を伝えたことで知られております。

しかし、残念なことに、韓国との交流は、このような交流ばかりではありませんでした。

このことを、私どもは忘れてはならないと思います。

（宮内庁ＨＰ「天皇陛下のお誕生日に際しての記者会見の内容」二〇〇一年一二月一八日）

天皇誕生日，宴会の儀での天皇（2001年12月23日）

『続日本紀』にある桓武天皇の生母とは、高野新笠《たかののにいがさ》という百済からの渡来人の末裔であり、それ自体は知られた話である。しかし、戦前までは『続日本紀』にあるこの記述を公的に言及することは憚《はばか》られていた。歴史研究家の学術的発言でも右翼の脅迫を受けることもあったといわれていた。それを天皇自身が公言したのである。少なからぬ衝撃があった。

天皇家の民族的純血性を否定したばかりでなく、「万世一系」の天皇家を戴く大日本帝国を優越民族と過信し、朝鮮を「下位」に見下した近代以後の多くの日本人の価値観を大きく覆す発言であった。

さらには、二〇〇四年一〇月二八日、天皇は秋の園遊会で東京都教育委員会委員を務める米長邦雄に、「教育委員のお仕事、ご苦労様です」と労《ねぎら》った。このとき米長は、「日本中の学校で国旗を掲げ、国歌を斉唱させることが私の仕事でございます」と発言する。これに対して天皇は「やはり、強制になるということでないことが望ましいです」と述べる（『朝日新聞』一〇月二九日付）。米長は日本将棋連盟の専務理事で、東京都教育委員会にあっては、国旗・国歌問題の強硬派として知られていた。米長の予想に反した返答であった。

天皇の「強制反対」発言は、米長に限らず多くの自称愛国主義者たちを困惑させることになる。もちろん、天皇は「日の丸」「君が代」が不要と述べたわけではない。強制からは真の崇敬は生まれないという考えからであろう。戦前型の強圧的な押しつけではない、戦後型の「愛される皇室」を求めたのである。

また、二〇〇五年六月、太平洋戦争の戦没者を慰霊するため天皇・皇后は、激戦地であったサイパン島を訪問する。その際、多くの日本人が自決した北端の「バンザイクリフ」を慰霊した後、事前に公表していなかった「おきなわの塔」と隣り合って立つ「太平洋戦争韓国人犠牲者追念平和塔」を訪れ、自主的に拝礼を行う。のちに宮内庁幹部は、この訪問は天皇本人が希望したことを暗に認めている。

アメリカナイズしたなか、民間出身の皇太子妃と言動を共有し、昭和天皇の遺志でもあった「戦後処理」を自分なりに継承しようとする。それが天皇明仁であった。天皇明仁は元首であったことも、大元帥であったこともなく、昭和天皇とは威厳や趣を異にしていた。しかし、日本国憲法を遵守し、国民とともに歩もうとする姿勢は、戦後社会のなかで多くの支持を得ていった。

こうした新しい天皇としての姿勢には、いうまでもなく皇后美智子の支援も大きい。皇太子時代からともに過ごした日々に培ったものが開花したといえる。二〇〇二年には皇后自身も私的立場で、スイスで開かれた国際児童図書評議会創立五〇周年に名誉総裁として出席し、スピーチをしたのであった。皇室外交、開かれた皇室、国民とともに歩む皇室という平成流の皇室が円熟期に入ったのである。しかしながら平成流の皇室は、天皇・皇后の高齢化、皇族の病気や早世、皇位後継者の減少など内部に大きな問題も抱えていた。

終章　これからの皇族

徳仁親王の「独自」外交

徳仁親王は、一九七四年、満一四歳ではじめてオーストラリア旅行をした。昭和期に八回、のべ二八ヵ国、平成以降二〇〇八年までに二二回、のべ四四ヵ国を訪問した。この多くは国際親善であるが、一九八三年には英国オックスフォード大学マートン・コレッジ留学、一九九〇年には国際経済史学会出席のためのベルギー訪問もある。

なかでも、オックスフォード大学留学に際してリヒテンシュタイン公国を訪問したことは、いろいろな意味を持っていた。まず、日本とリヒテンシュタインとは当時、正式な外交関係がなかった。一九九六年六月に国交が成立するが、それまでに徳仁親王は二度訪問している（清子内親王と文仁親王はそれぞれ一度）。リヒテンシュタイン公国からも、ハンス・アダム皇太子、同妃、アロイス皇太子、ノラ王女らが来日し、昭和天皇の大葬、今上天皇の即位の礼、長野五輪に訪日するが、徳仁親王の訪問がこうした国交の「正式化」の先鞭をつけたのである。

リヒテンシュタインは立憲君主の非武装中立国であり、戦後の日本国憲法の理念に近い国家形態である。リヒテンシュタイン家は富裕で国庫からの歳費収入に依存せず国家と切り離されているが、訪問は皇室にとって模範となり有益なものだったろう。

皇室は世界の君主国のあり方を学びながら、日本における皇室の理想の姿を独自に模索している面がある。未来の皇室の中核を形成する徳仁親王が、こうした公国を真っ先に訪問した意味は深い。ちなみに、現在の両国の関係は、二〇〇六年現在、リヒテンシュタイン公国に在留する日本人は一三人、在日リヒテンシュタイン人は五人という程度である。貿易や投資の統計はなく経済関係は不明という。目先の政治経済の提携というより君主国の一つのモデルとしての関係に現実性があるようだ。

秋篠宮夫妻の外遊

秋篠宮は独身時代は留学や旅行による外遊ばかりであり、公務的な訪問は英国留学中にリヒテンシュタイン公国のフランツ・ヨーゼフ二世の葬儀に参列した程度であった。

結婚後は、紀子妃と記念式典に参列するなど国際親善に尽くすようになるが、一人でタイやインドネシアなどに魚類や鳥類の研究旅行に出かけることも多く、気儘《きまま》な次男坊の印象がある。こうした秋篠宮の外遊は、皇太子という存在があって許容されていた面はあったろう。

しかし、悠仁親王の誕生で、秋篠宮自身が天皇になる可能性が高くなり、かつ将来において天皇になるであろう悠仁親王の父であるという立場は、今後の外国訪問にも影響が出ると想像される。紀子妃もまた、未来の皇后、皇太后としていままでのようにはいかなくなるだろう。少なくとも悠仁親王の養育という問題がある間は、特別な理由がない限り、外国訪問の計画はあまりなされなくなるであろう。

ちなみに、秋篠宮家の眞子、佳子両内親王も外国訪問の経験がある。二〇〇三年に秋篠宮夫妻がタイのシリキット王妃の七二歳の祝意表明の参列に同行したのである。その後、眞子内親王は単独でオーストリアを旅行し、のちに父の文仁親王とマダガスカルに研究旅行をしている。

雅子妃の皇室外交

雅子妃は皇太子徳仁親王との結婚にあたり、新時代の皇室外交の担い手としても期待された。結婚翌年の一九九四年にはサウジアラビア、オマーン、カタール、バーレーンなどを親善訪問している。しかしイスラム圏であるため、晩餐会はすべて男女別々であった。ようやくカタールの首都ドーハのラヤーン宮殿で開かれた晩餐会で、はじめて夫婦同伴となった。それまでは、主催国側が雅子妃が男性ばかりのなかにいるのは失礼と判断して、男女別の夕食会にしていたという。

カタールの晩餐会もまたほとんどが男性で、約八〇人の出席者のうち、女性は雅子妃と女官長の高木みどりほか日本側随員の計三人だけであった。晩餐会では、雅子妃は身体の線が目立たないグリーンのロングドレスを着用し、スピーチも乾杯もなく、てきぱきと食事をしながら会話をするという「中東流」であった。そもそもゲスト側の夫人が晩餐会に招待されるのは異例だったという。

雅子妃の皇室外交デビューはこうした特殊な状況でなされた。かつての皇太子妃美智子の一九六〇年における皇室外交デビューのときとは、大きく異なるものであった。

その翌年も、クウェート、アラブ首長国連邦、ヨルダンとイスラム圏であった。産油国でもあるこれらの国々は、日本経済にとって重要であり、外交の意味がある地域ではある。だが、雅子妃の活躍の場は当初から期待されていなかったといえる。

この後、皇位継承者の出産問題もあって、雅子妃の外国訪問はなく、四年後の一九九九年にヨルダンのフセイン国王葬儀とベルギーのフィリップ皇太子結婚式に参列する。ベルギーは皇太子妃として初の欧州訪問であり、かつ華やかな場となった。しかし、出産問題のため、再び外国訪問の機会はなく、二〇〇一年の英国、二〇〇二年のオランダは徳仁親王一人が訪問した。以後も、二〇〇二年のニュージーランドとオーストラリアへの親善訪問のほか外国訪問はなく、二〇〇四年の徳仁親王の人格否定発言とその後に続く雅子妃の体調不良により、公務そのものがなされなくなった。

結局、二〇〇六年に徳仁親王と愛子内親王とともにオランダで静養するが、皇室外交の旗手とされた皇太子妃の外国訪問としては皮肉なものとなった。雅子妃の外国訪問は、二〇〇八年末までに六回、のべ一四ヵ国。そのうちイスラム圏が三回でのべ八ヵ国であった。秋篠宮妃紀子（二二回、のべ三七ヵ国）や清子内親王（一五回、のべ三五ヵ国）と比べても、少ない訪問回数である。雅子妃の外国訪問回数が少ない理由の一つは男子の出産が期待されたことにある。皇室外交よりも皇位継承者の出産が優先されたのである。

「市民化」による不安

「万世一系主義」と「純血主義」をその存立の根拠としてきた皇室。だが、男系男子継承者の減少という危機にさらされてきた。次期の皇位継承者となる男系の皇族男子がいなかったからである。二〇〇六年九月六日の悠仁親王の誕生で、将来の男系継承者への望みは託された。だが、多くの不安材料を残している。

その最大のものは、戦後社会の大衆化にともない拡大した皇室の「市民化」である。皇室に嫁ぐ女子が旧皇族や旧華族層ではなく、伝統的特権的階級とは無縁の民間の出身者になってきたばかりでなく、皇室生まれの女子までも民間へ嫁ぐようになったことである。こうした民間との融合は、「開かれた皇室」を示すものとして多くの人びとの共感を得てきたが、他方、伝統的特権的階級に抱いていた崇敬などの念が消失し、同じ民間であるという平等観から、バッシングの心理的背景となっていった。

かつて皇后美智子は皇太子妃時代に常磐会などの旧勢力からさまざまなバッシングを受け

たが、これは戦後もなお残存した身分差別意識の反映であった。しかし、雅子妃の受けるバッシングは、かつての特権的伝統的階級というよりも同じ民間からのものも多い。民間出身でありながら皇族という身分を得たことに対する複雑な感情が、攻撃する側の内面で動いているからである。秩父宮妃も高松宮妃も常陸宮妃も子どもに恵まれなかったが、それを非難する声が民間から出たことはない。それは彼女たちが旧大名家で旧華族家の出身者であり、そのこと自体で民間の批判を受けつけない身分を得ているからである。

こうした身分意識は、特権的伝統的階級よりも民間のほうに、かえって屈折した形で存在する。民間の人びとが雅子妃を容赦なく攻撃するのは、ひとえにその屈折した身分意識にある。もし、雅子妃が旧華族家、それも徳川や島津に匹敵する大大名家出身者であれば、バッシングはこれほどはなかったかもしれない。そもそも、子どものあるなしや、まして男子の子どもがいないということで人を責めるのは、おかしなことである。

つまり、后妃の身分を制限しないという開明性は皇室への親近感を高めた。だが他方で、皇室への崇敬心を減退させもしたのである。いうなれば、いまや皇室は血統の権威のみでは崇敬を得ることができない状態になっている。昭和天皇は、いわゆる人間宣言（一九四六年一月一日）で「朕と爾等《なんじら》国民との間の紐帯《ちゅうたい》は、終始相互の信頼と敬愛とに依りて結ばれ、単なる神話と伝説とに依りて生ぜるものに非ず」と述べたが、まさにその実現が必要とされている時代なのである。

悲しいことに、身分差別意識は、実は民間出身の后妃のみならず、その子どもたちにも及ぶ。そのため生まれながらの皇族でありながらも、民間の血統でもあることから敬意のない扱いをされる可能性も生ずる。こうした身分差別意識が変わらない限り、これからの皇室はさらなる苦境に立つことになろう。

「環境」の崩壊

もう一つの不安材料は、后妃の責務の重さである。雅子妃に限らず民間出身の后妃は、常に一挙手一投足が監視されており、バッシングを受けやすい状態にある。伝統や慣習を少しでも変えれば大きく攻撃され、ひたすら従順と忍耐を強いられる。こうした環境に順応できる有能な才媛たちが皇室に嫁いではきたが、それでも限界はあろう。とくに今後、唯一の男系後継者となるであろう悠仁親王の妃となる女性がどれだけの適応能力があるかは、重要な問題となる。そして、現在の后妃たちの負っている責務を支えられるだけの妃が来ないことには、次期の男子後継者も生まれないのである。

さらなる不安材料は、皇室を取り巻く環境の崩壊である。華族制度は存在せず、身分制を基盤とした后妃の選出母体はない。旧皇族や旧華族家からの后妃を求めても、もはや旧皇族も旧華族も二代目、三代目となり、過去の家系の栄誉は残っているとしても、生活様式や経済基盤は一般の人びとと変わらない。それでも、それらの家から后妃が生まれれば、その復活に一時的な話題は高まるだろう。だが、多くの国民の皇室への関心はむしろ遠のくだろう。

また、かつては皇族や華族の学校とされてきた学習院も、戦後は大きく変わった。現在では数多くある私立大学の一つであり、伝統はあるとしても、校則に旧皇族や旧華族が絶対入学すべき学校と定められているわけではない。またそうした人びとに特別な施設を提供することにも限界がある。実際、外国に留学したり、国内の他大学に移ったりする皇族が増えている。近年では高円宮の三女である絢子女王が保育士の資格を取得するために千葉県東金市にある城西国際大学に入学することになった。

学校の問題は、天皇となるべき皇太子の帝王学とも関係する。戦前であれば皇太子に特別な学習施設を設定し、そこで帝王学などを教えた。だが、現在ではそうした教育機関を設置することは不可能に近い。そのため皇太子は学習院などの公的教育機関しか自らの学習の場はなく、次期天皇として立つべき特別教育を受ける機会はない。

皇族たちも同様であって、学校で皇族としての特別待遇はあまりなく、一般の学生と同じ教室で同じ科目を学び、同じ環境で遊ぶだけである。そのことは、皇族の「市民化」に拍車をかけるだろう。

さらには皇室に奉仕する人びとの減少である。戦前であれば終身奉仕が当然であった侍従や女官たちも、現在では官僚化し、普通の俸給生活者と同質となっている。忍耐強く皇族家のために尽くす人生が絶対ではなくなり、人材の不足は深刻化する一方である。

また、皇太子妃が自ら台所に立ち、育児をすることは「開かれた皇室」の一つの姿であったが、そのことは伝統的な「オク」の制度を壊すことになり、皇室自体が多数の侍従や女官を必要としない方向に進んでいることを意味する。

皇室が進むべき道

皇族は古来、その概念や構成要因を変えながら、現在まで続いてきた。「万世一系」とされる天皇家を支えたのは、不変原理の維持ではなく、むしろ時代のなかで不変とされた原理を変化させてきたことにあった。

現在、皇族男子の配偶者となった一般民間人の女子も皇族と称され、「開かれた皇室」を支えるまでになった。戦後の皇室への無関心層を敬愛へと取り込んだのは、こうした民間出身の后妃たちであった。

ところが、男系後継者の不足から、皇室の「市民化」が疑われるようになったのである。その結果、「開かれた皇室」そのものを否定し、より復古的な方向を求める声も強まった。伏見宮系皇族の末裔の男子たちを皇族に復活させようという提案はその代表的なものである。だが、この提案にも大きな問題がある。歴史上は、一度皇籍を離脱した皇族が再び復して天皇となる平安時代の五九代宇多天皇や六〇代醍醐天皇の例もあったが、近代の新旧の皇室典範はこれを認めなかった。まして、現在の伏見宮系皇族の末裔とされる男子たちは皇族であったことは一度もない。たとえ戦後直後における皇籍離脱がなくても、内規上は臣籍降下せざるを得なかった家々の末裔たちばかりである。かつて臣籍降下した華族家の子孫が皇籍を得て天皇になるのと論理上は変わらない。

しかも、現在、皇室を崇敬する人びとの多くは、皇室が神武天皇の子孫であるという神話に基づく「万世一系」の末裔であるからだけでなく、昭和の戦前戦後の激動の時代をともにしてきた昭和天皇（さらに広い意味では近代日本をともに築いてきた明治天皇）の末裔であることに、大きな価値を置いている。その意味では、昭和天皇（あるいは明治天皇）とは血縁的に遠い室町時代の天皇を祖先に持つ伏見宮系皇族が皇位につくことよりも、男女を問わず、現皇室の末裔が皇位につくことをより望んでいるであろう。また、そうなることが、皇室の安定した将来につながる可能性が高い。

そもそも、男系の皇位継承者の不足の原因は、皇室の「市民化」にあるわけではない。皇位継承者不足を理由にした復古主義が台頭したために、事態は混乱したのである。しかし、皇室の歴史と伝統の示す方向を冷静に考えれば、今後一層大衆化する社会とどこまで折り合えるかが重要なのである。社会の動向を軽視すれば、皇室への関心も減るし、ややもすれば反感が増えるだろう。そうしたなかで崇敬心を集めようとすれば、詭弁や強制しかなくなり、いままで育んできた「開かれた皇室」を完全に否定することとなる。皇室の危機はさらに深まるだけである。

あとがき

私の皇族研究は、旧皇族の梨本徳彦《なしもとのりひこ》さんとの出会いにはじまる。昭和天皇の病状が悪化し、昭和の終わりが予測されるなか、共同通信社に「昭和天皇班」が組織された。その活動の一環として、社会部長の高橋紘《ひろし》さん（現静岡福祉大学教授）から、「美貌の皇族」として知られた梨本宮妃伊都子《いつこ》の日記の全文解読を任されたのである。いまから二〇年以上前になる。

はじめて練馬の梨本家に電話をしたとき、留守電であった。私は留守電に慣れておらず、あわてて電話を切った。その後、気持ちを整え、またダイヤルを回し、声を聞いた。「こちら梨本です。お名前とご用件をお願いします。いれば出ます」。私は「え？」と思った。不在の留守電ではなかった。相手の素性を確認するためのメッセージだった。

梨本さんはおられた。私は旧皇族と呼ばれる方とはじめて言葉を交わした。「先生、先ほど電話をお切りになったでしょう」と笑われた。こうして私の梨本家通いがはじまった。梨本さんは京都弁の気さくな方で、私が梨本家を訪れるたびに、自らお茶を入れてくださり、全国から届いた珍しい菓子などを持たせてくれた。明治神宮菓道敬神会名誉総裁を務めていたのだ。茶を注《つ》ぎながら、鳩が好きで鳩レースの仕事などをしていること、戦前に臣籍降下して龍田伯爵となったこと、戦後は池袋の丸物（京都創業の百貨店）で働いたこと、もともと久邇宮家の者であったので分家の梨本家の祭祀を嗣いだことなど、いろいろお教えくださった。「先生はあまり敬語がお上手ではあられませんね」と、笑いながら二、三ご指導くださったこともあった。

例の留守電は、日記が保管されていた部屋の近くにあり、梨本さんはじっとそばで相手の声を聞いていて、知人のときは、うれしそうに電話に出た。私のときもこうしておられたのだなと思い、少しおかしかった。時に、緊張した声のこともあり、「私が名前を貸した団体にトラブルがありましてね」と語られることもあった。

梨本家通いは主に土日で、半年ほど続いた。伊都子妃の七七年分の日記を全部コピーし、伊都子妃の写真などもみせていただいた。その後、一年近くかけて日記を読み、重要記事を抜き出し、既知の歴史事実と照合した。そして、昭和天皇崩御後に、共同通信社の配信で日記の主要記事が全国各紙に紹介され、テレビや週刊誌などでも話題となった。日記記事や伊都子の写真を掲載した『梨本宮伊都子妃の日記』は一九九一（平成三）年に刊行された。

梨本日記との出会いをきっかけに、私は皇室研究者としての道を歩きはじめた。その後、約二〇年の間に、『ミカドと女官』『雅子妃とミカドの世界』『四代の天皇と女性たち』『華族家の女性たち』『李方子』『皇族に嫁いだ女性たち』と、皇室女性をめぐる問題を中心に単著をまとめてきた。一般雑誌にも皇室女性に関わるエピソードや人物論などを書いた。皇位継承問題では、女帝容認の是非をめぐり、テレビなどでいくつかの発言をした。ジャーナリズムとの関わりは現状の情報を得るのに有意義であった。

その間、皇室女性のみならず、皇室に関わる男性や法制度などの調査も進めた。上流階層の経済的流動を描いた『家宝の行方』、近代上流階層である華族を総体としてまとめた『華族』などを著し、『天皇・皇室を知る事典』『皇室事典』など事典の編著にも関わった。それらの蓄積により、私なりの皇室制度研究の形が整ってきた。

前々から、中公新書編集部で『華族』の担当者であった白戸直人さんが、華族の上位集団である皇族をまとめることを勧めてくださっていたこともあり、今回、『華族』の姉妹編ともいうべき『皇族』の刊行となったわけである。

近年、明治、大正、昭和、平成の四代の天皇を描いた著書は、次々と出版されている。しかし、天皇を支えた諸集団の研究はほとんど進んでいない。一番近親の血族集団である皇族については数えるほどで、それもある特定の時期や個人に限定されている。本書では、こうした既存の研究状況を打開するために、従来明らかにされなかった諸問題を数多く取り入れ、古代から現代までの皇族の概念変遷を辿ることができるよう、皇族に関する包括的で基本的な文献の執筆を心がけた。

とりわけ重視したのは、近代皇族の歩みの全体像である。幕末から維新にかけて近代皇族がどのように形成され、どのような法的保護と規制を受け、どのような社会的活動や政治的機能を果たし、戦争とどのように関わり、戦後をどう生きてきたのか、具体的に描いた。

本書の特色をあえて述べるなら次の三点である。

第一は、維新前と後の皇族の違いを明確にする前提として、古代から現代までの皇族を網羅的かつ実証的にまとめたことにある。その法令上の変遷などは本文で説明した。

第二は、天皇と皇族との確執を描いたことである。皇族は、天皇の血族でありながら、天皇との反目も多く、そうした両者の対立が近代史に深刻な影響を与えてきた。とりわけ、昭和初期以後の戦争の問題では、天皇と皇族との政治認識や軍事判断の違いがしばしばみられ、混迷する政局や戦局の主要要因ともなっていた。大元帥昭和天皇と、参謀総長閑院宮載仁《ことひと》親王、軍令部長（のち軍令部総長）伏見宮博恭《ひろやす》王の三巨頭体制は、常に齟齬《そご》が目立ったのである。従来の研究ではこの二人の皇族総長は軽視されがちだったが、自らの権威を背景に、天皇と対抗するほどに軍事的影響力を持っていたのである。

第三は、皇族が負った戦後和解の問題である。天皇と皇族とでは戦争や戦後処理に対する意識に大きな落差があった。戦後の昭和天皇と高松宮との間の亀裂は、その反映であった。そして、天皇家の負った戦後責任の処理のあり方は、戦後の皇室や外交の歩みを左右した。たとえば、皇太子夫妻の一連の皇室外交には戦後和解の意味が含まれた。昭和から平成へと代替わりした現在では、戦後和解の模索は天皇明仁と皇后美智子に継がれ、皇太子徳仁夫妻や秋篠宮夫妻を中心とした直宮集団に、未来への具体的展開が託されたのである。

ところで、皇位継承問題に端を発する直宮集団の足並みの乱れは、皇室そのもののあり方をも問いはじめている。将来の日本社会は天皇家の権力が再び絶対化して戦後民主主義が滅びるのか、あるいは天皇家が政治から離れて共和制社会になるのか、はたまた別の道があるのか。皇位継承問題のみならず、民主主義社会における天皇家存立の可能性も議論されはじめている。そしてこの議論は、皇室のみならず、社会を構成する我々の問題でもある。

もちろん、そうした社会の根幹に関わる重要な課題に性急に答えることは、慎重でありたい。また、「皇族」という美称を一方的に崇め奉るのではなく、せめて過去にどのような皇族が存在し、どのような言動をとったのかぐらいは知っておきたい。そういう意味も込めて、本書では近代皇族と称されるべきすべての男女の生没年月日や行状などを明らかにした。

この作業は容易ではない。史料の存在の有無のみならず、維新の前後で皇族の概念や生活様式が大きく異なるため、同じ皇族として算出できない問題があるからである。維新前後の皇族たちをどこまで加えるかは基準により流動性があるが、巻末に維新後の皇族一覧表として示しておいた。本書が今後の皇室論議の参考になれば幸いである。

二〇〇九年六月

小田部雄次

主要参考文献

阿川弘之『高松宮と海軍』中央公論社、一九九六年
朝倉治彦『明治官制辞典』東京堂出版、一九六九年
朝日新聞社編『「朝日新聞全国・地方版全記録」昭和天皇報道』朝日新聞社、一九八九年
浅見雅男『闘う皇族』角川選書、二〇〇五年
浅見雅男『皇族誕生』角川書店、二〇〇八年
芦部信喜・高見勝利『日本立法資料全集　皇室典範』信山社出版、一九九〇年
芦部信喜・高見勝利『日本立法資料全集　皇室経済法』信山社出版、一九九二年
粟屋憲太郎編『資料日本現代史　敗戦直後の政治と社会』全二巻　大月書店、一九八〇～八一年
粟屋憲太郎・吉田裕編『国際検察局（IPS）尋問調書』全五二巻　日本図書センター、一九九三年
粟屋憲太郎ほか編『東京裁判資料　田中隆吉尋問調書』大月書店、一九九四年
粟屋憲太郎『東京裁判への道』上下　講談社選書メチエ、二〇〇六年
池田源治『東久邇司令官宮』鱒書房、一九四三年
伊藤隆編『高木惣吉　日記と情報』みすず書房、二〇〇〇年
伊藤隆・武田知己編『重光葵　最高戦争指導会議記録・手記』中央公論新社、二〇〇四年
伊藤隆・照沼康孝編『畑俊六日誌』みすず書房、一九九六年
伊藤隆・広瀬順晧編『牧野伸顕日記』中央公論社、一九九〇年
伊藤之雄「東久邇宮稔彦王の復活と宮中・陸軍」京都大学法学会『法学論叢』二〇〇六年四月・六～八月
伊藤之雄『明治天皇』ミネルヴァ書房、二〇〇六年
猪瀬直樹『天皇の影法師』朝日新聞社、一九八三年
猪瀬直樹『ミカドの肖像』小学館、一九八六年
入江相政『入江相政日記』全六巻　朝日新聞社、一九九〇～九一年
岩井忠熊編『近代日本社会と天皇制』柏書房、一九八八年
エリザベス・グレイ・ヴァイニング『皇太子の窓』文藝春秋、一九五三年
NHK放送文化研究所編『現代日本人の意識構造』第一～六版、NHKブックス、一九七九～二〇〇四年

大谷敬二郎『昭和憲兵史』みすず書房、一九六六年
大村友之丞編『朝鮮貴族列伝』朝鮮総督府印刷局、一九一〇年（のち『旧韓末日帝侵略史料叢書　社会篇Ⅳ』亜細亜文化社、一九八五年に復刻）
岡部長章『ある侍従の回想記』朝日ソノラマ、一九九〇年
荻野美穂編著『〈性〉の分割線』青弓社、二〇〇九年
小田部雄次『梨本宮伊都子妃の日記』小学館、一九九一年
小田部雄次『ミカドと女官』恒文社21、二〇〇一年
小田部雄次『家宝の行方』小学館、二〇〇四年
小田部雄次『華族』中公新書、二〇〇六年
『香川県神主旧蔵皇族御臨幸写真帖』（昭和初期）個人蔵
学習院『開校五十年記念　学習院史』非売品、一九二八年
学習院『学習院の百年』第一法規出版社、一九七八年
学習院輔仁会編『乃木院長記念録』日英堂、一九一四年
笠原英彦『天皇親政』中公新書、一九九五年
笠原英彦『明治天皇』中公新書、二〇〇六年
霞会館『平成新修　旧華族家系大成』全二巻　吉川弘文館、一九九六年
河原敏明『昭和天皇の妹君』ダイナミックセラーズ出版、一九九一年
閑院純仁『私の自叙伝』人物往来社、一九六六年
閑院純仁『日本史上の秘録』日本民主協会、一九六七年
神崎豊「皇室における公職追放問題」一橋大学大学院社会科学研究科『一橋社会科学』二〇〇七年
木戸日記研究会編『木戸幸一日記』全二巻　東京大学出版会、一九六六年
木下道雄『側近日誌』文藝春秋、一九九〇年
木村辰雄「南京の若杉参謀」『週刊朝日　春季増刊号』朝日新聞社、一九四九年
ドナルド・キーン『明治天皇』全二巻　新潮社、二〇〇一年
近代日本研究会『年報　近代日本研究20　宮中・皇室と政治』山川出版社、一九九八年
工藤美代子『ジミーと呼ばれた日』恒文社21、二〇〇二年
工藤美代子『母宮貞明皇后とその時代』中央公論新社、二〇〇七年
宮内省先帝御事取調掛編『孝明天皇紀』全五巻　平安神宮、一九六七～八一年
宮内大臣官房秘書課『宮内省職員録』一九二六～四三年
宮内庁『明治天皇紀』全一二巻　吉川弘文館、一九六八～七五年
宮内庁『皇室制度史料　皇族』全四巻　吉川弘文館、一九八三～八六年
久邇宮家蔵版『邦彦王行実』一九三九年
「倉富勇三郎日記」国立国会図書館憲政資料室蔵
倉林正次『宮内庁御用達』講談社、一九八三年
黒川雄三『近代日本の軍事戦略概史』芙蓉書房、二〇〇三年

黒田久太『天皇家の財産』三一書房、一九六六年
纐纈厚『「聖断」虚構と昭和天皇』新日本出版社、二〇〇六年
後藤致人『昭和天皇と近現代日本』吉川弘文館、二〇〇三年
小林宏・島善高『日本立法資料全集　明治皇室典範』全二巻　信山社出版、一九九六〜九七年
佐賀県『大正十五年　陸軍特別大演習佐賀県記録』非売品、一九二八年
酒巻芳男『皇室制度講話』岩波書店、一九三四年
酒巻芳男『華族制度の研究』全二巻　霞会館、一九八七年
坂本辰之助『皇室及皇族』昭文堂、一九〇九年
坂本辰之助『昭憲皇太后』画報社、一九一四年
佐々木克『幕末の天皇・明治の天皇』講談社学術文庫、二〇〇五年
佐藤友之『昭和天皇下の事件簿』現代書館、二〇〇一年
里見岸雄『天皇及三笠宮問題』錦正社、一九六〇年
佐野真一『枢密院議長の日記』講談社現代新書、二〇〇七年
佐野武『(伏見宮) 御警衛日誌 (昭和一二年〜一四年)』全二冊　個人蔵
参謀本部編『杉山メモ』全二巻　原書房、一九六七年
四竈孝輔『侍従武官日記』芙蓉書房、一九八〇年
事件・犯罪研究会編『事件・犯罪大事典』東京法経学院出版、二〇〇二年
柴田紳一『昭和の皇室と政治外交』原書房、一九九五年
下橋敬長『幕末の宮廷』東洋文庫、一九七九年
『終戦関係書類』国立公文書館蔵
女子学習院『女子学習院五十年史』一九三五年
鈴木博之監修『皇室の邸宅』JTBパブリッシング、二〇〇六年
聖蹟保存顕彰協会『明治天皇行幸年表』聖文閣、一九三三年
千田稔『明治・大正・昭和　華族事件録』新人物往来社、二〇〇二年
園部逸夫『皇室制度を考える』中央公論新社、二〇〇七年
高久嶺之介「近代皇族の権威集団化課程」同志社大学人文科学研究所『社会科学』一九八一年二〜三月
高久嶺之介「大正期皇室法令をめぐる紛争」同志社大学人文科学研究所『社会科学』一九八三年二月・八四年三月
高橋紘『陛下、お尋ね申し上げます』文藝春秋、一九八八年
高橋紘『平成の天皇と皇室』文春新書、二〇〇三年
高橋紘・粟屋憲太郎・小田部雄次編『河井弥八日記』全六巻　岩波書店、一九九三〜九四年
高橋紘・鈴木邦彦『天皇家の密使たち』現代史出版会、一九八一年
「高松宮宣仁親王」伝記刊行委員会編『高松宮宣仁親王』朝日新聞社、一九九一年

高松宮宣仁『高松宮日記』全八巻　中央公論社、一九九六～九七年
高松宮妃喜久子『菊と葵のものがたり』中央公論社、一九九八年
多木浩二『天皇の肖像』岩波新書、一九八八年
竹島寛『王朝時代　皇室史の研究』右文書院、一九三六年
武田勝蔵『明治回顧　宮さん宮さん』自費出版、一九六九年
武田清子『天皇観の相剋』岩波書店、一九七八年
竹田恒徳『私の肖像画』恒文社、一九八五年
竹田恒徳『雲の上、下　思い出話』東京新聞出版局、一九八七年
オリーヴ・チェックランド『天皇と赤十字』法政大学出版局、二〇〇二年
「秩父宮殿下　御別邸御造営方建白に関する私見」（一九二九年）個人蔵
秩父宮を偲ぶ会『秩父宮雍仁親王』、一九七〇年
秩父宮家『雍仁親王実紀』吉川弘文館、一九七二年
秩父宮雍仁・勢津子『皇族に生まれて』全二巻　渡辺出版、二〇〇五・〇八年
辻達也『日本の近世2　天皇と将軍』中央公論社、一九九一年
角田文衛『日本の後宮』学燈社、一九七三年
帝国軍人教育会『有栖川宮』一九一三年
寺崎英成編『昭和天皇独白録』文藝春秋、一九九五年
田健治郎伝記編纂会編『田健治郎伝』非売品、一九三二年
東京偕行社内・棠陰会編『能久親王事蹟』春陽堂、一九〇八年（のち森鷗外『鷗外歴史文学全集　第一巻』岩波書店、二〇〇一年に復刻）
東京市役所『英国皇太子殿下東京市奉迎録』東京市役所、一九二三年
東京都『明治初年の武家地処理問題　都史紀要十三』都政史料館、一九六五年
東幼史編集委員会『東京陸軍幼年学校史　わが武寮』東幼会、一九八二年
豊下楢彦『昭和天皇・マッカーサー会見』岩波書店、二〇〇八年
内閣官房『内閣制度七十年史』一九五五年
中島武編『北白川宮永久王殿下』清水書房、一九四二年
梨本伊都子『三代の天皇と私』講談社、一九七五年
奈良武次『侍従武官長奈良武次日記・回顧録』全四巻　柏書房、二〇〇〇年
西平重喜『世論調査による同時代史』ブレーン出版、一九八七年
日本教文社編『皇居を愛する人々　清掃奉仕の記録』一九七八年
日本史籍協会『熾仁親王日記』全六巻　東京大学出版会、一九三五～三六年（復刻一九七六年）
沼津御用邸記念公園『沼津御用邸百年史』沼津市、一九九四年

主要参考文献

「年報日本現代史」編集委員会編『歴史としての日本国憲法　年報日本現代史一一号』現代史料出版、二〇〇六年
野村実『天皇・伏見宮と日本海軍』文藝春秋、一九八八年
野依秀市『三笠宮は皇族を離脱か』帝都日日新聞社、一九六〇年
鳩山一郎『外遊日記　世界の顔』中央公論社、一九三八年
林茂編『二・二六事件秘録』全四巻　小学館、一九七一～七二年
林茂・辻清明編『日本内閣史録』第五巻　第一法規出版、一九八一年
原奎一郎編『原敬日記』全六巻　福村出版、一九六五～六七年
原田熊雄述『西園寺公と政局』全九巻　岩波書店、一九五〇～五六年
原武史『大正天皇』朝日選書、二〇〇〇年
原武史『可視化された帝国』みすず書房、二〇〇一年
原武史『昭和天皇』岩波新書、二〇〇八年
東久邇稔彦『私の記録』東方書房、一九四七年
東久邇稔彦『やんちゃ孤独』読売新聞社、一九五五年
東久邇稔彦『一皇族の戦争日記』日本週報社、一九五七年
兵庫県『昭和五年　海軍特別大演習観艦式記録』非売品、一九三一年
広岡裕児『皇族』読売新聞社、一九九八年
広岡裕児『一等国の皇族』中央公論新社、二〇〇一年
広瀬順晧監修『宮内省省報』（大正期）全八巻　ゆまに書房、一九九九年
広瀬順晧監修『宮内省省報』（昭和期）全八巻　ゆまに書房、一九九八年
藤田覚『幕末の天皇』講談社選書メチエ、一九九四年
藤田尚徳『侍従長の回想』中央文庫、一九八七年
T・フジタニ『天皇のページェント』日本放送出版協会、一九九四年
藤原彰『昭和天皇の十五年戦争』青木書店、二〇〇三年
二荒芳徳・沢田節蔵『皇太子殿下御外遊記』大阪毎日新聞・東京日日新聞、一九二三年
古川隆久『大正天皇』吉川弘文館、二〇〇七年
トク・ベルツ編『ベルツの日記』全二巻　岩波書店、一九七九年
保阪正康『秩父宮』中公文庫、二〇〇〇年
細川護貞『細川日記』全二巻　中公文庫、一九七九年
堀口修監修『明治天皇関係文献集』全一一巻　クレス出版、二〇〇三年
堀口修監修『「明治天皇紀」談話速記録集成』ゆまに書房、二〇〇三年
本庄繁『本庄日記』原書房、一九六七年
「牧野伸顕文書」国立国会図書館憲政資料室蔵
増田彰久・藤森照信『アール・デコの館』ちくま文庫、一九九三年

松浦総三『天皇とマスコミ』青木書店、一九七五年
松下圭一『戦後政治の歴史と思想』筑摩書房、一九九四年
松本清張『北一輝論』講談社、一九七六年
三笠宮崇仁『帝王と墓と民衆』光文社、一九五六年
三笠宮崇仁編『日本のあけぼの』光文社、一九五九年
三笠宮崇仁『古代オリエント史と私』学生社、一九八四年
三笠宮寛仁『皇族のひとりごと』二見書房、一九七七年
三笠宮寛仁・工藤美代子『皇族の「公」と「私」』PHP研究所、二〇〇九年
宮内寒弥ほか『海軍兵学校　海軍機関学校　海軍経理学校』秋元書房、一九七一年
「宮華族以下御改正諸記」国立公文書館蔵
森岡清美『華族社会の「家」戦略』吉川弘文館、二〇〇二年
森暢平『天皇の財布』新潮新書、二〇〇三年
靖国神社社務所『靖国神社略年表』非売品、一九七三年
安田銕之助『断腸秘録』学習院大学史料館蔵
柳沢統計研究所編纂『華族静態調査』柳沢統計研究所、一九一九・二八年
山極晃・中村政則編『資料日本占領Ⅰ　天皇制』大月書店、一九九〇年
山崎正男『陸軍士官学校』秋元書房、一九六九年
山田朗『昭和天皇の戦争指導』昭和出版、一九九〇年
山田朗『大元帥　昭和天皇』新日本出版社、一九九四年
山田朗『昭和天皇の軍事思想と戦略』校倉書房、二〇〇二年
山田朗・纐纈厚『遅すぎた聖断』昭和出版、一九九一年
山本信良・今野敏彦『近代日本の天皇制イデオロギー』新泉社、一九七三年
吉田裕『昭和天皇の終戦史』岩波書店、一九九二年
吉田裕・原武史編『岩波　天皇・皇室辞典』岩波書店、二〇〇五年
吉田雪子『ジョージ六世戴冠式と秩父宮』新人物往来社、一九九六年
タキエ・スギヤマ・リブラ『近代日本の上流階級』世界思想社、二〇〇〇年
若桑みどり『皇后の肖像』筑摩書房、二〇〇一年
我妻栄『日本政治裁判史録』全五巻　第一法規出版、一九六八〜七〇年
渡辺善房『尊い参謀の宮さま』清水書房、一九四一年
『朝日新聞』『真相』『中央公論』『文藝春秋』
宮内庁HP（http://kunaicho.go.jp/）
中野文庫HP（http://www.geocities.jp/nakanolib/）
写真◎毎日新聞社、読売新聞社、中央公論新社写真部、他

付録　明治天皇と十五宮家の系譜

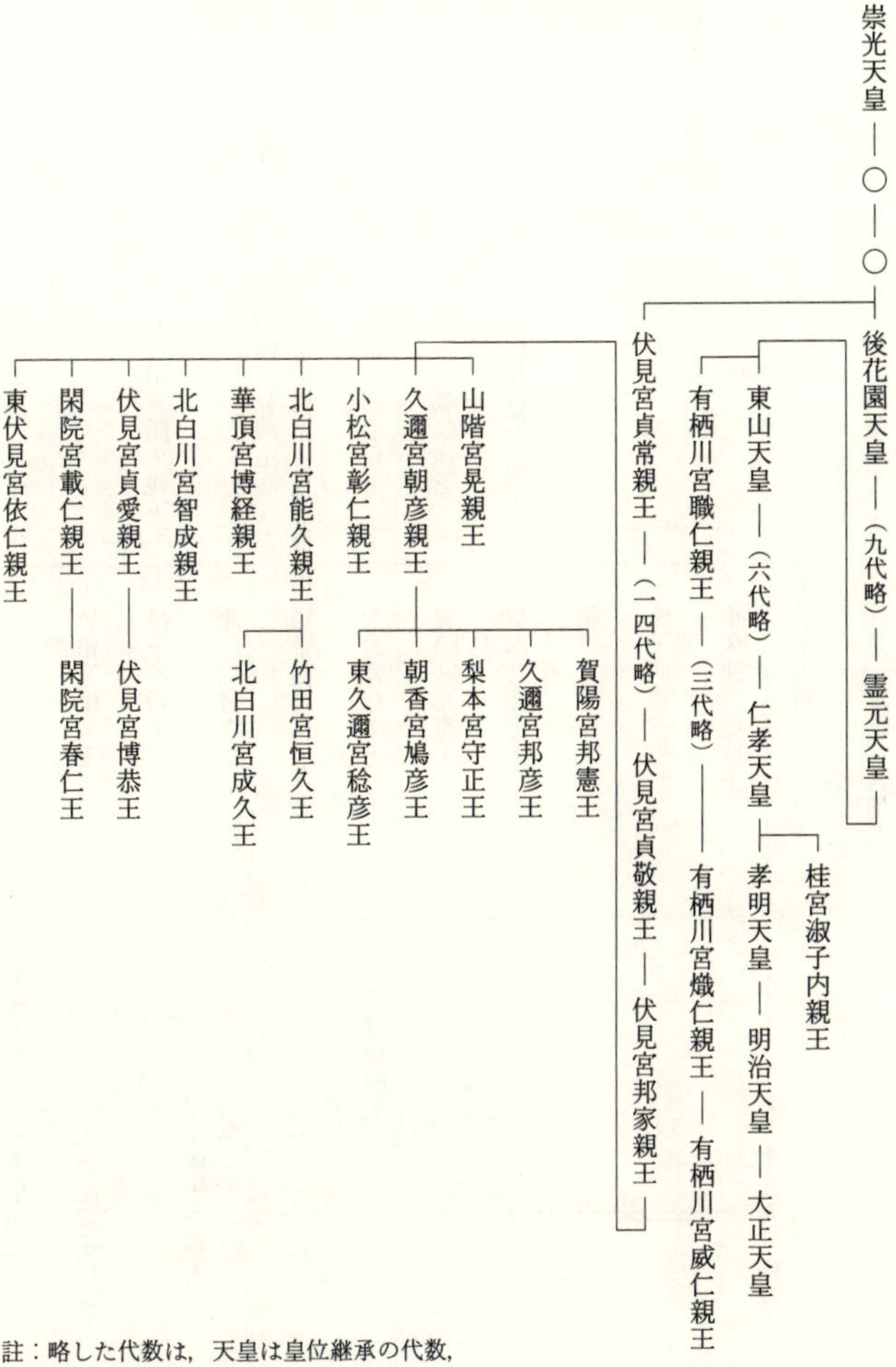

註：略した代数は，天皇は皇位継承の代数，
皇族は当主の代数を示す

戦前の皇室婚家系図

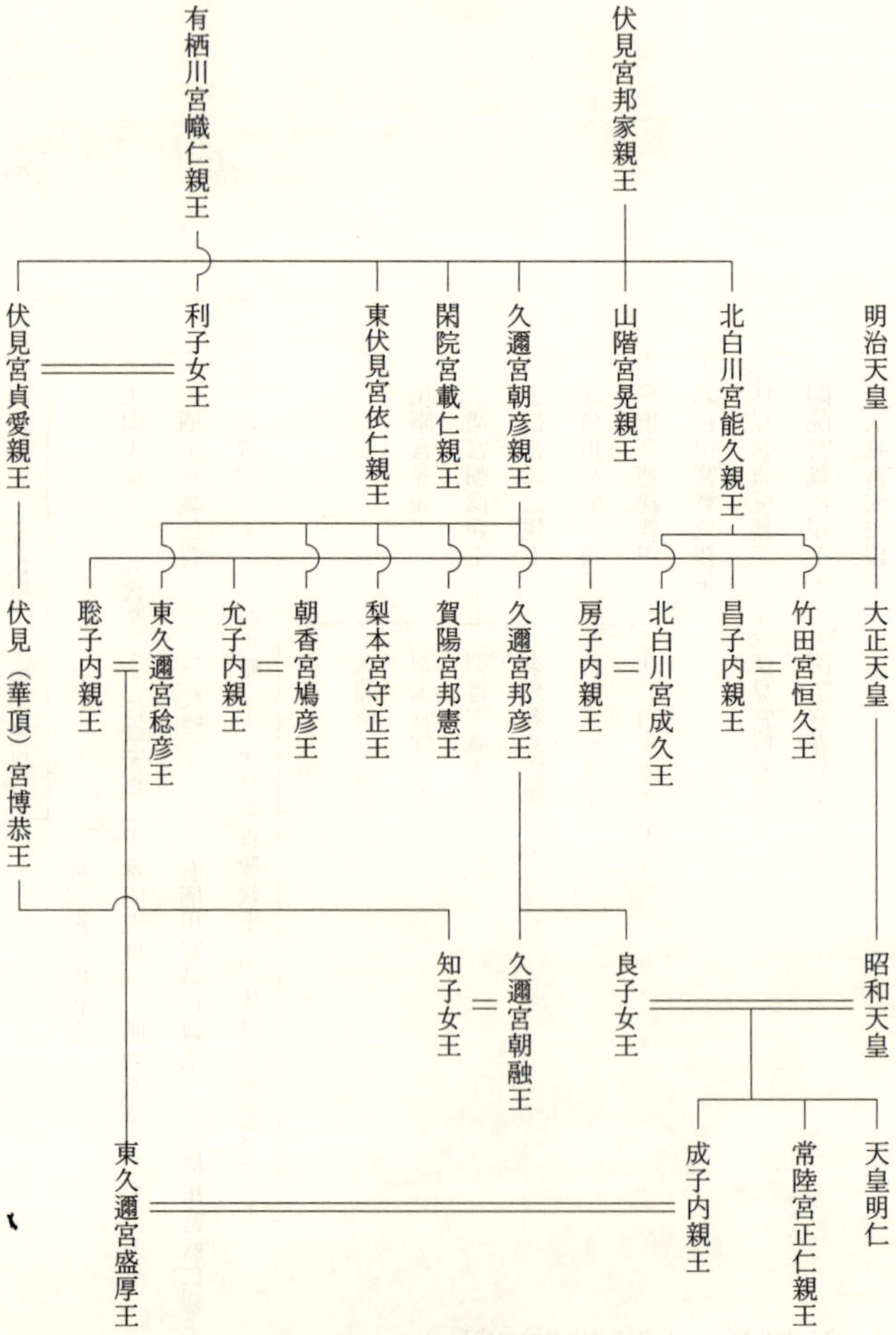

註：伏見宮邦家親王の家系は，ここでは生年順ではない

天皇家系図

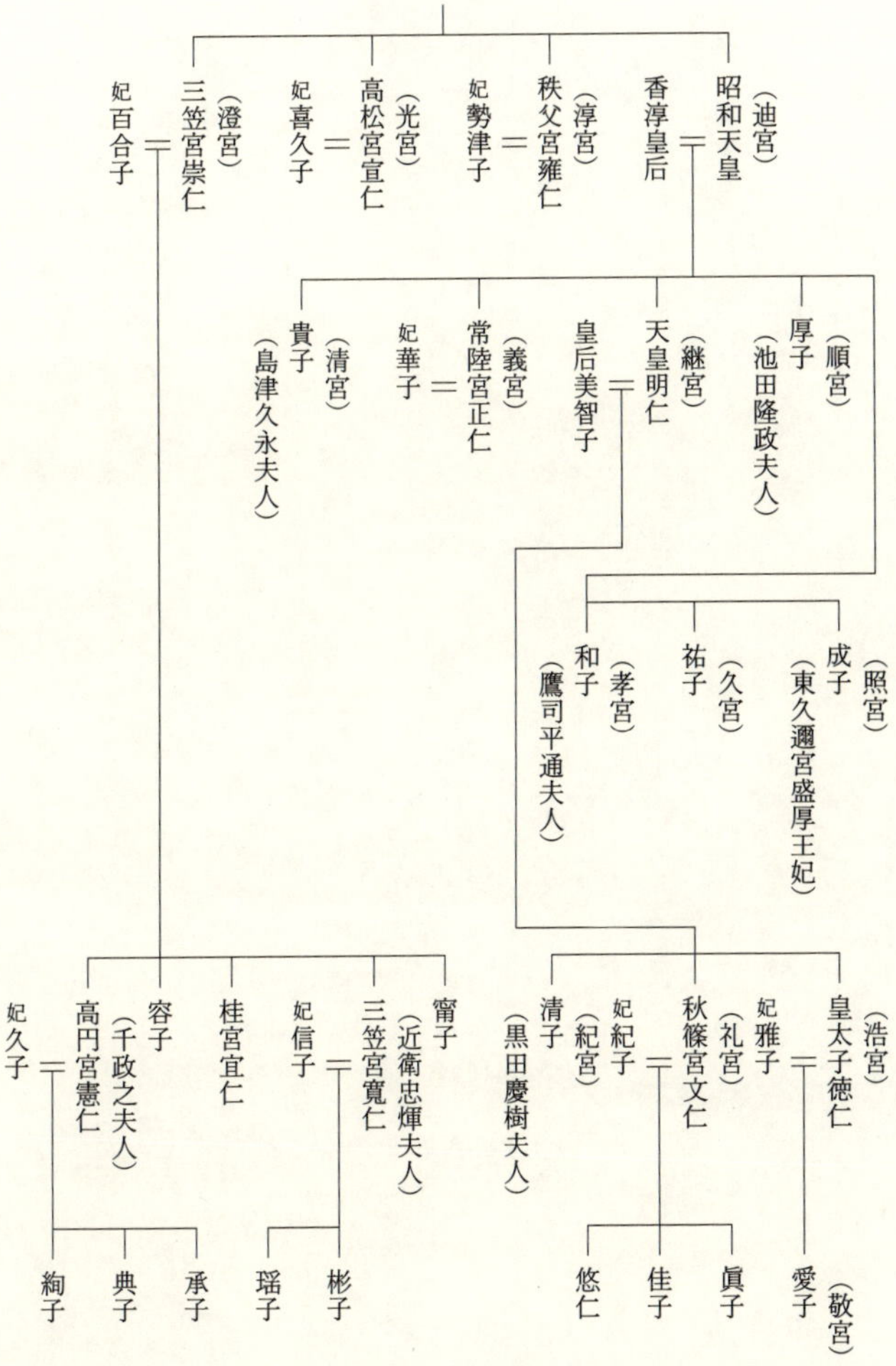
（迪宮）昭和天皇
香淳皇后
（淳宮）秩父宮雍仁
妃勢津子
（光宮）高松宮宣仁
妃喜久子
（澄宮）三笠宮崇仁
妃百合子
（順宮）厚子（池田隆政夫人）
（継宮）天皇明仁
皇后美智子
（義宮）常陸宮正仁
妃華子
（清宮）貴子（島津久永夫人）
（照宮）成子（東久邇宮盛厚王妃）
（久宮）祐子
（孝宮）和子（鷹司平通夫人）
（浩宮）皇太子徳仁
妃雅子
（礼宮）秋篠宮文仁
妃紀子
（紀宮）清子（黒田慶樹夫人）
甯子（近衛忠煇夫人）
三笠宮寛仁
妃信子
桂宮宜仁
容子（千政之夫人）
高円宮憲仁
妃久子
（敬宮）愛子
眞子
佳子
悠仁
彬子
瑶子
承子
典子
絢子

付録　天皇・皇族の靖国神社関連主要年表

年	日時	出来事
慶応 1868	4・28	東征大総督有栖川宮熾仁親王、戦病死した官軍将兵の招魂祭の令旨を下す
明治 1869	6・12	軍務官知事仁和寺宮嘉彰（小松宮彰仁）親王の命により招魂社建立位置を選定
	6・28	戊辰戦争戦没者の招魂祭（第一回合祀）、祭主は軍務官知事仁和寺宮嘉彰親王
1871	5・15	例大祭、祭主は兵部卿有栖川宮熾仁親王、余興にはじめて競馬を行う
	9・23	［例大祭、祭主は兵部大輔山県有朋］
1874	1・27	例大祭、明治天皇はじめて行幸
1887	5・6	例大祭、明宮嘉仁親王（大正天皇）は競馬を台覧
1894	9・16	嘉仁親王、遊就館に行啓、日清戦争の戦利品を台覧
	10・13	常宮昌子・周宮房子両内親王、遊就館に行啓、日清戦争の戦利品を台覧
1905	5・4	臨時大祭、天皇名代として伏見宮貞愛親王、皇后名代として閑院宮妃智恵子代参
1906	5・16	迪宮裕仁（昭和天皇）・淳宮雍仁（秩父宮）両親王参拝
1907	6・13	能楽堂にて有栖川宮威仁親王開催の能楽、皇后・皇太子・同妃行啓、各皇族台覧
1909	4・27	常宮・周宮両内親王染筆の日露戦争戦没者名簿四冊を奉納
1912	2・2	前年公刊の「靖国神社誌」を天皇・皇后・皇太子・同妃に献上
大正 1913	5・17	皇太子裕仁・淳宮雍仁・光宮宣仁の三親王、遊就館行啓
1915	12・3	境内相撲場にて帝国在郷軍人大会開催、総裁元帥陸軍大将伏見宮貞愛王以下、各皇族台覧
1917	10・23	例大祭、淳宮雍仁親王は陸軍幼年学校生徒として参拝
1920	4・29	臨時大祭、天皇名代閑院宮載仁親王、皇后名代閑院宮妃智恵子参拝、皇太子行啓

	7・7	［ルーマニア皇太子参拝、遊就館御覧］
1921	3・1	皇太子渡欧により平安祈願祭執行
1922	4・18	［英国皇太子プリンス・オブ・ウェールズ参拝］
1924	1・26	皇太子御成婚奉告祭
1925	4・29	臨時大祭、摂政宮行啓
	5・10	天皇・皇后御成婚満二五年の奉祝祭
1926	4・30	例大祭、澄宮崇仁（三笠宮）親王、学習院生徒と同列にて参拝
	11・8	長慶天皇皇統譜加列の奉告祭
	12・15	天皇不例により平癒祈願祭
1927 昭和	4・30	例大祭、諒闇中につき、勅使参向なし、奉納の余興・興行は中止、飛行機数機の慰霊飛行あり
	7・14	大正天皇遺品（刀・陸軍刀・正装用鞍付属品）、遊就館に下賜
1928	11・10	即位礼当日祭
	11・14	大嘗祭当日祭
1929	3・10	偕行社主催の陸軍記念日祝賀式、余興相撲を境内相撲場にて開催、天皇行幸
	5・5	［来日の英国皇帝名代グロスター公ヘンリー親王、参内しガーター勲章を捧呈され、神社参拝］
	11・26	［シャム国皇帝参拝］
1930	3・18	［デンマーク皇太子・同妃参拝］
	3・24	皇族十三宮家より釣灯籠一対を奉納
1931	3・7	天皇下賜の釣灯籠一対を拝殿内に、十三宮家奉納の釣灯籠一対を拝殿向拝口に奉懸す
	4・8	［シャム国皇帝・皇后参拝］
1932	10・3	閑院宮載仁親王、参謀総長就任奉告参拝、遊就館御覧
1934	4・22	国防館竣工開館奉告祭、秩父宮・同妃、閑院宮、北白川宮・同大妃、台覧
1935	4・7	照宮成子内親王、はじめて参拝、国防館・遊就館を観覧
1937	9・15	国威宣揚・武運長久の祈願祭に近衛文麿首相ら参列
1938	3・22	照宮成子・順宮厚子両内親王、参拝、国防館・遊就館御覧

年	月日	事項
1940	2・11	紀元節祭を大祭式により執行、外苑において建国祭
	6・27	［満州国皇帝溥儀、参拝、国防館・遊就館立ち寄り］
1941	3・31	皇太后行啓、国防館・遊就館御覧
	12・18	皇太子継宮明仁親王、学習院初等科生徒五〇〇名とともに参拝
1942	1・8	最初の大詔奉戴日の詔勅奉読式に東條英機首相ら特別参拝
1943	11・5	義宮正仁親王参拝、国防館御覧
1944	4・25	臨時大祭二日目、天皇行幸、高松宮・三笠宮はじめ各皇族参拝
	4・28	皇后行啓、つづいて各皇族妃参拝
	10・26	天皇・皇后行幸啓、三笠宮・同妃はじめ各皇族参拝
1945	4・28	天皇行幸
	5・5	皇后行啓
	8・16	三笠宮参拝
	8・18	皇太后御使参拝
	11・20	天皇行幸、つづいて高松宮・三笠宮はじめ各皇族参拝
1946	1・25	筑波藤麿侯爵（山階宮菊麿王三男）宮司となる
	4・1	高松宮妃参拝、霊璽簿の浄書を奉仕、以後、皇族妃は数回にわたり来社し浄書
	4・30	例大祭ならびに合祀祭、高松宮・三笠宮はじめ各皇族参拝
	5・24	［宮内省の許可を得て、十六弁菊花中央に桜花を配した紋章を社紋として拝用す］
	9・4	［国防館を靖国会館と改称、遊就館残存兵器を総司令部に引き渡す］
	10・18	例大祭、秩父宮妃・高松宮はじめ各皇族参拝
1947	1・1	［大晦日より終夜開門、午前四時頃より参拝者増加］
	4・22	例大祭、高松宮・三笠宮はじめ各皇族参拝
	10・14	［皇籍離脱］
1948	10・18	例大祭、高松宮はじめ元皇族参拝、翌日に三笠宮参拝
1949	4・22	例大祭、三笠宮はじめ元皇族参拝
	6・29	創立八十周年記念祭、高松宮はじめ元皇族参拝

1950	4・22	例大祭、元皇族参拝
1951	4・22	例大祭当日祭、高松宮・三笠宮はじめ元皇族参拝
	10・30	貞明皇后遺品銀製山水図花瓶一対、宮内庁より拝受
1952	8・1	［宗教法人靖国神社の設立を公告］
	10・3	北白川宮永久王の霊璽を元宮に奉安、北白川房子・同祥子、竹田恒徳・同光子ら参列
	10・16	天皇行幸、皇后行啓、崇敬者総代北白川祥子ら奉送迎
1953	3・16	皇太子行啓
1955	10・18	［霊璽奉安祭、例大祭参列の遺族代表、皇居にて天皇・皇后に拝謁など］
1959	6・24	皇太子・同妃行啓
	10・4	北白川宮能久親王、同永久王を勅許を得て合祀
	10・5	臨時大祭、北白川房子・同祥子、三笠宮参拝
1964	11・13	常陸宮・同妃参拝、宝物遺品館御覧
1965	4・23	例大祭二日祭、常陸宮・秩父宮妃・高松宮・同妃参拝
1966	4・23	例大祭二日祭、皇太子・同妃行啓、三笠宮妃・甯子内親王参拝
1967	9・26	靖国神社百年史編纂刊行事業計画、総裁北白川祥子
1969	5・20	靖国神社崇敬者総代ならびに創立百年奉祝奉賛会総裁北白川祥子、女官長就任で辞任
	10・20	創立百年記念大祭第二日の儀、天皇・皇后行幸啓
	10・21	創立百年記念大祭第三日の儀、三笠宮参拝
	10・22	創立百年記念大祭第四日の儀、常陸宮・同妃参拝
	12・9	皇太子・同妃行啓
	12・11	浩宮徳仁親王参拝
1970	2・19	百年祭記録映画「靖国百年」を皇居、東宮御所に献上
1971	9・7	天皇・皇后渡欧の安泰祈願祭
	10・15	天皇・皇后渡欧還幸啓奉告祭

出典・靖国神社社務所『靖国神社略年表』（一九七三年）を基に筆者作成

付録　天皇・皇族の外国訪問一覧（昭和，戦後）

出典：宮内庁 HP
註：国名は当時のもの．
香港，ポリネシアも１国として数えた

		名	出国	帰国	訪問国など	国数	備考
天皇家	1	天皇裕仁・皇后良子	1971. 9. 27	1971. 10. 14	ベルギー・英国・ドイツ連邦共和国，米国・デンマーク・フランス・オランダ・スイス立ち寄り	8	国際親善
	2		1975. 9. 30	1975. 10. 14	米国	1	国際親善
皇太子家	1	明仁親王	1953. 3. 30	1953. 10. 12	英国（女王戴冠式参列），米国・カナダ・フランス・スペイン・モナコ・スイスなど立ち寄り	14	天皇名代
	2	明仁親王・同妃美智子	1960. 9. 22	1960. 10. 7	米国（日米修好100年）	1	記念親善
	3		1960. 11. 12	1960. 12. 9	イラン・エチオピア・インド・ネパール，タイ立ち寄り	5	国際親善（名代）
	4		1962. 1. 22	1962. 2. 10	パキスタン・インドネシア	2	国際親善（名代）
	5		1962. 11. 5	1962. 11. 10	フィリピン	1	国際親善（名代）
	6		1964. 5. 10	1964. 5. 17	メキシコ，米国立ち寄り	2	国際親善（名代）
	7		1964. 12. 14	1964. 12. 21	タイ	1	国際親善（名代）
	8		1967. 5. 9	1967. 5. 31	ペルー・アルゼンチン・ブラジル	3	国際親善（名代）

	9	明仁親王・同妃	1970. 2.19	1970. 2.28	マレーシア（天皇名代）・シンガポール	2	国際親善
	10	美智子	1971. 6. 3	1971. 6.12	アフガニスタン，イラン・タイ立ち寄り	3	国際親善（名代）
	11		1973. 5. 6	1973. 5.23	オーストラリア・ニュージーランド	2	国際親善
	12		1973.10.11	1973.10.22	スペイン，米国・ベルギー立ち寄り	3	国際親善
	13		1975. 2.20	1975. 2.28	ネパール（国王戴冠式），バングラデシュ・インド立ち寄り	3	参列
	14		1976. 6. 8	1976. 6.25	ヨルダン・ユーゴスラビア（名代）・英国，タイ立ち寄り	4	国際親善
	15		1978. 6.12	1978. 6.27	ブラジル（移住70周年記念式典）・パラグアイ，米国立ち寄り	3	参列
	16		1979.10. 5	1979.10.14	ルーマニア・ブルガリア（名代），オランダ・ベルギー立ち寄り	4	国際親善
	17		1981. 2.27	1981. 3. 7	サウジアラビア・スリランカ，タイ・シンガポール立ち寄り	4	国際親善
	18		1981. 7.26	1981. 8. 2	英国（皇太子結婚参列），ベルギー立ち寄り	2	差遣
	19		1983. 3.10	1983. 3.25	ザンビア・タンザニア・ケニア（名代），ルクセンブルク・ベルギー・タイ立ち寄り	6	国際親善
	20		1984. 2.25	1984. 3. 8	ザイール・セネガル（名代），ベルギー・英国立ち寄り	4	国際親善
	21		1985. 2.23	1985. 3. 9	スペイン・アイルランド（名代），ポルトガル・英国立ち寄り	4	国際親善
	22		1985. 6. 1	1985. 6.15	スウェーデン・デンマーク・ノルウェー（名代）・フィンランド	4	国際親善

	23		1987. 10. 3	1987. 10. 10	米国	1	国際親善
秩父宮家	1	勢津子妃	1962. 7. 21	1962. 8. 9	英国・スウェーデン，フランス・デンマーク立ち寄り	4	国際親善
	2		1967. 1. 27	1967. 2. 7	英国（日英協会75周年）	1	記念式典
	3		1970. 5. 8	1970. 5. 9	大韓民国（旧王族李垠葬儀）	1	参列
	4		1974. 6. 7	1974. 6. 19	英国	1	国際親善
	5		1979. 6. 4	1979. 6. 18	英国，米国立ち寄り	2	国際親善
	6		1981. 10. 17	1981. 10. 28	英国（江戸大美術展開会式），スイス立ち寄り	2	臨席
	7		1985. 3. 4	1985. 3. 11	ネパール，タイ立ち寄り	2	国際親善
高松宮家	1	宣仁親王・同妃喜久子	1958. 4. 13	1958. 4. 26	フランス（日本美術展覧会開会式）・ベルギー（ブリュッセル万博）	2	参列
	2		1960. 8. 21	1960. 8. 26	米国（ハワイ向け官約移住75周年）	1	記念式典
	3		1967. 7. 6	1967. 7. 17	カナダ（建国100年・モントリオール万博），米国立ち寄り	2	天皇名代
	4		1969. 8. 28	1969. 9. 6	スイス（日本宝物展開会式），イタリア・フランス立ち寄り	3	臨席
	5		1970. 5. 8	1970. 5. 9	大韓民国（旧王族李垠葬儀）	1	参列
三笠宮家	1	崇仁親王・同妃百合子	1956. 8. 16	1956. 10. 15	セイロン（建国祭典），イラン・イラク立ち寄り	3	参列
	2		1957. 2. 24	1957. 3. 8	スウェーデン・ノルウェー・デンマーク	3	国際親善
	3		1958. 6. 7	1958. 7. 12	ブラジル（移民50年）・ペルー，米国立ち寄り	3	記念式典
	4	崇仁親王	1960. 9. 7	1960. 9. 29	ドイツ連邦共和国（国際宗教史会議）	1	国際会議
	5	崇仁親王・同妃	1963. 4. 9	1963. 4. 22	トルコ	1	国際親善
	6	百合子	1965. 9. 5	1965. 10. 4	米国・カナダ，甯子内親王同伴（国際宗	2	国際会議

				教史会議)		
7		1971. 1. 5	1971. 1. 23	オーストラリア・ニュージーランド（オリエンタリスト国際会議）	2	国際会議
8		1971. 10. 11	1971. 10. 23	イラン（ペルシャ帝国建国2500年）	1	記念式典
9	崇仁親王	1973. 2. 21	1973. 3. 2	パキスタン（モヘンジョダロ遺跡シンポジウム）	1	国際会議
10	容子内親王	1973. 3. 11	1975. 3. 29	スイス・フランス（留学），英国立ち寄り	3	国際女子全寮制学園
11	百合子妃	1973. 3. 11	1973. 3. 22	スイス，英国立ち寄り	2	容子内親王留学同行
12	崇仁親王・同妃百合子	1975. 1. 18	1975. 2. 9	エジプト，フランス・英国立ち寄り	3	国際親善
13	崇仁親王	1975. 4. 18	1975. 8. 29	英国（ロンドン大学）	1	研究
14	崇仁親王・同妃百合子	1976. 8. 2	1976. 8. 13	メキシコ（アジア・北アフリカ人文科学国際会議）	1	国際会議
15		1979. 4. 20	1979. 5. 2	イラク，英国立ち寄り	2	国際親善
16	崇仁・同妃百合子・容子内親王	1979. 9. 4	1979. 9. 22	フランス	1	旅行
17	崇仁親王・同妃百合子	1980. 3. 24	1980. 4. 13	ヨルダン・シリア・英国，フランス立ち寄り，百合子妃は3. 31出発	4	国際親善
18		1980. 4. 27	1980. 5. 4	オランダ（女王即位式）	1	参列
19		1980. 8. 11	1980. 8. 25	カナダ	1	旅行
20	百合子妃	1984. 7. 6	1984. 7. 24	スイス	1	旅行
21	崇仁親王・同妃	1986. 5. 27	1986. 6. 8	トルコ，ドイツ連邦共和国立ち寄り	2	国際親善

	22	百合子	1987. 6. 10	1987. 6. 20	ブルガリア・ドイツ連邦共和国	2	旅行
常陸宮家	1	正仁親王・同妃華子	1965. 10. 12	1965. 12. 3	デンマーク・フランス・ベルギー・オランダ・英国・ドイツ連邦共和国・スイス・イタリア・タイ	9	国際親善
	2		1968. 6. 15	1968. 6. 25	米国（ハワイ移住100年記念祭）	1	臨席
	3		1970. 2. 24	1970. 3. 5	ネパール（皇太子結婚参列），タイ立ち寄り	2	差遣
	4		1971. 9. 10	1971. 9. 20	米国（日米協会ジャパンハウス開会式）	1	臨席
	5		1978. 3. 29	1978. 4. 10	米国	1	旅行
	6		1981. 9. 12	1981. 9. 24	米国（ニューヨーク日本協会75周年記念式典）	1	臨席
	7		1982. 2. 27	1982. 3. 5	米国（ホノルル）	1	旅行
	8		1983. 5. 1	1983. 5. 11	デンマーク・スウェーデン（日本展開会式），フランス立ち寄り	3	臨席
	9		1984. 2. 13	1984. 2. 21	マレーシア・シンガポール	2	国際親善
	10		1985. 6. 15	1985. 6. 26	米国（ハワイ官約移民100年）	1	臨席
	11		1986. 9. 25	1986. 10. 9	ブラジル・パラグアイ（移民50周年），米国立ち寄り	3	参列
	12		1988. 1. 7	1988. 1. 14	タイ	1	国際親善
寛仁親王家	1	寛仁親王	1968. 4. 15	1970. 8. 2	英国（留学）・フランス・オーストリア・ドイツ連邦共和国・タイなど，香港立ち寄り	12	オックスフォード大学
	2		1971. 5. 21	1971. 6. 6	ユーゴスラビア・イタリア・オーストリア・英国（札幌オリンピック出張）	4	出張
	3		1975. 6. 24	1975. 7. 3	フィリピン・香港（JCアジア青年の船）	2	参加

	4		1976. 4. 23	1976. 4. 28	カナダ	1	旅行
	5		1976. 7. 7	1976. 7. 17	英国	1	旅行
	6		1977. 4. 15	1977. 4. 25	カナダ	1	旅行
	7	寬仁親王・同妃信子	1981. 3. 27	1981. 4. 16	カナダ・ノルウェー・英国・オーストリア	4	旅行
	8	寬仁親王	1982. 2. 22	1982. 3. 3	フィンランド	1	旅行
	9		1983. 4. 17	1983. 4. 29	ノルウェー・英国	2	旅行
	10		1984. 3. 23	1984. 4. 2	ノルウェー	1	旅行
	11	寬仁親王・同妃信子	1988. 4. 7	1988. 4. 18	ノルウェー	1	旅行
桂宮家	1	宜仁親王	1971. 6. 11	1973. 12. 13	オーストラリア（留学）・ニュージーランド・英国・スイス・米国など，ポリネシア立ち寄り	11	豪州国立大学大学院
	2		1982. 10. 25	1982. 11. 7	オーストラリア（キャンベラ豪日協会10周年）・ニュージーランド	2	臨席
	3		1984. 3. 15	1984. 3. 27	米国・カナダ（日本放送協会出張）	2	出張
高円宮家	1	憲仁親王	1978. 5. 1	1981. 8. 30	カナダ（留学）・米国・フランス・ベルギー・スイス・ドイツ連邦共和国・オーストリア・英国	8	クイーンズ大学
	2		1985. 9. 18	1985. 10. 4	ドイツ連邦共和国・フランス・ベルギー・英国（国際交流基金出張）	4	出張
	3	憲仁親王・同妃久子	1987. 5. 9	1987. 5. 22	メキシコ・カナダ	2	国際親善
浩宮	1	徳仁親王	1974. 8. 16	1974. 8. 30	オーストラリア	1	旅行
	2		1976. 8. 7	1976. 8. 18	ベルギー・スペイン	2	旅行
	3		1980. 12. 20	1980. 12. 29	タイ	1	旅行

	4		1982.10. 3	1982.10.18	ブラジル，メキシコ立ち寄り	2	国際親善
	5		1983. 6.20	1985.10.31	英国（留学）・リヒテンシュタイン・スイス・サンマリノ・バチカン・チェコスロバキア・米国など	16	マートン・コレッジ
	6		1986. 7.20	1986. 7.27	英国（アンドリュー王子結婚式典）	1	参列
	7		1987. 3.10	1987. 3.25	ネパール・ブータン・インド，タイ立ち寄り	4	国際親善
	8		1987.11. 6	1987.11.13	ドイツ連邦共和国（ベルリン日独センター開所式）	1	臨席
礼宮	1	文仁親王	1980. 8.11	1980. 8.24	ニュージーランド	1	旅行
	2		1985. 2.25	1985. 3.11	英国	1	旅行
	3		1985. 8.14	1985. 8.24	タイ	1	旅行
	4		1986. 8.13	1986. 8.23	マレーシア・シンガポール・タイ	3	旅行
	5		1987. 8.16	1987. 8.25	タイ	1	旅行
	6		1988. 6.14	1988. 6.27	ブラジル（移住80周年），米国立ち寄り	2	臨席
	7		1988. 8. 7	1990. 6.21	英国（留学）・ベルギー・リヒテンシュタイン・ルクセンブルクなど，デンマーク立ち寄り	9	セント・ジョーンズ・コレッジ
紀宮	1	清子内親王	1984. 7.28	1984. 8.12	英国	1	旅行
	2		1988. 8.12	1988. 8.22	スイス・リヒテンシュタイン	2	旅行

付録　天皇・皇族の外国訪問一覧（平成）

出典：宮内庁 HP
註：2008（平成20）年まで

		名	出国	帰国	訪問国など	国数	備考
天皇家	1	天皇明仁・皇后美智子	1991. 9. 26	1991. 10. 6	タイ・マレーシア・インドネシア	3	国際親善
	2		1992. 10. 23	1992. 10. 28	中華人民共和国	1	国際親善
	3		1993. 8. 6	1993. 8. 9	ベルギー（国王ボードワン葬儀）	1	参列
	4		1993. 9. 3	1993. 9. 19	イタリア・ベルギー・ドイツ，バチカン立ち寄り	4	国際親善
	5		1994. 6. 10	1994. 6. 26	米国	1	国際親善
	6		1994. 10. 2	1994. 10. 14	フランス・スペイン（招待），ドイツ立ち寄り	3	国際親善
	7		1997. 5. 30	1997. 6. 13	ブラジル・アルゼンチン（招待），ルクセンブルク・米国立ち寄り	4	国際親善
	8		1998. 5. 23	1998. 6. 5	英国・デンマーク（招待），ポルトガル立ち寄り	3	国際親善
	9		2000. 5. 20	2000. 6. 1	オランダ・スウェーデン（招待），スイス・フィンランド立ち寄り	4	国際親善
	10		2002. 7. 6	2002. 7. 20	ポーランド・ハンガリー（招待），チェコ・オーストリア立ち寄り	4	国際親善
	11	皇后美智子	2002. 9. 28	2002. 10. 3	スイス（国際児童図書評議会名誉総裁）	1	出席
	12	天皇明仁・皇后美智子	2005. 5. 7	2005. 5. 14	ノルウェー（招待），アイルランド立ち寄り	2	国際親善
	13		2005. 6. 27	2005. 6. 28	米国（サイパン島・戦後60年祈念）	1	慰霊

	14		2006. 6. 8	2006. 6. 15	シンガポール（外交樹立40周年）・タイ（国王即位60年），マレーシア立ち寄り	3	国際親善
	15		2007. 5. 21	2007. 5. 30	スウェーデン・英国（リンネ生誕300年）・エストニア・ラトビア・リトアニア	5	国際親善
皇太子家	1	徳仁親王	1989. 9. 23	1989. 10. 1	ベルギー（ユーロパリア日本祭開会式），フランス立ち寄り	2	臨席
	2		1990. 8. 17	1990. 8. 27	ベルギー（国際経済史学会），ルクセンブルク・米国立ち寄り	3	学会出席
	3		1991. 1. 28	1991. 2. 1	ノルウェー（国王オラフ5世葬儀）	1	参列
	4		1991. 9. 11	1991. 9. 24	モロッコ・英国（ジャパン・フェスティバル開会式），フランス立ち寄り	3	国際親善
	5		1992. 7. 18	1992. 8. 4	スペイン（万博・オリンピック臨席）・ベネズエラ・メキシコ，米国立ち寄り	4	国際親善
	6	徳仁親王・同妃雅子	1994. 11. 5	1994. 11. 15	サウジアラビア・オマーン・カタール・バーレーン，タイ立ち寄り	5	国際親善
	7		1995. 1. 20	1995. 1. 28	クウェート・アラブ首長国連邦・ヨルダン，シンガポール立ち寄り	4	国際親善
	8		1999. 2. 8	1999. 2. 9	ヨルダン（フセイン国王葬儀）	1	参列
	9		1999. 12. 3	1999. 12. 7	ベルギー（フィリップ皇太子結婚式）	1	参列
	10	徳仁親王	2001. 5. 18	2001. 5. 25	英国（ジャパン2001開幕招待）	1	臨席
	11		2002. 1. 30	2002. 2. 4	オランダ（ウィレム・アレクサンダー皇太子結婚式）	1	参列
	12	徳仁親王・同妃雅子	2002. 12. 11	2002. 12. 19	ニュージーランド・オーストラリア（招待）	2	国際親善
	13	徳仁親王	2004. 5. 12	2004. 5. 24	デンマーク（フレデリック皇太子結婚	3	参列

					式)・ポルトガル・スペイン（フェリペ皇太子結婚式）		
	14		2004. 9. 8	2004. 9.11	ブルネイ（ビラ皇太子結婚式）	1	参列
	15		2005. 8. 3	2005. 8. 4	サウジアラビア（サウード国王崩御）	1	弔問
	16		2006. 3.15	2006. 3.21	メキシコ（世界水フォーラム），カナダ立ち寄り	2	臨席
	17	皇太子夫妻・愛子内親王	2006. 8.17	2006. 8.31	オランダ（女王の招待による静養）	1	静養
	18	徳仁親王	2006. 9.18	2006. 9.20	トンガ（タウファアハウ・トゥポウ4世国王葬儀），ニュージーランド立ち寄り	2	参列
	19		2007. 7.10	2007. 7.17	モンゴル（招待）	1	国際親善
	20		2008. 6.16	2008. 6.27	ブラジル（移住100周年），米国立ち寄り	2	国際親善
	21		2008. 7.16	2008. 7.23	スペイン（サラゴサ国際博覧会）	1	国際親善
	22		2008. 7.30	2008. 8. 3	トンガ（国王戴冠式），オーストラリア立ち寄り	2	参列
秋篠宮家	1	文仁親王	1989. 7.16	1989. 8.18	タイ（魚類の調査研究）	1	英国留学中，一時帰国
	2		1989.11.22	1989.11.24	リヒテンシュタイン（葬儀参列）・スイス	2	英国留学中
	3		1990. 4.10	1990. 4.25	ケニア・マダガスカル（自然保護区視察）	2	英国留学中
	4	文仁親王（秋篠宮）	1991. 4.24	1991. 4.27	米国（ヒューストン・インターナショナル・フェスティバル）	1	臨席
	5		1992. 9.13	1992. 9.28	タイ（魚類の調査研究）	1	旅行
	6	文仁親王・同妃	1992.11. 5	1992.11.24	スリランカ・パキスタン・インド（国交	4	国際親善

	紀子			樹立40周年）・タイ（王妃還暦）		
7		1993. 4. 6	1993. 4. 8	スペイン（国王父バルセロナ伯爵葬儀）	1	参列
8	文仁親王	1993. 8. 4	1993. 8. 14	インドネシア（鳥類研究）	1	研究旅行
9		1994. 8. 4	1994. 8. 14	インドネシア（鳥類研究）	1	研究旅行
10	文仁親王・同妃紀子	1995. 9. 16	1995. 9. 22	タイ（カセサート・ブラバー両大学名誉学位式）	1	出席
11		1995. 10. 9	1995. 10. 16	オーストラリア（招待）	1	国際親善
12		1996. 3. 9	1996. 3. 11	タイ（国王母シーナカリン葬儀）	1	参列
13	文仁親王	1996. 4. 17	1996. 4. 23	タイ（魚類の調査研究）	1	研究旅行
14	文仁親王・同妃紀子	1997. 2. 26	1997. 3. 7	ネパール・ブータン（招待），シンガポール・タイ立ち寄り	4	国際親善
15		1997. 5. 9	1997. 5. 22	メキシコ（移住100年式典臨席）・ジャマイカ（招待），米国立ち寄り	3	国際親善
16		1998. 2. 16	1998. 2. 20	フィリピン（独立100年行事開会式）	1	臨席
17		1998. 8. 3	1998. 8. 14	中華人民共和国（鳥類の調査研究）	1	研究旅行
18		1998. 9. 25	1998. 10. 8	アルゼンチン（修好100周年），米国・ドイツ立ち寄り	3	臨席
19		1999. 6. 27	1999. 7. 8	ベトナム・ラオス・タイ（招待）	3	国際親善
20		1999. 9. 26	1999. 9. 29	ドイツ（ドイツにおける日本年開幕式典）	1	臨席
21		2001. 5. 17	2001. 5. 20	オランダ（コンスタンティン王子結婚式）	1	参列
22		2001. 6. 21	2001. 6. 28	カンボジア（招待）	1	国際親善
23		2001. 8. 2	2001. 8. 5	タイ（シーナカリン・チュラーロンコーン両大学名誉学位授与式）	1	出席
24	文仁親王	2001. 8. 5	2001. 8. 16	ラオス（鳥類の調査研究）	1	研究旅行

	25	文仁親王・同妃紀子	2002. 6. 19	2002. 6. 28	モンゴル（招待）	1	国際親善
	26		2002. 10. 14	2002. 10. 17	オランダ（ベアトリックス女王の夫クラウス葬儀）	1	参列
	27	秋篠宮夫妻・眞子・佳子両内親王	2003. 8. 7	2003. 8. 21	タイ（シリキット王妃祝意・ウボンラーチャタニー大学名誉学位式・家禽類共同研究）	1	旅行
	28	文仁親王・同妃紀子	2003. 9. 27	2003. 10. 7	フィジー・トンガ・サモア（招待），ニュージーランド立ち寄り	4	国際親善
	29		2004. 3. 29	2004. 3. 31	オランダ（国王母ユリアナ葬儀）	1	参列
	30		2005. 1. 14	2005. 1. 16	ルクセンブルク（前大公妃ジョセフィーヌ・シャルロット葬儀）	1	参列
	31	文仁親王	2005. 8. 17	2005. 8. 24	タイ（家禽類の日タイ共同調査研究）	1	研究旅行
	32	眞子内親王	2006. 8. 3	2006. 8. 16	オーストリア	1	学生旅行
	33	文仁親王	2006. 10. 30	2006. 11. 7	パラグアイ（移住70周年），フランス・チリ・ニュージーランド立ち寄り	4	国際親善
	34		2007. 3. 14	2007. 3. 23	タイ（家禽類の日タイ共同調査研究・キングモンクット工科大学名誉学位授与式）	1	研究旅行
	35	文仁親王・眞子内親王	2007. 8. 13	2007. 8. 25	マダガスカル（生物多様性・森林復元の視察，家禽類・絶滅鳥の研究）	1	研究旅行
	36	文仁親王・同妃紀子	2008. 1. 18	2008. 1. 25	インドネシア（外交樹立50周年）	1	臨席
紀宮	1	清子内親王	1989. 8. 16	1989. 8. 24	スペイン（ベルギー国王王妃の招待）	1	招待
	2		1990. 8. 19	1990. 8. 31	米国（ロサンゼルスの二世週祭50周年）・カナダ	2	祝賀行事
	3		1992. 11. 5	1992. 11. 21	オーストラリア・ニュージーランド	2	視察

	4		1993. 8. 30	1993. 9. 14	スペイン・ベルギー（ベルギー王妃ファビオラの招待）	2	招待
	5		1994. 11. 25	1994. 12. 5	タイ	1	視察
	6		1995. 11. 6	1995. 11. 21	ブラジル（日本ブラジル修好100周年），ボリビア・米国立ち寄り	3	臨席
	7		1996. 9. 28	1996. 10. 10	ブルガリア・チェコ（招待），ドイツ・英国立ち寄り	4	国際親善
	8		1997. 5. 9	1997. 5. 19	フランス（日本年実施・パリ日本文化会館開館式），オランダ立ち寄り	2	臨席
	9		1999. 5. 26	1999. 6. 9	ペルー・ボリビア（移住100周年），米国立ち寄り	3	臨席
	10		1999. 9. 12	1999. 9. 20	米国（ハワイ・皇太子奨学金財団40周年・国立天文台赤外線望遠鏡「すばる」完成）	1	臨席
	11		2000. 10. 4	2000. 10. 16	スロバキア・スロベニア・アイルランド（招待）	3	国際親善
	12		2002. 10. 6	2002. 10. 18	ルーマニア（交流100周年）・クロアチア（招待），イタリア立ち寄り	3	国際親善
	13		2003. 11. 14	2003. 11. 28	ウルグアイ・ホンジュラス（招待），フランス・アルゼンチン・米国立ち寄り	5	国際親善
高松宮家	1	喜久子妃	1996. 6. 6	1996. 6. 17	米国（ハワイ）	1	旅行
三笠宮家	1	崇仁親王・同妃	1989. 5. 7	1989. 5. 8	大韓民国（李方子葬儀）	1	参列
	2	百合子	1991. 11. 14	1991. 11. 25	フランス（フランス学士院碑文・文芸アカデミー会員就任式）	1	出席

	3		1993. 9.10	1993. 9.20	トルコ（発掘調査・日本語教育学科開設式典）・ドイツ立ち寄り	2	視察
	4		1994. 6.25	1994. 7. 9	英国（東洋・アフリカ研究学院名誉会員）・ドイツ（国際アッシリア会議）	2	出席
常陸宮家	1	正仁親王・同妃	1991. 2.16	1991. 2.21	米国（ハワイ・日米癌セミナー）	1	出席
	2	華子	1991. 3. 6	1991. 3.14	デンマーク・スウェーデン（日本伝統工芸展・日本現代版画展開幕式），フランス立ち寄り	3	招待
	3		1993.11. 3	1993.11.17	米国（桑港日米会100周年）・チリ・エクアドル	3	国際親善
	4		1995. 9.19	1995. 9.30	フィンランド・ルーマニア（招待），オーストリア立ち寄り	3	国際親善
	5		1996. 8.28	1996. 9. 5	タイ・ブルネイ（招待），シンガポール立ち寄り	3	国際親善
	6		1997. 9.17	1997. 9.30	チリ（修好100周年）・グアテマラ（招待），米国立ち寄り	3	国際親善
	7		1999. 3.17	1999. 3.30	ギリシャ（修好100周年）・モナコ（招待），ドイツ・フランス立ち寄り	4	国際親善
	8		1999. 6. 4	1999. 6.14	米国（高松宮世界文化賞行事出席）・カナダ	2	視察
	9		2000. 9. 6	2000. 9.14	マレーシア・シンガポール（招待）	2	国際親善
	10		2001. 4.17	2001. 4.27	パナマ（招待），米国立ち寄り	2	国際親善
	11		2003. 6.29	2003. 7. 9	フランス・イタリア（高松宮世界文化賞）	2	視察
	12		2004. 1.22	2004. 1.28	米国（ハワイ・日米癌学会合同会議出席）	1	視察

	13		2004. 8. 23	2004. 8. 30	ギリシャ（オリンピック）	1	視察
	14		2005. 4. 13	2005. 4. 17	モナコ（大公レーニエ3世葬儀），フランス立ち寄り	2	差遣
	15		2005. 9. 30	2005. 10. 10	ニカラグア・エルサルバドル（外交樹立70周年），米国立ち寄り	3	国際親善
	16		2007. 9. 12	2007. 9. 23	フランス（高松宮世界文化賞）	1	視察
寛仁親王家	1	寛仁親王・同妃信子	1990. 9. 5	1990. 9. 14	トルコ（日本・トルコ修好100年に招待），ドイツ立ち寄り	2	国際親善
	2	寛仁親王	1990. 10. 14	1990. 10. 16	大韓民国（韓日親善盲人写真展開幕式）	1	出席
	3	寛仁親王・同妃信子	1992. 12. 2	1992. 12. 6	米国（癌センター設立支援慈善行事）	1	出席
	4	寛仁親王	1993. 7. 11	1993. 7. 14	オーストラリア（視聴覚障害児教育支援）	1	打合せ
	5	寛仁親王・同妃信子	1994. 2. 20	1994. 3. 1	ノルウェー（リレハンメル冬季オリンピック），英国立ち寄り	2	国際親善
	6		1994. 5. 19	1994. 5. 23	米国（ハワイ・クアキニ病院支援・日本文化センター開所式）	1	臨席
	7	信子妃	1994. 7. 20	1994. 7. 23	オーストラリア（視聴覚障害児支援慈善事業）	1	出席
	8	寛仁親王・同妃信子	1998. 4. 29	1998. 5. 6	トルコ（基金文化センター開所式），英国立ち寄り	2	臨席
	9	寛仁親王	1998. 6. 22	1998. 6. 25	オーストラリア（医学関係研究機関慈善事業）	1	打合せ
	10	彬子女王	1998. 7. 21	1998. 7. 30	トルコ	1	学生旅行
	11	寛仁親王	1998. 12. 8	1998. 12. 11	タイ（アジア競技大会視察）	1	旅行
	12	寛仁親王・同妃	1999. 6. 1	1999. 6. 4	オーストラリア（医学関係研究機関支援	1	出席

		信子			慈善事業行事)		
	13	彬子女王	2001. 9. 1	2002. 8. 17	英国（留学）・スイス・ノルウェー・チェコ・ギリシャ	5	マートン・コレッジ
	14	寛仁親王	2002. 10. 1	2002. 10. 11	トルコ（古代遺跡視察）	1	旅行
	15	寛仁親王・彬子女王	2003. 4. 2	2003. 4. 7	ノルウェー（身障者クロスカントリースキー40周年）	1	臨席
	16		2003. 6. 18	2003. 6. 29	トルコ（古代遺跡視察）	1	旅行
	17	信子妃	2003. 7. 13	2003. 7. 26	英国（世界バラ会議出席）	1	視察
	18	彬子女王	2003. 7. 21	2003. 8. 4	英国	1	学生旅行
	19	寛仁親王・同妃信子	2003. 10. 1	2003. 10. 12	トルコ（古代遺跡視察）	1	旅行
	20	寛仁親王	2004. 3. 25	2004. 3. 29	英国（彬子女王の留学中の学友結婚式）	1	旅行
	21	彬子女王	2004. 3. 25	2004. 3. 31	英国留学中の学友の結婚式出席		学生旅行
	22	寛仁親王	2004. 7. 13	2004. 7. 16	トルコ（アナトリア考古学研究所起工式）	1	出席
	23	彬子女王	2004. 9. 25	（2010. 6. ）	英国（留学）	1	マートン・コレッジ
	24	瑶子女王	2005. 3. 8	2005. 3. 22	ドイツ・フランス（日欧交流学生剣道親善使節団）	2	参加
	25	寛仁親王	2005. 9. 29	2005. 10. 6	トルコ（アナトリア考古学研究所落成式・遺跡視察）	1	視察
桂宮家	1	宜仁親王	1994. 7. 19	1994. 7. 27	オーストラリア（視聴覚障害児支援慈善事業）	1	出席
	2		1997. 6. 3	1997. 6. 16	オーストラリア（大相撲公演名誉総裁）	1	旅行

	3		1999. 6. 2	1999. 6. 6	オーストラリア（医学関係研究機関支援慈善事業行事）	1	出席
	4		1999. 7. 5	1999. 7. 14	ニュージーランド（国際親善少年サッカー）	1	視察
	5		2005. 7. 4	2005. 7. 9	フランス（大浮世絵名品展開会式）	1	視察
高円宮家	1	憲仁親王	1990. 7. 22	1990. 7. 28	フィンランド（サボンリンナ・オペラ・フェスティバル）	1	臨席
	2	憲仁親王・同妃久子	1991. 5. 7	1991. 5. 22	スペイン・アルゼンチン，米国立ち寄り	3	国際親善
	3		1991. 9. 21	1991. 9. 26	米国（国際根付研究会世界大会）	1	出席
	4	憲仁親王	1992. 2. 13	1992. 2. 22	マレーシア・インドネシア・タイ（国際交流基金出張）	3	出張
	5	憲仁親王・同妃久子	1992. 5. 18	1992. 6. 2	カナダ（日加友好日本庭園開園25周年臨席）・アメリカ（招待）	2	国際親善
	6		1993. 4. 24	1993. 5. 9	ポルトガル（日本ポルトガル友好450周年）・コートジボワール・ガーナ，英国立ち寄り	4	国際親善
	7		1994. 3. 9	1994. 3. 15	英国（現代根付彫刻展開会式）	1	臨席
	8		1994. 11. 24	1994. 12. 5	ハンガリー・ポーランド・オーストリア（招待）	3	国際親善
	9		1995. 9. 18	1995. 9. 27	カナダ（現代日本芸術祭）	1	臨席
	10		1995. 11. 12	1995. 11. 17	ドイツ（日独センター設立10周年）・イタリア（「イタリアの日本」開会式）	2	臨席
	11		1996. 1. 23	1996. 2. 1	スイス（国際バレエコンクール），英国立ち寄り	2	臨席
	12		1996. 5. 30	1996. 6. 13	モロッコ・チュニジア・ヨルダン（招	5	国際親善

				待），フランス・ギリシャ立ち寄り		
13		1996. 9. 9	1996. 9.19	デンマーク・アイスランド・カナダ・米国	4	視察
14	承子女王	1997. 8. 3	1997. 8.29	英国（国際サマースクール受講）	1	旅行
15	憲仁親王・同妃久子	1997.10. 2	1997.10. 7	スペイン（王女クリスティーナ結婚式）	1	参列
16		1997.12. 4	1997.12.15	米国（皇室名宝展・ニューヨーク日本協会90周年），ドイツ立ち寄り	2	臨席
17		1998. 6.12	1998. 6.25	フランス・ルクセンブルク・コスタリカ・米国（サッカー・ワールドカップフランス大会視察）	4	視察
18	承子女王	1998. 7.27	1998. 8.11	英国	1	学生旅行
19	久子妃	1998.10.23	1998.11. 6	米国・カナダ（ユニセフ支援慈善行事出席）	2	視察
20	憲仁親王	1998.11. 1	1998.11. 6			
21	憲仁親王・同妃久子	1999. 6.24	1999. 7. 2	米国（サッカー女子世界選手権）・パラグアイ（南米選手権）	2	視察
22	承子女王	1999. 7.20	1999. 7.29	英国	1	学生旅行
23	憲仁親王	1999. 7.25	1999. 7.26	モロッコ（国王ハッサン２世葬儀）	1	参列
24	憲仁親王・同妃久子	1999. 8.13	1999. 8.19	カナダ（テレヘレスとマルチメディア技術国際会議）	1	臨席
25		1999.12. 3	1999.12.21	ザンビア・ケニア・タンザニア（招待），英国立ち寄り	4	国際親善
26		2000. 5.27	2000. 6. 8	エジプト・モロッコ（招待）	2	国際親善
27	承子女王	2000. 7.28	2000. 8. 8	米国	1	学生旅行
28	憲仁親王・同妃久子	2001. 7.15	2001. 7.22	米国（ハワイ・茶道関係記念行事）	1	臨席
29		2002. 5.29	2002. 6. 3	大韓民国（サッカー・ワールドカップ開会式）	1	臨席

	30	典子女王	2002. 8. 8	2002. 8. 21	英国	1	学生旅行
	31	久子妃	2003. 6. 26	2003. 7. 3	アイルランド（スペシャルオリンピックス）・英国（偲ぶ追悼行事）	2	出席
	32	承子女王	2004. 4. 13	2008. 7. 1	英国（留学）	1	エディンバラ大学
	33	久子妃	2004. 6. 7	2004. 6. 27	カナダ（外交樹立75周年），英国立ち寄り	2	国際親善
	34		2004. 11. 14	2004. 11. 19	タイ（世界自然保護会議）	1	視察
	35	典子女王	2004. 12. 24	2005. 1. 4	英国	1	学生旅行
	36	久子妃	2005. 6. 21	2005. 6. 28	ドイツ（サッカー視察）・ヨルダン（バディーア王女結婚式），英国立ち寄り	3	視察
	37		2005. 11. 3	2005. 11. 8	英国（バードライフ世界理事会出席）	1	視察
	38	典子女王	2005. 12. 23	2006. 1. 4	英国	1	学生旅行
	39	久子妃	2006. 1. 22	2006. 1. 28	カナダ（高円宮日本ギャラリー開館式典）	1	視察
	40		2006. 6. 17	2006. 6. 25	ドイツ（サッカー・ワールドカップ）	1	視察
	41	絢子女王	2007. 8. 8	2007. 8. 22	ニュージーランド	1	学生旅行
	42	典子女王	2007. 8. 18	2007. 8. 25	大韓民国	1	学生旅行
	43	久子妃	2008. 9. 16	2008. 10. 3	ウルグアイ・ブラジル・アルゼンチン（バードライフ）・パラグアイ	4	視察

付録　近代皇族一覧

①1868（明治元）年９月８日から1947（昭和22）年10月14日の皇籍離脱までの時期の直宮と十五宮家に属したすべての皇族を一覧にした（維新前後に出家した女子も含む）.
②直宮は，皇太子，皇太后・皇后・皇太子妃，親王，内親王，親王妃に分け，出生順とした．皇太后・皇后・皇太子妃は重複するので，一つにまとめた.
③十五宮家は，その成立順に並べ，当主，妃，王，女王に分け，出生順にした.
④出自欄には，その続柄を記した.
⑤備考には，地位身分や婚家などを記した.
⑥新たな宮家の当主となったり，華族に降下した者は，その名を（　）で補った.

戦前の直宮

	名	出自	生	逝	数え	備考
皇太子	明宮嘉仁	明治天皇３男	1879(明治12). 8. 31	1926(大正15). 12. 25	48	大正天皇
	迪宮裕仁	大正天皇１男	1901(明治34). 4. 29	1989(昭和64). 1. 7	89	昭和天皇
	継宮明仁	昭和天皇１男	1933(昭和８). 12. 23			今上天皇
皇太后	夙子	九条尚忠３女	1834(天保５). 12. 13	1897(明治30). 1. 11	65	英照皇太后
皇后	美子	一条忠香３女	1849(嘉永２). 4. 17	1914(大正３). 4. 11	66	昭憲皇太后
皇太子妃	節子	九条道孝４女	1884(明治17). 6. 25	1951(昭和26). 5. 17	68	貞明皇后
	良子	久邇宮邦彦王１女	1903(明治36). 3. 6	2000(平成12). 6. 16	98	香淳皇后
親王	稚瑞照彦尊	明治天皇１男	1873(明治６). 9. 18	1873(明治６). 9. 18	1	(夭逝)
	建宮敬仁	明治天皇２男	1877(明治10). 9. 23	1878(明治11). 7. 26	2	(夭逝)
	昭宮猷仁	明治天皇４男	1887(明治20). 8. 22	1888(明治21). 11. 12	2	(夭逝)
	満宮輝仁	明治天皇５男	1893(明治26). 11. 30	1894(明治27). 8. 17	2	(夭逝)
	淳宮雍仁	大正天皇２男	1902(明治35). 6. 25	1953(昭和28). 1. 4	52	秩父宮

	光宮宣仁	大正天皇3男	1905(明治38). 1. 3	1987(昭和62). 2. 3	83	高松宮
	澄宮崇仁	大正天皇4男	1915(大正4). 12. 2			三笠宮
	義宮正仁	昭和天皇2男	1935(昭和10). 11. 28			常陸宮
内親王	稚高依姫尊	明治天皇1女	1873(明治6). 11. 13	1873(明治6). 11. 13	1	(夭逝)
	梅宮薫子	明治天皇2女	1875(明治8). 1. 21	1876(明治9). 6. 8	2	(夭逝)
	滋宮韶子	明治天皇3女	1881(明治14). 8. 3	1883(明治16). 9. 6	3	(夭逝)
	増宮章子	明治天皇4女	1883(明治16). 1. 26	1883(明治16). 9. 8	1	(夭逝)
	久宮静子	明治天皇5女	1886(明治19). 2. 10	1887(明治20). 4. 4	2	(夭逝)
	常宮昌子	明治天皇6女	1888(明治21). 9. 30	1940(昭和15). 3. 8	53	竹田宮恒久王妃
	周宮房子	明治天皇7女	1890(明治23). 1. 28	1974(昭和49). 8. 11	85	北白川宮成久王妃
	富美宮允子	明治天皇8女	1891(明治24). 8. 7	1933(昭和8). 11. 3	43	朝香宮鳩彦王妃
	泰宮聡子	明治天皇9女	1896(明治29). 5. 11	1978(昭和53). 3. 5	83	東久邇宮稔彦王妃
	貞宮多喜子	明治天皇10女	1897(明治30). 9. 24	1899(明治32). 1. 11	3	(夭逝)
	照宮成子	昭和天皇1女	1925(大正14). 12. 6	1961(昭和36). 7. 23	37	東久邇宮盛厚王妃
	久宮祐子	昭和天皇2女	1927(昭和2). 9. 10	1928(昭和3). 3. 8	2	(夭逝)
	孝宮和子	昭和天皇3女	1929(昭和4). 9. 30	1989(平成1). 5. 26	61	鷹司平通夫人(摂家)
	順宮厚子	昭和天皇4女	1931(昭和6). 3. 7			池田(岡山)隆政夫人
	清宮貴子	昭和天皇5女	1939(昭和14). 3. 2			島津(砂土原)久永夫人
親王妃	秩父宮妃勢津子	松平(会津)保男養女	1909(明治42). 9. 9	1995(平成7). 8. 25	87	
	高松宮妃喜久子	徳川慶久(宗家別家)2女	1911(明治44). 12. 26	2004(平成16). 12. 18	94	
	三笠宮妃百合子	高木(丹南)正得2女	1923(大正12). 6. 4			

1　伏見宮家

	名	出自	生	逝	数え	備考
当主(嗣子)	邦家親王	貞敬1男	1802(享和2). 10. 24	1872(明治5). 8. 5	71	20代当主

当主(嗣子)	貞愛親王	邦家14男	1858(安政5).4.28	1923(大正12).2.4	66	22代当主
	博恭王	貞愛1男	1875(明治8).10.16	1946(昭和21).8.16	72	23代当主
	博義王	博恭1男	1897(明治30).12.8	1938(昭和13).10.19	42	23代当主嗣子
	博明王	博義1男	1932(昭和7).1.26			24代当主
妃	邦家妃・景子	鷹司政熈19女(摂家)	1813(文化10).閏11.24	1892(明治25).8.8	80	20代当主妃
	貞教妃・明子	鷹司輔熈7女(摂家)	1845(弘化2).7.27	1878(明治11).8.22	34	21代当主妃
	貞愛妃・利子	有栖川宮幟仁4女	1858(安政5).5.21	1927(昭和2).10.24	70	22代当主妃
	博恭妃・経子	徳川(宗家)慶喜9女	1882(明治15).9.23	1939(昭和14).8.18	58	23代当主妃
	博義妃・朝子	一条実輝3女(摂家)	1902(明治35).6.20	1971(昭和46).4.3	70	23代当主嗣子妃
親王	守脩(梨本宮)	貞敬10男	1819(文政2).10.29	1881(明治14).9.1	63	皇族
	晃(山階宮)	邦家1男	1816(文化13).9.2	1898(明治31).2.17	83	皇族
	朝彦(久邇宮)	邦家4男	1824(文政7).1.28	1891(明治24).10.25	68	皇族
	彰仁(小松宮)	邦家8男	1846(弘化3).1.16	1903(明治36).2.18	58	皇族
	能久(北白川宮)	邦家9男	1847(弘化4).2.16	1895(明治28).10.28	49	皇族
	博経(華頂宮)	邦家12男	1851(嘉永4).3.18	1876(明治9).5.24	26	皇族
	智成(北白川宮)	邦家13男	1856(安政3).6.21	1872(明治5).1.2	17	皇族
	家教(清棲伯爵)	邦家15男	1862(文久2).5.22	1923(大正12).7.13	62	華族
	載仁(閑院宮)	邦家16男	1865(慶応1).9.22	1945(昭和20).5.20	81	皇族
	依仁(東伏見宮)	邦家17男	1867(慶応3).9.19	1922(大正11).6.27	56	皇族
王	邦芳	貞愛2男	1880(明治13).3.18	1933(昭和8).6.1	54	
	昭徳	貞愛3男	1881(明治14).10.6	1883(明治16).2.6	3	(夭逝)
	博忠(華頂宮)	博恭2男	1902(明治35).1.26	1924(大正13).3.24	23	皇族
	博信(華頂侯爵)	博恭3男	1905(明治38).5.22	1970(昭和45).10.25	66	華族
	博英(伏見伯爵)	博恭4男	1912(大正1).10.4	1943(昭和18).8.21	32	華族

女王	日尊	貞敬３女	1807（文化４）. 10. 12	1868（明治１）. 11. 12	62	瑞龍寺門跡
	宗醇	貞敬９女	1816（文化13）. 11. 27	1891（明治24）. 1. 24	76	霊鑑寺門跡
	直子	貞敬16女	1830（文政13）. 9. 17	1893（明治26）. 1. 3	64	徳川（一橋）慶寿夫人
	恒子	邦家１女	1826（文政９）. 1. 20	1916（大正５）. 9. 20	91	二条斎敬夫人（摂家）
	順子	邦家２女	1827（文政10）. 2. 4	1908（明治41）. 1. 24	82	一条忠香夫人（摂家）
	誓円	邦家３女	1828（文政11）. 1. 7	1910（明治43）. 12. 16	83	信州善光寺大本願尼公
	和子	邦家４女	1829（文政12）. 12. 25	1884（明治17）. 6. 4	56	大谷光勝夫人
	文秀	邦家７女	1844（天保15）. 1. 29	1926（大正15）. 2. 15	83	円照寺門跡
	則子	邦家８女	1850（嘉永３）. 4. 5	1874（明治７）. 11. 14	25	徳川（紀州）茂承夫人
	日栄	邦家10女	1855（安政２）. 2. 17	1920（大正９）. 3. 22	66	瑞龍寺住職（村雲日栄）
	貴子	邦家12女	1857（安政４）. 11. 20	1919（大正８）. 4. 8	63	松平（松江）直応，のち松平（忍）忠敬夫人
	万千宮	邦家15女	1869（明治２）. 9. 5	1872（明治５）. 2. 5	4	（夭逝）
	禎子	貞愛１女	1885（明治18）. 6. 27	1966（昭和41）. 2. 9	82	山内（高知）豊景夫人
	恭子	博恭１女	1898（明治31）. 11. 14	1919（大正８）. 1. 16	22	浅野（広島）長武夫人（寧子）
	敦子	博恭２女	1907（明治40）. 5. 18	1936（昭和11）. 2. 24	30	清棲幸保夫人
	知子	博恭３女	1907（明治40）. 5. 18	1947（昭和22）. 6. 28	41	久邇宮朝融王妃
	光子	博義１女	1929（昭和４）. 7. 28	1987（昭和62）. 6. 3	59	尾崎行良夫人
	令子	博義２女	1933（昭和８）. 2. 14	1937（昭和12）. 10. 25	5	
	章子	博義３女	1934（昭和９）. 2. 11			草刈広夫人

2　桂宮家

	名	出自	生	逝	数え	備考
当主	淑子内親王	仁孝天皇３女	1829（文政12）. 1. 19	1881（明治14）. 10. 3	53	12代当主，継嗣なく廃絶

3　有栖川宮家

	名	出自	生	逝	数え	備考
当主	幟仁親王	韶仁1男	1812(文化9).1.5	1886(明治19).1.24	75	8代当主
	熾仁親王	幟仁1男	1835(天保6).2.19	1895(明治28).1.15	61	9代当主
	威仁親王	幟仁4男	1862(文久2).1.13	1913(大正2).7.10	52	10代当主，後嗣なく廃絶
妃	幟仁妃・広子	二条斉信5女(摂家)	1819(文政2).11.10	1875(明治8).7.9	57	
	熾仁妃・貞子	徳川(水戸)斉昭11女	1850(嘉永3).10.27	1872(明治5).1.9	23	
	熾仁妃・董子	溝口(新発田)直溥7女	1855(安政2).5.12	1923(大正12).2.7	69	
	威仁妃・慰子	前田(金沢)慶寧4女	1864(文久4).2.8	1923(大正12).6.30	60	
王	栽仁	威仁1男	1887(明治20).9.22	1908(明治41).4.7	22	
女王	韶子	韶仁4女	1825(文政8).5.19	1913(大正2).6.6	89	有馬(久留米)頼咸夫人
	宜子	幟仁3女	1851(嘉永4).2.26	1895(明治28).1.4	45	井伊(彦根)直憲夫人
	利子	幟仁4女	1858(安政5).5.21	1927(昭和2).10.24	70	伏見宮貞愛親王妃
	績子	威仁1女	1885(明治18).10.17	1886(明治19).9.30	2	(夭逝)
	実枝子	威仁2女	1891(明治24).2.14	1933(昭和8).4.25	43	徳川(宗家別家)慶久夫人

4　閑院宮家

	名	出自	生	逝	数え	備考
当主	載仁親王	伏見宮邦家親王16男	1865(慶応1).9.22	1945(昭和20).5.20	81	6代当主
	春仁王	載仁2男	1902(明治35).8.3	1988(昭和63).6.18	87	7代当主，のち閑院純仁
妃	載仁妃・智恵子	三条実美2女(清華)	1872(明治5).5.25	1947(昭和22).3.19	76	
	春仁妃・直子	一条実輝4女(摂家)	1908(明治41).11.7	1991(平成3).6.17	84	1966(昭和41).1　離婚
王	篤仁	載仁1男	1894(明治27).7.9	1894(明治27).7.10	1	(夭逝)
女王	光子	4代閑院宮孝仁親王3女	1819(文政2)閏4.27	1906(明治39).10.26	88	徳川(田安)慶頼夫人
	恭子	載仁1女	1896(明治29).5.13	1992(平成4).12.28	97	安藤(磐城平)信昭夫人

	茂子	載仁2女	1897(明治30).5.29	1991(平成3).6.26	95	黒田(福岡)長礼夫人
	季子	載仁3女	1898(明治31).11.2	1914(大正3).7.17	17	
	寛子	載仁4女	1906(明治39).2.21	1923(大正12).9.1	18	
	華子	載仁5女	1909(明治42).6.30	2003(平成15).5.10	95	華頂博信夫人,のち戸田豊太郎夫人

5　山階宮家

	名	出自	生	逝	数え	備考
当主	晃親王	伏見宮邦家親王1男	1816(文化13).9.2	1898(明治31).2.17	83	1代当主
	菊麿王	晃1男	1873(明治6).7.3	1908(明治41).5.2	36	2代当主,はじめ梨本宮菊麿王
	武彦王	菊麿1男	1898(明治31).2.13	1987(昭和62).8.10	90	3代当主
妃	菊麿妃・範子	九条道孝2女(摂家)	1878(明治11).12.4	1901(明治34).11.1	24	
	菊麿妃・常子	島津(鹿児島)忠義3女	1874(明治7).2.7	1938(昭和13).2.26	65	
	武彦妃・佐紀子	賀陽宮邦憲王2女	1903(明治36).3.30	1923(大正12).9.1	21	
王	定麿(東伏見宮)	伏見宮邦家親王17男	1867(慶応3).9.19	1922(大正11).6.27	56	皇族,小松宮依仁親王,東伏見宮創設
	芳麿(山階侯爵)	菊麿2男	1900(明治33).7.5	1989(平成1).1.28	90	華族
	藤麿(筑波侯爵)	菊麿3男	1905(明治38).2.25	1978(昭和53).3.20	74	華族
	萩麿(鹿島伯爵)	菊麿4男	1906(明治39).4.21	1932(昭和7).8.26	27	華族
	茂麿(葛城伯爵)	菊麿5男	1908(明治41).4.29	1947(昭和22).1.10	40	華族
女王	安子	菊麿1女	1901(明治34).10.31	1974(昭和49).12.29	74	浅野(広島)長武夫人

6　華頂宮

	名	出自	生	逝	数え	備考
当主	博経親王	伏見宮邦家親王12男	1851(嘉永4).3.18	1876(明治9).5.24	26	1代当主
	博厚親王	博経1男	1875(明治8).1.18	1883(明治16).2.15	9	2代当主

	博恭王	伏見宮貞愛親王1男	1875(明治8).10.16	1946(昭和21).8.16	72	3代当主,1904.1.15伏見宮復籍
	博忠王	博恭2男	1902(明治35).1.26	1924(大正13).3.24	23	4代当主,嗣子なく廃絶
妃	博経妃・郁子	南部(盛岡)利剛1女	1853(嘉永6).8.5	1908(明治41).11.14	56	
	博恭妃・経子	徳川(宗家)慶喜9女	1882(明治15).9.23	1939(昭和14).8.18	58	1904.1.15伏見宮入籍
王	博義	博恭1男	1897(明治30).12.8	1938(昭和13).10.19	42	伏見宮23代当主博恭の嗣子
女王	恭子	博恭1女	1898(明治31).11.14	1919(大正8).1.16	22	浅野(広島)長武夫人(寧子)

7 北白川宮家

	名	出自	生	逝	数え	備考
当主	智成親王	伏見宮邦家親王13男	1856(安政3).6.21	1872(明治5).1.2	17	1代当主
	能久親王	伏見宮邦家親王9男	1847(弘化4).2.16	1895(明治28).10.28	49	2代当主,戦病死
	成久王	能久3男	1887(明治20).4.18	1923(大正12).4.1	37	3代当主,事故死
	永久王	成久1男	1910(明治43).2.19	1940(昭和15).9.4	31	4代当主,戦時事故死
	道久王	永久1男	1937(昭和12).5.2			
妃	能久妃・光子	山内(高知)豊信1女	1859(安政6).5.6	1885(明治18).11.5	27	
	能久妃・富子	伊達(宇和島)宗徳2女	1862(文久2).閏8.8	1936(昭和11).3.20	75	
	成久妃・房子	明治天皇7女周宮	1890(明治23).1.28	1974(昭和49).8.11	85	
	永久妃・祥子	徳川(尾張分家)義恕2女	1916(大正5).8.26			
王	恒久(竹田宮)	能久1男	1882(明治15).9.22	1919(大正8).4.23	38	皇族
	延久	能久2男	1885(明治18).8.28	1886(明治19).6.28	2	(夭逝)
	輝久(小松侯爵)	能久4男	1888(明治21).8.12	1970(昭和45).11.5	83	華族
	芳之(二荒伯爵)	能久5男	1889(明治22).3.22	1909(明治42).8.18	21	華族
	正雄(上野伯爵)	能久6男	1890(明治23).7.16	1965(昭和40).2.16	76	華族
女王	満子	能久1女	1885(明治18).10.19	1975(昭和50).7.16	91	甘露寺受長夫人(名家)
	貞子	能久2女	1887(明治20).8.6	1964(昭和39).8.16	78	有馬(久留米)頼寧夫人

	武子	能久3女	1890(明治23).3.28	1977(昭和52).3.18	88	保科(上総飯野)正昭夫人
	信子	能久4女	1891(明治24).12.20	1892(明治25).1.22	2	(夭逝)
	拡子	能久5女	1895(明治28).5.28	1990(平成2).3.7	96	二荒芳徳夫人
	美年子	成久1女	1911(明治44).5.6	1970(昭和45).4.10	60	立花(三池)種勝夫人
	佐和子	成久2女	1913(大正2).10.21	2001(平成13).7.2	89	東園基文夫人(羽林)
	多恵子	成久3女	1920(大正9).4.15	1954(昭和29).11.5	35	徳川(水戸)圀禎夫人
	肇子	永久1女	1939(昭和14).11.13			島津(鹿児島分家)忠広夫人

8　梨本宮家

名		出自	生	逝	数え	備考
当主	守脩親王	伏見宮貞敬親王10男	1819(文政2).10.29	1881(明治14).9.1	63	1代当主
	菊麿王	山階宮晃親王1男	1873(明治6).7.3	1908(明治41).5.2	36	2代当主，のち山階宮復籍
	守正王	久邇宮朝彦親王4男	1874(明治7).3.9	1951(昭和26).1.1	78	3代当主
妃	守正妃・伊都子	鍋島(佐賀)直大2女	1882(明治15).2.2	1976(昭和51).8.19	95	
女王	方子	守正1女	1901(明治34).11.4	1989(平成1).4.30	89	朝鮮王族李垠妃
	規子	守正2女	1907(明治40).4.27	1985(昭和60).8.6	79	広橋真光夫人(名家)

9　久邇宮家

名		出自	生	逝	数え	備考
当主	朝彦親王	伏見宮邦家親王4男	1824(文政7).1.28	1891(明治24).10.25	68	1代当主
	邦彦王	朝彦3男	1873(明治6).7.23	1929(昭和4).1.27	57	2代当主
	朝融王	邦彦1男	1901(明治34).2.2	1959(昭和34).12.7	59	3代当主
妃	邦彦妃・俔子	島津(鹿児島)忠義7女	1879(明治12).10.19	1956(昭和31).9.9	78	
	多嘉妃・静子	水無瀬忠輔1女(羽林)	1884(明治17).9.25	1959(昭和34).9.27	76	

	朝融妃・知子	伏見宮博恭王3女	1907(明治40).5.18	1947(昭和22).6.28	41	
王	邦憲(賀陽宮)	朝彦2男	1867(慶応3).6.1	1909(明治42).12.8	43	皇族
	守正(梨本宮)	朝彦4男	1874(明治7).3.9	1951(昭和26).1.1	78	皇族
	多嘉	朝彦5男	1875(明治8).8.17	1937(昭和12).10.1	63	(久邇宮京都分家)
	暢	朝彦6男	1876(明治9).11.28	1877(明治10).8.7	2	(夭逝)
	一言足彦命	朝彦7男	1881(明治14).9.24	1881(明治14).9.24	1	(夭逝)
	鳩彦(朝香宮)	朝彦8男	1887(明治20).10.2	1981(昭和56).4.12	95	皇族
	稔彦(東久邇宮)	朝彦9男	1887(明治20).12.3	1990(平成2).1.20	104	皇族
	邦久(久邇侯爵)	邦彦2男	1902(明治35).3.10	1935(昭和10).3.4	34	華族
	邦英(東伏見伯爵)	邦彦3男	1910(明治43).5.16			華族
	賀彦	多嘉1男	1912(明治45).5.29	1918(大正7).6.18	7	
	家彦(宇治伯爵)	多嘉2男	1920(大正9).3.17			華族
	徳彦(龍田伯爵)	多嘉3男	1922(大正11).11.19	2007(平成19).2.7	86	華族
	邦昭	朝融1男	1929(昭和4).3.25			
	朝建	朝融2男	1940(昭和15).5.11			
	朝宏	朝融3男	1944(昭和19).10.7			
女王	栄子	朝彦2女	1868(慶応4).1.25	1949(昭和24).1.9	82	東園基愛夫人(羽林)
	安喜子	朝彦3女	1870(明治3).6.8	1920(大正9).1.1	51	池田(岡山)詮政夫人
	飛呂子	朝彦4女	1871(明治4).5.2	1889(明治22).11.22	19	
	絢子	朝彦5女	1872(明治5).4.25	1946(昭和21).7.26	75	竹内惟忠夫人(半家)
	素子	朝彦6女	1876(明治9).3.27	1918(大正7).1.28	43	仙石(但馬出石)政敬夫人
	懐子	朝彦7女	1878(明治11).6.21	1879(明治12).7.16	2	(夭逝)
	篶子	朝彦8女	1878(明治11).10.16	1947(昭和22).1.3	70	壬生基義夫人(羽林)
	純子	朝彦9女	1884(明治17).3.9	1911(明治44).6.13	28	織田(大和柳本)秀実夫人
	良子	邦彦1女	1903(明治36).3.6	2000(平成12).6.16	98	昭和天皇皇后
	信子	邦彦2女	1904(明治37).3.30	1945(昭和20).11.8	42	三条西公正夫人(大臣)

	智子	邦彦3女	1906(明治39). 9. 1	1989(平成1). 11. 15	84	大谷光暢夫人
	発子	多嘉1女	1911(明治44). 4. 16	1915(大正4). 6. 26	5	
	珖子	多嘉2女	1913(大正2). 12. 5	1918(大正7). 6. 27	6	
	恭仁子	多嘉3女	1917(大正6). 5. 18			二条弼基夫人(摂家)
	正子	朝融1女	1926(大正15). 12. 8			龍田徳彦夫人
	朝子	朝融2女	1927(昭和2). 10. 23	1964(昭和39). 8. 21	38	島津(鹿児島分家)斉視夫人
	通子	朝融3女	1933(昭和8). 9. 4			酒井省吾夫人
	英子	朝融4女	1937(昭和12). 7. 21			木下雄三夫人
	典子	朝融5女	1941(昭和16). 9. 18			古河潤之助夫人

10　小松宮家

	名	出自	生	逝	数え	備考
当主	彰仁親王	伏見宮邦家親王8男	1846(弘化3). 1. 16	1903(明治36). 2. 18	58	1代当主
	依仁親王	伏見宮邦家親王17男	1867(慶応3). 9. 19	1922(大正11). 6. 27	56	2代当主，東伏見宮創設
妃	彰仁妃・頼子	有馬(久留米)頼咸1女	1852(嘉永5). 6. 18	1914(大正3). 6. 26	63	
	依仁妃・八重子	山内(高知)豊信3女	1869(明治2). 6. 9	1919(大正8). 10. 9	51	1896(明治29). 4. 30離婚，秋元(館林)興朝夫人
	依仁妃・周子	岩倉具定1女(羽林家)	1876(明治9). 8. 29	1955(昭和30). 3. 4	80	東伏見宮妃周子

11　賀陽宮家

	名	出自	生	逝	数え	備考
当主	邦憲王	久邇宮朝彦親王2男	1867(慶応3). 6. 1	1909(明治42). 12. 8	43	1代当主
	恒憲王	邦憲1男	1900(明治33). 1. 27	1978(昭和53). 1. 3	79	2代当主
妃	邦憲妃・好子	醍醐忠順1女(清華)	1865(慶応1). 10. 20	1941(昭和16). 11. 26	77	
	恒憲妃・敏子	九条道実5女(摂家)	1903(明治36). 5. 16	1995(平成7). 3. 23	93	

王	邦寿	恒憲1男	1922(大正11). 4. 21	1986(昭和61). 4. 16	65	
	治憲	恒憲2男	1926(大正15). 7. 3			
	章憲	恒憲3男	1929(昭和4). 8. 17	1994(平成6). 11. 4	66	
	文憲	恒憲4男	1931(昭和6). 7. 12			
	宗憲	恒憲5男	1935(昭和10). 11. 24			
	健憲	恒憲6男	1942(昭和17). 8. 5			
女王	由紀子女王	邦憲1女	1895(明治28). 11. 28	1946(昭和21). 11. 12	52	町尻量基夫人(羽林)
	佐紀子女王	邦憲2女	1903(明治36). 3. 30	1923(大正12). 9. 1	21	山階宮武彦王妃, 関東大震災にて早世
	美智子女王	恒憲1女	1923(大正12). 7. 29			徳大寺斉定夫人(清華)

12　東伏見宮家

名		出自	生	逝	数え	備考
当主	依仁親王	伏見宮邦家親王17男	1867(慶応3). 9. 19	1922(大正11). 6. 27	56	1代当主, 小松宮依仁親王
妃	依仁妃・周子	岩倉具定1女(羽林)	1876(明治9). 8. 29	1955(昭和30). 3. 4	80	小松宮妃周子

13　竹田宮家

名		出自	生	逝	数え	備考
当主	恒久王	北白川宮能久親王1男	1882(明治15). 9. 22	1919(大正8). 4. 23	38	1代当主
	恒徳王	竹田宮恒久王1男	1909(明治42). 3. 4	1992(平成4). 5. 11	84	2代当主
妃	恒久妃・昌子内親王	明治天皇6女常宮	1888(明治21). 9. 30	1940(昭和15). 3. 8	53	
	恒徳妃・光子	三条公輝2女(清華)	1915(大正4). 11. 6			
王	恒正王	竹田宮恒徳王1男	1940(昭和15). 10. 11			
	恒治王	竹田宮恒徳王2男	1944(昭和19). 8. 3			
女王	礼子女王	竹田宮恒久王1女	1913(大正2). 7. 4			佐野(佐賀藩士)常光夫人

	素子女王	竹田宮恒徳王1女	1942(昭和17).5.5			佐藤博夫人
	紀子女王	竹田宮恒徳王2女	1943(昭和18).6.3			渡辺宣彦夫人

14　朝香宮家

	名	出自	生	逝	数え	備考
当主	鳩彦王	久邇宮朝彦親王8男	1887(明治20).10.2	1981(昭和56).4.12	95	1代当主
妃	鳩彦妃・允子内親王	明治天皇8女富美宮	1891(明治24).8.7	1933(昭和8).11.3	43	
	孚彦妃・千賀子	藤堂(津)高紹5女	1921(大正10).5.3	1952(昭和27).12.6	32	
王	孚彦王	朝香宮鳩彦王1男	1912(大正1).10.8	1994(平成6).5.5	83	
	正彦王(音羽侯爵)	朝香宮鳩彦王2男	1914(大正3).1.5	1944(昭和19).2.6	31	華族（戦死）
	誠彦王	朝香宮孚彦王1男	1943(昭和18).8.18			
女王	紀久子女王	朝香宮鳩彦王1女	1911(明治44).9.12	1989(平成1).2.12	79	鍋島(佐賀)直泰夫人
	湛子女王	朝香宮鳩彦王2女	1919(大正8).8.2			大給(竜岡)義龍夫人
	冨久子女王	朝香宮孚彦王1女	1941(昭和16).12.11			南部(盛岡)利久夫人、のち鈴木克久夫人
	美乃子女王	朝香宮孚彦王2女	1945(昭和20).11.24			坂本喜春夫人

15　東久邇宮家

	名	出自	生	逝	数え	備考
当主	稔彦王	久邇宮朝彦親王9男	1887(明治20).12.3	1990(平成2).1.20	104	1代当主
妃	稔彦妃・聡子内親王	明治天皇9女泰宮	1896(明治29).5.11	1978(昭和53).3.5	83	
	盛厚妃・成子内親王	昭和天皇1女照宮	1925(大正14).12.6	1961(昭和36).7.23	37	
王	盛厚王	東久邇宮稔彦王1男	1916(大正5).5.6	1969(昭和44).2.1	54	
	師正王	東久邇宮稔彦王2男	1917(大正6).11.3	1923(大正12).9.1	7	
	彰常王(粟田侯爵)	東久邇宮稔彦王3男	1920(大正9).5.13			華族

	俊彦王	東久邇宮稔彦王４男	1929(昭和４). ３. 24	多羅間キヌ養子
	信彦王	東久邇盛厚王１男	1945(昭和20). ３. 10	
女王	文子女王	東久邇宮盛厚１女	1946(昭和21). 12. 22	大村和敏夫人のち高木代々吉夫人

註：本表は，霞会館華族家系大成編輯委員会編『平成新修　旧華族家系大成』上下（霞会館，1996年）を底本とし，坂本辰之助『皇室及皇族』（昭文社，1909年），神田豊穂『皇室皇族聖鑑』明治・大正・昭和篇（皇室皇族聖鑑刊行会，1933年），「天皇皇族人物事典」（『歴史読本　臨時増刊』新人物往来社，1995年），宮内庁『明治天皇紀』全12巻（吉川弘文館，1968～75年），『朝日新聞』などを参照して筆者が作成した．

小田部雄次（おたべ・ゆうじ）

1952（昭和27）年東京都生まれ．85年立教大学大学院文学研究科博士課程単位取得．立教大学非常勤講師などを経て，現在，静岡福祉大学教授．専攻は日本近現代史．
著書『徳川義親の十五年戦争』（青木書店，1988年）
『梨本宮伊都子妃の日記』（小学館，1991年，のち小学館文庫）
『ミカドと女官』（恒文社21，2001年，のち扶桑社文庫）
『雅子妃とミカドの世界』（小学館文庫，2001年）
『四代の天皇と女性たち』（文春新書，2002年）
『家宝の行方』（小学館，2004年）
『華族』（中公新書，2006年）
『華族家の女性たち』（小学館，2007年）
『李方子』（ミネルヴァ書房，2007年）
『天皇・皇室を知る事典』（東京堂出版，2007年）
『皇族に嫁いだ女性たち』（角川選書，2009年）
『皇室事典』（編集委員，角川学芸出版，2009年）
ほか多数

皇《こう》　族《ぞく》
中公新書 *2011*

2009年6月25日発行

著　者　小田部雄次
発行者　浅海　保

本文印刷　三晃印刷
カバー印刷　大熊整美堂
製　本　小泉製本

発行所　中央公論新社
〒104-8320
東京都中央区京橋 2-8-7
電話　販売 03-3563-1431
　　　編集 03-3563-3668
URL http://www.chuko.co.jp/

Published by CHUOKORON-SHINSHA, INC.
Printed in Japan　ISBN978-4-12-102011-6 C1221

中公新書刊行のことば

いまからちょうど五世紀まえ、グーテンベルクが近代印刷術を発明したとき、書物の大量生産は潜在的可能性を獲得し、いまからちょうど一世紀まえ、世界のおもな文明国で義務教育制度が採用されたとき、書物の大量需要の潜在性が形成された。この二つの潜在性がはげしく現実化したのが現代である。

いまや、書物によって視野を拡大し、変りゆく世界に豊かに対応しようとする強い要求を私たちは抑えることができない。この要求にこたえる義務を、今日の書物は背負っている。だが、その義務は、たんに専門的知識の通俗化をはかることによって果たされるものでもなく、通俗的好奇心にうったえて、いたずらに発行部数の巨大さを誇ることによって果たされるものでもない。現代を真摯に生きようとする読者に、真に知るに価いする知識だけを選びだして提供すること、これが中公新書の最大の目標である。

私たちは、知識として錯覚しているものによってしばしば動かされ、裏切られる。私たちは、作為によってあたえられた知識のうえに生きることがあまりに多く、ゆるぎない事実を通して思索することがあまりにすくない。中公新書が、その一貫した特色として自らに課すものは、この事実のみの持つ無条件の説得力を発揮させることである。現代にあらたな意味を投げかけるべく待機している過去の歴史的事実もまた、中公新書によって数多く発掘されるであろう。

中公新書は、現代を自らの眼で見つめようとする、逞しい知的な読者の活力となることを欲している。

一九六二年一一月

中公新書

現代史

中公新書

現代史

f2

- 1980 ヴェルサイユ条約　牧野雅彦
- 27 ワイマル共和国　林　健太郎
- 154 ナチズム　村瀬興雄
- 478 アドルフ・ヒトラー　村瀬興雄
- 1943 ホロコースト　芝　健介
- 1572 ヒトラー・ユーゲント　平井　正
- 1688 ユダヤ・エリート　鈴木輝二
- 530 チャーチル（増補版）　河合秀和
- 1415 フランス現代史　渡邊啓貴
- 652 中国―歴史・社会・国際関係　中嶋嶺雄
- 1409 中国革命を駆け抜けたアウトローたち　福本勝清
- 1394 中華民国　横山宏章
- 1544 漢奸裁判　劉　傑
- 1487 中国現代史　小島朋之
- 1959 韓国現代史　木村　幹
- 1650 韓国大統領列伝　池　東旭
- 1762 韓国の軍隊　尹　載善
- 1763 アジア冷戦史　下斗米伸夫
- 1582 アジア政治を見る眼　岩崎育夫
- 1876 インドネシア　水本達也
- 1596 ベトナム戦争　松岡　完
- 1705 ベトナム症候群　松岡　完
- 1429 インド現代史　賀来弓月
- 1744 イラク建国　阿部重夫
- 941 イスラエルとパレスチナ　立山良司
- 1612 イスラム過激原理主義　藤原和彦
- 1664 1665 アメリカの20世紀（上下）　有賀夏紀
- 1937 アメリカの世界戦略　菅　英輝
- 1272 アメリカ海兵隊　野中郁次郎
- 1992 マッカーサー　増田　弘
- 1486 米国初代国防長官フォレスタル　村田晃嗣
- 1920 ケネディ―「神話」と実像　土田　宏
- 1863 性と暴力のアメリカ　鈴木　透
- 2000 戦後世界経済史　猪木武徳